Die Lehre

vom

Gebrauche der Artillerie.

Zweiter Haupt-Abschnitt

der

allgemeinen Artilleriewissenschaft,

bearbeitet durch

F. W. Scheuerlein,
Hauptmann im 5ten Artillerie-Regiment.

Berlin.
Druck und Verlag von Georg Reimer.
1854.

Vorrede.

Die ursprüngliche Absicht des Verfassers, in dem zweiten Theile die Lehre von der Bewegung abzuhandeln, hat eine Aenderung erfahren, welche der Rechtfertigung bedarf.

Der Entwurf und die ersten Vorarbeiten versetzten bald in die Alternative, entweder die Lehre von der Bewegung in rein mechanisch-technischem Sinne als eine eigentliche Mechanik und Technik der Artillerie unter stillschweigender Voraussetzung der verschiedenen Waffenzwecke zu behandeln, oder auf Grund einer taktisch-artilleristischen Entwickelung jener Waffenzwecke die entsprechenden Konstruktionsaufgaben für das Waffenmaterial der Artillerie, so weit es die Bewegung vermittelt, herzuleiten und so zu einer eigentlichen Artillerie-Konstruktionslehre zu gelangen, d. h.: zu dem logisch geordneten Inbegriffe der taktisch-artilleristischen Konstruktionsgesetze.

Der erste Weg konnte durch eine Artillerietechnik offenbar zu keinem wahrhaften Bestandtheile einer allgemeinen Artillerie-Wissenschaft führen, weil unerwiesene Voraussetzungen, der Einfluß verschiedener Artilleriesysteme und der veränderliche Standpunkt der Technik hierbei zur Geltung kommen mußten.

Der zweite Weg, die wissenschaftliche Entwickelung einer allgemeinen Artillerie-Konstruktionslehre, gelangt allerdings zu einem in das Gebiet der allgemeinen Artillerie-Wissenschaft gehörigen Resultate, fordert aber auch eine taktisch-artilleristische Begründung der verschiedenen Konstruktionsaufgaben. Sollen diese nun nicht in der Luft schweben, was die Autorität des Verfassers doch in der That nicht abwenden könnte, so mußten sie auf die wissenschaftlich entwickelten Gefechtsaufgaben der Artillerie gestützt werden, denn nur eine wissenschaftliche Begründung kann in einer allgemeinen Artillerie-Wissenschaft Platz finden.

So wurde der Verfasser auf die Nothwendigkeit hingeführt, die Lehre vom Gebrauche der Artillerie als zweiten Theil der allgemeinen Artillerie-Wissenschaft folgen zu lassen.

Die Bearbeitung erfolgte denn auch sogleich nach Herausgabe des ersten Theiles und gedieh bald in der vorliegenden Art und Weise zu Ende, so daß kaum noch wesentliche Aenderungen und Zusätze erforderlich geworden sind.

Aber theils allgemeine, theils persönliche Verhältnisse hinderten bisher die Veröffentlichung des zweiten Theiles. Zu letztern gehörte besonders der schmerzliche Verlust, welchen der Verfasser durch den Tod eines warmen Gönners und Freundes, des Artillerie-Majors Herrn Dr. Foerster, erlitt. Dieser hochgebildete Artillerie-Offizier wußte eine fremde Ansicht zu ermuthigen und zu beleben, ohne sie durch subjektive Einwirkung in ihrer Eigenthümlichkeit und Selbständigkeit zu stören; mit seinem Tode schwand für das wissenschaftliche Unternehmen des Verfassers das anregende, belebende Element und ein unersetzlicher Rathgeber dahin. Der geneigte Leser wird gewiß gern gestatten, dem Andenken des Dahingeschiedenen einen dankbaren Nachruf zu weihen.

Der Verfasser war bei Abfassung dieser Gebrauchslehre seiner Waffe lediglich auf Studium und eignes Nachdenken beschränkt, was bei der Eigenthümlichkeit des betretenen Weges nur wenig Beruhigung und Zuversicht verleihen konnte, denn die wissenschaftliche Herleitung einer Gebrauchslehre muß auf anderem Grunde und Boden erstehen, als eine geordnete Zusammenstellung der im Kriege erprobten Regeln und Gesetze.

Um zu allgemein giltigen Gesetzen des Gebrauches

zu gelangen, kann man weder die Leistungsfähigkeit irgend eines bestehenden Artilleriesystems, noch die Eigenthümlichkeiten bestimmter Gefechtsfälle zu Grunde legen, man muß vielmehr das mit dem allgemeinen Wesen des Gefechts und seiner Hauptcharaktere verflochtene Bedürfniß nach Mitwirkung der Artillerie und die in dieser Waffe natürlich begründete Leistungsfähigkeit als das allein wahre Fundament für die Entwickelung der Gebrauchslehre benutzen.

Das natürliche Maß für die Leistungsfähigkeit der Artillerie wurde in der Lehre von der Wirkung behandelt, welche demnach als Grundlage für die Gebrauchslehre dienen muß. Wenn wir aber die beiden Elemente, das Wesen des Gefechts und die natürliche Leistungsfähigkeit der Artillerie, als Fundament für die Gebrauchslehre benutzen sollen, so müssen wir aus ihnen einen Grundbegriff gewinnen, welcher als Ausgangs- und Endpunkt für die Gebrauchslehre dient und zugleich beide Elemente in sich aufnimmt. Es müssen sich also in dem Grundbegriffe für die Gebrauchslehre der Artillerie das Wesen des Gefechts und die Leistungsfähigkeit der Artillerie gewissermaßen verkörpern.

Dieser Bedingung entspricht der Begriff des taktischen Totalerfolges der Artillerie. —

Wie die Lehre von der Wirkung den taktischen Totalerfolg im Sinne der Konstruktion des Schusses behandelte, so behandelt die Lehre vom Gebrauche denselben im Sinne der taktischen Verwerthung des Schusses.

Wir verweisen in Betreff der Entwickelung des Begriffes auf das Inhaltsverzeichniß und auf die nachfolgenden Blätter, welche sich über ihren Gang rechtfertigen müssen und bemerken nur, daß bei dieser Entwickelung Begriffe aufgestellt werden, die zum Theil neu und befremdend sind. Dieß ist indeß nicht unsre Schuld, sondern die unvermeidliche Folge der angenommenen Methode.

Es ist bereits in der Vorrede zum ersten Theile ausgesprochen worden, was die Methode der wissenschaftlichen Entwickelung bezweckt und welche Bedeutung für die Praxis den hierbei aufgestellten Gesetzen innewohnen kann; wir wollen daher hier nur noch darauf hindeuten, daß für einen Offizier ohne Kriegserfahrung neben dem sorgsamsten Studium der Kriegsgeschichte, besonders aber ihrer Spezialitäten eine wissenschaftliche Entwickelung und Erforschung der Gesetze über den Gebrauch der Artillerie am sichersten dahin zu führen scheint, das taktische Urtheil zu bilden und aufzuklären.

Eine wissenschaftliche Darstellung der Gebrauchslehre, welche zur Sicherstellung des Verständnisses in der Nothwendigkeit ist, neben einigen neuen Begriffen andre übliche in ihrer Bedeutung scharf zu fixiren und sich daher oft recht umständlich auszusprechen, muß die Geduld des Lesers sehr in Anspruch nehmen und im steten Kampfe mit der Gefahr, breit und umständlich zu werden, vorwärtsschreiten.

Niemand kann diese Schwäche der vorliegenden Arbeit stärker empfinden, als der Verfasser bei Zurücklegung seines mühsamen Weges; er bittet daher in dem Bewußtsein der mannichfachen Mängel seiner Darstellung um Geduld und Nachsicht.

Möge ihm eine wohlwollende Aufnahme seiner Leistungen und eine ernste Prüfung der gewählten Methode im Interesse der Wissenschaft zum Lohne werden! —

Schweidnitz im Mai 1853.

Scheuerlein.

Inhalts-Verzeichniß.

Erster Abschnitt.

Allgemeine Begründung der Gebrauchslehre.

§§. 1—25.

Erstes Kapitel.

Ueber den taktischen Totalerfolg der Artillerie.

§§. 1—7.

Zweites Kapitel.

Von den taktischen Verbindungen des Artilleriegefechts. §§. 8—14.

Drittes Kapitel.

Von dem Gebrauche der Kampfmittel der Artillerie. §§. 15—25.

Zweiter Abschnitt.

Ueber den Gebrauch der Artillerie bei Vertheidigung und Angriff besonderer Oertlichkeiten im freien Felde. §§. 26—44.

Erstes Kapitel

Ueber den Gebrauch der Artillerie bei Vertheidigung und Angriff militairischer Posten. §§. 27—31.

Zweites Kapitel.

Ueber den Gebrauch der Artillerie bei Vertheidigung und Angriff von Terrainabschnitten. §§. 32—39.

Drittes Kapitel.

Ueber den Gebrauch der Artillerie bei Vertheidigung und Angriff von Defileen. §§. 40—44.

Dritter Abschnitt.

Ueber den Gebrauch der Artillerie bei Vertheidigung und Angriff der Festungen. §§. 45—71.

Erstes Kapitel.

Allgemeine Erörterungen. §§. 45—49.

Zweites Kapitel.

Die erste Parallele und die Vertheidigung bis zur Feuereröffnung der zweiten Parallele. §§. 50—52.

Drittes Kapitel.

Die zweite Parallele und die Vertheidigung dagegen. §§. 53—55.

Viertes Kapitel.

Die halbe Parallele, die bewaffneten Annäherungen zur dritten Parallele und die Vertheidigung dagegen.

§§. 56—58.

Fünftes Kapitel.

Die dritte Parallele und die Vertheidigung dagegen.

§§. 59—61.

Sechstes Kapitel.

Das Kouronnement und die Vertheidigung dagegen.

§§. 62—65.

Siebentes Kapitel.

Ueber die Abweichungen vom förmlichen Angriffe.

§§. 66—71.

Die Lehre vom Gebrauche der Artillerie.

Erster Abschnitt.
Allgemeine Begründung der Gebrauchslehre.

Erstes Kapitel.
Ueber den taktischen Totalerfolg der Artillerie.

§. 1.
Allgemeiner Begriff des taktischen Totalerfolgs.

Die Entscheidung des Gefechts, sowohl im Großen und Ganzen, wie auch jedes einzelnen Theilaktes in selbigem, ist der allgemeine und auch der allein natürliche, oberste Zweck eines Gefechtes und jeder einzelnen Gefechtshandlung, wie der dabei thätigen Streitkräfte.

Der Zweck des Gefechts und der einzelnen Gefechtshandlung gehört dem individuellen Falle an, sobald der Zweck eine spezielle Richtung, ein spezielles Objekt in strategischer oder taktischer Beziehung andeutet und hierdurch nichts anderes thut, als der Gefechtsthätigkeit ein bestimmtes Objekt, ein bestimmtes Ziel und eine dazu dienliche Form zu verleihen, der Entscheidung selbst Richtung und Form zu geben, sie gewissermaßen strategisch oder taktisch zu verkörpern.

Entscheidung des Gefechts ist in allgemeinster Auffassung nichts anderes, als die Umstimmung der bestehenden Gefechtslage unter bestimmten Beziehungen zu dem besondern Zwecke des Gefechts oder eines seiner Theilakte.

Die Entscheidung kann, der Natur des Gefechts gemäß, nur erfolgen durch Zerstörung der Streitkräfte und durch Störung ihrer taktischen Ordnung und Gefechtsthätigkeit in einem solchen Verhältnisse, daß der eine Theil in eine für die Fortsetzung des Gefechts vortheilhaftere Lage versetzt wird, als sein Gegner. Beide fechtende Parteien treffen im Streben nach Entscheidung nothwendig zusammen, nur ist ihre Richtung eine entgegengesetzte und nur dadurch erst kann das Gefecht hervorgerufen werden. Trotz dieser Einheit und gleichzeitigen Feindseligkeit im Streben nach Entscheidung können beide Parteien des Gefechts in großer Verschiedenheit strategischer und taktischer Interessen, in sehr verschiedenen Formen und Richtungen der Gefechtsthätigkeit, im strengsten Gegensatze von Angriff und Vertheidigung sich bewegen, sie können in Bezug auf die Gefechtsdauer ein vollkommen entgegengesetztes Interesse haben.

Das Streben nach Entscheidung ist in allen Fällen Ursache und belebendes Prinzip des Gefechts, in jeder Handlung und in jedem Augenblicke desselben; erlischt dieses Streben, entweder dadurch, daß eine Partei ihre Absicht aufgibt, oder dadurch, daß beide Theile sich in ihrem Streben nicht treffen, so muß auch das Gefecht aufhören, oder gar nicht zum Vorschein kommen.

Die Natur des Gefechts, die Leidenschaftlichkeit und die persönliche Gefahr der fechtenden Truppen, die Folgen des Gefechts für die Zwecke und Interessen, um welche gekämpft wird, machen das Streben nach Entscheidung selbst zu einem Akte der Leidenschaft und weisen eine streng geregelte, maschinenartige Leitung der Gefechtsthatigkeit, eine kalt berechnete, speculative Ausbeute der Gefechtsformen, die durchgreifende Herrschaft über die taktischen Verhältnisse, eine vortheilhafte Abmessung der Gefechtsdauer um so weiter von sich ab, je heftiger das Gefecht entbrannt ist, je höher die Gefahr im Kampfe sich steigert, je schwerer und folgenreicher die Entscheidung hereinzubrechen droht. Das Streben nach Entscheidung wird in seinem leidenschaftlichen Charakter gesteigert in dem Maße, als sich das Gefecht mehr und mehr entwickelt, die Entscheidung herannahet und die Gefahr wächst.

Offenbar würde das Streben nach Entscheidung den Verlauf eines Gefechtes zu einem unaufhaltsamen, Alles überstürzenden und völlig unlenksamen machen, wenn die Streitkräfte wie eine Meute gegen einander losgelassen würden in ganzer Stärke und voller Gefechtsentwickelung; auf eine solche Weise würden die verschiedenen Waffen der heutigen Armee nicht einmal Zeit gewinnen, von ihrer eigenthümlichen Waffenwirkung, von ihrer Ausrüstung und von ihrer Ausdauer im Gefecht, mit einem Worte von ihrer Gefechtskraft vollen Gebrauch zu machen, geschweige, daß sie die taktisch werthvollen Eigenthümlichkeiten des Kampfplatzes, künstlich geschaffene Verstärkungen desselben in ihrer Widerstandskraft auszubeuten vermöchten. Das ganze Gefecht müßte sich in einem einzigen Stoße der gesammten Streitkräfte erledigen, deren Anmarsch und Entwickelung hiernach zu dem einflußreichsten und zeitraubendsten Elemente erhoben würde, dagegen die Zahl, Bravour und Gewandtheit der Truppen zu einem zwar in letzter und höchster Instanz entscheidenden, jedoch rein mechanischen Faktor herabsinken müßten, während der Zufall, unerwartete Störungen, Hindernisse der Bewegung u. s. w. ein ungehemmtes, verderbliches Spiel treiben könnten.

Diesem unaufhaltsamen, blinden Drange nach Entscheidung tritt die Gefechtsführung hemmend und regelnd entgegen, indem sie eine langsame und allmahlige Entwickelung an die Stelle der gleichzeitigen Entfaltung der gegebenen Streitkräfte treten läßt, indem sie die verschiedenen Waffen je nach ihrer eigenthümlichen Wirkungsweise zum Gefechte ordnet und vorführt, die ihnen eigene Gefechtskraft und Ausdauer zu verwerthen, die natürlichen und künstlichen Vortheile des Kampfplatzes, einflußreiche Beziehungen der gegenseitigen Gefechtsverhältnisse auszubeuten und von der entscheidenden Kraft der Gefechtsdauer einen weisen Gebrauch zu machen sucht. Nur der eigentliche Ueberfall im strengen Sinne des Wortes weist eine derartige Gefechtsführung von sich ab, es ist derselbe ein einziger entscheidender Stoß, bei welchem die Ueberraschung, also das Maß der ersten Gegenwehr das höchste Element der Entscheidung abgibt, nicht aber eine erschöpfende Waffenwirkung der Truppen.

So sehen wir die heutigen Gefechte je nach ihrer Größe und taktischen Eigenthümlichkeit in eine größere oder geringere Zahl einflußreicher Theilakte, den Gesammterfolg in Theilerfolge zerfallen, auf deren taktische Bedeutung, auf deren entscheidende Kraft die Zeit ihres Eintritts und der Ort, wo sie sich zutragen, einen großen Einfluß ausüben. Je näher sie zur endlichen Entscheidung herantreten, je einflußreicher die Stelle der Schlachtordnung ist, wo sie erkämpft werden, desto größer ist ihre entscheidende Gewalt.

Die heutigen Gefechte, sowohl im freien Felde, wie im Festungskriege, zerfallen daher in drei natürliche Perioden und zwar in die Einleitung des Gefechts, welche die erste Berührung mit dem Gegner und die ersten taktischen Anordnungen zum Gefecht in sich begreift; in die Entwickelung des Gefechts, welche die Gefechtskraft der Truppen und des Bodens so weit entfaltet und erschöpft, daß die Entscheidung hieraus als eine natürliche, wohlgeordnete Folge hervorgehen kann und in die Entscheidung des Gefechts, welche eine so einflußreiche Umstimmung der taktischen Verhältnisse zu Tage treten läßt, daß die Gestalt und Richtung des Gefechts sich völlig und unaufhaltsam zum Nachtheil einer Partei herumwerfen. In diese Periode gehort naturgemaß die Verfolgung, so weit sie mit der noch vorhandenen Gefechtskraft, als unmittelbare Fortsetzung und Vollendung des Gefechts, als unmittelbare Verlängerung der Gefechtsdauer, gewissermaßen als eine unmittelbare Erweiterung des Schlachtfeldes, ausgeführt wird. Was über diese Grenze hinausgeht, nachdem Ruhe und eine neue Ordnung bei den Truppen eingetreten, ist als eine Folge der Entscheidung, als neues Gefecht anzusehen.

Diese verschiedenen Perioden des Gefechts trennen sich ihrem Charakter nach offenbar um so schärfer, je größer die gegen einander auftretenden Truppenmassen und je zusammengesetzter sie in ihren Waffengattungen sind, ohne daß deshalb eine scharf gezeichnete Abscheidung dieser Perioden vorausgesetzt werden darf; ja auf einer ausgedehnten Schlachtlinie darf man sich nicht einmal denken, daß das Gefecht überall in gleichen Stadien der Entwickelung steht oder alle Stadien gleich gründlich durchläuft. In wie vielen Beispielen lehrt uns nicht die Kriegsgeschichte, daß, während auf einzelnen Punkten die Schlacht bereits längere Zeit in voller Wuth tobt, auf andern Punkten, selbst auf solchen, wo sich später die entscheidenden Schläge entwickelten, noch volle Ruhe war? Es ist wichtig, sich über die verschiedenen Perioden eines Gefechts Rechenschaft, wie der Arzt über den Stand einer Krankheit, zu geben, denn dieß ist vom höchsten Einflusse nicht allein auf den Gebrauch der Truppen, sondern auch und zwar fast in höherem Grade auf das Verhalten derselben im Gefecht. Es ist nicht erforderlich, naher darzulegen, daß besonders die Artillerie in den verschiedenen Entwickelungsstadien eines Gefechts in ihrem Gebrauche, vorzugsweise aber in ihrem Verhalten wesentlich umgestimmt werden muß.

Die Entscheidung eines Gefechts im Großen und Ganzen entspringt aus Theilerfolgen, die in den verschiedenen Perioden des Gefechts erfochten werden. Offenbar können Theilerfolge, welche in der Einleitungsperiode erfochten werden, niemals die entscheidende Kraft haben, als die spätern, der endlichen Entscheidung näher stehenden, wenn nicht ganz besondere und sehr seltene Umstande hierauf einwirken. Es ist ein Ereigniß von sehr verschiedener Bedeutung, ob ein Bataillon zurückweicht aus der Linie eines in voller Entwickelung stehenden Gefechts, oder ob es vorgeschoben gegen ein vom Feinde besetztes Terrain durch unerwarteten Widerstand, durch ein heftiges Feuer, in dessen Bereich es gerathen ist, zurückgeschnellt wird. Wie verschieden muß das Verhalten sein, sowohl der Truppen, welche ein solches Ereigniß unmittelbar und mittelbar trifft, als auch der feindlichen, welche daraus Nutzen ziehen sollen! —

Es ist nicht nothwendig, daß alle Theilerfolge günstig sein müssen, um eine günstige Entscheidung des Gefechtes hervorzubringen; es reicht hin, wenn nur die Theilerfolge von größerem Umfange und die der endlichen Entscheidung nähern günstig ausfallen. Es ist Sache der Gefechtsführung und des Verhaltens der fechtenden Truppen, die Theilerfolge richtig zu würdigen und zu behandeln; die günstigen in eine vortheilhafte und wirksame Verbindung mit dem Gefecht zu bringen, die Wirkung der ungünstigen zu ermäßigen, ihre entscheidende Kraft abzuwenden. Wie oft können die Umstände es gebieten, günstige Erfolge nicht über eine sehr beschränkte Grenze hinaus zu benutzen, um nicht in nachtheilige Verhältnisse zu gerathen, Truppen nicht in Gefahr zu bringen, in Bewegungen und Zeitverluste zu verstricken, welche mit dem möglichen Erfolge gar nicht in Vergleich zu bringen sind, nicht Maßregeln des Feindes zu wecken, welche sonst nicht eingetreten wären und welche den eignen Absichten störend in den Weg treten u. s. w.! —

Dieser weisen Maßigung, dieser ruhigen Abwagung der möglichen Vortheile mit den Opfern, welche gebracht und mit den Gefahren, welche hervorgerufen werden, tritt die Leidenschaftlichkeit der fechtenden Truppen, ihr Verlangen entgegen, den augenblicklichen Sieg, welchen sie dem Feinde mit ihrem Blute abgerungen, auch in seiner ganzen Fülle zu genießen.

Berücksichtigt man, daß im freien Felde das Werthverhältniß des Bodens, der Stellung, des Terraingewinns einen oft schnell vorübergehenden und dabei sehr wechselvollen Einfluß hat, daß Verlust oder Gewinn an Terrain oft nur eine augenblickliche, schnell wieder verschwindende Wirkung äußert, daß dagegen der Verlust an Todten, Verwundeten, Gefangenen, Ausrüstung der Truppen, innerer Ordnung u. s. w., wenn er nur sonst nicht unbedeutend ist, in seiner materiellen und moralischen Wirkung auf die endliche Entscheidung nie ganz verschwinden kann, daß selbst der Sieger die Opfer fühlt, um welche er seinen Lorbeer eingetauscht, so muß man bei der Gefechtsführung den Grundsatz in seiner allgemeinen Wahrheit und taktischen Giltigkeit für alle Theilerfolge anerkennen:

„daß alle Theilerfolge so weit ausgebeutet werden müssen,
„als man dem Gegner große, nachhaltig wirkende Verluste
„an Menschen und Ausrüstung beibringen kann, die außer
„Verhältniß zu den eignen Opfern stehen."

Es bedarf keiner Erläuterung, wie sehr durch diesen Grundsatz der Gebrauch und das Verhalten der beiden Fernwaffen, Artillerie und Kavallerie, berührt werden. Die Artillerie und Kavallerie erweitern und ergänzen das in Ansehung des Feuers wie der Stoßkraft in enge Grenzen eingeschränkte Gefecht der Infanterie; sie sind daher vorzugsweise zu der Ausbeute taktischer Verhältnisse und augenblicklicher Erfolge durch das ihnen eigenthümliche Ferngefecht berufen, sobald sie nicht in größerer taktischer Selbständigkeit Gefechtszwecke verfolgen, welche dem Gefecht der Infanterie nicht angehören.

Die Infanterie ist im taktischen Sinne des Wortes der Kern der heutigen auf die Feuerwirkung gegründeten Heere, indem sie die beiden taktischen Grundelemente derselben, die Feuerwirkung und die blanke Waffe in sich tragt, aber ermäßigt durch eine geringe Sphäre, durch Einseitigkeit und geringe Stoßkraft ihres Feuers und durch eine geringe, auf kurze Entfernungen beschränkte Schnellkraft ihrer Attaquen. Die Kavallerie und Artillerie sind Potenzen, welche den heutigen Heeren ihre taktische Vollendung geben, die geordnete Führung des Gefechts durch eine planmäßige Einleitung und Entwickelung der Streitkräfte, durch eine geschickte Benutzung des Terrains, durch Gliederung größerer Truppenmassen in taktisch selbständige, leicht zu führende Körper, durch größere Freiheit in der Benutzung partieller Erfolge und durch ausgedehntere Verwerthung der Gefechtsdauer, der vollen Gefechtskraft der Truppen begründen; endlich sind Kavallerie und Artillerie diejenigen Waffen, welche die Infanterie für die entscheidenden Maßregeln stärken und schützen, welche die Infanterie während des ganzen Gefechts in derjenigen Einfachheit der Gefechtsführung erhalten und schützen, wie sie für eine Waffe von geringer Wirkungssphäre und von mäßiger Beweglichkeit ihrer geschlossenen Massen unentbehrlich ist.

Wenn wir nun die taktische Gliederung der heutigen Heere in die drei Waffen derselben und in daraus zusammengesetzte größere taktisch selbständige Truppenkörper als die organische Grundlage der heutigen Gefechtsführung vor Augen haben, so sehen wir als natürliche Folge davon das Ganze eines Gefechts aus mehr oder weniger taktisch selbstandigen Theilgefechten, die Entscheidung desselben also auch aus mehr oder weniger taktisch selbständigen Theilerfolgen hervorgehen, welche unter sich verbunden sind durch den taktischen Zusammenhang des Schlachtfeldes und der Zeit, so wie durch die für eine gemeinsame letzte Entscheidung aufgesparte allgemeine Reserve, die allen Theilgefechten Kraft, Schutz und Rückhalt gewahrt. So besteht also auch der taktische Erfolg einer einzelnen Waffe nicht in einer einzigen, bis zur vollkommenen Erschöpfung der eigenen oder feindlichen Gefechtskraft durchgetriebenen Gefechtshandlung, sondern die Gefechtskraft einer Waffe, einer einzelnen Truppe, erledigt sich mehr oder weniger in einer Reihe mit andern Waffen oder Truppen bestandener Theilgefechte, bei welchen sich die Wirkungen der einzelnen Waffen zu einem gemeinsamen Erfolge ergänzten und verstärkten.

Jede Waffe erkämpft mithin im Laufe eines Gefechtes durch ihre Waffenwirkung eine Reihe von Erfolgen, von denen aber nur diejenigen einen taktischen Werth haben, welche auf die Entwickelung, Führung und Entscheidung des Gefechtes einen sichtbaren Einfluß äußern; jede Wirkung einer Waffe, welche diesen Einfluß auf das Gefecht nicht äußert, möge sie noch so groß sein, ist auch für das Gefecht so gut, als nicht vorhanden. Dasselbe gilt von jeder Steigerung eines taktischen Erfolges, welche für die Entscheidung des Gefechtes gar keinen Werth mehr beanspruchen kann, wie z. B., um ein recht schlagendes Beispiel anzuführen, die Tödtung Verwundeter oder Gefangener.

So wie man daher als Grundsatz festhalten muß:

„Im Laufe des Gefechtes nur nach taktischen, d. h. für die Entscheidung des Gefechtes werthvollen, Erfolgen zu streben," —

so ist es ein eben so unverbrüchlicher Grundsatz:

„Im Laufe eines Gefechtes nur taktisch werthvolle Steigerungen der Erfolge zu unternehmen." —

So wie diese beiden Grundsätze den Truppen überhaupt als einschränkende Bedingung ihrer Gefechtsthätigkeit und ihres Waffengebrauches das Gesetz auferlegen, sich beim Streben nach Erfolg und nach Steigerung desselben nicht aus dem taktischen Verbande, an welchen sie gewiesen sind, fortreißen zu lassen, so treffen sie vorzugsweise die beiden Fernwaffen, deren Gebrauch und taktisches Verhalten dadurch schwieriger werden.

Blicken wir auf die eben besprochenen Grundsätze, welche aus dem Streben nach Entscheidung des Gefechtes und aus der

Nothwendigkeit des taktischen Werthes aller Gefechtsbestrebungen sich herleiteten, so tritt als Bedingung ein solches Maß taktischer Freiheit und Selbständigkeit der fechtenden Truppen hervor, wie es allein befähigen kann, Theilerfolge auszubeuten und taktisch werthvoll zu machen.

Die Truppen an sich gewinnen diese taktische Selbständigkeit durch eine dem taktischen Bedürfnisse entsprechende Verbindung der drei Waffen zu größeren Truppenkörpern, welche im Stande sind, ihr Gefecht mit den Eigenthümlichkeiten des Bodens in eine kräftige Verbindung zu setzen, den Boden zu bewaffnen, um ihn zu vertheidigen, oder zur Steigerung des Widerstandes zu benutzen, oder den bewaffneten Boden anzugreifen. Durch diese taktische Verbindung der Truppen mit den Eigenthümlichkeiten des Bodens tritt ein taktisches Element, die Stellung, ins Spiel, welche die Theile eines größern Gefechtes durch die Terrainverschiedenheit größerer Bodenflächen in mehr oder weniger getrennte Theilgefechte zerlegt, deren Verbindung und taktische Selbständigkeit durch eine allgemeine Reserve ihren gemeinsamen Schlußstein findet.

Auf diesen Wegen geschieht jenen drei Grundgesetzen über den Gebrauch und das Verhalten der Truppen im Gefecht so weit Genüge, daß die verschiedenen Waffen im Stande sind, die ihnen eigenthümliche Gefechtskraft für die Entscheidung des Gefechts auszubeuten. Die Gefechtskraft ist aber offenbar ein Produkt der Waffenwirkung, der Manövrirfähigkeit und der Fügsamkeit in die verschiedenen Gefechtsverhältnisse und endlich der Ausdauer im Gefecht.

Fassen wir nun die bisherigen Betrachtungen in einen Gesammtausdruck zusammen, so können wir dahin definiren:

„Der taktische Totalerfolg einer Waffe wird in dem „Einflusse gefunden, welchen dieselbe auf die Anordnung, Führung und Entscheidung des Gefechtes „geäußert hat."

Nachdem diese wichtige Frage in erster Instanz erledigt, der Begriff des taktischen Totalerfolgs in seiner ganzen Allgemeinheit festgestellt ist, drangen das Streben nach Entscheidung des Gefechts, die tragische Natur aller Handlungen in demselben unmittelbar zu der weitern Frage über den **höchsten taktischen Totalerfolg**, den eine Waffe im Gefecht erstreben kann und zu erstreben mit Leib und Leben verpflichtet ist.

Es ist selbstredend, daß der höchste taktische Totalerfolg und die höchste Waffenwirkung zwei sehr verschiedene Elemente sind, zwischen denen nicht einmal ein unmittelbarer, geschweige nothwendiger Zusammenhang Statt findet; denn eine sehr große Waffenwirkung kann einen sehr geringen, selbst gar keinen taktischen Werth haben und eine taktisch sehr bedeutende Wirkung setzt nicht nothwendiger Weise einen wirklichen Waffengebrauch, sondern oft nur eine Bedrohung mit demselben voraus. Es ist mithin ein wesentlicher Faktor von vollig unbestimmtem Einflusse auf die Größe des taktischen Totalerfolges, und wir erkennen schon ohne tieferes Eingehen, daß die Größe des taktischen Totalerfolges, lediglich ein Produkt wechselseitiger Beziehungen der Waffenwirkung und der taktischen Verhältnisse, unter welchen die Waffenwirkung erfolgt, aus den wechselvollen Gestalten wirklicher Gefechte hervorgeht, sich also der Messung durch abstrakte Gesetze völlig entzieht.

Der Begriff des höchsten taktischen Totalerfolges ist mithin ein unbestimmbarer, nebelvoller, nicht allein der Subjektivität des wirklichen Gefechts, sondern auch derjenigen des taktischen Urtheiles unterworfener.

Selbst wenn man sich den Fall denken wollte, daß eine Waffe in absoluter Selbständigkeit ein Gefecht eingeleitet, fortgeführt und bis zur Entscheidung durchgekämpft hätte, so ist hierin noch keineswegs der absolut höchste taktische Totalerfolg der Waffe gegeben, weil der Aufwand an Mitteln, an Gefechtskraft und Zeit und das auf diesem Wege in den taktisch- und strategisch-brauchbaren Folgen der Entscheidung erhaltene Resultat nothwendig mit dem Resultate in Vergleich treten muß, welches mit geringern Mitteln der Waffe aber im taktischen Verbande mit andern Waffen erreicht worden wäre.

Die absolute Selbständigkeit einer Waffe, d. h. ihre taktische Isolirung, kann also niemals zum Maßstabe des taktischen Totalerfolges werden, ja diese absolute Selbständigkeit ist sogar ein von der Taktik völlig ausgeschlossener Begriff, weil, obschon in einzelnen Fällen Infanterie und Kavallerie ohne Beihilfe anderer Waffen ein Gefecht zu bestehen vermögen, doch die Wahrheit unumstößlich bleibt, daß, wäre eine Verbindung mit andern Waffen möglich oder brauchbar gewesen, das Gefecht dadurch eine größere taktische Stärke und Bedeutung gewonnen haben würde.

Von der absoluten Selbständigkeit ist die taktische Selbständigkeit einer Waffe wohl zu unterscheiden; in dieser erkennen wir:

„Die Fähigkeit und das daraus naturgemäß hervorgehende „Bestreben einer Waffe, sich bei ihrem Gebrauche, bei ihrer „Gefechtsthätigkeit und bei ihrem Verhalten im Gefecht vor„herrschend auf die eigne Waffenwirkung und auf die eigne „Gefechtskraft, zu stützen, so weit die Uebereinstimmung der „obwaltenden Gefechtsverhältnisse mit der Natur und Gefechts„kraft der Waffe dies gestatten und zugleich rathsam machen."

Die taktische Selbständigkeit einer Waffe ist also abhängig von der Verwandtschaft zwischen der Natur derselben und der Natur des wirklichen Gefechtsfalles, mithin auch nicht in jedem einzelnen Falle in gleichem Grade zu erstreben.

Statt nach dem höchsten taktischen Totalerfolge, nach absoluter Selbständigkeit zu streben, was keiner Waffe gestattet ist, stellt die Taktik das Gesetz auf:

„Durch die Konstruktion, die Organisation, den Gebrauch „und die Gefechtsthätigkeit gleichmäßig nach einer Erhöhung

„der taktischen Selbständigkeit, nach einer taktisch werthvollen „Steigerung der Gefechtskraft zu streben."

Also nicht auf dem Wege einseitiger Steigerung der Waffenwirkung oder der Beweglichkeit sollen Konstruktion, Organisation, Gebrauch und Gefechtsthätigkeit vorgehen, sondern auf dem Wege der taktisch werthvollen Steigerung.

Die taktische Selbständigkeit einer Waffe im Gefecht ist nach den bisherigen Betrachtungen die natürliche, aber unendlich wechselvolle, Basis des taktischen Totalerfolges; die taktische Selbständigkeit aber ist, wie wir gesehen haben, abhängig von der Verwandtschaft zwischen der eigenthümlichen Natur und Gefechtskraft einer Waffe und zwischen der Natur des wirklichen Gefechts.

Wollen wir daher den taktischen Totalerfolg der Artillerie näher besprechen und unter Gesetz und Regel bringen, so müssen wir zunächst die Elemente kennen lernen, welche die Entscheidung eines Gefechtes begründen, demnächst die Gefechtskraft der verschiedenen Waffen in ihren Eigenthümlichkeiten vor Augen legen, um zu ermessen, in welchen natürlichen und in welchen taktischen Zusammenhang die Gefechtskraft der Artillerie mit jenen Elementen der Entscheidung gebracht werden muß.

Wir verweilten so lange bei dem Begriffe des taktischen Totalerfolges einer Waffe, um ihn in der ganzen Fülle seiner innern Bedeutung aufzufassen, nicht allein, weil derselbe nach unserer Ansicht der natürliche und nothwendige Grundbegriff einer wissenschaftlich entwickelten Gebrauchslehre der Artillerie ist und weil jede Wissenschaft nothwendig von einem Grundbegriffe ausgehen und durch die ganze Kette ihrer Schlüsse wieder auf ihn zurückführen muß, sondern auch um deswillen, weil erst durch einen solchen gründlich entwickelten und in seiner vollen Wahrheit anerkannten Grundbegriff alle darauf gestützten Schlüsse und Gesetze den Stempel innerer Wahrheit und Nothwendigkeit gewinnem können, ohne welchen eine Wissenschaft, eine Lehre nicht existiren kann.

Wollen wir also überhaupt den Versuch machen, die Konstruktion und den Gebrauch einer Waffe in wissenschaftliche Form zu bringen, so müssen wir den Grundbegriff für diese Lehren aufsuchen und denselben in seiner innern Wahrheit und vollen Bedeutung ans Licht fördern.

Selbst wenn wir zugeben müßten, daß für eine wissenschaftliche Entwickelung einer Gebrauchslehre der Artillerie noch nicht die nothwendige Reife gewonnen wäre, oder daß sie noch ganz ungewöhnlicher Krafte bedürftig sei, so bleibt es doch ein Thema, wenigstens des Versuches werth.

Bei diesem Versuche müssen wir aber das Verlangen stellen, wie mühsam und ermüdend es auch für einen lebhaften, einer ruhigen Entwickelung ungeduldig voranstrebenden Geist werden mag, uns durch die ganze Schicht der Grundbegriffe und des Elementarstoffes Schritt für Schritt längs einer Kette meist ganz selbstverständlicher Schlüsse zu begleiten und zwar ohne alle Aussicht, etwas Neues, etwas Ueberraschendes zu finden, oder sich durch ein Spiel interessanter, geistreicher Wendungen entschadigt zu sehen. Es ist ja nicht unsre Absicht, die bekannten Wahrheiten und Gesetze durch neue Entdeckungen zu vermehren oder durch unsre Zustimmung auf eine ganz überflüssige Weise zu bekräftigen, nein, wir wollen sie nur streng wissenschaftlich herleiten, unbekümmert, ob wir zu Neuem, zu Besserem gelangen, wenn wir nur die innere Nothwendigkeit und Wahrheit unsrer Gesetze nachgewiesen, wenn wir nur dem Gedächtniß, dem Reiche subjektiver Erfahrungen und Ansichten entzogen haben, was dem Reiche des Verstandes, der objektiven Wahrheiten, zugehört.

So müssen wir es denn auch über uns ergehen lassen, wenn uns diese schulgerechte Entwickelung unwillkührlich in die Länge und Breite mit sich fortreißt, und uns bei aller Vorsicht kräftigern Geistern und bündigern Stylisten weitschweifig erscheinen läßt. Wir fürchten dieß, aber wir hoffen auf eine billige Berücksichtigung der mit unsrer Methode verbundenen Schwierigkeiten.

Es wird kein geringer Nutzen einer solchen wissenschaftlichen Entwickelung der Gebrauchslehre seyn, daß die Wahrheiten und Gesetze sich gewissermaßen nach der Anciennetät ihrer höhern oder niedern Allgemeingiltigkeit aneinander reihen, in die ihnen zukommende Rangstufe treten; es wird ferner kein werthloser Ertrag seyn, wenn manche der gangbaren Aussprüche und Sentenzen, wie z. B. über die sogenannte offensive und defensive Natur der Artillerie und ihrer verschiedenen Gattungen, in ihr wahres Licht gestellt werden.

Dergleichen Aussprüche und Sentenzen sind in der Art und Isolirtheit, wie sie meistens gegeben werden, nicht ohne die erheblichsten Gefahren für ihre richtige Auffassung, besonders Seitens derjenigen, welchen Kriegserfahrung und gereiftes Urtheil nicht hinreichend zur Seite steht. Wie einflußreich muß so etwas auf die individuellen Ansichten über das Wesen und den Gebrauch einer Waffe wirken?

Dergleichen Sentenzen sind aber deshalb so gefährlich, weil sie bei irgend einer passenden Gelegenheit mit einer Art schlagender Wahrheit plötzlich wie geniale Funken hervorschießen und den überraschten Geist gefangen mit sich fortreißen, ohne daß sie jemals in ihrer innersten Bedeutung entwickelt und festgestellt wären; sie werden als selbstverständliche, allgemein anerkannte Wahrheiten in die Welt geschleudert und angenommen. Wir haben keineswegs die Absicht, sie von uns zu weisen oder nicht anzuerkennen, wir nehmen nur das Recht in Anspruch, sie in ihrer wahren Bedeutung zu erforschen, ihren objektiven Werth gehörig zu entwickeln.

Blicken wir auf die Betrachtungen dieses Paragraphen zurück, um die Entwickelung seines Themas in größter Kürze aufzufassen, so ergibt sich folgender Gedankenzug:

Das Streben nach Entscheidung ist das Grundelement des Gefechts.

Hieraus folgte als erstes taktisches Grundgesetz:

1. „Alle Theilerfolge des Gefechts müssen von den Truppen „so weit ausgebeutet werden, als man dem Gegner große, „nachhaltig wirkende Verluste an Menschen und Streit„mitteln zufügen kann, die außer Verhältniß zu den eig„nen Opfern und Gefahren stehen.“

Die weitere Entwickelung ergab nun folgende zwei Gesetze, welche gewissermaßen die allgemeine Wahrheit des ersten für die Ordre de bataille erläutern und näher bedingen:

2. „Im Laufe eines Gefechtes dürfen die Truppen nur nach „taktischen, d. i. für die Entscheidung des Ge„fechtes brauchbaren und werthvollen, Erfol„gen streben.“

3. „Im Laufe eines Gefechtes dürfen nur taktisch werth„volle Steigerungen der gewonnenen Erfolge „unternommen werden.“

Für den Begriff des taktischen Totalerfolges einer Waffe erhielten wir als Definition:

„Der taktische Totalerfolg einer Waffe ist der sicht„bare Einfluß, welchen die Waffe auf die Anordnung, „Führung und Entscheidung des Gefechtes ge„äußert hat.“

Ferner gelangten wir zu dem Schlusse:

„Die taktische Selbständigkeit einer Waffe im Ge„fecht ist die Basis ihres taktischen Totalerfolges, ihre „Verbindung mit andern Waffen die Bedingung „der Größe desselben.“

Ausgerüstet mit diesen Gesetzen und Begriffen können wir jetzt den zweiten Schritt thun.

§. 2.

Die Elemente der Entscheidung.

Jeder taktisch werthvolle, d. h. für die Entscheidung des Gefechts brauchbare, Erfolg einer Gefechtsthätigkeit, oder im weitern Sinne des Wortes, einer taktischen Maßregel, ist nichts anderes, als eine sichtbare und für die Weiterführung des Gefechtes einflußreiche Aenderung desjenigen Verhältnisses, in welchem die Gefechtskraft beider Theile, d. i. ihre Fähigkeit zur Aufnahme und Fortführung des Gefechts in der Form des Angriffs oder des Widerstandes, beim Beginnen des Gefechts zu einander gestanden hatte. Es ist hierzu nicht nothwendig, daß immer eine wirkliche Gefechtsthätigkeit mit Waffenwirkung Statt gefunden hat, oft reicht eine bloße Bedrohung mit der Waffe hin, die obwaltenden Gefechtsverhältnisse fühlbar zu ändern.

Eine solche Aenderung des Gefechtsverhältnisses kann nur vor sich gehen:

a. Durch Verlust an Streitern und Gefechtsfähigkeit der Truppe.

Hierher gehören Todte, Verwundete, Zerstörung an Waffen und Ausrüstungsgegenständen, physische Ermattung, moralische und militärische Auflösung der fechtenden Truppen. Wir rechnen hierher nicht die Gefangenen, als Folgen bereits entschiedener Gefechtsakte, aber nicht der eigentlichen Waffenwirkung und Gefechtsthätigkeit, noch weniger kann hier von Ausreißern, Verräthern und ähnlichen Kategorien die Rede sein, denn dies sind Elemente, welche dem moralischen Gebiete angehören.

b. Durch Verlust an der zur vortheilhaften Gefechtsführung und zum wirksamen Gebrauche der Waffen nothwendigen taktischen Ordnung und Verbindung der Truppen unter sich und mit den für die

Führung und Entscheidung des Gefechtes wichtigen Elementen.

Zu diesen Elementen gehören: die Entwickelung und Aufstellung der Truppen zum Gefecht (Ordre de bataille), der Besitz vortheilhafter Stellungen, Deckungen, gesicherter Verbindungen, militairischer Posten, welche der Stellung eine besondere Stärke geben, der Besitz eines Terrains, welches die eignen Bewegungen verdeckt, sichert und erleichtert, die vorliegenden Bodenflächen durch ein wirksames Feuer beherrschen läßt, ohne dem Gegner gleiche Vortheile zu bieten und einen gesicherten Rückzug darbietet.

Der, hier klassifizirte, Verlust an Streitkraft und an taktischer Ordnung muß natürlich beide Theile in verschiedenem Maße treffen, wenn er für das zwischen ihnen bestehende Gefecht entscheidend wirken soll, weil ein gegenseitiges gleichmäßiges Aufreiben bis auf den letzten Mann nothwendig den Ausgang und das Ende des Gefechtes herbeiführt, ohne aber einem der beiden zu Grunde gerichteten Theile ein Uebergewicht und taktische Vortheile zu verleihen.

Hieraus folgt als weiteres taktisches Gesetz:

4. „Gefechtsverhältnisse, in welchen man gleiche Opfer, „wie der Gegner bringt, müssen als Verschwendung „von Kraft und Zeit von den Truppen gemieden und, „so weit es die obwaltenden Umstände zulassen, durch geeignete Maßregeln geändert werden."

Diese Maßregeln können in Verstärkungen, Formveränderungen der Gefechtsthätigkeit, in Veränderung ihrer Richtung, im Wechsel der Stellung, in Anregung neuer Kräfte rc. bestehen, genug, das vorstehende Gesetz verlangt, daß jede Gefechtsthätigkeit, jede taktische Maßregel dem Streben nach Entscheidung sichtbar genügen muß und diese Entscheidung liegt in der Erreichung des mit der taktischen Maßregel verbundenen

Zweckes durch Opfer, welche mit dem Zwecke und mit den Opfern des Gegners in zulässigem Verhältnisse stehen.

Ist bloßer Zeitgewinn, Gefechtsdauer ein entscheidendes Element, so ist der Zweck erreicht, wenn man im Stande ist, die geforderte Zeit hindurch das Gefecht zu unterhalten, ohne dabei unverhältnißmäßige Opfer zu bringen. Was will der Verlust von ein paar Bataillonen sagen, wenn es gilt, den Abzug eines großen Korps vor einer verderblichen Eile und Flucht zu bewahren? Diese Verhältnisse werden durch Befehle geordnet und festgesetzt, nicht durch wissenschaftliche Gesetze, welche mit der Individualität der wirklichen Gefechtsverhältnisse nichts zu schaffen haben.

Wir haben nun zunächst auf die Frage zu antworten, welches **Werthverhältniß zwischen dem Verlust an Streitkraft und demjenigen an taktischer Ordnung** besteht.

Offenbar stehen beide Arten des Verlustes in der unmittelbarsten Wechselwirkung und steigern sich gegenseitig; eine Art des Verlustes zieht, wenn er erst eine fühlbare Größe erreicht hat, den andern von selbst nach sich und alsdann steigern sich beide schnell bis zur höchsten Wirkung, so lange die Gefechtsverhältnisse sich nicht besser gestalten.

Wenn es absolut genommen feststeht, daß ein bedeutender Verlust an Menschen und Streitmitteln nothwendig den Verlust an taktischer Ordnung mit sich bringt, daß dagegen der Verlust an taktischer Ordnung nicht nothwendiger Weise den Verlust an Streitkraft zur Folge haben muß, daß also der Verlust an Streitkraft einen absolut höhern Werth hat, als derjenige an taktischer Ordnung, so giebt es doch auf der andern Seite zahlreiche Fälle, in denen der Verlust an taktischer Ordnung die gefährlichsten Folgen nach sich zieht. Seit die Armeen aus den drei wesentlich verschiedenen Waffen, Infanterie, Kavallerie und Artillerie, zusammengesetzt sind und diese Waffen sich zu einer so hohen Stufe taktischer Ausbildung erhoben haben, daß sie ein gemeinsames Gefecht in der innigsten Verbindung unter sich und mit den Eigenthümlichkeiten des Terrains und ihrer Stellung zu führen verstehen, seit dieser Zeit hat die taktische Ordnung, in welcher die Truppen mit einander und mit der Stellung zum Gefecht auftreten, in gleicher Weise an taktischer Bedeutung gewonnen. Wird die Gefechtsordnung empfindlich gestört, so ist damit in der Regel die Gefahr verbunden, daß eine der drei Waffen theilweise oder ganz in der wirksamen Betheiligung am Gefecht gehindert wird, daß daraus nicht allein eine schwächere Waffenwirkung entspringt, sondern auch daß in der Regel die Waffenwirkung des Gegners sich gleichzeitig steigert.

Unter allen Verhältnissen bleibt aber immer der Verlust an Streitkraft eine höhere taktische Potenz, als der Verlust an taktischer Ordnung, weil ein getödteter oder verwundeter Streiter, zerstörte Geschütze, vernichtete Munition unzweifelhaft bis zur Entscheidung wirksam bleiben, während der Verlust an taktischer Ordnung durch spätere Maßregeln und Erfolge ausgeglichen und für die Entscheidung unwirksam gemacht werden kann. —

Hieraus folgt nun zunächst:

5. „Alle Maßregeln im Gefecht müssen vorherrschend auf „Zerstörung der feindlichen Streitkraft, d. h. vor allen „Dingen auf eine energische Waffenwirkung gerichtet sein."

6. „Maßregeln gegen die Gefechtsordnung des Feindes dür„fen nicht mit gleicher Gefährdung der eignen Gefechts„ordnung verbunden sein und niemals die eigne Waffen„wirkung beeinträchtigen."

7. „Taktische Maßregeln, welche zugleich eine energische „Waffenwirkung, Sicherheit der eignen Gefechtsordnung „und Bedrohung der feindlichen herbeiführen, haben eine „im hohen Grade gesteigerte Wirkung, fordern aber na„türlich eine seltene Vereinigung günstiger Umstände."

8. „Die zu einem gemeinsamen Gefecht verbundenen Waffen „dürfen sich während desselben bis zu seiner Entscheidung „niemals aus ihrem taktischen Verbande mit dem be„stehenden Gefecht losreißen, weil dadurch gleichzeitig die „taktische Stärke der Truppen und die Gefechtsordnung „geschwächt und gefährdet werden."

Die Zerstörung der Streitkraft erfolgt durch die Waffenthätigkeit, die Bedrohung der Gefechtsordnung durch die Richtung der Waffenthätigkeit, dies ist selbstverständlich.

Das beiderseitige Streben, einander in den beiden Beziehungen oder in einer derselben auf eine empfindliche Weise zu überbieten, erzeugt das wechselvolle Spiel taktischer Maßregeln, Stellungen, Manövers und Gefechtsformen, welche das wirkliche Gefecht an unsern Augen vorüberführt und vorzugsweise sind die Fernwaffen hierbei zu betheiligen. Wenn wir hier der nähern Erörterung vorausgreifen und das eigenthümliche Wesen der Artillerie in der höchsten Steigerung des Vernichtungsprinzips, dasjenige der Kavallerie in der auf weitreichende, schnelle Bewegung gestützten Stoßgewalt ihrer Attaque begründet finden, so folgt hieraus mit Bezug auf die vorangestellten Gesetze:

9. „Die Gefechtsthätigkeit der Artillerie muß sich „vorzugsweise auf Zerstörung der feindlichen „Streitkraft richten."

10. „Die Gefechtsthätigkeit der Kavallerie soll vor„zugsweise auf Zerrüttung der feindlichen Ge„fechtsordnung wirken."

Wir werden später die weitern Entwickelungen dieser beiden taktischen Grundgesetze für die Gefechtsthätigkeit der Fernwaffen kennen lernen und fügen hier nur noch als Erläuterung hinzu, daß, wenn die Artillerie bei der Wahl ihrer Aufstellung einen großen Werth auf die Richtung ihres Feuers gegen die feindlichen Truppen oder Stellungen legt, diese Wahl fast ausschließlich auf die Absicht gegründet ist, durch die Richtung des Feuers sowohl die Wahrscheinlichkeit des Treffens zu erhöhen, als auch die Zerstörungsgewalt ihrer Geschosse nach Möglichkeit auszubeuten und daß nur in höchst seltenen, durch besondere Umstände herbeigeführten, Fällen die Wirkung gegen die feindliche Gefechtsordnung bei der Wahl der Aufstellung maßgebend wird. Die Reiterei kann die Stoßgewalt der Attaque nicht durch ihre Richtung steigern, wohl aber die taktische Wirkung der Attaque und hierin liegt eine der wesentlichen Verschiedenheiten, welche zwischen der taktischen Wirkung beider Fernwaffen bestehen.

Es ist wichtig, gerade diese innersten Gründe für das Wesen, den Gebrauch und die Gefechtsthätigkeit der Waffen, und wäre es auch noch so mühsam, aufzusuchen und ganz ausdrücklich hervorzuheben, weil nur auf diese Weise eine auf das Wesen der verschiedenen Waffen gegründete Gebrauchslehre mit der nothwendigen Schärfe und Klarheit entwickelt und zum Eigenthume des Verstandes, so weit dies möglich, umgeschaffen werden kann. Wir nehmen daher keinen Anstand, unsern Entwickelungen auf diese Weise eine größere Ausdehnung zu geben, wir halten es geradezu für geboten, uns stets über die Logik unserer Schlüsse vollständig zu rechtfertigen.

Der taktische Werth, welchen die Gefechtsordnung und das Terrain in den neuern Gefechten gewonnen haben, bringt uns mit dem Elemente der Stellung und mit den Formen der Gefechtsführung in unmittelbare Verbindung und wir müssen hier, wo die Frage über das Werthverhältniß zwischen den Elementen der Entscheidung vorliegt, näher auf diesen Gegenstand eingehen.

Die Gliederung der heutigen Armeen in drei Waffen, deren Wesen und Fechtart sich mit der weitern Fortbildung und vollkommenern Ausrüstung der Waffen in gleichem Grade schärser trennen und entschiedener charakterisiren, besonders aber die Ausbildung des Feuergefechts haben den natürlichen Einfluß des Terrains auf die Entwickelung, Bewegung und Waffenthätigkeit der Truppen, auf ihre Gefechtsordnung und taktische Verbindung in so hohem Grade umgewandelt, daß das Terrain zu einem wahrhaften Gefechtselemente geworden ist.

Die Deckungen gegen die Wirkung des Feuers, die Hindernisse gegen die freie Bewegung geschlossener Truppenkörper, welche nur auf bestimmte Passagen angewiesen sein können, verleihen dem Terrain in Verbindung mit einem kräftigen Feuergefecht eine Gefechtskraft, welche ungewöhnlich groß werden kann, in allen Fällen aber die lange Dauer der heutigen Gefechte erzeugt hat. Man wird nicht leicht für ein stärkeres Truppenkorps ein Terrain finden, welches durchweg gleiche, ebene, freie und feste Bodenflächen für den ganzen Aufstellungsraum darböte, so daß sich innerhalb jeder größern Front- und Tiefenausdehnung sogenannte Terrainabschnitte von besonderer taktischer Eigenthümlichkeit vorfinden.

Durch den Einfluß des Terrains auf das Gefecht sind die beiden Formen der Gefechtsführung, Vertheidigung und Angriff, in jenen scharfen taktischen Gegensatz gerathen, wie wir ihn in neuerer Zeit wahrnehmen.

Die Gefahr, welche mit einer freien, ungedeckten Aufstellung und Bewegung im wirksam beherrschten Bereiche einer vortheilhaft gestellten Artillerie verbunden ist, und die große Tiefe des wirksamen Schußbereiches dieser Waffe haben hierbei ohne Zweifel den hauptsächlichsten Einfluß gehabt; das Feuergefecht der Infanterie hat allerdings hierzu mitgewirkt, indessen wegen seiner weit geringern Raumbeherrschung natürlich verhältnißmäßig weniger.

Das Bestreben des Vertheidigers, sich durch den Besitz eines seinem Gefecht vortheilhaften, den Widerstand stärkenden, den Angriff erschwerenden Bodens (Terrainabschnitts) mit der überlegenen Streitkraft des Gegners auszugleichen, sich auf einzelnen Punkten seiner Front mit geringen Streitkräften standfest zu machen, um auf andern, zum Widerstande weniger geeigneten, mit desto mehr Kräften ins Gefecht treten zu können, und das Streben des Angreifers, den Vertheidiger von jenen Vortheilen des Bodens loszuschlagen oder abzudrängen, müssen natürlich in demselben Maße schärfer hervortreten, als das Terrain den Vertheidiger begünstigt, den Angriff erschwert und in seinen Richtungen beschränkt. Es ist hierbei natürlich selbstverständliche Bedingung, daß sich der Vertheidiger in einem Terrain aufgestellt hat, welches der Angreifer zu beachten gezwungen ist.

Wir gelangen daher bei den heutigen Gefechten, die reinen und isolirt gehaltenen Kavalleriegefechte außer Acht gelassen, zu dem Begriffe des bewaffneten Bodens d. i. der taktischen Verschmelzung der Gefechtsordnung mit den Eigenthümlichkeiten des Terrains. Wir werden diesen Begriff des bewaffneten Bodens im Spätern mit dem Ausdrucke Stellung bezeichnen, dagegen unter Aufstellung die taktische Gliederung und Vertheilung der Truppen nach den Forderungen des Gefechtes und des Terrains verstehen.

Es ist natürlich, daß man einen vortheilhaften Boden nur besetzt, um sich in demselben unter günstigen Verhältnissen zu schlagen und dadurch Schwächen der eignen Streitkraft auszugleichen, oder sich eine sonst nicht vorhandene Ueberlegenheit zu verschaffen; man muß demnach auch jeden Verlust an einer gewählten Stellung, wenn nicht als die Entscheidung des Gefechtes im Ganzen und Großen, so doch als diejenige des darauf hingerichteten Gefechtsaktes erachten, selbst wenn man die Absicht hatte, das verlorene Terrain nur für die Dauer des entschiedenen Gefechtsaktes auszubeuten.

Der Vertheidiger macht also durch seine Wahl das Terrain selbst zu einem wahrhaften Gefechtselemente von mehr oder weniger entscheidender Kraft; er tauscht mithin den Beistand des Terrains mit einem angemessenen Theile seiner taktischen Freiheit ein, denn er wird in demselben Maße empfindlicher für Verlust an Terrain, an Gefechtsordnung und taktischer Verbindung, als das Terrain taktische Stärke und mithin entscheidende Kraft besitzt.

Der Angreifer muß beim Gefecht gegen eine Stellung größere Opfer an Streitkraft bringen, aber er gewinnt für diesen Preis eine größere taktische Freiheit; er wird, weniger reizbar in Bezug auf seine Gefechtsordnung und auf seine Verbindungen, in der Richtung und Ausrüstung seiner Angriffe, im Gebrauche seiner Streitkräfte mit desto größerer Ungebundenheit verfahren können, je mehr sich der Vertheidiger auf die Beihülfe des Bodens stützen muß, je mehr derselbe mithin auch an seine Stellung gefesselt ist.

Es ist eine höhere, hier nicht zu entscheidende Frage, wie viel Ursache der Vertheidiger hat, wie weit es ihm Nutzen bringt, seine taktische Freiheit gegen den Beistand des Terrains einzutauschen, sich an eine Stellung zu fesseln und offenbar gibt es in dieser Beziehung eine Grenze, welche nicht ungestraft überschritten werden kann; diese Grenze zu finden, herauszufühlen und festzuhalten, ist in jedem einzelnen Falle die große und schwierige Aufgabe des Vertheidigers, sowohl in Bezug auf die Wahl und Bewaffnung der Stellung, als auch in Bezug auf die Gefechtsführung in derselben.

Wir begegnen hier gleich einem Einwurfe, welcher gegen die auf die vorstehenden Erörterungen gestützten Schlüsse zuweilen erhoben wird, nämlich, daß der Vertheidiger in der Wirklichkeit sehr häufig keinen erheblichen Beistand des Bodens für sich, zuweilen sogar mit großen Schwächen der Stellung zu kämpfen hat. Offenbar hat in solchen Fällen der Vertheidiger einen Mißgriff gethan, für den er bestraft wird, oder er hat in Folge andrer Ereignisse oder Verhältnisse, welche er nicht beherrschen konnte, keine freie Wahl gehabt; denn verständiger Weise wird sich wohl Niemand aus freien Stücken in einer schlechten Stellung schlagen, besonders wenn er schon Noth hat, unter gleichen Verhältnissen seinem Gegner unter die Augen zu treten. Auf dergleichen Voraussetzungen kann man aber in keinem Falle Betrachtungen in der Absicht stützen, Gesetze für den Gebrauch der Truppen zu entwickeln, sondern man thut dann am besten, mit seinem guten Rathe auf das Schlachtfeld zu gehen und den bedrängten Truppen damit zu helfen.

Wenn der Vertheidiger, entweder durch seine verhältnißmäßige Schwäche im Allgemeinen, oder durch absichtliche Anordnungen auf einzelnen Punkten, sehr empfindlich für Verluste und Störungen seiner Gefechtsordnung ist, so kann er dieselbe, von der natürlichen und künstlich geschaffenen Beihülfe des Terrains abgesehen, nur dadurch schützen, daß er den entscheidenden Angriff gegen die Stellung, in welcher er den entscheidenden Kampf annehmen will, während seiner Annäherung gründlich schwächt und erschüttert, sich selbst aber durch Erschwerung des feindlichen Andranges vor großen Verlusten an Streitkraft zu bewahren sucht.

Hieraus folgt:

11. „Der Vertheidiger muß sich auf ein kräftiges Ferngefecht stützen, um den entscheidenden Angriff auf seine „Gefechtsordnung möglichst zu verzögern, zu erschweren „und vorher gründlich zu schwächen."

12. „Das Ferngefecht des Vertheidigers muß vorzugsweise auf Schwächung des Angriffs durch Verlust an Streitkraft hingerichtet, mithin auf ein tüchtiges Artilleriegefecht gegründet sein."

13. „Der Angriff muß seine Annäherung durch ein überlegenes Ferngefecht, durch Ueberwältigung des „Ferngefechts der Vertheidigung erzwingen, um

„zum entscheidenden Stoße gegen die Gefechtsordnung des „Vertheidigers zu gelangen."

14. „Der Angriff muß durch die Richtung seiner Maß„regeln die Gefechtsordnung und die taktischen „Verbindungen des Vertheidigers wirksam be„drohen und dadurch die materiellen Erfolge seines „Gefechts taktisch steigern."

15. „Das durch die Kavallerie begründete Ferngefecht „kann in ausgedehnterem Maßstabe, in größern „Massen, erst dann eintreten, wenn die Entschei„dung näher gerückt ist und darf vorher niemals die „Schußrichtungen des wirksamen Artilleriefeuers unter„brechen."

In den vorstehenden Gesetzen sind die Schlußfolgerungen gegeben, welche aus dem allgemeinen Werthverhältnisse zwischen dem Verluste an Streitkraft und dem Verluste an taktischer Ordnung unmittelbar hervorgehen und als allgemeingiltige Grundsätze für den Gebrauch, die Gefechtsthätigkeit und das Verhalten der beiden Fernwaffen sich hinstellen.

Indem jenes Werthverhältniß der verschiedenen Verluste uns mit den beiden Grundformen der Gefechtsführung, Angriff und Vertheidigung, so wie mit dem Ferngefecht derselben in Berührung brachte, hat es uns gleichzeitig erkennen lassen, daß das Ferngefecht der Artillerie in demselben Maße an taktischer Bedeutung, an entscheidender Kraft gewinnt, in welchem sich Angriff und Vertheidigung schärfer charakterisiren, in welchem das Terrain, die Stellung, sich als wirksames Gefechtselement geltend machen.

Es ist wichtig, daß der Artillerist es weiß und in jedem Falle richtig würdigt, ob seine Maßregeln, seine Gefechtsthätigkeit den andern Waffen untergeordnet, beigeordnet oder voranstehend auftreten, ob er mit einer bestimmten Stellung, oder mit dem Gefecht der andern Waffen in vorherrschender Beziehung steht.

Nachdem wir nunmehr den allgemeinen Begriff des taktischen Totalerfolges einer Waffe entwickelt und die Elemente der Entscheidung kennen gelernt und gewürdigt haben, treten wir zu der Frage heran, in welchen Beziehungen die Gefechtskraft der Artillerie zu den Elementen der Entscheidung steht und hieraus müssen sich die ersten allgemeinen Gesetze über den Gebrauch und über das Gefecht der Artillerie herleiten.

Haben wir alsdann noch die Gefechtskraft der beiden andern Waffen und diejenige der Stellung besprochen, so ergeben sich die Grundzüge für die taktische Rolle der Artillerie im gemeinsamen Gefecht mit den andern Waffen und mit der Stellung, d. h. die Grundgesetze, nach welchen die Artillerie ihren taktischen Totalerfolg zu erstreben hat.

§. 3.

Die Gefechtskraft der Artillerie.

Die **Gefechtskraft** der Artillerie, d. i. ihre **Fähigkeit**, zur **Entscheidung** eines **Gefechtsaktes mitzuwirken**, stützt sich, wie diejenige einer jeden andern Waffe überhaupt, auf folgende Elemente:

a. **Gefechtsfähigkeit der Waffe**, d. i. die Fähigkeit, durch die eigenthümliche Wirkung der Waffe, den im Gefecht vorkommenden Zwecken und Anforderungen zu genügen. Es ist gewissermaßen die taktische Brauchbarkeit der Waffenwirkung hierin begriffen.

b. **Manövrirfähigkeit**, d. i. die Fügsamkeit der Waffe in die zur geordneten und vortheilhaften Gefechtsführung dienlichen Formen der Aufstellung, der Waffenthätigkeit und der Bewegung neben und mit andern Waffen, so wie in steter Uebereinstimmung mit den Eigenthümlichkeiten des Terrains; endlich

c. Ausdauer der Waffe im Gefecht. Es versteht sich, daß die Ausdauer nicht blos die Fähigkeit der Waffe, am Gefecht überhaupt noch Theil zu nehmen, voraussetzt, sondern auch verlangt, daß die Theilnahme der Waffe eine wirksame, nicht unverhältnißmäßig abgeschwächte sei.

Betrachten wir nunmehr die Artillerie in Bezug auf die eben angegebenen Elemente, so gelangen wir zu folgendem Bilde ihrer Gefechtskraft:

a. Gefechtsfähigkeit der Artillerie.

Die Gefechtsfähigkeit der Artillerie ist lediglich auf die für Gefechtszwecke brauchbare Wirkung ihrer Geschosse gegründet, also auf das Ferngefecht, nicht wie diejenige der beiden andern Waffen auf ein, wenn auch sehr eingeschränktes, Ferngefecht derselben und auf den unmittelbaren Zusammenstoß mit dem Gegner. Dieses letztere Element der Gefechtsfähigkeit bringt außer der Wirksamkeit der Handwaffen bei der Infanterie und Reiterei noch ein besonderes Vernichtungsprinzip ins Spiel, nämlich die Stoßgewalt geschlossener Truppenkörper der Infanterie und der Kavallerie beim unmittelbaren Zusammenstoße mit dem Gegner und die Widerstandskraft gegen diesen Stoß.

Der Artillerie fehlt die Fähigkeit des unmittelbaren Zusammenstoßes mit dem Gegner gänzlich, also diejenige Seite der Gefechtsfähigkeit, welche die bis dahin gewonnenen Erfolge zur entscheidenden Ueberwältigung des Gegners vereinigt und bis zur vollkommenen Niederlage steigert und vollendet.

Wir müssen also im Gegensatze zu den beiden andern Waffen, Infanterie und Kavallerie, sagen, daß die Artillerie eine Waffe von einseitiger Gefechtsfähigkeit ist.

„Die Artillerie ist demnach, mit kurzen Worten gesagt, „die Waffe des mittelbaren Ferngefechts, also auch des

„mittelbaren Angriffs und des mittelbaren Wider-„standes."

Die Artillerie muß demnach ihre Gefechtsfähigkeit lediglich durch die Ausbildung, durch die Wirkung und durch den Gebrauch ihrer Geschosse begründen und auf diesem Wege die Einseitigkeit ihrer Waffennatur auszugleichen suchen, um zur taktischen Ebenbürtigkeit mit den beiden andern Waffen empor zu steigen. Die Artillerie muß sich aber auf der andern Seite dieser ihrer Einseitigkeit stets bewußt bleiben, um sich nicht in eine taktische Rolle zu verirren, welcher sie unverhältnißmäßige Opfer darbringen müßte, ohne ihr bis zum endlichen Schlusse genügen zu können.

Fragen wir nun, auf welchem taktischen Standpunkte die Waffenwirkung der heutigen Artillerie steht, so können wir sagen, daß:

„im Geschoß der Artillerie das Vernichtungsprin-„zip der eigentlichen Waffenwirkung am höchsten „ausgebildet und am vielseitigsten entwickelt ist."

Die Artillerie ist nicht allein im Stande, die Truppen, ihre Waffen und Ausrüstungsgegenstände durch die Geschoßwirkung zu zerstören, und zwar in einer Weise, welche mit der materiellen Wirkung noch einen sehr beachtenswerthen moralischen Eindruck verbindet, sondern sie vermag auch natürliche und künstliche Deckungen und Hindernisse von großer Widerstandsfähigkeit, wie sie vorzugsweise im Festungskriege zum Vorschein kommen, hinwegzuräumen.

Dieses Resultat der Geschoßwirkung erreicht die Artillerie, gestützt auf die Fortschritte in der Konstruktion und Handhabung ihrer Waffen in einer der Natur des Gefechts entsprechenden Zeit und innerhalb der taktisch noch brauchbaren Schußweiten, d. h. derjenigen, welche dem unbewaffneten Auge noch eine sichere Beobachtung des Treffens und der Wirkung, den andern Truppen aber noch eine rechtzeitige Benutzung des vom Geschützfeuer bewirkten Erfolges gestatten.

Wir müssen auf den Begriff: taktisch-brauchbare Schußweiten einen ganz besondern Nachdruck legen, indem hierdurch nicht allein eine feste Grenze für den Gebrauch der Artillerie, sondern naturgemäß auch für die Konstruktion der Geschütze und Ladungen gegeben ist. Man kann also nur Geschütze und Ladungen fordern, welche die Geschosse mit der nothwendigen Sicherheit des Treffens und mit ausreichender Triebkraft in den hierdurch bestimmten Entfernungen fortzuschleudern vermögen.

Die reiche Gestaltung der Geschosse in Betreff ihrer Größe und Wirkungsart gestattet uns, die Größe und Art der zerstörenden Kraft nach den erforderlichen Wirkungen abzumessen und zwar dergestalt, daß zugleich der im Gefecht unerläßlichen Energie der Wirkung und dem wechselvollen Charakter des Gefechtsverlaufes Genüge geschieht, ohne dabei in ein Mißverhältniß zwischen den aufgewendeten Mitteln und den erzeugten Wirkungen zu gerathen. Die Artillerie hat ein hinreichendes Material geschaffen, um die Größe und Art der zerstörenden Kraft durch die Wahl der Geschoßart und der Kaliber zu bestimmen. Kugeln, Granaten, Shrapnells, Kartätschen, Brandgeschosse in den verschiedenen Kalibern begründen eine reichhaltige Gestalt und Abstufung der zerstörenden Kraft.

Die eben so reiche Gestaltung des Geschoßfluges, der Flugbahnen, verleihet der Artillerie jene Fügsamkeit an die Formen des Terrains, an die mannichfachen Beziehungen der Standpunkte von Geschütz und Ziel, an die gegenseitigen Deckungen, an die Ausdehnung und Form der Ziele, durch welche dieser Waffe die Herrschaft über große Bodenflächen, über bedeutende Gefechtsfelder gesichert ist, durch welche ferner die Artillerie ihre so große Fügsamkeit in die verschiedenen Truppenformationen und die werthvolle Unabhängigkeit ihres Feuers von dem zu überschießenden Terrain gewinnt. Dies geschieht durch die Wahl der Schußart. Wir wollen keineswegs behaupten, daß das Terrain ohne Einfluß auf das Treffen und auf die Geschoßwirkung der verschiedenen Schußarten sei, sondern nur, daß die Artillerie das Mittel hat, eine Schußart zu wählen, welche dem Einflusse der Bodenbeschaffenheit möglichst entzogen ist. Bedenkt man dagegen, daß Infanterie und Kavallerie gezwungen sind, das Terrain, welches sie vom Gegner trennt, zu überschreiten, wenn sie an selbigen wollen oder müssen, so tritt die Unabhängigkeit des Artilleriegefechts vom vorliegenden Terrain im Vergleiche zu demjenigen der beiden andern Waffen in ihrer vollen Bedeutsamkeit an das Licht.

Fügen wir zu dieser materiellen und mechanischen Grundlage der Artillerie-Geschoßwirkungen die Schußbereitschaft der Artillerie und die Schnelligkeit ihres Feuers, also die militairische Ausbildung des Geschützes, wodurch sich die Artillerie mit dem Wesen und Verlaufe der verschiedenen Gefechte in steter Gemeinschaft zu erhalten weiß, so müssen wir sagen, daß die Artillerie durch die heutige Entwickelung aller Elemente ihrer Geschoßwirkung, als: Schußweite, Geschoßart, Kaliber, Schußart, Schußbereitschaft und Schnelligkeit des Feuers nicht allein eine kriegsbrauchbare, der Infanterie und Kavallerie taktisch ebenbürtige Waffe, sondern in der That die furchtbarste Vernichtungswaffe geworden ist.

b. Manövrirfähigkeit der Artillerie.

Die Artillerie hat ihre Bewaffnung (das Geschütz mit Munition, Zubehör und Bedienung), durch eine dem Charakter der Gefechte entsprechende Beweglichkeit und Handlichkeit dergestalt herausgebildet, daß im Feldkriege die Geschütze den Bewegungen anderer Truppen auf Märschen und im Gefecht überall dahin mit Leichtigkeit folgen, wohin sich größere und geschlossene Truppenkörper mit Ordnung bewegen können. Im Festungskriege ist ein weit geringeres Maß der Beweglichkeit ausreichend und man kann bei dem langsamen Verlaufe des Festungsgefechts und der verschiedenen Stadien des Artilleriegefechts die Schwierigkeiten der Geschütz-Translokationen durch mannichfache Vorbereitungen, durch gedeckte Passagen, Wahl günstiger Zeitpunkte 2c. 2c. sehr vermindern.

Man darf daher das Element der Beweglichkeit unsrer heutigen Geschütze, wenn auch noch werthvoller Fortschritte fähig, doch im Ganzen als ausreichend erachten.

Die Feldartillerie ist in den Formen und Tempo's der Bewegung zu einer solchen militairischen Ausbildung emporgestiegen, sie hat so große Freiheit in den Formen der Bewegung (Evolutionen) gewonnen, daß sie in diesen Beziehungen den beiden andern Waffen vollkommen gleich steht.

Die Aufstellungsform der Geschütze zum Gefecht, Gefechtsformation, ist eine einfache, sich stets gleichbleibende, welche sich mit großer Leichtigkeit so ziemlich jeder Bodengestalt anfügen läßt. Die für die Geschütze nothwendige Gefechtsintervalle ist innerhalb ziemlich großer Grenzen nach den Verhältnissen zu den übrigen Truppen und zur Bodenbeschaffenheit abzumessen gestattet und selbst die verhältnißmäßig große Unabhängigkeit der Geschütze von der eigentlichen Frontlinie der Batterie erhöht die Fügsamkeit der Gefechtsformation sehr wesentlich. Dies gilt vom Feldkriege.

Im Festungskriege tritt die Artillerie in so fest bestimmten, nur wenigem Wechsel unterworfenen, in der Regel für eine längere Gefechtsthätigkeit berechneten Feuerstellungen auf, daß hier das Artillerie-Manöver einen ganz andern Charakter, wie im freien Felde gewinnt. Das Geschützmanöver in Festungen, welches weit lebhafter und wechselvoller, als das Manöver der Belagerungsartillerie, gehalten wird, bezieht sich stets auf vorausbestimmte, vorbereitete, dem feindlichen Feuer meistens entzogene Geschützemplacements und hat keine Aehnlichkeit mit den Bewegungen und Formationen einer Feldbatterie.

Durch die Beweglichkeit der Geschütze, durch die militairische Ausbildung ihrer Bewegung und durch eine sehr einfache, aber gleichzeitig auch sehr fügsame Gefechtsformation ist die Artillerie in den Stand gesetzt, sich mit dem Wechsel der Gefechtsverhältnisse in taktischer Verbindung zu erhalten und auf diese Weise einen mit wenig Ausnahmen unausgesetzten Einfluß auf die Führung des Gefechtes auszuüben. Die heutige Feldartillerie ist hinreichend befähigt, ihre Positionen schnell und mit Leichtigkeit zu wechseln und die dazu erforderlichen Bewegungen und Evolutionen mit militairischer Präcision auszuführen.

Nur auf diese Weise kann die Artillerie von ihren reichen Wirkungsmitteln vollen Gebrauch machen, die verschiedenen Gefechtsverhältnisse mit Erfolg ausbeuten und beherrschen. Wir sehen heute nicht mehr, wie in frühern Kriegen, geschlagene Korps den größten Theil ihrer Artillerie auf dem Schlachtfelde selbst und in dessen unmittelbarer Nähe verlieren, wenn die geschlagenen Truppen nicht in volle Auflösung gerathen sind. Die Schlachten von Groß-Görschen, Bautzen, Ligny geben ehrenvolles Zeugniß von der Fähigkeit der Artillerie, sich selbst in kritischen Lagen mit den andern Waffen zu einem geordneten Rückzuge zu verbinden.

Wir haben bereits erwähnt, daß der Artillerie die Fähigkeit fehlt, auf den unmittelbaren Zusammenstoß mit dem Gegner einzugehen und wir fügen hier noch zur vollständigern Darstellung der Gefechtsfähigkeit und Manövrirfähigkeit das Nöthige hinzu, wobei wir noch erwähnen, daß die Artillerie auch keine für den unmittelbaren Zusammenstoß geeignete Gefechtsformation kennt.

Das Geschütz ist für die Artillerie dasselbe, was der einzelne Streiter für die andern Waffen ist, gewissermaßen die elementare Einheit ihrer Gefechtskraft; das Wesen und die taktische Bestimmung des Geschützes, die geringe Zahl seiner Bedienungsmannschaft, deren Verhältniß zum Geschütz und zu dessen Ausrüstungsmaterial und die Gefechtsformation der Batterieen machen die Artillerie, selbst gegen den unmittelbaren Zusammenstoß mit einem an Kopfzahl nicht überlegenen Gegner, so ziemlich wehrlos.

Die Artillerie ist daher eben so unfähig, einen unmittelbaren Anfall auf den Gegner auszuführen, als auch einem solchen Anfalle Widerstand zu leisten.

Die Artillerie kann daher niemals, selbst im Festungskriege nicht, ein isolirtes Gefecht bestehen, weil sie es nicht vollenden kann und weil sie des steten Schutzes der andern Waffen bedarf. Selbst in Festungen bedarf sie dieses Schutzes sogleich, sobald die Sturmfreiheit der Wälle beseitigt worden ist.

Die Grundbedingung für eine taktisch werthvolle und ihrer Waffennatur entsprechende Gefechtsthätigkeit der Artillerie bleibt demnach in allen Fällen ein so großer Abstand vom Gegner, wie derselbe der energischen Wirkung ihres Feuers, der taktischen Verbindung mit dem Gefecht der andern Waffen, der eignen Sicherstellung gegen den unmittelbaren Zusammenstoß mit dem Gegner und dem selbstverständlichen Gesetz entspricht, daß die Wirkung des Artilleriefeuers der Wirkung der andern Waffen entschieden überlegen ist, mithin durch diese nicht mit Erfolg und Vortheil ersetzt werden kann.

Nur unter besondern Verhältnissen ist es der Artillerie geboten, neben den andern Waffen bis zum äußersten Ausgange des Gefechts auszuharren und sich mit ihnen zu opfern.

Die Artillerie ist also die mittelbare Vernichtungswaffe des Ferngefechts und zwar gleich geeignet für den fernwirkenden Widerstand, wie für den fernwirkenden Angriff.

Was nun die offensive und defensive Natur der Artillerie zu bedeuten hat, wird aus dem Bisherigen und noch erschöpfender aus dem Spätern ersichtlich werden, ohne daß wir uns noch besonders mit diesem Begriffe zu schaffen machen.

c. Die Ausdauer im Gefecht.

Wenn wir die eigentliche Waffenthätigkeit der Artillerie im Gefecht, auf welche es hier allein ankommt, ins Auge fassen, so sehen wir, daß hierbei die Artillerie in weit geringerer physischer Anspannung erhalten wird, als die andern Waffen; noch weit mehr ist dies der Fall mit der moralischen Anspannung. Der Kavallerist wird bei der Attaque weit mehr physisch erschöpft und moralisch aufgeregt, als der Artillerist durch die Bedienung seines Geschützes; in gleicher Weise ist der Infanterist durch sein Gefecht weit mehr angespannt.

Es läßt sich ferner die innere und militairische Ordnung viel leichter bei der Artillerie, als bei den andern Waffen, während der eigentlichen Waffenthätigkeit aufrecht erhalten, weil die einzelnen Geschütze nicht in so nahem Kontakte zu einander stehen, wie dieß mit dem Zusammenhange in den geschlossenen Formationen der andern Waffen der Fall ist und weil der Artillerist nicht in so aufregender persönlicher Nähe zu seinem Gegner ist, wie der Kavallerist und Infanterist. Deshalb schlägt sich auch die Artillerie erfahrungsmäßig viel schneller ein, als die andern Waffen. Rechnen wir nun noch hinzu, daß die materielle und moralische Wirkung des Artilleriegeschosses das Feuer einer richtig gebrauchten und gut treffenden Artillerie schon mit einer vergleichsweise mäßigen Schußzahl zu einem taktisch werthvollen Erfolge erhebt, so ist es möglich, ohne einen übermäßigen Munitionsvorrath mit ins Gefecht zu nehmen, die Artillerie während der ganzen Dauer des Gefechtes in lebhafter Theilnahme an dem Kampfe zu erhalten.

So ist denn in der Natur der Artillerie und durch ihre Ausrüstung eine Ausdauer in der eigentlichen Waffenthätigkeit begründet, welche von keiner andern Waffe erreicht, geschweige übertroffen werden kann.

Es ist hierbei noch gar nicht berücksichtigt worden, daß, während die Artillerie durch die im Gefecht erforderlichen Bewegungen in Betreff des Feuers und seiner Wirkung keine sichtbare Beeinträchtigung erleidet, Bewegungen von größerer Dauer und einiger Heftigkeit sowohl dem Feuergefecht der Infanterie, wie der Attaque derselben, wie auch derjenigen der Kavallerie sichtbaren Abbruch thun, wenn nicht eine angemessene Ruhe jenen Bewegungen folgen kann.

Auch darf in den meisten Fällen angenommen werden, daß beispielsweise der Verlust von 100 Mann auf ein Bataillon für dessen weiteres Gefecht einen sichtbarern Einfluß ausübt, als der Verlust eines Geschützes auf eine Batterie von acht Piecen; der Verlust eines Geschützes läßt sich allenfalls durch ein lebhafteres Feuer der übrigen vollkommen ausgleichen, was bei den andern Waffen nicht in solcher Art möglich ist. So lange aber die Artillerie keine Geschütze, keine Munition verliert und ihre Gespanne keinen zu erheblichen Verlust erleiden, so erleiden das Feuer und das Manöver der Artillerie auch keinen sichtbaren Abbruch, weil noch ein ziemlich bedeutender Abgang an Bedienungsmannschaften ohne Beeinträchtigung des Feuers ertragen werden kann.

Wir schließen zuvörderst aus den vorangegangenen Betrachtungen:

Erstens.

„Die Artillerie ist die mittelbare Vernichtungswaffe „für den fernwirkenden Widerstand, wie für den fern„wirkenden Angriff, den andern Waffen über„legen durch Schußweite und zerstörende Gewalt „ihres Feuers."

Zweitens.

„Der Artillerie fehlt die Fähigkeit zum unmittelbaren

„Anfalle auf den Gegner und zum Widerstande gegen „einen solchen Anfall gänzlich.“

Drittens.

„Die Manövrirfähigkeit und die Ausdauer im Ge„fecht setzen die Artillerie vollkommen in den Stand, in „ununterbrochener Thätigkeit an den Gefechten der andern „Waffen Theil zu nehmen, so weit eine solche Theilnahme „zulässig und nützlich sein kann.“

Dies sind die Grundzüge der Gefechtskraft der Artillerie, aus welchen sich die ersten und allgemeinsten Gesetze für den Gebrauch und die Gefechtsthätigkeit der Artillerie herleiten müssen.

16. „Das Ferngefecht der Artillerie muß seine Ueber„legenheit über die andern Waffen durch die Weite „des Schusses, durch die Größe und Furchtbarkeit „der Geschoßwirkung und durch die wirksame Be„herrschung, sowohl in Betreff der Breite, wie der „Tiefe, bedeutender Gefechtsfelder (Schußbereiche) „begründen.“

17. „Die Artillerie darf nur in taktischer Verbindung „mit andern Waffen fechten und deshalb nur auf „Entfernungen, wie in Richtungen wirken, welche „mit den entscheidenden Maßregeln der andern „Waffen in taktischem Zusammenhange stehen, so „daß die Erfolge der Artillerie von diesen benutzt und „ausgebeutet werden können.“

18. „Die Artillerie darf sich niemals aus dem Schutze „der andern Waffen entfernen.“

19. „Die Artillerie muß sich durch die Wahl ihrer Aufstellun„gen und durch ihre Bewegungen in stetem Zusammen„hange und in stetem Zusammenwirken mit dem Gefecht „der andern Truppen erhalten.“

20. „Die Artillerie muß nach einer möglichst ununterbro-

„chenen Feuerthätigkeit, da sie nur hierdurch zu wir-
„ken vermag, durch geschickte Wahl ihrer Aufstellungen,
„kurze und schnelle Bewegungen, möglichst seltenen Stel-
„lungswechsel und Vermeidung der Gefechtsräume für
„die andern Waffen streben, und zugleich muß die Ar-
„tillerie bei ununterbrochener Feuerthätigkeit bis
„zur vollen Entscheidung des Gefechtes aus-
„dauern."

21. „Die Artillerie muß ihre Hauptkräfte für die Entschei-
„dung und die der Entscheidung näher stehenden
„Gefechtsakte aufsparen, weil alle in der entscheiden-
„den und in den der Entscheidung nahen Gefechtsperioden
„gewonnenen Erfolge einen größern taktischen Werth
„haben. Hiernach muß die Artillerie mit Berücksichtigung
„ihres Munitionsvorrathes ihre Feuerthätigkeit in den
„ersten Gefechtsperioden einrichten und die Ausdehnung,
„die Lebhaftigkeit des Ferngefechts abmessen."

22. „Die Artillerie muß zuerst denjenigen Gefechts-
„zwecken entsprechen, welche von andern Waffen ent-
„weder gar nicht, oder nicht mit gleicher Schnelligkeit
„und Sicherheit des Erfolgs, oder nur mit unverhältniß-
„mäßigen, der Entscheidung ungünstigen, Opfern erkämpft
„werden können, also Gefechtszwecken, zu welchen eine
„nur der Artillerie verliehene Weite des Schusses, Größe
„und Art der Zerstörungsgewalt und Fügsamkeit der
„Flugbahnen brauchbar sind."

23. „Die Artillerie muß demnächst ihre Manövrirfähigkeit
„benutzen, den Maßregeln und Gefechtsakten der andern
„Waffen stärkend und schützend zur Seite zu gehen."

24. „Die Artillerie muß ferner darnach streben, durch ihr
„Gefecht die Gefechtskraft der beiden andern Waffen für
„die Akte des unmittelbaren Angriffs oder des
„Widerstandes dagegen aufzusparen, indem sie die-

„sen entscheidenden Maßregeln Schutz gegen das feind„liche Ferngefecht verleiht, Hindernisse ihres Erfolgs be„seitigt, Deckungen und schützende Stellungen des Gegners „unwirksam macht, sodann die Streitkraft des Gegners, „welche angreifen oder Widerstand leisten will, durch ihr „Feuer erschüttert und endlich den Erfolg des entscheiden„den Zusammenstoßes überwacht, bereit, die geworfenen „Truppen zu schützen, den Erfolg der siegenden sicher zu „stellen und zu steigern."

25. „Die Artillerie kann endlich vermöge ihrer großen Aus„dauer im Gefecht dazu schreiten, fehlende oder zurück „gehaltene Gefechtskräfte anderer Waffen aus„zugleichen und zu ersetzen und selbst in solchen „Fällen an Stelle andrer Waffen in größerer Selb„ständigkeit auftreten, wo sie durch große Ueberlegenheit „ihrer Feuerwirkung, durch vollkommene Beherrschung „der vor ihr liegenden Bodenfläche oder durch Unangreif„barkeit ihrer Aufstellung gegen unmittelbare Angriffe des „Gegners gesichert ist."

Beispiele hierfür geben die verschanzten Batterieen in zahlreichen Schlachten, die Artilleriemassen bei Friedland, Wagram u. s. w., die Artillerie in Festungen.

Die vorstehenden Gesetze folgen unmittelbar aus der eigenthümlichen Gefechtskraft der Artillerie, als der natürliche Inhalt ihres Leistungsvermögens, ohne sich auf besondere taktische Verhältnisse zu andern Waffen, zu den Eigenthümlichkeiten der Stellung, der Gefechtsform und des Gefechtsverlaufes zu beziehen. Sie sind also Gesetze von allgemeiner Giltigkeit für den Gebrauch und das taktische Verhalten der Artillerie.

Die spätern Betrachtungen können nur noch Modifikationen und Erweiterungen dieser Grundgesetze herleiten.

§. 4.

Die Gefechtskraft der Infanterie.

Betrachten wir auch hier die Gefechtskraft in ihren Elementen, Gefechtsfähigkeit, Manövrirfähigkeit und Ausdauer im Gefecht, so gelangen wir zu dem nachfolgenden Bilde von der heutigen Infanterie:

a. Die Gefechtsfähigkeit.

Die Gefechtsfähigkeit der Infanterie gründet sich auf die Wirkung des Infanteriefeuers, auf die Wirkung der Handwaffe (Bayonnet, Säbel, Kolbenschlag) und auf die Stoßgewalt der geschlossenen Attaque. (Hierbei ist gleichzeitig auch die Widerstandsfähigkeit gegen diese Stoßgewalt in Betracht zu ziehen.)

Das Gewehrfeuer der Infanterie (hier sind auch alle verschiedenen Arten der Infanterie: Jäger, Schützen ꝛc. ꝛc. mit verstanden) ist nur bestimmt, Menschen und Thiere außer Gefecht zu setzen und kann im Kriege seine zuverlässige Wirkung, sowohl in Bezug auf die tödtende, außer Gefecht setzende Kraft, als auch in Bezug auf die Wahrscheinlichkeit des Treffens nicht wesentlich über 300 Schritte ausdehnen; selbst innerhalb dieser Sphäre sind leichte Deckungen (Gebüsch, dichtes Getreide und dergleichen) schon ausreichend, der Wirkung großen Abbruch zu thun. Sowohl die geringe Schwere der Gewehrkugel, als auch die für gewöhnliche Handwaffen zulässige Ladungsgröße setzen einer großen Erweiterung des wirksamen Gewehrschusses natürliche Grenzen, welche nicht ohne Nachtheile überschritten werden können.

Die Flugbahn der Gewehrkugel ist eine einförmige, starken Krümmungen nicht zusagende, der Beobachtung durch das Auge völlig entzogene, mithin gegen Ziele hinter Deckungen unbrauchbare; das Treffen ist eingeschränkt auf die Flugbahn bis zum ersten Aufschlage der Kugel, denn auf weitere

Sprünge der Gewehrkugel ist nicht zu rechnen, wie bei den großen und gußeisernen Geschoßkörpern der Artillerie. Das geringe Gewicht der Gewehrkugel gestattet schon stark gekrümmte Flugbahnen nicht gern, geschweige Aufschläge, welche die Triebkraft so sehr abschwächen und die Gestalt des bleiernen Geschosses gefährden. Es wird ein unumstößliches Gesetz bleiben, daß, je geringer die Masse des Geschosses ist, um so schärfer der Schuß gehalten werden muß.

Das Gewehrfeuer ist also nur gegen belebte und freistehende Ziele innerhalb der oben angegebenen Grenzen anwendbar und zugleich von zuverlässiger Wirkung, kann daher keine Herrschaft über ausgedehnte Bodenflächen, oder über Bodenflächen begründen, auf welchen sich deckende Gegenstände befinden, welche die Triebkraft der Gewehrkugel größtentheils aufzehren.

Die überraschenden Verbesserungen des Infanteriegewehres in der neuesten Zeit werden weniger auf eine Erweiterung der Wirkungssphäre des Infanteriefeuers der geschlossenen Linien oder der Massen, als vielmehr auf eine größere Sicherheit des Treffens innerhalb der bisherigen Schußweiten hinwirken und demnächst dem einzelnen, gedeckten Schützen bei sorgsamer, ruhiger Abgabe des Feuers eine erfolgreiche Ausdehnung seines Feuers bis auf doppelt so große Entfernungen gestatten. Ist der Schütze nicht gedeckt, in der Abgabe seines Schusses irgend wie beunruhigt, so kann man auf seine Erfolge nicht sehr viel und nicht sicher rechnen.

Die Verbesserung des Infanteriegewehres wird vorzugsweise der Vertheidigung und dem Gefecht gedeckter Schützen, die ein freies Terrain von ziemlich großer Ausdehnung vor sich haben, zu Gute kommen und wird in dieser Beziehung einen sichtbaren Einfluß auf die Infanterietaktik, auf die Benutzung des Terrains ausüben, wohl verstanden, wenn die Infanterie eine sehr disciplinirte, gut geschulte und brave

Truppe ist. Und auch unter diesen Voraussetzungen darf man sich nicht verwundern, wenn die Schlachten und Gefechte der neuesten Zeit sich in ihren Resultaten so ziemlich gestalten, wie diejenigen seit Napoleons Zeit. Vollkommene schroffe Umwälzungen der Taktik können nicht sogleich aus einer einzelnen Verbesserung, Erfindung hervorgehen, sondern nur, wenn in Folge derselben völlig neue Gefechtselemente sich in die frühern einschieben, wie z. B. das Feuergewehr an Stelle der ältern Bewaffnung, die Feuerlinien an Stelle der unbehilflichen Massen des alten Fußvolkes, die zerstreute Fechtordnung der Infanterie, die Kolonnentaktik u. s. w., wie sie aus der allgemeinen Einführung der Feuergewehre, und wesentlicher Vervollkommnungen derselben hervorgegangen sind.

Es ist in Bezug auf das Gewehrfeuer noch zu merken, daß die Sicherheit des Schusses in sehr empfindlicher Abhängigkeit steht: von längern Entbehrungen und Strapatzen vor Eintritt des Gefechtes, von voraufgegangenen heftigen Bewegungen der Truppe, von empfindlichen Einflüssen des Wetters, von moralischen Einwirkungen, also von dem kriegerischen Werthe der Truppe, und von der fehlerfreien Erhaltung der Munition, welche bei der Geringfügigkeit der Ladung natürlich auch nicht viel ertragen kann. In allen diesen Beziehungen ist die Artillerie weit günstiger gestellt, welche noch überdies jeden einzelnen Schuß zu beobachten im Stande ist, mithin eine Controle des einzelnen Geschützes ausführen kann.

Bei der geringen Entfernung endlich, auf welcher man ein energisches Gewehrfeuer gegen den Feind abgeben kann, bei der hieraus entspringenden Bereitschaft, jeden Augenblick in den unmittelbaren Zusammenstoß mit dem Gegner überzugehen oder zu gerathen, bei der mörderischen Natur eines nahen und gut abgegebenen Infanteriefeuers und bei der moralischen Gewalt solcher Nähe des entscheidenden Augenblicks gewinnt das Feuergefecht der Infanterie schon so viel von der Natur des unmittelbarsten Kontaktes mit dem Gegner, daß es gar nicht mehr zum lenksamen, gefügigen Ferngefecht gerechnet werden kann; es ist vielmehr im eigentlichen Sinne ein entscheidendes Nahegefecht, es ist die letzte Schwelle, über welche hinaus man unmittelbar in das Handgemenge mit dem Feinde stürzt. Man ist beim Feuergefecht der Infanterie nicht mehr Herr des Zwischenraumes, welcher vom Feinde trennt, es handelt sich nicht um die Vertheidigung des vorliegenden Terrains, sondern um die Existenz der sich entgegenstehenden Truppen. Denselben entscheidenden Charakter hat das Feuergefecht der Tirailleurs, wenn es auch weit weniger entscheidende Kraft hat und, wo das Terrain den Schützen Deckung gewährt, zur eigentlichen Ortsvertheidigung wird. Der Tirailleur befindet sich so ziemlich in derselben Nähe zu seinem Gegner; nur können Tirailleurlinien länger im Feuer ausharren, weil sie weniger vom feindlichen Feuer leiden, sich leichter decken können und sich leichter und schneller dem Feinde zu entziehen im Stande sind; es hat weniger taktische und moralische Wirkung, wenn eine Tirailleurslinie geworfen oder durchbrochen wird, als wenn dieß einer geschlossenen Truppe, einer Kolonne widerfährt. Man kann deshalb ein Tirailleursgefecht durch allmähligen Nachschub, durch Ersatz verbrauchter, Ablösung erschöpfter Kräfte lange Zeit nähren und zu einer zähen Ausdauer erheben. In solcher Weise läßt sich aber eine geworfene Kolonne oder geschlossene Linie nicht ablösen und ersetzen, schon weil auf ihrem Rückzugswege keine andere Truppe sich vorbewegen kann, um die verlassene Stelle einzunehmen, so lange die geworfene Truppe noch auf dem Rückzuge über diese Bodenfläche begriffen ist.

Das Tirailleursgefecht ist also seinem Wesen nach nichts, als ein vorgeschobenes Nahegefecht von weniger entscheidendem Erfolge, hinter welchem die geschlossenen Truppen den zu ihrer ruhigen Entwickelung, Bewegung, zur Vorbereitung ihrer spätern Maßregeln erforderlichen Raum und die unentbehrliche Freiheit gewinnen, die geeigneten Zeitpunkte für ihre Maßregeln abzuwarten, den feindlichen rechtzeitig entgegenzutreten; gleichzeitig ist aber auch das Tirailleursgefecht Mittel, die Eigenthümlichkeiten des Bodens gehörig zu würdigen und für sich auszubeuten. Das Feuergefecht der Infanterie kann also in keinem Falle ein eigentliches Ferngefecht begründen und wir sind schon jetzt zu dem Schlusse berechtigt, daß:

„die Infanterie die unmittelbare Waffe des „nahen Angriffs und des nahen Widerstan„des ist."

Die Infanterie ist in allen Armeen durch ihr Wesen und durch ihre, die andern Waffen weit überwiegende, Zahl die Hauptwaffe des entscheidenden Nahegefechts.

Der Gebrauch des Gewehres als Stoßwaffe, des Bayonnetstiches, ist durch seine mörderische Wirkung ein nachdrücklicher Hebel für die Attaque der Infanterie, so wie überhaupt die Bayonnetattaque der Infanterie unter allen Gefechtshandlungen die verhängnißvollste und mörderischeste ist.

Der kunstgerechte Gebrauch des Bayonnets als Angriffs- und Deckungswaffe, das Bayonnetfechten, hat nur für einen einzelnen geübten Fechter eine hohe Bedeutung, wird aber im Laufe eines Feldzuges schon bei zusammengeschmolzenen und stark rekrutirten Bataillonen aufhören, eine taktisch werthvolle Seite des Infanteriegefechts zu sein, wenn es überhaupt eine solche in Bezug auf die ganze Masse der Infanterie sein kann.

Der Gebrauch des Gewehres zum Hiebe, des Kolbenschlags, zeichnet sich in eben demselben Grade durch seine Schädlichkeit für die Waffe selbst, als durch seine mörderische Wirkung aus und gibt uns ein Zeugniß, in welche gefahrvolle Auflösung aller militairischen Ordnung und Lenksamkeit die Truppen verfallen sind, welche bis zu diesem Ausgange des Nahegefechts gediehen.

Das Seitengewehr des Infanteristen wird in heutiger Zeit

keine Anwendung im Gefecht finden, wo das Feuergefecht und das Bayonnet noch irgend gebraucht werden können; daß es trotz dem und ganz unzweifelhaft zur vollkommenen Bewaffnung des Infanteristen gehört, darf an diesem Orte nicht weiter erörtert werden.

Die Stoßkraft der Infanterieattaque, dieses eigenthümliche Gefechtselement, hat eine vorwiegend taktische und moralische, weniger mechanische Natur; sie stützt sich auf die Größe, Geschlossenheit und die Tiefe der anlaufenden Masse, wie auf die Entschlossenheit und Geschwindigkeit des Anlaufes. Es ist an sich klar, daß die Geschlossenheit der Infanterieattaque und die Entschlossenheit ihres Anlaufes die wichtigsten und vornehmsten Bedingungen für den Erfolg dieser entscheidenden Maßregel sind, welchem sich die Größe und die Tiefe der Masse, wie die Geschwindigkeit des Anlaufes als Faktoren mechanischer Art unterordnen, ohne deshalb ihren natürlichen Werth als Exponenten der numerischen und physischen Stärke zu verlieren, während jene den militairischen Kern, welcher noch in der Truppe vorhanden, und den moralischen Hebel, welcher die Truppe beseelt und durch die Gefahr tragen wird, dem eignen Soldaten zum höhern Selbstvertrauen, dem Gegner zum Schrecken vor Augen legt. Niemals sollte man die Geschlossenheit der Attaque an die Geschwindigkeit des Anlaufes opfern, denn die erhöhete Anlaufsgewalt des einzelnen Infanteristen ist gar nicht dazu gemacht, den Nachtheil einer aufgelockerten, auseinander gefahrenen und unlenksamen Attaque nur im Entferntesten auszugleichen, sobald man es nicht mit einem sehr schwachen, oder sehr erschütterten, oder erschrockenen Gegner zu thun hat. Ganz anders ist das Verhältniß bei der Attaque der Tirailleurs, welche durch Ueberraschung und Geschwindigkeit des Anlaufes dem Feinde die Zeit zu Gegenmaßregeln rauben und sich der Wirkung eines geordneten Feuers entziehen; die Attaque einer Masse wird in der

Regel ohne vorangegangenes Feuergefecht derselben, also außerhalb Gewehrschußweite angetreten, während die Tirailleursattaque gewöhnlich aus dem Feuergefecht hervorgeht, also einen kürzern Weg durchläuft, mehr überraschen kann.

Für die Attaque einer Infanteriemasse, welche so viel Entschlossenheit in sich tragen muß, um durch die Schichten einer wachsenden Gefahr ihren Weg zum Feinde fortzusetzen, bleibt es unumstößliches Gesetz, nur die Geschwindigkeit des Anlaufes aufzunehmen, welche noch mit der Bedingung der Geschlossenheit, der innern Ordnung und der Lenksamkeit vereinbar ist. Ein kurzer Anlauf ist hinreichend, diese Geschwindigkeit des Laufes zu gewinnen und bis dahin ist der gewohnte Manövrirschritt im Interesse der Geschlossenheit und der innern Ordnung beizubehalten. Dieß gilt um so mehr, je größer und tiefer die Angriffsmasse ist und es wirkt nur lähmend auf die Geschlossenheit, wie auf die Schnellkraft der Infanterieattaque, wenn eine lange und ununterbrochene Bewegung unmittelbar vorausgehen mußte. Rechnet man hierzu, daß bei der langsamen Bewegung geschlossener und tiefformirter Infanterie lange Angriffswege die Gegenmaßregeln des Feindes, besonders die Wirkung der feindlichen Artillerie, begünstigen, so sehen wir auch in Betreff der Attaque die eigentliche Waffenwirkung der Infanterie auf die nähern Abstände vom Gegner eingeschränkt.

Dieselben Elemente, welche die Stoßkraft der Infanterieattaque begründen, erzeugen auch den Widerstand gegen selbige und es verdient nur noch bemerkt zu werden, daß der Widerstand gegen die Attaque sich mit Erfolg des Feuergefechts bedienen kann, ehe zum Gegenlaufe geschritten wird, während der Angriff nur bei sehr kriegstüchtigen Truppen und stets nur durch die Umstände dazu angeregt seinen Anlauf durch eine Feuerstation unterbrechen darf. Dieß wird aber in sehr seltenen Fällen rathsam sein. Der Angriff will seinen Gegner von der Stelle vertreiben, welche sich derselbe zum Widerstande auserlesen, oder welche er zufällig eingenommen hat, der Angriff muß sich daher erst bis zu dem Punkte bewegen, wo er in den Sturmlauf einfallen darf, während der Gegner diese Zeit der feindlichen Bewegung zu seinem Feuer benutzen kann, um zuletzt kurz und entschlossen dem Angriffe entgegenzustürmen.

Wir müssen uns bei der theoretischen Betrachtung durchaus beide Gegner von gleicher Entschlossenheit und von gleicher militairischer Tüchtigkeit vorstellen und uns dann lebhaft in die Scene versetzen, welche die über das Schicksal beider Theile entscheidende, bis zum Handgemenge hinführende Katastrophe zur Erscheinung bringt. Das bis zu diesem Augenblicke geordnete, geregelte und lenksame Gefecht ist in ein wildes, aller Führung entrissenes Getümmel aufgelöst, in ein allgemeines Morden durch Bayonnetstich und Kolbenschlag übergegangen, in welchem die äußerste Erbitterung, Kampfwuth, Rache und Nothwehr die in einander gedrungenen Massen blind beherrschen. Unzweifelhaft ist diese Scene des Infanteriegefechts die blutigste und verhängnißvollste, welche ein Gefecht überhaupt darbieten kann und die in selbige verwickelte Infanterie kann nicht, wie die Kavallerie, sich schnell aus dem begonnenen Gemetzel entfernen, wenn sie es auch wollte; der Trieb der Selbsterhaltung kann nur in einer verzweifelten, bis zum Tode fortgeführten, Gegenwehr den einzigen Weg zur Rettung finden. Wenn auch eine entschlossene, kriegsgewohnte Infanterie sich durch die Voraussicht des Handgemenges nicht von der zur Erringung des Sieges, oder zur Abwehr des feindlichen Erfolges nothwendigen Attaque zurückschrecken läßt, so wird sie doch im Interesse ihrer Ordnung das Handgemenge gern vermeiden und ihre Attaque so vorzubereiten suchen, daß der Gegner vor diesem äußersten Ausgange zurückweicht. Hierzu bedarf die Infanterie vorzugsweise der Artillerie, der Kavallerie und im letzten Augenblicke des entscheidenden Stoßes eines nahen Rückhaltes geschlossener Truppen.

Blicken wir jetzt noch einmal zurück auf die gesamte Waffenwirkung der Infanterie, also auf ihre Gefechtsfähigkeit, so sehen wir, daß die Infanterie sich nur innerhalb der nächsten Entfernungen und in dem unmittelbaren Zusammenstoße mit dem Gegner nach den einfachsten Gesetzen der Handwaffen gegen belebte und ungedeckte Ziele zur Geltung bringen kann; die Gefechtsfähigkeit der Infanterie ist also in diesem Sinne einfacher und außer allem Vergleiche geringer, als diejenige der Artillerie, deren Waffenwirkung, deren Zerstörungskraft, gegen alle taktisch werthvollen Ziele anwendbar bleibt.

Es erscheint uns hier am Orte, die Bemerkung einzuschalten, daß die Infanterie unzweifelhaft diejenige Waffe ist, welche die höchste taktische Bedeutung in sich trägt und zwar in dem Sinne, welchen wir eben zu erläutern für nothwendig erachten, um das Wesen der verschiedenen Waffen in ihr wahres Verhältniß zu setzen. Der Krieg kann seiner Natur gemäß nicht auf mechanischem Wege, durch Maschinen als Ersatz für Menschen, erledigt werden, sondern der Staat und das durch ihn vertretene Volk müssen mit ihrer moralischen Kraft, mit ihren kriegerischen Elementen, mit ihrem Blute einstehen, sie müssen ihrem Gegner persönlich unter die Augen treten, entschlossen, Leib und Leben für ihr Recht, für ihren Willen einzusetzen. In der Infanterie ist schon wegen ihrer weit überwiegenden Kopfzahl das eigentlich moralische und kriegerische Element des Staates und seines Volkes am meisten vertreten, in ihr bluten die meisten Wunden, in ihr steht der Mann am unabhängigsten, am freiesten von der materiellen Ausrüstung da und lediglich auf seine moralische und militairische Tüchtigkeit hingewiesen; die Infanterie ist endlich die Waffe, welche den schweren Kampf der eigentlichen Entscheidungsakte in seiner vollen Wucht fast ganz allein übernehmen muß.

„Die Kraft der Infanterie für diese Entscheidungsakte auf„zusparen, zu schonen, sie für dieselben zu stärken und zu schützen, „bleibt bei dem Gefechte verbundener Waffen fast ausschließ„liches Gesetz für das Gefecht der Artillerie und Kavallerie."

„Stärkung, Schutz der eignen Infanterie ist eins der vor„nehmsten Motive für das Gefecht der beiden andern Waffen, „die feindliche Infanterie dagegen das vornehmste Objekt ihrer „Waffenwirkung."

Es ist nothwendig, die Infanterie in dieser Bedeutung aufzufassen, um dem Gefecht der andern Waffen die wahre Stellung zu demjenigen der Infanterie zu verleihen. Man vertreibt die feindliche Artillerie, man tritt mit Geschütz gegen Geschütz auf, man jagt die feindliche Kavallerie über den Haufen, um dann mit allen Waffen über die feindliche Infanterie herzufallen, die eines nachdrücklichen Beistandes durch die andern Waffen beraubt ist; man entwaffnet durch Geschütz die Wälle einer Festung und man legt sie in Bresche, um den Sturm durch die Infanterie zu erleichtern und in seinem Erfolge sicher zu stellen. Man kann sich vorstellen, daß eine Festung durch Geschütz vollkommen zerstört, vernichtet werden kann, aber nur durch Geschütz, welches von einer angemessenen Infanterie gedeckt ist, man kann aber keine Festung durch Geschütz einnehmen wollen, man stürmt mit Artillerie keine Schanze, kein Dorf, kein Gehölz.

Man kann als eine Art taktischen Grundsatzes für die Artillerie und Kavallerie das Motto hinstellen:

„Alles für die Infanterie und so viel, als mög„lich, durch Artillerie und Kavallerie."

b. Die Manövrirfähigkeit.

Die Manövrirfähigkeit der Infanterie ist, wenn man absieht von ihrer langsamern Bewegung durch größere Räume, besonders durch solche, welche vom Feinde beherrscht sind, auf eine große Unabhängigkeit von den Eigenthümlichkeiten des Bodens, der Stellung und der hieraus entspringenden Gefechtsverhältnisse gegründet. Nur dann, wenn es für die Führung und den Erfolg eines Gefechtes unerläßlich ist, weite Gefechtsfelder zu beherrschen und die Infanterie nicht im Stande ist, dieser Bedingung durch geschicktes Manöver und durch geschickte Benutzung eines dem Ferngefecht ungünstigen Bodens zu genügen, wird die Infanterie einem hierin überlegenen Gegner empfindliche Opfer zahlen müssen.

Die Fechtart der Infanterie und die hierzu geeigneten Gefechtsformationen ordnen sich leicht und ungebunden fast allen Anforderungen des Bodens und der Gefechtslage unter. Es gibt nicht leicht ein Verhältniß, welches überhaupt noch die Aufstellung und Bewegung eines einzelnen Streiters zuläßt, in welchem nicht ein Infanterist angreifen oder sich wehren könnte.

Beachtet man, daß die Infanterie die einfachste, leichteste und wohlfeilste Bewaffnung und Ausbildung des einzelnen Streiters für sich hat, daß der Infanterist nicht, wie der Kavallerist und der Artillerist, von einem schwierigen, zusammengesetzten Material abhängig ist, daß seine moralische, militairische und taktische Tüchtigkeit nicht so leicht in dem Elende eines zu Grunde gerichteten Materiales und abgetriebener Pferde, in der Inertie eines leblosen, nur auf mechanischem Wege bewegbaren, Impediments aufgezehrt werden kann, daß der Infanterist nur sich selbst, seinen Muth und seine Intelligenz in das Getümmel der Schlacht zu tragen hat; beachtet man diese Freiheit, Ungebundenheit und militairische Selbständigkeit des einzelnen Streiters, so muß man sagen, daß das moralische und militairische Element, die intelligente, selbständige Thätigkeit des einzelnen Soldaten sich bei der Infanterie freier und höher entwickeln können, wie bei jeder andern Waffe.

Dieses starke und reichhaltige Fundament einer Vieles umfassenden Manövrirfähigkeit wird, gehoben durch Vervollkommnung des Feuergewehrs und durch eine tüchtige Ausbildung der Truppe, zu einem Bewußtsein innerer Kraft und Leistungsfähigkeit hinführen, dessen keine andere Waffe in solcher Ausdehnung fähig ist.

Wo wir eine Infanterie zu bewundern haben, welche mit Todesverachtung dem feindlichen Geschützfeuer trotzt, welche der stürmenden Angriffe feindlicher Reiterei spottet, oder welche Stunden lang mit kalter Zähigkeit im blutigen Kampfe örtlicher Gefechte ausharrt, da ist es eben jene reiche Quelle innerer Kraft und Leistungsfähigkeit, aus welcher so ruhmreiche Thaten hervorströmen.

c. Die Ausdauer im Gefecht.

Die Infanterie hat durch die Selbständigkeit des einzelnen Streiters, durch die hierauf gegründete örtliche Vertheidigung und durch das in jedem Terrain anwendbare zerstreute Gefecht ihre Ausdauer im Gefecht zu einem Grade emporgehoben, von welchem die neuesten Kriege so vielfach Zeugniß ablegen.

Nur die Artillerie macht der Infanterie den Rang streitig, insofern es auf Ausdauer in ununterbrochener Waffenthätigkeit ankommt, während die Kavallerie hierin weit zurücksteht.

Uebereilter, verschwenderischer Munitionsverbrauch ist die schwer zu vermeidende Klippe, an welcher die Gefechtsausdauer der Infanterie so leicht scheitern kann, weil hierbei der einzelne Mann, die Kriegsgewohnheit und Disziplin der Truppe und der Charakter des Nahegefechts einen zu großen Einfluß ausüben.

Wie ganz anders ist hierbei die Artillerie gestellt, deren Munition nicht in die Hand des einzelnen Mannes gegeben und deren Feuer so leicht zu regeln ist!

Ueberblicken wir nunmehr die Betrachtungen dieses Paragraphen, so sind wir zu den nachfolgenden Schlüssen und Gesetzen berechtigt:

Erstens.

„Die Infanterie ist die unmittelbare Waffe des nahen „Angriffes und des nahen Widerstandes."

Zweitens.

„Die Waffenwirkung der Infanterie ist nur gegen „belebte und ungedeckte Ziele anwendbar.*)

„Die Stoßkraft der geschlossenen Attaque ist auf die „Größe, Tiefe, Geschlossenheit, innere Ordnung und auf einen „kurzen Anlauf gegründet; lange Angriffswege unmittelbar „zur Attaque hin schwächen die Sicherheit ihres Erfolgs und „ihre Schnellkraft.

„Die Stoßkraft der zerstreuten Attaque beruhet auf „entschlossenem, schnellen Anlaufe und auf Ueberra„schung des Gegners.

„Das Handgemenge der Infanterie ist mörderischer, „als jeder andere Gefechtsakt, mithin auch entscheidender, „aber er löst auch eben deshalb alle Ordnung und „Lenksamkeit der Truppen vollkommen auf." —

Drittens.

„Die Manövrirfähigkeit der Infanterie ist durch die „Selbständigkeit des einzelnen Streiters der höchsten Ausdeh„nung innerhalb der natürlichen Grenzen ihrer Waffenwir„kung und der natürlichen Geschwindigkeit ihrer Bewegungen „fähig." —

Viertens.

„Die Gefechtsausdauer der Infanterie ist bei einem „angemessenen, sorgsamen Verbrauche der Munition und in „einem für den örtlichen Widerstand günstigen Terrain von „einer ungewöhnlichen Zähigkeit." —

Fünftens.

„Die Infanterie ist nur Herr des Terrains, welches sie eben

---

*) Wir haben hierbei die neuesten Erweiterungen der Wirksamkeit des Infanteriefeuers keineswegs außer Acht gelassen und bleiben dessen ungeachtet von der allgemeinen Richtigkeit unseres Schlusses überzeugt, sobald es auf einen Vergleich der Waffenwirkung zwischen Artillerie und Infanterie ankommt und auf gewöhnliche Gefechtsverhältnisse. —

„besetzt hat und durch einen wirksamen Gewehrschuß erreicht, „auf das entferntere Terrain übt sie keinen unmittelba= „ren, sondern nur einen mittelbaren taktischen Ein= „fluß aus."

Sechstens.

„Das Feuergefecht der Infanterie ist der Hauptnerv ihres „örtlichen Widerstandes und wird vorzugsweise durch ein ge= „schicktes Tirailleursgefecht begründet."

Siebentens.

„Die Infanterie ist in der Regel, sowohl wegen ihrer nu= „merischen Stärke, als auch wegen der mörderischen und „entscheidenden Gewalt ihres Nahegefechts und unmittelbaren „Zusammenstoßes mit dem Gegner, die Hauptwaffe der „eigentlichen Entscheidungsakte des Gefechts." —

Hieraus folgt nun:

26. „Die Artillerie muß von Hause aus ihr Fern= „gefecht vorzugsweise mit der Entwickelung und Auf= „stellung ihrer Infanteriegros, mit deren Maß= „regeln und Bewegungen in taktische Verbindung „bringen, so daß vom ersten Augenblicke an der taktische „Zusammenhang des Ferngefechts mit dem ent= „scheidenden Nahegefecht auf eine natürliche Weise „begründet und sicher gestellt ist."

27. „Die feindliche Infanterie wird beim Beginne des „Gefechts in den meisten Fällen das entscheidendste „Zielobjekt für das Artilleriefeuer sein."

28. „Die Artillerie soll durch ihr Feuer die Angriffswege „für die Infanterieattaque erkämpfen und be= „herrschen und auf diese Weise durch gesicherte, mit „weniger Opfern verbundene Annäherung die Schnell= „kraft und Geschlossenheit der Attaque begrün= „den und beschützen."

29. „Die Artillerie soll durch ihr Feuer den Feind, gegen „welchen die Attaque gerichtet ist, mit aller auf- „zubietenden Kraft erschüttern, um die Ueber- „legenheit der eignen Infanterie für den Zu- „sammenstoß und das Handgemenge zu begründen."

30. „Die Artillerie soll durch ihre Aufstellung demnächst „die eigne Infanterie gegen die Folgen der Attaque schützen, „den geworfenen Feind durch ihr Feuer verfolgen."

31. „Die Artillerie soll durch ihr Ferngefecht den taktischen „Einfluß des Infanterie-Manövers über die „Wirkungssphäre des Infanteriefeuers und der „vorgeschobenen Fechter hinaus erweitern und „in entgegengesetztem Sinne gegen feindliche „Maßregeln schützen."

32. „Die Artillerie bringt durch Entfernthalten der In- „fanteriemassen und geschlossener Truppen das „zerstreute Gefecht der Infanterie, den taktischen „Werth des Bodens und der Stellung zur vollen „Entwickelung, begründet hierdurch eine geregelte Ent- „wickelung und Führung des Gefechts, eine vollkommenere „Ausbeute der Gefechtskraft der Infanterie und ihrer Aus- „dauer im Gefecht." —

33. „Das Ferngefecht der Kavallerie muß sich an die „taktische Verbindung der Infanterie und der „Artillerie anschließen und derselben unterordnen, „so lange die Infanterie die Hauptwaffe bleibt, die Ka- „vallerie derselben beigegeben ist, weil die Kavallerie „gegen das feindliche Feuer meistens selbst des Schutzes „bedarf."

34. „Die Verbindung der Infanterie mit Artillerie kann „als die Grundform taktischer Selbständigkeit „angesehen werden, die durch Beigabe von Kavallerie „zur Vollendung gebracht wird."

Aus den bisherigen Betrachtungen wird sich zur Genüge ergeben haben, daß der häufig gebrauchte Ausspruch: „die In„fanterie könne allenfalls ohne Beihilfe der andern Waffen jedes „Gefechtsverhältniß selbständig, wenn auch mit unverhältniß„mäßigen Opfern und schwächerem Erfolge, bestehen," nichts weniger als wörtlich verstanden, sondern als eine extreme und darum falsche Auffassung der großen Selbständigkeit dieser Waffe erachtet werden muß. Man darf einmal nicht vergessen, daß es taktische Verhältnisse gibt, gegen welche ohne die angemessenen Mittel keine Bravour und Todesverachtung, keine numerische Ueberlegenheit etwas ausrichten. Auf der andern Seite muß man nicht außer Acht lassen, daß man Truppen nicht wie todtes Material, als Zielscheibe des feindlichen Feuers, als sogenanntes Kanonenfutter verbrauchen kann, daß der Soldat das Gefühl behalten muß, durch seine Aufopferung, durch sein Blut und Leben einen sichtbaren Beitrag zum Siege oder zur Rettung des Ganzen darzubringen. Und ein großer Theil der Soldaten muß dabei noch immer wenigstens eine entfernte Möglichkeit der eignen Rettung für sich haben, sonst weicht selbst eine brave Truppe vor dem Aeußersten zurück. Es ist Sache einer geschickten und braven Führung, dieses Gefühl in der Truppe nicht durch häufige Täuschungen zu ersticken.

Die Infanterie, welche weiß, daß sie sich nicht schnell einer Gefahr entziehen kann, in welche sie sich begeben hat oder in welche sie gerieth, muß mehr, als jede andere Waffe, das Gefühl in sich tragen, nicht ohne Noth, wenigstens nicht ohne Nutzen für den Sieg oder für die Rettung geopfert zu werden; sie darf sich in Augenblicken der höchsten Gefahr nicht verlassen sehen, wie eine wohlfeile Waare.

Man muß der Artillerie und Kavallerie als taktischen Grundsatz das Motto vorhalten:

„Alles für die Infanterie und so viel als möglich „durch Artillerie und Kavallerie." —

Nur auf diesen Grundsatz gestützt wird ein taktischer Zusammenhang in die Gefechtsthätigkeit der drei Waffen gebracht, welcher die Kraft der Infanterie für ihre große und gefahrvolle Bestimmung aufspart, mit dem Gegner Mann an Mann um den Sieg zu ringen.

Man würde sich andern Falles aller Vortheile entschlagen, welche aus der Zähigkeit einer guten, kriegstüchtigen Infanterie im örtlichen Gefecht und in der Benutzung des Bodens entspringen, man würde, ohne die eigne Gefechtskraft gehörig zu erschöpfen, auch diejenige des Feindes nicht durch das Gefecht aufzuzehren im Stande und dann in der Nothwendigkeit sein, die entscheidenden Schläge gegen Truppen zu unternehmen, welche mit gefährlichen Rückschlägen zu antworten vermöchten. Dieß würde die Entscheidungsakte weniger sicher stellen, ohne dabei nur irgend Opfer zu sparen. —

§. 5.

Die Gefechtskraft der Kavallerie.

Wir haben auch hier, wie früher, die Gefechtsfähigkeit, die Manövrirfähigkeit und die Gefechtsausdauer der Waffe zu betrachten, um aus dem Wesen derselben auf die Grundgesetze ihres Gebrauches und auf dasjenige zu schließen, was derselben durch taktische Verbindung mit den beiden andern Waffen zuwachsen muß, damit sie zur vollen Geltung gelange.

Wir werden schon im vorhergehenden Paragraphen erkannt haben, daß die Gefechtskraft der Infanterie durch die taktische Verbindung mit den andern Waffen stärker werden muß, als sie es an sich ist; die Artillerie kann, wie wir wissen, gar nicht isolirt fechten und jetzt werden wir wahrnehmen, daß die Gefechtskraft der Kavallerie ihre eigentliche Stärke und Bedeutung erst gewinnen kann, wenn sie im taktischen Verbande mit den andern Waffen auftritt. Ein reines Kavalleriegefecht hat in den heutigen Kriegen zu wenig entscheidende Kraft, wenn nicht die Folgen unmittelbar mit dem Gefecht der andern Waffen in Verbindung treten, also mit dem Gefecht derselben ein taktisches Ganze bilden.

a. Die Gefechtsfähigkeit.

Die Waffenwirkung der Kavallerie stützt sich auf die Wirkung ihrer Hieb-, Stich- und Feuerwaffen, so wie auf die Stoßgewalt ihrer Attaque, besonders der geschlossenen.

Ueber die Wirkung der Hieb- und Stichwaffen ist wenig zu sagen; sie genügt, um außer Gefecht zu setzen und tödtlich zu wirken, indeß ist ihr Gebrauch zu Pferde schwieriger und bei mangelhafter Ausbildung des Reiters und des Pferdes auch unsichrer, als der Gebrauch zu Fuß sein würde; flache Hiebe, Fehlhiebe und Fehlstiche werden um so häufiger eintreten, um so nachtheiliger für den Reiter sein, welcher sie führte, je unsichrer derselbe im Reiten und im Gebrauch der Waffe, je roher sein Pferd ist.

Dieser Umstand macht eine gute Reiterei zu einer sehr kostbaren und schwierig auszubildenden Waffe, welche um so sorgsamer gegen übereilten Verbrauch im Gefecht bewahrt werden muß, je abhängiger eine gute Reiterei von der Dressur und Kräftigkeit ihrer Pferde ist, wenn sie etwas leisten soll.

Das Feuergefecht der Kavallerie vom Pferde aus ist in seiner Wirkung von keiner ernstlichen Bedeutung und nur gegen Kavallerie brauchbar; indessen bleibt es doch immer nothwendig zur größern Wehrhaftigkeit des einzelnen Reiters und zum Signalisiren, im zerstreuten Gefecht gegen Kavallerie und beim Sicherheitsdienste.

Das Feuergefecht der abgesessenen Kavallerie kann immer nur als eine Ausgleichung für den Mangel an Infanterie erachtet werden, welche beim Gefecht mit verbundenen Waffen nicht anders, als in höchst seltenen Fällen, eintreten kann.

Man braucht die Nützlichkeit und den Erfolg einer zum Feuergefecht ausgebildeten und absitzenden Kavallerie in einzelnen Fällen keineswegs zu verkennen und kann doch behaupten, daß der Werth einer Kavallerie, welche gleichzeitig für das Infanteriegefecht durchgebildet ist, gegen europäische Kriegsheere und auf europäischen Kriegstheatern keineswegs dieselbe Geltung beanspruchen kann, wie in den Kriegen mit halb-kultivirten Völkern, denen in der Regel eine starke und gut geschulte Infanterie fehlt, so wie in den Kriegen auf schwach bevölkerten Kriegstheatern von sehr großer Flächenausdehnung.

In solchen Fällen des Krieges und der Kriegführung kann die Kavallerie als Doppelwaffe nur ihren vollen und hohen taktischen Werth erlangen; auch ist es auf den eben bezeichneten Kriegstheatern in der Regel leichter, eine große Zahl Pferde zu ernähren, als eine Armee von bedeutender Kopfzahl mit komplicirter Ausrüstung, während in den kultivirten Ländern Europa's der entgegengesetzte Fall eintritt. Endlich würden die kultivirten Länder Europa's schwerlich im Stande sein, für eine solche Kavallerie den hinreichenden Nachschub im Kriege zu liefern. In dieser Richtung, glauben wir, muß man die Erscheinung und Anwendbarkeit der russischen Dragonerdivisionen auffassen und beurtheilen.

Wir können sonach bei unsrer Betrachtung über die Gefechtskraft der Kavallerie, wo es sich um deren Bedeutung im taktischen Verbande mit den andern Waffen handelt, keinen bedeutsamen Werth auf das Feuergefecht der Kavallerie legen, wir verlangen vielmehr für diesen taktischen Verband, daß die Kavallerie vor allen Dingen als solche tüchtig ausgebildet und ausgerüstet sein muß und daß sie nicht das geringste Opfer an dieser Tüchtigkeit darbringt, um dafür im Feuergefecht zu gewinnen. —

Die eigentliche Waffenwirkung der Kavallerie ist mithin nach den vorstehenden Betrachtungen, an und für sich geringer anzuschlagen, als diejenige der beiden andern Waffen und nur gegen belebte und ungedeckte Ziele brauchbar, die Kavallerie kann daher weder die Waffenwirkung der Infanterie, noch diejenige der Artillerie durch ihre Waffenwirkung überwältigen.

Wenn wir nun davon absehen, daß eine angemessene numerische Stärke in sehr vielen Fällen im Stande ist, fehlende Elemente oder Schwächen der Gefechtskraft auszugleichen, daß also auch die Kavallerie durch eine verhältnißmäßige Ueberlegenheit die Schwächen ihrer eigentlichen Waffenwirkung gegenüber der Infanterie und Artillerie auszugleichen vermöchte, weil dieß sowohl mit den Kräften der vorhandenen Kavallerie, als auch mit den hierbei zu bringenden Opfern in den grellsten Widerspruch treten würde, so müssen wir die Gefechtskraft der Kavallerie vorzugsweise auf Elemente stützen, welche mit der eigentlichen Waffenwirkung nicht in unmittelbarem Zusammenhange stehen und wir müssen die Bedingungen erörtern, welche jene Elemente zur taktischen Wirksamkeit gegen Infanterie und Artillerie emporheben, indem sie die Waffenwirkung dieser beiden Waffen entweder gar nicht, oder nur sehr geschwächt zur Entwickelung gelangen lassen.

Diese Elemente sind: die Stoßgewalt, die Trageweite und die Schnelligkeit des Chocs der Kavallerie, die hierbei erforderlichen Bedingungen des Erfolges sind: Begünstigung durch das Terrain, Ueberraschung des Gegners und Angreifbarkeit seiner Aufstellung oder Bewegung, Schwäche in der feindlichen Waffenwirkung und der Standfestigkeit des Gegners.

Wenn die Kavallerie von Anbeginn her die Stoßgewalt und Trageweite ihres Chocs und die Schnelligkeit ihrer Bewegungen als das eigentliche Fundament ihrer Gefechtskraft und ihrer Ueberlegenheit über die andern Waffen erkannt und entwickelt, die eigentliche Wirkung ihrer Waffen selbst nur als die nothwendige, aber untergeordnete Vollendung ihres taktischen Erfolges zur Anwendung gebracht hat, so hat dieses Verhältniß ihrer Waffennatur seit der allgemeinen Bewaffnung der Infanterie mit Feuergewehren und seit dem Auftreten einer taktisch durchgebildeten Artillerie ein noch weit schärferes Gepräge erhalten.

Jene eben genannten taktischen Fortschritte der Infanterie und Artillerie haben den innigen taktischen Verband der Waffen zu einem gemeinsamen Gefecht und die taktische Bedeutung des Bodens hervorgerufen, so daß eine Trennung der Waffen, ein isolirtes Gefecht sowohl der Infanterie, als auch der Kavallerie nur noch durch den Zwang der Umstände herbeigeführt werden kann, so sehr fühlt jede Waffe das Bedürfniß nach Beihilfe der andern.

Nur im Gefecht gegen Reiterei, gegen zerstreute Fechter der Infanterie, beim Ausgange eines gelungenen Chocs sowohl gegen Reiterei, als auch gegen Infanterie und bei der Verfolgung eines geworfenen Feindes behaupten Säbel, Degen und Lanze ihren ursprünglichen Werth; sie erzeugen die Furcht vor dem Eindringen der Kavallerie mit den daran geknüpften Folgen völliger Auflösung und einer weiten Verfolgung durch die siegreiche Reiterei. Immer sind aber diese Wirkungen der Kavallerie erst als die Folgen des gelungenen Chocs, der Schnelligkeit ihrer Bewegungen und der Stoßgewalt des anlaufenden Pferdes anzusehen und ohne diese Elemente würde sich heute keine Truppe vor Säbel, Degen und Lanze fürchten.

Die geschlossene Attaque der Kavallerie hat durch die Fortschritte der Infanterie und der Artillerie nichts weniger, als ihren taktischen Werth verloren, weil gerade die Elemente des Chocs, Stoßgewalt, Tragweite und Schnelligkeit, der Infanterie fehlen, um die Erfolge des Artilleriefeuers, ihres eignen Gefechts oder günstige, aber schnell vorübergehende oder leicht zu beseitigende, taktische Verhältnisse auszubeuten, eigne Mißverhältnisse schnell zu beseitigen, um, mit kurzen Worten, die Herrschaft des unmittelbaren Angriffs und des unmittelbaren Widerstandes in derselben Ausdehnung zu begründen, in welcher das Ferngefecht der Artillerie seine taktisch werthvollen Wirkungen leistet.

Die Artillerie bedarf zur Aeußerung eines wirksamen Ferngefechts oft einer Zeitdauer ihres Feuers, welche die Verhältnisse nicht gewähren, vielfach würden die feindlichen Truppen ihre Aufstellungen und Bewegungen in einer Art ausführen, welche dem Artilleriefeuer wenig Aussicht auf Wirkung übrig ließe; die Kavallerie bedarf nur einer sehr kurzen Zeit, die Fernwirkung ihrer Attaque zum Ertrage zu bringen und ihre Gegenwart legt dem Gegner schon auf großen Entfernungen einen sichtbaren Zwang seiner Aufstellungen und Bewegungen auf. Natürlich muß das Terrain die Gefechtsthätigkeit der Kavallerie zulassen und begünstigen, eben so, wie diejenige der beiden andern Waffen und es ist die Sache einer geschickten Heerführung, für entscheidende Schlachten und Gefechte ein Schlachtfeld zu gewinnen, auf welchem man die verschiedenen Waffen mit Erfolg zu einem gemeinsamen Gefechte verwenden kann.

Man kann als Regel annehmen, daß Gefechte von größerer Ausdehnung nur auf Terrains geschlagen werden, welche das gemeinsame Auftreten der drei Waffen in hinlänglichem Maße gestatten und daß es in solchen Fällen eine lösbare Aufgabe der Gefechtsführung wird, durch den Gebrauch der Infanterie und Artillerie, durch richtige Benutzung des Terrains für die vorhandene Kavallerie ein angemessenes Feld der Thätigkeit zu erkämpfen.

Wie hoch also auch immer die taktischen Fortschritte der Infanterie und Artillerie steigen mögen, dennoch wird die taktische Bedeutung der Kavallerie in Schlachten und größern Gefechten für alle Zeiten fortbestehen.

Wir scheuen uns nicht, mit diesem Satze einer Ansicht, die vielfach Boden gefaßt hat, entgegenzutreten, der Ansicht nämlich, daß mit der Entwickelung und Vervollkommnung des Feuergefechts der Infanterie und mit der taktischen Durchbildung der Artillerie die Stoßkraft der Kavallerieattaque in ihrem taktischen Werthe herabgedrückt worden sei. Wir geben nur zu, daß der Gebrauch des Kavalleriechocs in den neuern Gefechten mit verbundenen Waffen nothwendige Einschränkungen erfahren hat, mehr Umsicht und Gewandtheit fordert, gegen eine gute Infanterie kein unbedenkliches Drauflosreiten bleiben darf, wenn man nicht die Kavallerie nutzlos opfern will.

Der Choc der Kavallerie ist seiner Natur nach ein Akt der gewaltsamen, plötzlich hervorschnellenden Entscheidung, er ist also im Gefecht verbundener Waffen niemals an seiner Stelle, wenn die Verhältnisse für eine gewaltsame, plötzliche Entscheidung noch nicht herangereift sind, oder wenn nicht das Element der Ueberraschung den Angegriffenen an geregelter Gegenwehr hindert. Die Reife der Verhältnisse tritt erst nach einer hinreichenden Dauer und Entwickelung des Gefechts ein, wo die Truppen sich schon in einer solchen Abspannung befinden, daß sie dem Choc der Kavallerie nicht mit Frische und Beweglichkeit der Form zuvorkommen können, sondern von ihm überrascht werden.

Um das Element der Ueberraschung gehörig auszubeuten, muß die Kavallerie eine große Gewandtheit und Schnelligkeit entwickeln und das Gefecht der beiden andern Waffen fortwährend im Auge behalten.

Vor der allgemeinen Bewaffnung der Infanterie mit Feuergewehr war das Fußvolk in allen Beziehungen die untergeordnete Waffe, welche in tiefen unbehilflichen Massen auftrat, um gegen die Reiterei einige Widerstandsfähigkeit zu gewinnen. In jenen Zeiten war die Reiterei Herr der Schlachtfelder und wie oft scheiterte diese Reiterei an dem unerwarteten Widerstande des Fußvolks, an den Hindernissen, welche ihr unvorhergesehen entgegentraten oder an Verhältnissen, welche sie nicht zu beseitigen vermochte.

Mit der Einführung des Feuergewehrs löste sich die Infanterie in lange, dünne Feuerfronten auf und bot hierin der Kavallerie eine leicht verwundbare Stelle dar, welche denn auch besonders von Friedrichs des Großen Reiterei gründlich ausgebeutet wurde.

Jetzt ist dieß Alles anders geworden und zwar durch das Auftreten einer taktisch durchgebildeten Artillerie, welche die Verbindung der Waffen zu einem gemeinsamen Gefecht erzeugt hat; hieraus sind jene Truppenkörper, Divisionen, entstanden, welche die drei Waffen in angemessenen Verhältnissen in sich begreifen, dadurch taktisch selbständig auftreten können und zu einer ersprießlichen Benutzung des Bodens geschaffen sind. Dagegen sind jene dünnen unbehilflichen Infanterietreffen verschwunden, vor deren Front eine mühselige Artillerie stückweise an die Bataillone verzettelt war, während die Kavallerie auf den Flügeln der Infanterietreffen sich erst mit der feindlichen Kavallerie in einem meist ganz isolirten Kampfe abfand, um dann auf die Infanterie loszustürzen, welche inzwischen in ein ziemlich heftiges Feuergefecht verwickelt war.

Mit der heutigen Infanterie würde die Kavallerie ein solches Geschäft nicht abschließen können und ohne Artillerie in sehr vielen Fällen der Infanterie das Feld überlassen müssen. Niemand hat in der That mehr Ursache, eine tüchtige Artillerie freudiger zu begrüßen, als die Kavallerie.

Wir haben das Vorstehende zur Rechtfertigung unsrer Ansicht beigebracht und kehren jetzt zu den Elementen und Bedingungen des Chocs zurück.

Die Stoßgewalt der geschlossenen Attaque ist, wenn man ein mechanisches Messen und Vergleichen zulassen will, bei der Kavallerie unendlich viel größer als bei der

Infanterie und würde in mechanischer Beziehung als unwiderstehlich gelten können, wenn die volle Gewalt des Chocs gegen Infanterie zur Wirkung kommend gedacht würde. Gegen Kavallerie würde sich das Verhältniß etwas anders stellen.

Aber die volle Gewalt des Chocs, namentlich geschlossener Kavallerie, kommt sehr selten zur eigentlichen Wirkung und wird in sehr vielen Fällen nicht mit vollem Ernste gesucht, weil die Rückwirkung auf die eigne Kavallerie sehr groß ist, man sich daher für günstigere Momente gern aufspart, sobald man gewahr wird, daß der Gegner zum Widerstande entschlossen ist. In den meisten Fällen ist ein gelungener Choc mehr ein Ueberreiten und Niederhauen mürber oder auseinander gesprengter Haufen, die weder zu einer geregelten Formation, noch weniger zu einem geordneten Widerstande gelangen konnten, als die Kavallerie auf sie losritt.

Wenn man sich aber hierbei vorstellt, daß sich nach einer längern Dauer des Gefechts ein großer Theil der Truppen in einem ganz andern Zustande, als demjenigen der innern Ordnung, festen Geschlossenheit, des militairischen Appels u. s. w. befindet, so sieht man ein, daß die Kavallerie der vollen Gewalt ihres Chocs in den meisten Fällen gar nicht bedarf, um den ganzen Ertrag ihrer Attaque zu gewinnen, um der gefährlichste Feind aller durch das bestandene Gefecht erschöpften, auseinandergekommenen oder aufgelockerten Truppenkörper zu werden. In diesen Gefechtsstadien und gegen solche Truppenkörper hält denn auch eine thätige und gut geführte Divisions-Kavallerie ihre ergiebigste Ernte und vollendet schnell durch ihre entscheidende Attaque die Niederlage jener Truppenkörper, die dem bloßen Artilleriefeuer sich entweder entzogen, oder vielleicht längere Zeit widerstanden haben würden. Man kann sich in letzterer Beziehung sehr wohl vorstellen, daß eine Truppe, durch ein längeres Gefecht physisch und geistig abgestumpft, auf der einen Seite unempfindlich gegen die vielleicht schon längere Zeit ertragenen

Wirkungen des Artilleriefeuers und zugleich auf der andern Seite unfähig zu einem entschlossenen, geordneten Widerstande gegen unmittelbare Anfälle geworden ist. Mit kurzen Worten muß man also sagen, daß in den Truppen die Reactionsfähigkeit gegen unmittelbare Angriffe weit früher und schon mit der Abnahme der physischen Kräfte erlischt, als die Fähigkeit zu leiden, zu ertragen, was über sie verhängt zu sein scheint. Diese wichtige Seite der menschlichen Natur wird die unerschütterliche Basis sein und bleiben, auf welcher die Kavallerie sich bei tüchtiger Ausbildung ihrer Elemente und richtiger Führung im Gefecht zu einer hohen Stufe der Gefechtskraft, zu einer für die Entscheidung des Gefechts unentbehrlichen Waffe erhebt.

Die Kavallerie bedarf zur Erreichung der ihrer Attaque eigenthümlichen Stoßgewalt eines hinreichenden Anlaufes und einer mit der Widerstandsfähigkeit des Gegners in richtigem Verhältnisse stehenden Geschlossenheit der Attaque, damit die natürliche Scheu der Pferde vor dem Zusammenstoße keinen Raum zum Ausweichen vom geraden Stoße auf den Gegner gewinnen kann. Die Bedingung der Geschlossenheit ist in den meisten Fällen weit wichtiger für das Gelingen und den Erfolg der Attaque, als die Geschwindigkeit des Anlaufes, welche niemals auf Kosten der Geschlossenheit gesteigert werden darf, so lange der Gegner noch geschlossen Widerstand leistet.

Um den Anlauf zu gewinnen, setzt sich die Kavallerie 400—600 Schritt vom Gegner in Gallop und 100 Schritt vor dem Zusammenstoße in die Carriere, nachdem vor dem Gallop eine Strecke im Trabe zurückgelegt ist. Bei kräftigen Pferden und günstigem Boden kann vor dem Gallop eine längere Strecke im anhaltenden Trabe zurückgelegt werden, ohne daß die Schnellkraft des Chocs dadurch geschwächt wird; in allen Fällen wird ein dem Gallop vorausgehender Trab auf das gleichmäßige Tempo des Gallops und auf die Geschlossenheit der Attaque günstig hinwirken, so daß im Allgemeinen eine Anlaufstrecke von etwa 900 Schritt für die Erlangung eines tüchtigen Chocs als erforderlich betrachtet wird.

Die Kavallerie deckt daher niemals das Terrain, was sie selbst unmittelbar inne hat, sondern dasjenige, was sie auf Chocweite vor sich hat, wenn sie das Zwischenterrain geschlossen und mit der erforderlichen Geschwindigkeit des Anlaufes durchreiten kann und muß sich natürlich hiernach aufstellen.

Die Kavallerie kann also niemals den Gegner stehenden Fußes erwarten, örtlichen Widerstand leisten, sondern sie muß dem Gegner ihre Attaque sowohl Behufs des Angriffs, als auch Behufs des Widerstandes entgegentragen.

Die Trageweite der Attaque, d. h. die Weite ihrer taktischen Wirkung ist zusammengesetzt aus der zum Anlauf nothwendigen Weite nebst der dem Anlaufe vorangehenden Bewegung innerhalb der Zeitdauer derselben Gefechtsverhältnisse und aus der Weite des Auslaufes der im vollen Schusse befindlichen Attaque im Falle ihres Gelingens, oder im Falle des vor der Attaque ausweichenden Gegners, so weit natürlich das Terrain 2c. einen solchen Auslauf des gewonnenen Schusses gestattet. Wenn die Anlaufsweite der Regel nach so ziemlich dieselbe bleiben wird, so ist es dagegen sehr von den bestehenden Gefechtsverhältnissen abhängig, ob die Kavallerie Zeit gewinnen wird, längere Bewegungen ausführen zu können, um in Gefechtsverhältnisse einzugreifen, welche in größern Abständen von ihr sich gestalten, oder ob sie bei heftiger schwankenden, schnellem Wechsel unterworfenen, Gefechtsverhältnissen sich in engerem Verbande mit den fechtenden Truppen halten muß, um noch rechtzeitig eingreifen zu können. Hiernach bestimmt sich das Maß der taktischen Herrschaft, welche die Kavallerie unmittelbar und sichtlich ausübt. In gleicher Weise ist die Weite des Auslaufes, gewissermaßen die Wirkungssphäre des eigentlichen Zusammenstoßes mit dem Gegner, von den mannichfaltigsten Verhältnissen und Bedingungen abhängig; ob der Gegner den Zusammenstoß sucht, oder abwartet, oder ihm ausweicht, wie schnell und weit der Gegner vor dem Zusammenstoße, oder nach demselben, zurückeilt oder zurückgeschleudert wird u. s. w.; alle diese Verhältnisse sind höchst wechselvoll und meistens nicht einmal vorauszusehen. Eine gelungene Attaque schießt meistens unmittelbar in eine zerstreute Verfolgung des überrittenen, zersprengten Gegners über; in eben der Weise wird eine mißlungene Attaque in einen mehr oder weniger zerstreuten, ordnungslosen, häufig fluchtähnlichen, Rücklauf zurückgeschnellt.

Die Wirkungsdauer eines Chocs einschließlich des unmittelbaren Auslaufes oder des ersten Rückschlages umfaßt der Natur der Dinge nach nur eine sehr kurze Zeit; die Gefechtskraft der Kavallerie erledigt sich daher beim Choc nicht in einem Kampfe, in einem Ringen nach Entscheidung, sondern in einem einzelnen, fast momentan zur Entscheidung überführenden Stoße. Es hängt von der Tüchtigkeit der Kavallerie, von ihrer guten Führung, von der kräftigen Beschaffenheit ihrer Pferde und von dem überwältigten Widerstande ab, ob der Choc in ein und demselben Gefecht von derselben Kavallerie öfter und wie oft er wiederholt werden kann. Wenn die Kavallerie bereits vor dem Gefecht ihre Pferde angreifen, vielleicht großentheils erschöpfen mußte, wenn es der Kavallerie an innerer Ausbildung und militairischer Tüchtigkeit gebricht, so muß man sie mit großer Zurückhaltung und gegen Truppen anwenden, welchen man keine bedeutende Widerstandsfähigkeit zutraut, überhaupt aber ihre Gefechtskraft für die spätern, entscheidenden Momente des Gefechts aufsparen; denn der Choc wirkt selbst auf die siegreiche Kavallerie sehr stark zurück, sobald der Widerstand nur einigermaßen bedeutend war. Gegen das Ende des Gefechts, wenn alle Maßregeln einen entscheidenden Charakter an sich tragen, ist es aber von der höchsten Wichtigkeit, gerade das Element des Kavalleriechocs in möglichster Stärke-und Frische disponibel zu haben, weil dasselbe alsdann seine eigenthümliche Seite, den Erfolg in wenigen Augenblicken zur vollkommenen Niederlage des überwältigten Gegners zu vollenden, leichter und häufiger ausbeuten kann.

Die Schnelligkeit der Attaque ist ein sehr wichtiges Element, welches nicht lediglich von der Geschwindigkeit des Anlaufes und der Länge des Weges abhängig ist, sondern vorzugsweise in der Beziehung zu den feindlichen Gegenmaßregeln, zur Natur der obwaltenden Gefechtsverhältnisse und zur Dauer der eignen Gefährdung (durch Passiren vom feindlichen Feuer beherrschter Terrainstrecken, durch die Möglichkeit feindlicher Anfälle während des eignen Anlaufes ꝛc.) ihren eigenthümlichen taktischen Werth gewinnt. Der moralische Eindruck auf den Gegner, wie auf die eigne Kavallerie, welchen die Schnelligkeit des Anlaufes naturgemäß in sich trägt, ist außerdem eine höchst wichtige Seite der Schnelligkeit des Chocs. —

Der Choc der zerstreuten Kavallerie, Schwärmattaque, ist auf dieselben Elemente gegründet, nur haben diese Elemente hier eine andere Geltung, indem die Stoßgewalt hier nicht in solchem Grade zur Wirkung gebracht wird, während die Trageweite und Schnelligkeit ebenfalls einen andern Werth annehmen. Schnelle, gewandte Pferde, geschickte Führung derselben und der Handwaffen, Ueberraschung und Beunruhigung des Gegners treten hier besonders in den Vordergrund; der taktische Werth der Schwärmattaque ist daher auch ein ganz andrer, als derjenige des geschlossenen Chocs, welchen wir wegen seiner entscheidenden Natur auch ganz ausschließlich hier in Betracht ziehen.

b. Die Manövrirfähigkeit.

Die Manövrirfähigkeit einer gut gebildeten und gut berittenen Kavallerie entspricht vollkommen den Anforderungen der heutigen Taktik. Wenn auf der einen Seite die Gefechtsthätigkeit der Kavallerie durch die Bodenbeschaffenheit und durch obwaltende Gefechtsverhältnisse empfindlich berührt werden kann, so ist auf der andern Seite die Fähigkeit zu anhaltenden schnellen Bewegungen sehr häufig im Stande, einen ungewöhnlichen Einfluß auf die Gefechtsverhältnisse auszuüben und eine geschickte Gefechtsführung wird in den meisten Fällen hinreichende Gelegenheit finden, die vorhandene Kavallerie erfolgreich zu gebrauchen.

Die taktische Fügsamkeit der Kavallerie ist weit beschränkter als diejenige der andern Waffen; für den örtlichen Widerstand, für das Gefecht in durchschnittenem Terrain, für den Kampf gegen gedeckte Truppen, für das Feuergefecht ist die Reiterei nicht geschaffen, mithin auch nicht geeignet, sich in allen Fällen mit den taktischen Maßregeln der andern Waffen in selbstthätiger Verbindung zu behaupten, oder in taktischer Selbständigkeit gegen einen Feind mit verbundenen Waffen zu fechten.

Die Verbindung der Kavallerie mit Artillerie reicht nicht in allen Fällen hin, die erwähnten Schwächen der Kavallerie befriedigend auszugleichen.

c. Die Ausdauer im Gefecht.

Die Ausdauer im Gefecht ist bei der Kavallerie ebenfalls geringer, als bei den andern Waffen, weil der Choc, das eigentliche Gefechtselement der Kavallerie, eine große Frische und Schnellkraft der Pferde verlangt und sich auf eine innere Ordnung, Ruhe und Geschlossenheit stützt, wie sie nach häufigen, oder längern Bewegungen, nach größern Verlusten durch vorangegangene Märsche oder durch das Gefecht, nach bereits überstandenen Attaquen der Regel nach nicht mehr erwartet werden können.

Die Kavallerie ist äußerst empfindlich gegen feindliches Feuer, besonders gegen Artilleriefeuer, welchem sie nicht lange ausgesetzt bleiben darf, ohne ihre innere Ordnung und Ruhe zu opfern und Verluste zu erleiden, welche schwer oder gar nicht zu ersetzen sind.

Wenn der Choc auf einen ansehnlichen Widerstand stößt, zu einem heftigen Zusammenstoße führt, so erleidet selbst die siegreiche Kavallerie einen so bedeutenden Rückschlag, daß sie einer entsprechenden Zeit und des Schutzes bedarf, um sich wieder zu ordnen, Athem zu schöpfen, Appel zu gewinnen und dadurch für eine neue Attaque fähig zu werden.

Die Kavallerie kann daher nicht, wie die andern Waffen, die gewöhnliche Dauer der heutigen Schlachten und größern Gefechte mit einer unausgesetzten Waffenthätigkeit ausfüllen. —

Wir schließen nunmehr aus den vorstehenden Betrachtungen das Nachfolgende:

Erstens.

„Die Kavallerie ist die Waffe der fernwirkenden Attaque, oder, was gleichbedeutend ist: die Fernwaffe des „unmittelbaren Angriffs."

Der Kavallerie fehlt das Element örtlicher Widerstandsfähigkeit ganz, d. h. sie kann niemals stehenden Fußes, sondern nur durch die Attaque Widerstand leisten. Abgesessene Kavallerie ist in die Natur des Infanteriegefechts übergetreten, weil sie eben als Kavallerie den Forderungen des Gefechts in dergleichen Fällen nicht zu genügen vermag; sie ist mithin auch nicht mehr als Kavallerie und dem Kavalleriegefecht zugehörig anzusehen und wir haben im Frühern über diesen Punkt, über die Möglichkeit, die Nützlichkeit und über die Ausdehnung einer derartigen Verwendung der Kavallerie zum Infanteriegefecht unsre Ansicht entwickelt.

Zweitens.

„Die Stoßgewalt der Kavallerieattaque gründet sich „auf ihre Geschlossenheit und Schnellkraft und ist das „stärkste Waffenelement der Kavallerie; das Feuer„gefecht aufgesessener Reiterei ist von sehr untergeordneter „Bedeutung."

„Taktische Steigerungsmittel der Attaque, welche

„durch ihre Ausführung selbst erzeugt werden, sind: das „Element der Ueberraschung und die Richtung gegen „die feindliche Gefechtsordnung."

Drittens.

„Die Herrschaft der Kavallerie-Attaque über das vor„liegende Terrain ist von dessen Beschaffenheit und von den „obwaltenden taktischen Verhältnissen vielfach eingeschränkt."

Viertens.

„Die Kavallerie-Attaque erledigt ihre taktische Wirkung „in einem einzigen Stoße, führt also in wenigen „Augenblicken zu der durch sie beabsichtigten Ent„scheidung."

Fünftens.

„Die Rückwirkung der Attaque auf die eigne Ord„nung und Gefechtskraft der Kavallerie ist selbst im „Falle des Sieges sehr heftig, sobald der Widerstand nur „einigermaßen fühlbar geworden."

Sechstens.

„Die Manövrirfähigkeit und besonders die Ausdauer „im Gefecht ist bei der Kavallerie merklich geringer, „als bei der Infanterie."

Siebentens.

„Isolirte Kavalleriegefechte haben in den heutigen Kriegen „europäischer Heere einen weit weniger entscheidenden Ein„fluß, als in den ältern Zeiten." —

Achtens.

„Das zerstreute Gefecht der Kavallerie ist nur gegen Ka„vallerie von einiger Dauer, daher mehr zur Bewachung und „Aufklärung des Terrains, als zu dessen eigentlicher Ver„theidigung bestimmt." —

Hieraus ergeben sich nun folgende allgemeine Gesetze für das Gefecht der Kavallerie:

35. Die Kavallerie soll im Allgemeinen nur zu den Ent-

„scheidungsakten des Gefechtes und der Theilgefechte „verwendet werden, vorzugsweise aber zu den entschei= „denden Schlußakten des ganzen Gefechts und zu den „weitern Folgen desselben.“

36. „Die Kavallerie soll vor allen Dingen danach streben, im „richtigen taktischen Verbande mit dem Gefecht der „andern Waffen sich in einer möglichst ununterbro= „chenen Bereitschaft zur Attaque zu erhalten, um „die Erfolge der andern Waffen überraschend auszubeuten „und zu vollenden, oder gegen feindliche Maßregeln hel= „fend und schützend auftreten zu können.

„Häufige Attaquen, besonders zu Anfang des Gefechts „und isolirte Kavalleriemanövers erschöpfen die Gefechts= „kraft der Kavallerie und sind meistens von weniger ent= „scheidender Wirkung, als bei richtiger Verbindung mit „dem Gefecht der andern Waffen, daher zu vermeiden.“

37. „Die Kavallerie soll durch den Verband mit den andern „Waffen die ihr fehlenden Elemente des wirksamen „Feuergefechts und der örtlichen Widerstands= „fähigkeit für ihr eignes Gefecht zu verwerthen suchen „und hiernach ihre taktische Verbindung mit dem Gefecht „der andern Waffen regeln.“

38. „Wenn die Kavallerie zu einem selbständigen, großen „Entscheidungsakte, als Kavalleriemasse, auf= „tritt, so bedarf sie der Artillerie, um erforderlichen Falls „den zu attaquirenden Gegner zu erschüttern, das Feuer „der etwa auftretenden feindlichen Artillerie mit Gewalt „von sich abzulenken, oder die feindliche Artillerie aus „den der Attaque hinderlichen Stellungen zu vertreiben, „ferner um die Flanken ihrer Attaque gegen feindliche „Unternehmungen zu schützen, und endlich soll die beige= „gebene Artillerie in einer geeigneten Rückhaltsstellung

„gegen die etwaigen Folgen der Attaque zum Schutze der „Kavallerie bereit stehen."

39. „Die Kavallerie bedarf der Artillerie, wo sie zum Schutze „der Rückzüge auftritt, um das Element der ört„lichen Widerstandsfähigkeit zu gewinnen, das hef„tige Nachdrängen des Feindes, besonders die gefährliche „Annäherung der feindlichen Artillerie abzuwehren." —

40. „Die Kavallerie bedarf der Artillerie bei größern, weit„führenden Verfolgungen eines geschlagenen Feindes, „um nicht durch jeden Terrainabschnitt zum Stehen ge„bracht zu werden, oder zu weitschweifigen Bewegungen „schreiten zu müssen. Derselbe Fall tritt ein, wenn die „Kavallerie schnell und weit vorausgeschickt wird, um dem „Feinde in der Besetzung wichtiger Terrainabschnitte zu„vorzukommen."

41. „Die Kavallerie bedarf der Artillerie, wenn sie zu Um„gehungen und ähnlichen Manövers in größerem Maß„stabe verwendet wird, um entgegentretende Hindernisse „schnell zu beseitigen und gleichzeitig die eigne Sicherheit „zu begründen."

42. „Die Kavallerie soll sich niemals der Beihilfe des Artil„leriefeuers bedienen, wo sie durch Ueberraschung des „Gegners, oder durch vortheilhafte Verhältnisse, durch „Ueberlegenheit ꝛc., ohne unverhältnißmäßige Opfer zum „Zweck gelangen kann, weil die Kavallerieattaque schneller „zur vollendeten Entscheidung führt, als jede andere Waf„fenwirkung."

43. „Das zerstreute Gefecht der Kavallerie wird seiner Natur „nach durch Verbindung mit Artillerie nur in eine nach„theilige Abhängigkeit verfallen und die Existenz der Ar„tillerie selbst in Gefahr bringen."

44. „Die Kavallerie muß sich der Wirkung des Infanterie„feuers nur zum Zwecke der Attaque aussetzen und hat

„die Schußrichtungen des wirksamen Artilleriefeuers mög„lichst zu vermeiden. Hiernach hat sie ihre Aufstellungen „und Bewegungen zu regeln.“ —

Wenn die Kavallerie in den heutigen großen Gefechten und Schlachten von Hause aus mit ihren geschlossenen, entscheidenden Attaquen in den Vordergrund treten wollte, so würde sie in Gefahr kommen, sich gegen die frischen Bataillone des Feindes nutzlos aufzureiben und dem Gefecht der eignen Artillerie hinderlich zu sein; wenn sie aber die volle Entwickelung der Schlacht und die allgemeinere Erschöpfung der Infanterie in richtiger Verbindung mit dem Gefecht und in augenblicklicher Gefechtsbereitschaft zu erwarten weiß, so wird ihr auch heute noch eine Rolle voll Ruhm und Glanz zufallen. —

§. 6.
Die Gefechtskraft der Stellung.

Wir verstehen unter Stellung den bewaffneten Boden, d. h. eine solche Verbindung der Truppen mit den taktischen Eigenthümlichkeiten des Terrains, daß die Truppen dadurch ein anderes Maß der Gefechtskraft gewinnen, als ihnen ohne den taktischen Einfluß des Terrains zukommen würde. Man kann sich eine Stellung niemals denken, ohne eine taktische Verbindung mit Truppen zu supponiren, ohne eine Gefechtsidee daran zu knüpfen, es ist daher nicht erlaubt, sich bei einer Stellung die Truppen hinwegzudenken, von dem Gefecht selbst zu abstrahiren, weil alsdann von taktischen Eigenschaften des Bodens nicht mehr die Rede sein könnte.

Es ist also nichts Paradoxes, es ist vielmehr vollkommen reell und taktisch bedeutsam, von einer Gefechtskraft der Stellung zu sprechen, ja wir sind nichts weniger, als berechtigt, eine müßige und spitzfindige Spielerei mit Begriffen zu erblicken, wenn wir die Gefechtskraft der Stellung ganz, wie diejenige der verschiedenen Waffen, in denselben Richtungen der Gefechtsfähigkeit, der Manövrirfähigkeit und der Gefechtsausdauer betrachten.

Wir haben hier natürlich mit der Stellung, als einem strategischen Elemente, nichts zu thun, auch nicht mit den höhern taktischen Bedingungen derselben, welche bei der Wahl der Stellung vor das Forum des Heerführers gehören, wir haben hier nur mit den Beziehungen der Stellung zum Gebrauche und zum Gefecht der Truppen zu schaffen.

Der Heerführer gibt sich davon Rechenschaft, was er durch das Gefecht erreichen, mit dem Siege anfangen will, was er im Falle des Mißlingens zu fürchten und abzuwehren hat, wie die Stellung mit der Stärke und dem Waffenverhältniß seiner Truppen in Einklang zu bringen und hiernach zu bewaffnen ist, in welcher Ausdehnung er von den taktischen Eigenthümlichkeiten der Stellung für sein Gefecht Gebrauch machen will, ob zur vollen Entscheidung desselben oder nur zu einer vortheilhaften Einleitung u. s. w.

Diese höhern das Gefecht beherrschenden Elemente sind schon vor dem eigentlichen Beginnen des Gefechts wirksam und werfen einen allgemeinen Reflex auf die Wahl der Stellung, auf die höhern taktischen Anordnungen, auf den Geist und Charakter der höhern Führung des Gefechts.

Wir betrachten hier nur die taktischen Eigenschaften der Stellung, die Stellung als eigentliches Gefechtselement, wir haben daher zuerst die Frage zu beantwörten, welche Elemente die Gefechtsfähigkeit, die Manövrirfähigkeit und die Gefechtsausdauer der Stellung begründen. —

Die Stellung, in dem Sinne des bewaffneten Bodens verstanden, ist ein der Vertheidigung zugehöriges Element und setzt ein solches wechselseitiges Verhältniß voraus, daß die Truppen den Boden vertheidigen und der Boden gewissermaßen die Truppen, indem er ihre örtliche Widerstandsfähigkeit steigert, oder sie wohl gar dem unmittelbaren

Angriffe, der Wirkung der feindlichen Waffen mehr oder weniger entzieht.

Es versteht sich von selbst, daß die gewählte Stellung aus strategischen und höhern taktischen Gründen vom Gegner angegriffen werden muß, sonst hilft die stärkste Stellung nichts. Oertliche Widerstandsfähigkeit und Deckung gegen die Waffenwirkung des Feindes sind also die selbstverständlichen Fundamental-Eigenschaften jeder Stellung, ohne welche eine brauchbare Stellung gar nicht gedacht werden kann.

Die Sturmfreiheit der für die letzte Entscheidung bestimmten Gefechtsfront ist dagegen keine selbstverständliche Eigenschaft einer Stellung, sondern nur ein höherer Grad der örtlichen Widerstandsfähigkeit gegen den unmittelbaren Angriff und es lassen sich sogar sehr viele Fälle denken, wo eine durchgängige Sturmfreiheit der ganzen Gefechtsfront für den höhern Zweck des Gefechts und für den darauf gestützten Charakter der Gefechtsführung nicht allein nicht erwünscht, sondern sogar hinderlich sein würde.

Bevor wir zur Betrachtung der Gefechtskraft übergehen, müssen wir uns über die taktischen Bestandtheile der Stellung verständigen, wobei stets an ein Gefecht mit verbundenen Waffen gedacht wird. An diese Bestandtheile der Stellung muß sich naturgemäß die Gefechtskraft anknüpfen.

Jede Stellung muß für ihr Gefecht die taktischen Eigenschaften des Vorterrains zur Abwehr oder Erschwerung des unmittelbaren Angriffs in Anspruch nehmen. Sie muß ferner in irgend einer Gefechtsfront die Entscheidung des Kampfes mit der Stellung und um selbige eintreten lassen und als eingetreten betrachten. In und hinter dieser Gefechtsfront der Entscheidung muß zur Aufstellung, Bewegung und Concentration der Streitkräfte ein hinreichender innerer Raum vorhanden sein, der vorzugsweise eine angemessene Tiefe und gesicherte Verbindungen darbietet, um den Truppen für den Entscheidungskampf eine vortheilhafte Entwickelung und eine möglichst große Manövrirfähigkeit zu sichern. Mit der Gefechtsfront und dem innern Raume der Stellung treten zugleich die Gefechtsflanken ins Spiel.

Endlich muß die Stellung, wenn sie nicht, wie die Festung, eine allseitig geschlossene ist, einen taktisch brauchbaren Anschluß an das Terrain des Rückzuges als ein sehr wichtiges Element in ihre Rechnung aufnehmen. Dieser taktisch brauchbare Anschluß an das Terrain des Rückzuges ist gewissermaßen das Vorterrain für das auf die Entscheidung etwa unmittelbar nachfolgende Abzugs- oder Arrieregardengefecht.

Denkt man sich die Stellung mit allen hier bezeichneten Terraintheilen als eine für das beabsichtigte Gefecht brauchbare Bodenfläche, so muß naturgemäß die Gefechtsfront, welche man für die Entscheidung einnimmt, der taktisch stärkste Theil der Stellung sein, welcher nicht allein das Vorterrain taktisch beherrscht, sondern auch dessen Widerstandsfähigkeit für sein eignes Gefecht unmittelbar auszubeuten vermag.

Es wird nicht leicht ein Terrain geben, welches sich gegen ein Gefecht von größerem Umfange ohne allen taktischen Einfluß erhielte und eben so selten werden Gefechte von größerem Umfange ohne sorgsamen Anschluß an die taktischen Eigenthümlichkeiten des Bodens verlaufen können.

Für den Zweck unsrer Betrachtungen können wir uns weder die abnormen Fälle eines völlig indifferenten Bodens, noch die fehlerhaften eines taktisch vernachlässigten, noch endlich diejenigen zum Maßstabe nehmen, wo die Benutzung der starken Seiten einer Stellung durch die nothwendige Rücksicht auf ihre Schwächen nur mit großer Vorsicht und Zurückhaltung bis zu einer gewissen Grenze gestattet ist, denn solche Fälle gehören vor das Forum der wirklichen Gefechtsführung, können aber nicht zur Entwickelung allgemeiner Prinzipien benutzt werden, weil hierzu nur stark ausgeprägte und in unverkümmerter Geltung hervortretende Elemente dienen können. Darum hat ja eben ein allgemeines Prinzip in den verschiedenen Fällen der Wirklichkeit niemals eine gleich große und unbeschränkte Giltigkeit, sondern enthält nur eine für alle Fälle giltig bleibende Wahrheit, von welcher natürlich auch nur ein sehr verschiedener, den bestehenden Verhältnissen entsprechender, Gebrauch gemacht werden darf. Wenn, um uns hier ein Beispiel zu erlauben, die Gesetze des freien Falles für alle Flugbahnen des Geschosses in gleicher, unbestrittener Wahrheit bestehen, so sind doch ihre sichtbaren Wirkungen und der Gebrauch derselben sehr verschieden, je nachdem wir es mit dem aufsteigenden, oder mit dem niedersteigenden Aste, mit starken oder schwachen Anfangsgeschwindigkeiten zu thun haben; der lothrechte, völlig freie Fall des Körpers, in der Wirklichkeit streng genommen unmöglich, ist allein geeignet, die Gesetze des Fallens in ihrer vollen Schärfe und Ausdehnung zu entwickeln. So ist es auch mit den hier zu entwickelnden Wahrheiten; sie bleiben stets giltig, aber nicht in allen Fällen von gleicher Geltung.

Die Stellung ist in allen Gefechtsfällen nur ein **Mittel**, welches dem strategischen und taktischen Zwecke des Gefechtes dienen soll und deshalb stets nach seinem taktischen Werthe gewürdigt, niemals aber als Zweck des Gefechtes behandelt werden darf.

Wir betrachten nunmehr die Elemente näher, aus welchen die Gefechtskraft der Stellung besteht.

A. **Die Gefechtsfähigkeit der Stellung.**

Sie gründet sich vor allen Dingen auf zwei Elemente, ohne welche sie nicht gedacht werden kann und welche sich selbst gegenseitig bedingen, und zwar:

1. auf die **taktische Beherrschung des Vorterrains** und 2. auf die **Stärkung des Waffengebrauchs der mit der Stellung taktisch verbundenen Truppen.**

Die taktische Beherrschung des Vorterrains bedingt vor allen Dingen, daß von der Hauptstellung aus dasselbe völlig übersehen werden kann, ohne daß die Hauptstellung selbst von dem Vorterrain aus eingesehen wird. Am besten ist diese Bedingung erfüllt, wenn die Hauptstellung das Vorterrain hinreichend überhöht, wenn sie ferner Flügel-Anlehnungen hat, welche bei hinreichender Stärke das Innere der Hauptstellung gegen das Einsehen Seitens des Feindes schützen, wenn ferner das Vorterrain dem entscheidenden Angriffe keine bedeckten, gegen das Feuer der Hauptstellung geschützten Aufstellungspunkte darbietet, wenn endlich das Vorterrain in einer der Größe und taktischen Bedeutung der Stellung entsprechenden Tiefe die Maßregeln des Gegners gehörig und rechtzeitig erkennen läßt, um früh genug die entsprechenden Gegenmaßregeln treffen zu können, so daß die Stellung stets das Element der Ueberraschung des Gegners für sich hat.

Die taktische Herrschaft über das Vorterrain verlangt ferner, daß sich in demselben kein entscheidender Angriff entwickeln und festsetzen kann, ohne von der Hauptstellung aus durch eine überlegene Waffenwirkung bedroht zu sein und dafür größere Opfer zu zahlen, als der Vertheidiger. Diese überlegene Waffenwirkung des Vertheidigers kann begründet werden 1. durch Beschränkung des Angriffs auf bestimmte Zugänge und Entwickelungspunkte, welche sowohl durch das Feuergefecht der Hauptstellung, als auch durch überraschende und umfassende Anfälle bedroht sind, ohne sich dagegen gehörig schützen zu können und 2. durch die Deckung des Feuergefechts, durch die Deckung und Verbergung der Ausfälle des Vertheidigers gegen das Feuer des Angreifers und gegen die rechtzeitige Begegnung der auf ihn gerichteten Offensivstöße.

Die taktische Herrschaft über das Vorterrain bedingt ferner, daß die stärksten und wichtigsten Punkte der Hauptstellung nicht vom Vorterrain aus durch den Angriff umfaßt werden können, ohne daß der Angriff sich selbst bedrohlichen Flanken- und Rückenangriffen, einem gefährlichen Flankenfeuer Preis gibt.

Endlich verlangt die Herrschaft über das Vorterrain, daß die Hauptstellung zahlreiche, räumliche, durch den Angriff nicht leicht zu schließende Ausgänge in das Vorterrain hat, um eine günstige, dem Angriffe überlegene, Verbindung unmittelbarer Offensivstöße mit dem Feuergefecht der Hauptstellung zu gewähren, wenn diese mit ihrem Gefecht auf eine gleichmäßige Verbindung des Feuergefechts und der Offensivstöße gegen das Vorterrain hingewiesen ist. Bei Festungen ist dieses taktische Element vielfach eingeschränkt und schon bei Schanzen und Verschanzungen merklich schwächer, als bei gewöhnlichen Stellungen im freien Felde; dagegen erhalten die Festungen und Schanzen in einer künstlich erzeugten und gesteigerten Sturmfreiheit der Hauptgefechtsfront einen angemessenen Ersatz an örtlicher Widerstandsfähigkeit für die Einbuße an Offensivkraft gegen das Vorterrain. —

Es bedarf nur eines Blickes auf die wechselvolle Natur der Stellungen im freien Felde, wenn sie von einigermaßen bedeutender Ausdehnung sind, daß das Vorterrain, besonders wenn es dem Angriffe viele Hindernisse des Zuganges darbietet, auch von der Hauptstellung aus auf vielen Punkten nicht ohne Schwierigkeit und mannichfache Einschränkungen mit geschlossenen und größeren Truppenkörpern betreten werden kann und daß diese Einschränkungen sich im Angesichte und in der Nähe eines entwickelten Hauptangriffes, so wie in der Wirkungssphäre der dagegen feuerthätigen Gefechtsfront der Hauptstellung außerordentlich steigern müssen, so daß eine günstige und rechtzeitige Kombinirung der Ausfälle mit dem Feuergefecht immer künstlicher und daher auch zweifelhafter im Gelingen werden muß, je stärker sich der Angriff entwickelt hat.

Hieraus folgt zuvörderst der Satz:

45. „Das Feuergefecht der Hauptstellung muß in erster „und letzter Instanz die Herrschaft über das Vor„terrain begründen.“ —

46. „Die Artillerie ist vorzugsweise berufen, die Zugänge des „Vorterrains und die Entwickelungspunkte in selbigem „durch ihr Feuer zu beherrschen. Sie kann dieß sowohl „durch Anschluß an die Gefechte im Vorterrain, als auch „späterhin von der Hauptstellung aus.“

47. „Die Artillerie ist außerdem berufen, die wichtigsten Punkte „der Hauptstellung zu besetzen, um durch ihr Feuer die „feindliche Annäherung an dieselben schon in größeren „Entfernungen zu bekämpfen und auf den entscheidenden „Punkten ein starkes und andauerndes Feuergefecht zu „begründen.“

48. „Die Artillerie muß den Hauptnerv für den Widerstand „der Stellung abgeben und darauf ihren taktischen Ge„brauch, ihre Aufstellung und ihr Manöver hinrichten, „damit die beiden andern Waffen für den entscheidenden „Kampf so viel, als möglich, aufgespart und vorzugs„weise, damit die Infanterie und die Kavallerie, welche „zur Entscheidung des Stoßes gegen den Feind, also der „Bewegung, bedürfen, beweglich und manövrirfähig er„halten werden.“

49. „Unter allen Waffen tritt also die Artillerie der Regel „nach in die engste taktische Verbindung mit der Stellung „und mit dem Entscheidungskampfe derselben.“ —

B. Die Manövrirfähigkeit der Stellung.

Die Stellung ist unbeweglich und in ihren Formen unveränderlich; gleichwohl muß sie dem Vertheidiger gestatten, dem Manöver des Angriffs in seinen verschiedenen Richtungen und in seinen verschiedenen Stärkeverhältnissen mit angemessenem Widerstande und mit günstigen taktischen Verhältnissen entgegenzutreten. Vor allen Dingen muß die Stellung, wenn der Vertheidiger in derselben die Entscheidung des Gefechts annehmen will, die Bedingung erfüllen, daß der Vertheidiger bei ungünstiger Entscheidung einen geordneten und widerstandsfähigen Abzug aus der Hauptstellung erzwingen und dadurch einen gesicherten Rückzug erkämpfen kann.

Die Stellung darf daher nicht leicht durch nahe Umgehungen, Flanken- und Rückenangriffe zu gefährden und zu überwältigen sein, wozu der Angriff bei einer starken Front stets gezwungen sein wird.

Die Stellung muß daher, wenn sie für die Hauptentscheidung brauchbar sein und nicht blos für ein günstiges Vorgefecht dienen soll, im Rücken der Hauptfront hinreichenden Raum darbieten, um mit verbundenen Waffen geordnet und zweckmäßig gegen den Angriff zu manövriren, widerstandsfähige Abzugsstellungen einnehmen zu können und sie muß ferner gestatten, nahe Umgehungen abzuwehren, die Annäherungen der Flanken- und Rückenangriffe zeitig genug zu erkennen, wirksam zu bekämpfen und denselben ohne unverhältnißmäßige Schwächung der Front nachdrücklichen Widerstand entgegenzusetzen. —

Im Rücken der Hauptfront muß sich demnach ein für die Bewegung verbundener Waffen geeignetes Terrain von einer der Frontlänge entsprechenden Breite und von einer der Truppenstärke angemessenen Tiefe vorfinden, eine Art Reserveterrain, welches ohne schwierige und beengte Verbindungen sich an die Rückzugswege anschließt und der Artillerie Aufstellungspunkte darbietet, von welchen aus dem nachdringenden Feinde mit Erfolg entgegengetreten werden kann, um den abziehenden Truppen die gehörige Zeit und Sicherheit gegen Unfälle zu verschaffen.

Die Stellung soll also im Rücken ihrer eigentlichen Gefechtsfront eine Reservestellung gegen die Folgen der Entscheidung darbieten. Der Abzug der Artillerie in diese rückwärts gelegenen Aufstellungen muß unter dem Schutze der übrigen Truppen zu rechter Zeit erfolgen, damit diese nachher für ihren eignen Abzug den Schutz des Artilleriefeuers gewinnen.

Es schwächt die Stellung empfindlich, wenn die von dem Terrain gebildeten Flanken den Aufstellungsraum im Rücken der Hauptfront beengen oder wenn die Stellung ganz offene, leicht zugängliche Flanken hat, welche nur durch eine sehr tiefe Aufstellung des Vertheidigers gegen Anfälle geschützt werden können.

Hieraus folgt:

50. „Die Manövrirfähigkeit einer Stellung kann in erster Instanz nur durch Artillerie begründet werden, indem diese „die erste nothwendige Verstärkung der Hauptfront gegen „den Angriff vermittelt und später den etwa erforderlichen „Abzug aus derselben einleitet, ohne sogleich die Artillerie „der Hauptstellung auf eine nachtheilige Weise zu schwächen, indem sie ferner gegen Flankenmanövers des Angriffs auftritt und deren schnelle Annäherung abwehrt, „um den andern Waffen Zeit zu Gegenmaßregeln zu „erkämpfen und indem sie bereit ist, den feindlichen Flankenmanövers in die Flanke zu fallen.“

51. „Es muß daher im Rücken der Hauptfront einer Stellung „Artillerie von angemessener Stärke disponibel gehalten „werden, um zur vollen Bewaffnung der Front und „Flanken und für unvorhergesehene Fälle in steter Bereitschaft zu sein.“

52. „Die mit den andern Waffen taktisch verbundene Artillerie „begründet die Manövrirfähigkeit dieser Truppen, wogegen „die im vorigen Passus bezeichnete Artillerie die Manövrirfähigkeit der Stellung begründet.“ —

Also nur das Feuergefecht und vorzugsweise dasjenige der Artillerie macht eine Stellung manövrirfähig, indem das Feuergefecht in die unbeweglichen und unveränderlichen Formen der

Stellung Leben und Widerstandsfähigkeit bringt, ohne sich von denselben losreißen zu müssen, wie die Attaque der Infanterie und noch mehr der Kavallerie dies zu thun gezwungen sind. —

Es ist natürlich, daß die Artillerie vorzugsweise bei ihrem Gebrauche und bei ihrer Gefechtsthätigkeit an die taktischen Eigenschaften des Terrains gebunden ist und daß es wenig Fälle im wirklichen Gefecht geben wird, wo nicht die eigne Stellung oder diejenige des Gegners sich mehr oder weniger taktische Geltung verschaffen. —

C. Gefechts-Ausdauer der Stellung.

Offenbar ist die Gefechtsausdauer der Stellung abhängig von der taktischen Stärke und Widerstandsfähigkeit des Vorterrains, der Front, der Flanken und des Innern der Stellung, insofern dasselbe mehr oder weniger starke Abschnitte darbietet, und von der Sicherheit und Leichtigkeit des Abzuges aus der Stellung. Natürlich werden nur in höchst seltenen Fällen alle die hier genannten Eigenschaften sich zu Gunsten einer Stellung vereinigen und es versteht sich außerdem von selbst, daß wir bei unsrer Betrachtung eine für die Stellung hinreichende und dem Gegner angemessene Truppenstärke des Vertheidigers voraussetzen.

Ohne diese Voraussetzung kann ja überhaupt von der taktischen Stärke der Stellung, d. i. des bewaffneten Bodens, gar nicht gesprochen werden und bei einer unverhältnißmäßigen Ueberlegenheit des Feindes würden weitere Umgehungen starke Stellungen vollkommen unbrauchbar machen, wenn nicht die Stellung selbst eine so große politische und strategische Wichtigkeit hat, daß man um ihrer selbst willen des Angriffes sicher sein kann. Dies letztere ist bei Hauptstädten und großen, für die weitere Fortführung des Krieges unentbehrlichen Festungen der Fall. Wo der Werth der Stellung ein so großer ist, da sieht man, besonders bei Festungen, von der Leichtigkeit und Sicherheit des Rückzuges mehr und mehr ab, weil diese Bedingung offenbar beschränkend auf die Gefechtsausdauer der Festung zurückwirken muß.

Sehen wir aber auch von einer so hervorragenden Wichtigkeit der Stellung an sich ab und nehmen wir an, daß sich alle oben genannten Bedingungen zu einer bedeutenden Gefechtsausdauer vereinigen, so ist es darum doch keineswegs abgemachte Sache, daß diese Gefechtsausdauer in jedem wirklichen Falle vollkommen ausgebeutet wird, weil es lediglich darauf ankommt, ob der Vertheidiger es vortheilhaft findet, für die erreichbare Gefechtsausdauer auch die erforderlichen Opfer an Truppen und Zeit zu bringen, es nicht vielmehr vorzieht, die Stellung nur zu einer unverhältnißmäßigen Schwächung des Gegners zu benutzen.

Welcher der hier so eben angedeuteten Fälle nun auch eintreten mag, die Stellung als entscheidendes Gefechtselement oder als Mittel zu einer unverhältnißmäßigen Schwächung des Gegners, stets bleibt die Artillerie die *eigentliche Hauptwaffe* des Gefechtes der Stellung, weil in beiden Fällen die *Artillerie die Annäherung und Entwickelung des Angriffs am meisten erschwert und die Kraft der beiden andern Waffen für den letzten Entscheidungskampf aufspart.* —

Wenn die Stellung nur einigermaßen bedeutend und ausgedehnt ist, so werden Front und Flanken ohne künstliche Befestigungen nicht auf allen Punkten von gleicher taktischer Stärke und Widerstandsfähigkeit sein, vielmehr werden sich außer einzelnen Punkten von hervorragender Widerstandsfähigkeit, sogenannten *militairischen Posten*, andre leichter zu überwältigende in größerer Zahl und Ausdehnung vorfinden. Auf diesen Theilen der Stellung wird naturgemäß der entscheidende Kampf für den Vertheidiger am meisten gefährdet sein, daher muß denn auch für diese schwächern und von außen zugänglichern Theile die Kraft der beiden andern Waffen vorzugsweise aufgespart werden, um hier den entscheidenden Stößen des Angriffs widerstehen zu können.

Es wird lediglich von der Größe und Zahl der militairischen Posten, so wie von ihrer gegenseitigen Unterstützung und ihrer taktischen Herrschaft auf die anstoßenden schwächern Theile der Stellung abhängen, ob ohne einen ernsten Angriff auf einen oder mehrere solcher Posten der Feind an einen Durchbruch zwischen oder neben ihnen denken darf und in welcher Art deshalb durch die Besetzung und Behauptung der militairischen Posten gleichzeitig die Zwischentheile der Stellung vertheidigt werden.

Es bedarf nach den vorangegangenen Betrachtungen kaum noch der Andeutung, daß mit den gegen den entscheidenden Durchbruch neben militairischen Posten auftretenden Kräften der beiden andern Waffen je nach der Stärke dieser Truppen und der Beschaffenheit des Terrains die Artillerie in entsprechender Stärke sich verbinden wird und daß hierzu sowohl die mit den Truppen taktisch verbundene Artillerie, als auch die für das taktische Manöver der Stellung etwa noch disponible bestimmt ist, denn gegen einen gefährlichen und entscheidenden Angriff müssen die disponiblen Kräfte so viel als möglich concentrirt werden. —

Wir sehen, daß der Angriff in der Regel gezwungen sein wird, bei gut gewählten Stellungen einen oder mehrere militairische Posten ernstlich zu bekämpfen, wenn er die Stellung überwältigen und den Vertheidiger in derselben schlagen will, und so lehrt es auch die Kriegsgeschichte, welche uns in fast allen großen Schlachten der neuesten Zeit die Gefechte um Dörfer, Gehölze und ähnliche Posten als Hauptakte der Entscheidung vorführt. —

Wir schließen nunmehr aus dem Vorigen:

53. „Die Artillerie ist die Hauptwaffe der Widerstandsdauer „einer Stellung."

Hierzu muß, wie wir aus den Betrachtungen über die Gefechtskraft der Artillerie wissen, die Bedingung erfüllt sein, daß die Artillerie gegen den unmittelbaren Anfall des Feindes geschützt ist. Dies kann nur geschehen durch die Sicherheit und Stärke ihrer Aufstellung an sich und durch den Schutz der andern Waffen, so daß entweder die Aufstellung der Artillerie dem feindlichen Anfalle entzogen sein muß und nur eines sehr geringen Schutzes durch andre Waffen bedarf, oder daß sie in enger Verbindung mit den bedeutendern Kräften der andern Waffen gehalten wird.

Wenn nun durch die Artillerie die Kräfte der andern Waffen für den Entscheidungskampf aufgespart werden sollen, so folgt:

54. „Die das Vor- und Seitenterrain dominirenden „Punkte und die militairischen Posten einer Stel- „lung müssen durch die zu ihrer ersten Bewaffnung „bestimmte Artillerie besetzt und dazu vorbe- „reitet sein."

Von der Art und dem Zeitpunkte der Besetzung ist hier noch nicht die Rede; wir sprechen hier nur von der Stellung, als Gefechtselement, können uns also die Bewaffnung nicht hinwegdenken, ohne den Begriff der Stellung zu verlieren und wiederholen dieß nur, weil man sich zu sehr gewöhnt hat, eine Stellung zu denken, ohne bestimmt und ausdrücklich das nothwendige Attribut, die Truppen, darin mit zu begreifen, und weil wir deshalb leicht mißverstanden werden können.

Wir müssen deshalb um so ernstlicher einer so üblen Angewohnheit des Denkens entgegentreten, weil sie dem taktischen Begriffe der Stellung seinen eigentlichen Kern und seine ganze Schärfe raubt.

Es folgt weiter:

55. „Die zur Bewaffnung der Stellung postirte Artillerie muß „entweder durch ihre Aufstellung selbst oder durch den

„Schutz andrer Truppen gegen den unmittelbaren Anfall „des Feindes gesichert sein.“ —

56. „Das Gefechtsfeld dieser Artillerie muß von den übrigen „Truppen frei gehalten werden, sobald der Angriff sich „in selbigem entwickelt und wirksam beschossen werden „kann.“

Die Theilnahme der andern Waffen ist von der weitern Entwickelung des Angriffs abhängig und die Artillerie der Stellung darf von den andern Waffen in ihrem Feuer gegen den Angriff nur gestört werden, wenn diese mit Artillerie vorbrechen und dadurch das schweigende Artilleriefeuer der Stellung ausgleichen, oder wenn die taktischen Verhältnisse die Maßregeln der andern Waffen wirksamer, entscheidender machen. —

Mit den vorstehend entwickelten Gesetzen haben wir den taktischen Begriff des für das Gefecht verbundener Waffen bewaffneten Bodens, der Stellung in unserm Sinne, also des, unter Stellung verstandenen, belebten Gefechtselementes, in seiner eigentlichen Basis festgestellt; es ist daher keineswegs der Sinn dieser Gesetze, taktische Regeln für die Aufstellung der Artillerie vorzustellen, wenn diese Regeln auch darin unmittelbar enthalten sind. —

Es bleibt uns jetzt nur noch Einiges über den Einfluß zu sagen übrig, welchen die taktische Benutzung des Bodens auf den Mechanismus des Gefechts, auf die Gefechtsform ausübt.

Es ist an sich klar, daß in demselben Maße, wie sich die Truppen bei ihrem Gefecht auf die taktischen Eigenthümlichkeiten ihrer Stellung stützen, sie auszubeuten und für die Entscheidungsakte zu nutzen streben, auch die beiden Grundformen des Gefechts, Angriff und Vertheidigung, sich schärfer ausprägen und die Gefechtsführung strenger regeln. So geschieht es denn, daß der Vertheidiger seinen Widerstand in eben dem Grade zu einem örtlichen macht, als ihm daraus ein gesteigerter Waffenerfolg, eine günstige Entscheidung hervorgeht und daß der Angreifende ihn von diesen Vortheilen des Bodens loszuschlagen oder abzudrängen sucht.

Der Vertheidiger will seine Schwächen, entweder im Ganzen, oder in Bezug auf einzelne Punkte seiner Gefechtsstellung, durch die taktischen Vortheile des Bodens ausgleichen, um mit wenigen Truppen überlegenen Angriffskräften das Gleichgewicht zu halten, dadurch starke Kräfte für die Entscheidung oder für schwächere Punkte der Stellung aufzusparen und überhaupt eine größere Gefechtsausdauer für sich zu gewinnen.

So große taktische Vortheile kann der Vertheidiger natürlich nicht umsonst, gewissermaßen nach Belieben sich von der Straße nehmen, sondern er muß sie nach ihrem vollen Werthe durch Verlust an taktischer Freiheit, durch den Zwang, der ihm aus den taktischen Forderungen des Bodens erwächst, durch größere Empfindlichkeit gegen Terrainverlust und gegen die Gefahr seiner Verbindungen bezahlen.

Es kommt deshalb auch in der Wirklichkeit auf den strategischen und höhern taktischen Werth einer Stellung und des daran zu knüpfenden Gefechts an, wie weit der Vertheidiger auf den Eintausch jener Vortheile durch diese Opfer eingehen darf und es besteht eine ununterbrochene Stufenleiter zwischen dem höchsten Kaufpreise, wo man die Truppe ganz für die Stellung zum Opfer bringt, wie bei Festungen und zuweilen auch bei militairischen Posten im freien Felde, und dem Gegensatze, wo man die Stellung nur so lange zu nutzen sucht, als es ohne Opfer möglich ist. Die Opfer, welche mit jedem Gefecht an sich verknüpft sind, müssen natürlich auch in jedem Falle gebracht werden, wenn überhaupt ein Gefecht angenommen werden soll.

In der Regel verfolgt der Vertheidiger bei der Wahl und Anordnung seiner Stellung folgende Zwecke:

a. der Vertheidiger sucht durch überlegene Waffenwirkung und durch bessere Leitung des Gefechts seinen Gegner entweder im Ganzen oder doch auf mehreren wichtigen Punkten zu überbieten;

b. der Vertheidiger sucht überlegene Angriffskräfte in ein hartnäckiges örtliches Gefecht zu verwickeln, welches für den Angriff mit unverhältnißmäßigen Opfern verknüpft und ein Hinderniß des Fortschreitens zur Entscheidung ist, dadurch für sich selbst eine größere Stärke auf schwächern Punkten und zugleich die Aufsparung starker Reserven zu gewinnen;

c. der Vertheidiger will durch die Vortheile seiner Stellung das Gefecht in die Länge ziehen, um den Gegner nach Möglichkeit zu erschöpfen, bevor die Entscheidung herangereift ist.

Natürlich zehrt die Gefechtsdauer auch an den Streitkräften des Vertheidigers und nur das Verhältniß der beiderseits gebrachten Opfer entscheidet, wie weit der Vertheidiger dafür seine taktische Freiheit einsetzen darf.

Wenn man, wie die Preußen in St. Amand und Ligny an die Behauptung solcher Posten eben so viel Bataillone setzt, als der Gegner, so muß man sagen, daß solche Posten entweder zur Vertheidigung in solchem Grade sich nicht eigneten, oder daß man einen schlechten Gebrauch davon machte und dann hat in beiden Fällen der Grundsatz: — Beati sunt possidentes — seine Geltung verloren. —

d. Der Vertheidiger will durch seine Stellung eine große Widerstandsfähigkeit gegen die eigentliche Haupt-Entscheidung gewinnen und also auch diese in seiner Stellung annehmen.

Endlich:

e. Der Vertheidiger will seine Stellung im freien Felde gegen die Folgen der Entscheidung, gegen die Katastrophe einer vollendeten Niederlage, gegen den Verlust eines geordneten Rückzuges gebrauchen. —

Diese verschiedenen Absichten des Vertheidigers regeln dann sein taktisches Verhalten in der eingenommenen Stellung. In dem weisen oder ungeschickten Gebrauche der Stellung sind die Gründe zu suchen, welche häufig den unerwarteten Erfolg von Vertheidigungsschlachten herbeiführten. Mißverständnisse aller Art, Ungeschicklichkeit, Unlenksamkeit, schwaches Benehmen der fechtenden Truppen oder leidenschaftliche Uebereilungen derselben und Zufälligkeiten, unerwartete Ereignisse u. s. w. sind Elemente, welche sowohl die stärkste Vertheidigung, als den überlegensten Angriff aus allen Fugen werfen können.

So dürfen wir denn auch nicht erstaunen, wenn wir in der Wirklichkeit zuweilen die unvorhergesehensten Erfolge eintreten sehen und sind daher auch nur berechtigt, mit großer Vorsicht über die oberste Leitung des Gefechts ein verdammendes Urtheil zu sprechen.

Wir haben hier schließlich nur noch hinzuzufügen, daß nur in sehr seltenen Fällen einer unverhältnißmäßigen Ueberlegenheit des Angreifenden, wo das Gefecht nur noch als der letzte, unzweifelhafte Schlußpunkt einer vollkommenen Niederwerfung des Vertheidigers zu erstreben bleibt, der Angreifende ohne das defensive Element der Benutzung des sich ihm darbietenden Terrains gegen die möglichen Folgen verunglückter Angriffsmaßregeln, gegen Rückschläge des Vertheidigers vorschreiten darf.

Dieses mit fast allen Angriffen in geringerem oder höherem Grade vermischte *defensive Element* schränkt natürlich auch die *taktische Freiheit des Angreifenden* ein und hat dann zur Folge, daß die Vertheidigungsstellung oft ihre volle Stärke und Widerstandsfähigkeit zur Geltung bringen kann.

Wir sehen daher den *Angriff* in der Regel sehr bemüht, durch eine sorgfältige Benutzung des Terrains sich seiner eignen Sicherheit halber gewissermaßen mit *einer Stellung gegen diejenige des Vertheidigers* bewegen.

Wenn der Angriff aus einer solchen Stellung selbst diejenige des Vertheidigers unmittelbar bekämpft, so ist es eine wahre Angriffsstellung und wenn der Angreifende im Laufe eines Gefechtes bis zur Entscheidung mehrere solcher Stellungen bezieht, aus denen er gegen den Vertheidiger kämpft, so bezeichnen diese Stellungen die verschiedenen Stadien, welche der Angriff bis zur Entscheidung zu durchlaufen hat und zwar entweder im eignen Interesse, um stets sichre Aufstellungspunkte zu gewinnen und den Erfolg des Angriffs möglichst zu sichern, oder durch die Stärke der Stellung des Vertheidigers dazu gezwungen. Oft prägen sich diese verschiedenen Angriffsstadien mit großer Schärfe gegen einander aus, indem sie eine durchgreifende taktische Veränderung der einander entgegenstehenden Verhältnisse in sich tragen, wie dieß beim förmlichen Angriffe der Festungen so deutlich hervortritt.

Wo aber immer im Angesicht einer Vertheidigungsstellung verschiedene Angriffsstadien, also eine stufenweise Annäherung des Angriffs in einer stets mehr oder minder widerstandsfähigen Aufstellung, zur wirklichen Erscheinung gelangen, da sind es die Feuerstellungen der Artillerie, welche diese Angriffsstadien bezeichnen und stützen.

Es ist darum nicht nur im Festungskriege, sondern auch beim Gefecht im freien Felde so äußerst wichtig, für den Gebrauch der Artillerie, den Begriff, das Wesen und das taktische Manöver einer Stellung richtig aufzufassen und man kann wohl sagen, daß es oft nicht verstanden worden ist, mit einer Stellung gehörig umzugehen und gegen dieselbe richtig zu verfahren. Wir sehen also den Angriff das Element der Stellung benutzen:

a. als Angriffsstellung,
b. als Sammelplatz und Entwickelungsstadium der dem vorgeschrittenen Angriffe nachrückenden Verstärkungen und Reserven.

Da man bemüht ist, dergleichen Sammelplätze gegen das Feuer des Vertheidigers gedeckt und wo möglich gegen die feindliche

Erkennung verdeckt zu wählen, so liegt hierin ein Element defensiver Natur; und endlich benutzt der Angriff das Element der Stellung

c. als Rückhalt zur ersten Aufnahme zurückgeschlagener Angriffe und zur Abwehr gefährlicher Rückschläge.

Die letzte Beziehung ist rein defensiver Natur, denn sie soll ja nur gegen die Folgen verunglückter Maßregeln sichern, ohne selbst ein offensives Element in sich zu tragen.

Es bedarf nicht der weitern Entwickelung, daß eine Truppe, welche zurückgeworfen ist, nur dann von einem Rückhalte vollen Nutzen ziehen kann, wenn derselbe durch andre Truppen besetzt ist, deren Widerstandsfähigkeit noch nicht erschüttert wurde und welche Zeit fanden, sich in ihrer Stellung gehörig einzurichten. Wenn nun die Rückhaltsstellung noch im Stande ist, dem Nachdringen des Feindes und seiner Annäherung an selbige zeitig genug Halt zu gebieten, so ist ein solcher Rückhalt mit allen taktischen Eigenschaften ausgerüstet, welche dem vorgeschobenen Angriffe die unentbehrliche Sicherheit verleihen.

Mögen wir die Stellung in allen Gefechtsverhältnissen, welche bei einem Kampfe in und vor der Stellung sich gestalten können, betrachten, mögen wir, um uns dieses Ausdrucks zu bedienen, die Stellung in ihrem vollen Gefechtsleben auffassen, so ist unter allen Umständen die Artillerie der Hauptnerv ihrer taktischen Lebenskraft. —

Daher muß denn auch der Gebrauch der Artillerie in allen Fällen darauf Bedacht nehmen, sogleich aus dem taktischen Verbande mit den Truppen in denjenigen mit dem Boden überzutreten, sobald der erstere nicht mehr die hinreichende Gewähr des Erfolges und der Sicherheit der Truppen in sich trägt, sobald der unmittelbare Zusammenstoß mit dem Feinde die gedeihliche Mitwirkung der Artillerie unterbricht, ihre Existenz selbst gefährdet und die Nothwendigkeit eines Rückhaltes für die Waffen des unmittelbaren Gefechts gebieterisch hervortritt.

Fassen wir nunmehr die vorstehenden Betrachtungen in ihrem Gesamtsinne auf, so ergibt sich für den Gebrauch der Artillerie beim Gefecht der Stellung der allgemeine taktische Grundsatz:

„Je mehr sich das Terrain als ein kräftiges Gefechtselement „geltend macht, je mehr eine Stellung Gefechtskraft besitzt, „desto mehr ist die Artillerie des Vertheidigers auf „die taktische Verbindung mit dem Boden und auf die Be„herrschung des Vorterrains hingewiesen, desto mehr ist im „natürlichen Gegensatze die Angriffsartillerie an die „Richtung der entscheidenden Angriffe gebunden und auf eine „überlegene Bekämpfung der Vertheidigungsartillerie hinge„wiesen, desto selbständiger tritt auf beiden Seiten „das Gefecht der Artillerie in den Vordergrund „und die andern Waffen müssen sich bis zum Eintritt der „Entscheidung dem Artilleriegefecht mehr oder weniger unter„ordnen." —

Am schärfsten prägt sich dieses Gesetz im förmlichen Angriffe der Festungen aus, wo der Geschützkampf zum isolirten Vorgefecht der Entscheidung erhoben ist. Während die Angriffsartillerie in der Entwaffnung der feindlichen Werke und in der Beseitigung der Sturmfreiheit derselben ihre taktische Aufgabe gestellt findet, soll die Artillerie des Vertheidigers die Entwickelung des Angriffs im Schußbereiche der Festung, das Fortschreiten desselben und, so viel es mit Erfolg geschehen kann, das Feuer der Angriffsartillerie bekämpfen. —

Wir bemerken hier nur noch gegen mögliches Mißverstehen, daß wir unter Beherrschung des Vorterrains niemals eine gleichmäßige Bestreichung ausgedehnter Bodenflächen und eine dem entsprechende Zerstreuung der Vertheidigungsartillerie über die ganze Front der Stellung verstehen, so wenig, als wir sagen wollen, daß die Angriffsartillerie von Hause aus in voller Entwickelung ihrer ganzen Ueberlegenheit vor das Angesicht der feindlichen Stellung tritt. Selbst in einem auf große, ein Schlachtfeld weithin überragende, Dimensionen hin völlig ebenen und offenen Terrain wird eine solche Verwendung der Artillerie nicht statthaft sein und man wird nie außer Acht lassen, daß eine durch gute Oekonomie gewonnene Ueberlegenheit um so entscheidender wirkt, je näher das Gefecht zur Entscheidung herangerückt ist. Gilt dieß schon von einem Gefecht in einem taktisch gleichgiltigen Terrain, so wird es um so giltiger in Bezug auf eine Stellung, also auf einen taktisch bedeutsamen Boden. —

Nachdem wir nun in den vorangegangenen Paragraphen alle die Elemente kennen gelernt haben, welche in den Kampf und mit demselben verflochten werden, natürlich unter Ausschluß der moralischen und ähnlicher, hierher nicht gehöriger Kategorieen, so können wir nunmehr den taktischen Totalerfolg der Artillerie mit der genügenden Reife des Begriffes besprechen. —

§. 7.

Der taktische Totalerfolg der Artillerie.

Der Rückblick auf das Vorangeschickte, auf die Natur und Gefechtskraft der beiden andern Waffen und des bewaffneten Bodens, befähigt uns, die taktische Rolle der Artillerie im Verbande mit diesen Elementen zu bezeichnen, natürlich aber auch nur in eben so allgemeinen Zügen, als jene Betrachtungen hingeworfen wurden. Wir treffen hierbei zuerst auf diejenigen Leistungen der Artillerie, welche ihre taktische Unentbehrlichkeit begründen und von den andern Waffen nicht übernommen werden können. Hierher gehören:

a. Die Zerstörung von Zielen, deren Natur die Vernichtungskraft der beiden andern Waffen zurückweist.

Diese Ziele sind: Deckungen verschiedener Art, Brustwehren von Erde, Mauerwerk, Holz 2c., Kopfwehren oder Ein=

deckungen, Pallisaden, Barrikadirungen, Verhaue, Zugangshindernisse u. s. w.

Man kann diesen Zweck auch bezeichnen als die Beseitigung der Sturmfreiheit und Zugangshindernisse der Stellung des Feindes.

Diesen Gefechtszweck hat die Artillerie in den dazu taktisch angewiesenen Entfernungen und durch die verschiedenartigen Geschoßwirkungen zu erfüllen, je nachdem die Natur der Ziele, der taktische Zusammenhang mit dem Verlaufe des Gefechts und die der Artillerie disponiblen Kampfmittel es bedingen.

b. Die Bekämpfung des Feindes hinter oder innerhalb solcher Deckungen, welche man nicht zerstören kann oder nicht erst zerstören will.

Hierher gehören die Wallgänge, Gräben und das Innere von Festungen, Schanzen, Städten, Dörfern, Gehöften, Gebüschen, Terrainfalten, Hohlwegen, Defileen, gedeckter Passagen, verdeckter Stellungen u. s. w.

c. Das mittelbare Ferngefecht beim Angriff wie beim Widerstande, wenn dasselbe durch das unmittelbare Ferngefecht der Kavallerie und durch vorgeschobene Truppen entweder gar nicht, oder nur mit größern Opfern, mit größerer Gefahr und größerer Unsicherheit des Erfolges, oder nicht mit gleichen Vortheilen für eine geordnete, leicht zu regelnde Gefechtsführung oder nicht mit gleichem Zeitaufwande ersetzt werden kann.

Wir bezeichnen diese taktische Leistung der Artillerie durch den allgemeinen Begriff: Beherrschung des Terrains.

d. Bekämpfung der feindlichen Artillerie, wenn diese den feindlichen Gefechtszwecken sehr förderlich, den eignen Truppen sehr hinderlich und gefährlich ist und nicht auf eine andere Weise mit gleichem Aufwande von Kraft und Zeit und mit gleicher Sicherheit des Erfolges zu beseitigen ist.

e. Schutz der eignen Deckungen und Zugangshindernisse gegen die Zerstörung durch feindliche Artillerie und gegen Wegräumung derselben durch die feindlichen Truppen, wenn dieß nicht anderweit zu hindern ist. —

In den beiden letzten Sätzen ist die nothwendige Ausgleichung mit dem Vernichtungsprincip gegeben, welches sich der Gegner durch Mitführung der Artillerie verschafft hat.

Durch die Erfüllung der vorbezeichneten taktischen Zwecke sind jedoch weder die Kampfmittel und die Gefechtsfähigkeit einer taktisch durchgebildeten Artillerie erschöpft, noch sind alle taktischen Bedürfnisse befriedigt und alle Schwächen ausgeglichen, welche von den beiden andern Waffen in den verschiedenen Gefechtslagen empfunden werden.

Wir wissen, daß die Infanterie und Kavallerie, als die Waffen des unmittelbaren, des entscheidenden und die Entscheidung vollendenden Zusammenstoßes mit dem Gegner, bei diesem ruhmreichen Gefechtsakte auch allen den damit verbundenen Gefahren und Verhängnissen ausgesetzt sind, Gefahren und Verhängnisse, welche durch unvorhergesehene Hindernisse, durch verderbliche Zufälle, durch unerwarteten Widerstand, durch einen heftigen Rückschlag, durch die zügellose Natur des Handgemenges herbeigeführt werden können. Wir wissen, daß die Infanterie und die Kavallerie inmitten dieses gefahrvollen Aktes nächst ihrer numerischen und physischen Kraft lediglich durch die höchste Anspannung ihrer innern Gefechtskraft, durch Unerschrockenheit und Todesmuth, durch die an mörderischem Kampfe sich entzündende Rache und Mordsucht zu einem glücklichen Erfolge hingetragen werden können; wir wissen aber auch, daß bei diesen Gefechtsakten ein überraschender, unglücklicher Zufall statt jener edlen Regungen eines braven, statt jener wilden Leidenschaft eines erbitterten Kriegers den Schreck und das augenblickliche Zusammenbrechen in wehrlose Entmuthigung und in eine unheilvolle Flucht über die besten Truppen verhängen kann. Freilich tritt ein solcher taktischer Nervenschlag bei braven, kriegerischen und kriegsgewohnten Truppen sehr selten und erst nach langen, erfolglosen Opfern ein, während bei jungen, unkriegerischen Truppen der Zufall eine große Gewalt zu erlangen vermag.

Wenn die Infanterie in einem stundenlangen Feuergefecht ihre militairische und moralische Kraft erschöpft hat, wenn mit dem Dahinschwinden ihrer Zahl, Ordnung und Hörigkeit gleichzeitig ihre moralische Potenz durch die lange Anspannung an Schwungkraft verloren hat, dann werden ihre Attaquen zu entnervten taktischen Formen, zu mühsamen, aller Schnellkraft beraubten, Ortsveränderungen, deren Folgen nur durch eine noch größere Erschöpfung des Gegners gefördert werden.

Nicht anders ist es mit der Kavallerie, wenn sie ihre Gefechtskraft in vorzeitigen, schlecht begründeten Attaquen verbrauchte und die geringen Folgen ihrer Anstrengungen sich schnell wieder verflüchtigen sah.

Hieraus folgt als ein unverbrüchlicher Grundsatz der Taktik:

„Um einen günstigen Erfolg des Entscheidungskampfes, des „unmittelbaren Zusammenstoßes mit dem Gegner zu begründen und nach Möglichkeit sicher zu stellen, muß die Gefechtskraft der Infanterie und der Kavallerie gegen übermäßigen „Gebrauch, gegen vorzeitige Erschöpfung und gegen die Gefahren des Nahegefechts und des unmittelbaren Zusammenstoßes mit dem Gegner durch alle dazu geeigneten und „disponibeln Mittel geschützt werden."

Finden wir nun, daß die Artillerie durch eine hohe Ausbildung ihrer Geschoßwirkung, ihrer Flugbahnen, der Wahrscheinlichkeit zu treffen, ihrer Schußfertigkeit, durch ihre Ausrüstung, Beweglichkeit, Manövrirfähigkeit und durch ihre Ausdauer in langer, unausgesetzter Waffenthätigkeit in den Stand gesetzt ist, sich mit dem Gefecht der andern Waffen leicht und erfolgreich in taktischer Verbindung zu erhalten, daß ferner die

Artillerie, als mittelbare Waffe des fernwirkenden Angriffs und des fernwirkenden Widerstandes, die Fähigkeit in sich trägt, durch ihr Feuergefecht die Waffenwirkung der Infanterie und der Kavallerie sowohl in der Entwickelungsperiode eines Gefechts oder Gefechtsaktes, als auch durch alle spätern Stadien hin bis zum Eintritt des entscheidenden Nahegefechts zu ersetzen und zu verstärken, so folgt hieraus, daß die Artillerie außer den Grenzen ihrer Unentbehrlichkeit auch berufen ist zur Theilnahme an dem Gefecht der beiden andern Waffen, um die Gefechtskraft derselben zu stärken, zu schonen und im Entscheidungskampfe zu schützen, selbst, wo es möglich und heilsam ist, die Gefechtskraft andrer Waffen zu ersetzen. —

Hieraus ergeben sich nun für die taktische Rolle der Artillerie die nachfolgenden allgemeinen Gesetze:

57. „Die Artillerie hat zuerst alle diejenigen Gefechts„zwecke zu erfüllen, für welche sie unentbehrlich „ist, wenn die Erfüllung dieser Zwecke zur Ent„scheidung des Gefechtes unerläßlich wird."

58. „Die Artillerie soll demnächst streben, sich in einer wirk„samen taktischen Verbindung mit dem Gefecht der andern „Waffen zu erhalten, um für die entscheidenden Maß„regeln derselben gehörig vorzuarbeiten und mitzuwirken."

59. „Die Artillerie soll die Angriffs- und Widerstandskraft „der beiden andern Waffen stärken und vervollständigen „und dadurch die taktische Selbständigkeit dieser Truppen„körper in den verschiedenen Gefechtslagen und in den „verschiedenen Terrains begründen."

60. „Die Artillerie soll bestrebt sein, die beiden andern Waffen „für den entscheidenden Kampf gefechtskräftig zu erhalten."

Beschützung gegen wirksames Artilleriefeuer, gegen unerwartete, überlegene Angriffe, Beschützung der Angriffsbewegungen und Manövers ꝛc. führen dahin.

61. „Sie soll die unmittelbaren Angriffe der Infanterie und „Kavallerie oder deren Widerstand gegen feindliche An„griffe durch wirksame Beschießung und Erschütterung des Gegners vorbereiten und steigern."

Hierbei ist diejenige Truppe das Ziel des Artilleriefeuers, welche dem eignen Angriffe oder Widerstande am gefährlichsten ist.

62. „Sie soll die in den unmittelbaren Zusammenstoß ver„wickelten Truppen bewachen, schützen gegen uner„wartete Angriffe, nachrückende Verstärkungen des Feindes, „und aufnehmen gegen Verfolgung und heftige Rück„schläge, sie soll bereit sein zur Verfolgung des gewor„fenen Gegners und zur Befestigung der eignen Truppen „in der eroberten Stellung."

63. „Sie soll die Gefechtskraft andrer Truppen beim „Angriff sowohl, wie bei der Vertheidigung er„setzen, wenn große, offene, dem Artilleriefeuer zusagende „Terrainflächen dies begünstigen." —

Man will entweder das Vorbrechen der eignen Truppenmassen über diese Flächen erzwingen oder dasjenige der feindlichen abwehren. Einen solchen Zweck hatte z. B. die große französische Batterie zwischen Rahna und Starsiedel am 2. Mai 1813.

Aehnliche taktische Motive erkennen wir in fast allen größern und kleinern Batterieen, welche zur Vertheidigung bestimmter Oertlichkeiten mitwirken sollen, wie Batterieen, welche neben besetzten Dörfern, Schanzen und ähnlichen Posten auftreten. —

Endlich haben wir eines taktischen Gebrauches der Artillerie im freien Felde zu gedenken, wo dieselbe mit ungewöhnlicher Kraftfülle aus dem geregelten Verlaufe des Gefechts, gewissermaßen in taktischer Selbständigkeit, hervorbricht, um in das Drama der vollen Schlacht eine entscheidende Feuerwirkung zu schleudern.

Es ist dieß:

Das entscheidende Auftreten einer Artilleriemasse.

Die Fähigkeit der Artillerie, in dieser taktischen Form, oder, besser gesagt, in dieser taktischen Potenz aufzutreten und gewissermaßen den eigentlichen Entscheidungsschlag zu führen, erhebt die Artillerie auf den taktischen Standpunkt der beiden andern Waffen und muß als der Schlußstein einer taktisch durchgebildeten Feld-Artillerie angesehen werden.

Es folgt hieraus:

64. „Die Artillerie soll, wo die taktischen Verhältnisse und das „Terrain ihrer Wirkung eine entscheidende Kraft verleihen „und das Gefecht sich bereits in einer für die Entscheidung „hinreichenden Entwickelung befindet, durch Concentrirung „einer entsprechenden Geschützmasse als entscheidende Waffe „hervorzutreten suchen.“ —

65. „Die Artilleriemasse wird sowohl dem Angriff, wie der „Vertheidigung als eine entscheidende Maßregel von un„gewöhnlicher Gewalt dienen können und in eben dem „Maße die Gefechtskraft der beiden andern Waffen scho„nen, als sie den Gegner zu erschüttern vermag.“

66. „Die Artilleriemasse ist daher eine gebotene taktische Maß„regel, wo die Verhältnisse und vorhandenen Mittel ihre „Anwendung möglich machen.“ —

Ueber die Natur und den Gebrauch der Artilleriemasse müssen wir in einem besondern Paragraphen uns aussprechen, nachdem wir die taktischen Verbindungen der Artillerie erledigt und den Einfluß der Geschützzahl auf die Gefechtskraft der Artillerie gewürdigt haben. —

Wenn die Artillerie zur Erreichung eines taktischen Zweckes unentbehrlich ist, so muß sie für die Zeit des Kampfes um diesen Zweck als die Hauptwaffe, welche die weitere Entwickelung des Gefechts begründet und bestimmt, angesehen werden und sie hat alsdann auch Anspruch auf die hierbei nothwendige taktische

Freiheit und Selbständigkeit, auf die hierzu förderliche Unterordnung des Gefechts der andern Waffen, welche erforderlichen Falls der Artillerie die wirksamsten Aufstellungen erkämpfen müssen. Aber auch bei dieser taktischen Rolle darf die Artillerie mit ihrem Manöver aus den Grenzen einer sichern und günstigen taktischen Verbindung ihres Gefechts mit dem voraussichtlichen Entscheidungsakte niemals abschweifen und die beiden andern Waffen in eine für die Entscheidung ungünstige Lage versetzen, denn: das Ende allein krönt das Werk! —

Wo die Artillerie aber zur Theilnahme am Gefecht der andern Waffen berufen ist, da wird auch dieses Gefecht mit seiner Entwickelung und Richtung, mit seinen Formen und mit seiner entscheidenden Kraft maßgebend für das taktische Verhalten der beigegebenen Artillerie; da muß sie sich in einem engern Verbande mit dem Gefecht der andern Waffen bewegen und ihre Thätigkeit nur auf solche Objekte und Gefechtsverhältnisse beziehen, welche mit diesem Gefecht in unmittelbaren Zusammenhang treten.

Ein Gleiches gilt, wenn die Artillerie mit dem Gefecht der Stellung in Verbindung tritt.

Wo endlich die Artillerie in der taktischen Potenz der Artilleriemasse mit einem entscheidenden Schlage mitten in ein entwickeltes Gefecht hineindonnert, da sind es die höhern Beziehungen zum Ganzen und Großen einer bedeutungsvollen Schlacht, welche diese großartige taktische Rolle der Artillerie hervorrufen, abmessen, ihre Bewegung und Richtung anordnen. —

In den vorstehenden Sätzen dieses Paragraphen sind die taktischen Richtungen bezeichnet, in welchen die Artillerie ihre Gefechtskraft geltend zu machen hat und der Einfluß, welchen sie hierdurch auf die Entwickelung und Leitung, auf die Entscheidung und Dauer des Gefechts in einer taktisch werthvollen Weise geäußert hat, mißt ihren taktischen Totalerfolg ab. —

Der taktische Totalerfolg der Artillerie ist daher seiner Natur nach eine sehr variable Größe, in welcher die eigentliche Wirkung der Geschosse und Geschütze nur den materiellen Grund und Boden ausmacht. Obschon diese Wirkung als Fundamentalfaktor des Totalerfolges selbstverständlich auch diesen in erster Instanz seiner Größe nach bestimmt, so bleibt doch der taktische Werth dieser Wirkung die bedingende Eigenschaft, ohne welche die Wirkung gar nicht zu einem Faktor des taktischen Totalerfolges werden kann, oder, mit andern Worten, für die Entscheidung des Gefechts ohne Einfluß bleiben würde.

Es bedarf nur der Andeutung, daß in vielen Fällen der Wirklichkeit der taktische Werth der Wirkung den materiellen derselben weit überwiegt, daß der letztere oft noch gar keine namhafte Größe erlangen konnte, wo der erstere schon seinen Einfluß auf das Gefecht geltend macht. Wenn wir eine Infanterie ohne Artillerie vor einem mit selbiger vordringenden Gegner von gleicher Stärke ohne ernsten Widerstand zurückweichen sehen, so hat dieß der taktische Werth der Artilleriewirkung, ohne erst wirklich einzutreten, hervorgebracht; sobald aber der Gegner bei seinem Rückzuge auf eine zu seiner Unterstützung herbeikommende Artillerie von angemessener Stärke trifft, wird er je nach dem gewonnenen Zuwachs an Gefechtskraft zum nachdrücklichen Widerstande oder selbst zum Angriffe überzugehen im Stande sein, ohne daß noch eine Wirkung seines Geschützes sichtbar wurde. Offenbar hat dieß nur der taktische Werth einer Artilleriewirkung hervorgebracht, welche materiell noch so gut als gar nicht vorhanden war.

Würde die Artillerie ohne diese Verhältnisse und bei getrennter Wirksamkeit zu einer so entscheidenden, das Gefecht beherrschenden Gewalt gelangt sein? — Wir haben hier noch nicht der moralischen Wirkung auf die eignen und feindlichen Truppen gedacht, welche in vielen Fällen den taktischen Werth der Artilleriewirkung ungewöhnlich steigert, indem sie den eignen

Truppen neuen Muth, dem Feinde Schrecken einflößt, welche nur in seltnen Fällen ganz ohne Einfluß bleibt, stets aber in den Stadien des Gefechts, wo die Entscheidung bevorsteht, von erheblichem Einflusse sein wird.

Während junge, des Krieges ungewohnte, Truppen durch eine starke und thätige Artillerie vor einem vorzeitigen, ihrer Kraft, Unerschrockenheit und Ordnung gefährlichen Zusammenstoße mit einem ungeschwächten Gegner geschützt und, wie man sich ausdrückt, unter dem Schutze der Artillerie eingeschlagen werden müssen, werden kriegerische, nach Sieg und Ruhm dürstende Schaaren den Wirkungen ihrer Artillerie ungeduldig voraneilen; während bei jenen die Artillerie alle Hände voll zu thun hat, um das Gefecht in einem befriedigenden Gange zu erhalten, wird sie bei diesen Sorge tragen müssen, damit ihre heldenmüthigen Waffenbrüder sich nicht ohne Artillerie in gefährliche Verhältnisse stürzen und ihren Erfolg nicht mit zu kostbaren Opfern bezahlen. Braven Truppen gegenüber wird selbst eine große materielle Artilleriewirkung verhältnißmäßig wenig erschüttern und nur im entscheidendern Stadium des Gefechts, also nur im engern Verbande mit den andern Waffen eine entscheidende Kraft, einen moralischen Eindruck von sichtbarer Größe gewinnen. Jungen Truppen dagegen können schon einige Kanonenschüsse Besorgnisse und Zagen einflößen.

Was folgt nun hieraus? —

Der taktische Totalerfolg der Artillerie wird bedingt durch den taktischen Werth, welchen das Ferngefecht für die Entscheidung zu Wege brachte, und durch den Beitrag, welchen die Theilnahme der Artillerie am entscheidenden Nahegefechte der andern Waffen oder der Stellung, so wie zum unmittelbaren Zusammenstoße mit dem Feinde und zu dessen Folgen leistete.

Natürlich ist der taktische Totalerfolg der Artillerie für jedes Gefecht je nach der Natur desselben von verschiedener Größe und verschiedener taktischer Kombination zwischen Ferngefecht und Nahegefecht, zwischen selbständigem Artilleriegefecht und Theilnahme am Gefecht der andern Waffen.

Es ist klar, daß nur diejenige Artilleriewirkung eine brauchbare und von taktischem Werthe ist, welche auf die Entwickelung, Leitung und Entscheidung des Gefechts einen sichtbaren Einfluß äußert und daß jede andere, wie groß sie auch sein möge, eine vollkommene Kraftverschwendung bleibt. Nur innerhalb der durch diese allgemein giltige Bedingung gezogenen Grenzen kann das Gesetz seine Kraft behalten, daß „mit der Größe der Artilleriewirkung die entscheidende Kraft derselben steigt."

Wenn wir nun hierbei noch das taktische Gesetz beachten, daß:

„Jede der Entscheidung des Gefechts, dem Raume und der „Zeit nach, näher gerückte Waffenwirkung an sich selbst von „größerer Entscheidungskraft ist, als die entfernter stehende" — so ergibt sich hieraus das Nachfolgende:

67. „Die Artillerie kann nach dem größten taktischen Totalerfolge ihrer Waffenwirkung nur innerhalb derjenigen „Grenzen streben, welche durch die taktische Natur des „wirklichen Gefechts, durch die vortheilhafteste Art seiner „Entwickelung, Leitung und Entscheidung gegeben sind, „also nur in taktischer Verbindung mit dem Gefecht der „andern Waffen oder der Stellung."

68. „Nur innerhalb dieser Grenzen und Verbindungen wächst „mit der Größe der Artilleriewirkung die entscheidende „Kraft derselben und zwar um so mehr, in je nähere „Verbindung diese Wirkung mit der Entscheidung des „Gefechts tritt."

69. „Die Artillerie soll daher die höchste Aufbietung ihrer „Gefechtskraft für die entscheidendern Gefechtsakte aufsparen, bis dahin nur so weit ihre Gefechtskraft anspan-

„nen, als es zu einer gedeihlichen Entwickelung und Fort-„führung des Gefechtes unerläßlich ist.“

70. „Wird die Entscheidung eines Gefechtes durch, oder gegen „die beiden andern Waffen gegeben, so muß die Artillerie „ihr Gefecht mit diesen Waffen in Verbindung setzen und „gegen diejenige richten, durch deren Ueberwältigung das „Gefecht entschieden wird, oder welche der Entscheidung „am hinderlichsten ist.“

71. „Wird die Entscheidung durch oder gegen eine Stellung „gegeben, so muß die Artillerie ihr Gefecht mit der Stel-„lung verbinden, oder gegen dieselbe ansetzen und dabei „gegen diejenige Waffe auftreten, welche der Vertheidi-„gung am gefährlichsten oder der Eroberung am hinder-„lichsten ist.“

72. „Ist die Artillerie im Stande, durch ihr Gefecht die große „Entscheidung selbständig herbeizuführen, so darf dieß nur „in solcher Verbindung mit angemessenen Kräf-„ten der andern Waffen erfolgen, daß diese im „Stande sind, die errungene Entscheidung mit der gehö-„rigen Schnelligkeit und mit demjenigen Nachdrucke zu „benutzen und zu vollenden, welcher gegen mögliche Rück-„schläge hinreichend sicher stellt.“ —

[Wir müssen hierbei nochmals eines interessanten Beispiels für dieses Gesetz gedenken, welches hinreichend darlegt, wie die entscheidende Kraft der Artillerie wesentlich an das Vorhandensein andrer Truppen geknüpft ist, welche diese Wirkung auszubeuten im Stande sind. Wir meinen die große französische Batterie zwischen Rahna und Starsiedel am 2. Mai 1813. Wenn mit der Wirkung dieser Geschützmasse eine Kavalleriemasse in Verbindung gebracht werden konnte, welche die alliirte Kavallerie nach gehöriger Beschießung mit dem erforderlichen Nachdruck attaquirte, oder die weitere Annäherung der Artillerie gehörig zu beschützen vermocht und dadurch die völlige Vertreibung der preußisch-russischen Kavallerie über den Floßgraben vermittelt hätte, so würde das Resultat der Schlacht eine vollkommene Niederlage der Alliirten geworden sein, statt daß es nichts, als ein abgeschlagener Angriff, blieb. —]

In den vorstehenden Gesetzen ist die Richtung gegeben, in welcher die Artillerie nach dem in jedem einzelnen Falle zulässig höchsten taktischen Totalerfolge streben soll und der Spielraum, innerhalb dessen dieß geschehen darf, gleichzeitig aber auch die Basis für die Kritik über das, was die Artillerie zu leisten vermochte.

Wie wichtig es ist, den Begriff des taktischen Totalerfolges der Artillerie gehörig zu erfassen und in sich aufzunehmen, denselben in jedem wirklichen Gefecht mit Klarheit herauszufühlen, gleich wichtig für die Konstruktion und Organisation der Artillerie, wie für deren Gebrauch, das bedarf hiernach keiner weitern Ausführung. —

Wir können daher nunmehr näher auf den Gebrauch der Artillerie eingehen, indem wir die uns zunächst entgegentretenden taktischen Verbindungen des Artilleriegefechts besprechen.

Dies wird uns über die Bedürfnisse dieser taktischen Verbindungen belehren und auf die Anforderungen hinweisen, welche hieraus für die Waffenwirkung und für den Gebrauch der Artillerie erwachsen.

Der Begriff des taktischen Totalerfolgs mit seinen Konsequenzen bildet für die nachfolgenden Gesetze die unantastbare Basis und steht daher auch an der Spitze unsrer weitern Betrachtungen. —

Zweites Kapitel.

Von den taktischen Verbindungen des Artillerie-Gefechts.

§. 8.

Einleitende Entwickelung.

Wir haben im vorigen Kapitel die Aufgabe gelöst, den Begriff und das Wesen des taktischen Totalerfolges der Artillerie mit seinen Konsequenzen festzustellen, und verschafften uns zu diesem Behufe vorher ein allgemeines Bild von der Gefechtskraft der drei Waffen und der Stellung. Wir haben in diesen Entwickelungen gesehen, daß die Artillerie, ihrer Waffennatur gemäß, kein Gefecht ohne den angemessenen Beistand einer oder beider andern Waffen bestehen und vollenden kann; sie bedarf der andern Waffen nicht allein zur Vollendung und Ausbeute ihrer Gefechtserfolge, sondern auch zur Beschützung ihrer Wehrlosigkeit gegen unmittelbare Anfälle. Wir haben in gleicher Weise gesehen, daß die entscheidende Kraft der Artilleriewirkung, also ihr taktischer Werth, erst durch die taktische Verbindung mit dem Gefecht der andern Waffen und der Stellung hervorgerufen werden kann, daß mithin auch erst hierdurch die materielle Größe der Artilleriewirkung ein wirklicher Faktor ihrer entscheidenden Kraft wird.

Die taktischen Verbindungen sind demnach die belebende Elementarbedingung, ohne welche wir uns einen Waffenerfolg der Artillerie weder vorstellen können, noch vorstellen dürfen.

Der nächste Schritt unsrer Betrachtungen muß uns also unmittelbar in das Gebiet der taktischen Verbindungen führen.

Haben wir die taktischen Verbindungen der Artillerie hinreichend erschöpft, so fällt unmittelbar unser Blick auf eine taktische Potenz des Artilleriegefechts, welche innerhalb jener taktischen Verbindungen nicht berührt werden konnte, da dieselbe in einer gewissen Selbständigkeit als eine große entscheidende Maßregel aus dem geregeltern Verlaufe des Gefechts hervorbricht; dieß ist der Gebrauch der Artilleriemasse beim Gefecht im freien Felde. Wir werden hierbei unmittelbar auf den taktischen Unterschied zwischen dem Begriffe einer großen Batterie und der Artilleriemasse, somit überhaupt auf den taktischen Einfluß der Geschützzahl hingeleitet und müssen über diesen taktischen Einfluß der Geschützzahl, als über eine unerläßliche Vorfrage, das Erforderliche voranschicken.

Hiermit ist das Gebiet der taktischen Verbindungen der Artillerie als erledigt zu betrachten.

Die Gesetze, welche alsdann durch die Betrachtungen der beiden ersten Kapitel entwickelt worden sind, haben sich aus der Natur der drei Waffen und ihrer taktischen Verbindungen hergeleitet.

Wenn wir nun im Rückblicke auf diese Gesetze den Gebrauch der Kampfmittel der Artillerie, der Geschosse, Schußarten und Geschütze logisch entwickeln, so vollenden wir dadurch das Gebäude einer allgemeinen Gebrauchslehre, ohne irgend einen Sprung zu thun, Unerledigtes vorauszusetzen und Besprochenes wiederholen zu müssen.

Natürlich können hierdurch nicht alle wichtigern und durchgreifenden Spezialitäten der wirklichen Gefechtsfälle erschöpft werden, ja es muß sogar zur sichern Entwickelung der allgemein giltigen Gesetze die Voraussetzung eines völlig geregelten Gefechtsverlaufes als Grundlage genommen, also an Stelle des lebendigen, wechselvollen, vom Zufalle mehr oder minder abhängigen Verlaufes wirklicher Gefechte ein taktischer Mechanismus zur Vorstellung gebracht werden.

Es bleibt daher nach Vollendung der hier beabsichtigten allgemeinen Begründung einer Gebrauchslehre der Artillerie nur noch zweierlei zur Vollendung dieser Lehre übrig und zwar: das Gefecht der Stellung im Festungskriege und dasjenige im Feldkriege nach seinen verschiedenen Hauptcharakteren weitläufiger zu erörtern.

Das Ganze alsdann in Fleisch und Blut übergehen und zu einem für die Wirklichkeit brauchbaren taktischen Urtheile zusammenfließen zu lassen, ist eine völlig subjective Angelegenheit, für welche wir um so weniger in Anspruch genommen werden können, als die freie Kritik eines Jeden hierbei das Hauptagens bleibt. —

§. 9.

Ueber die taktische Verbindung des Artilleriegefechts mit demjenigen der Infanterie.

Der große Unterschied zwischen der Gefechtskraft der Infanterie und derjenigen der Kavallerie hat eine entsprechende Verschiedenheit in der Fechtart beider Waffen zur Folge gehabt, deren Beziehungen zu dem Terrain und zu der Stellung getrennt, Beziehungen, welche überdieß noch durch den Zutritt einer taktisch durchgebildeten Artillerie wesentlich berührt werden. Eben so darf man nicht vergessen, daß das taktische Verhältniß zwischen der Infanterie und Kavallerie ein ganz anderes wird, sobald Artillerie hinzutritt; die taktische Rolle der Kavallerie wird in diesem Falle eine ganz andere, sowohl, wenn die eigne Infanterie, als auch, wenn die feindliche mit Artillerie auftritt. Die Kavallerie ist viel mehr und ängstlicher an ihre Infanterie gefesselt, wenn diese ohne Artillerie ist und gegen eine mit Geschütz auftretende Infanterie muß die Attaque mehr begünstigt oder vorbereitet sein, wenn sie gelingen soll, als gegen isolirt fechtende Infanterie.

Wir wissen aus §. 4, daß die Infanterie die Waffe des nahen Angriffs und des nahen Widerstandes ist, also derjenigen Gefechtsakte, welche gleich aufreibend und entscheidend wirken, daß ihre Gefechtskraft für diese Akte und für die letzte Entscheidung nach Möglichkeit aufgespart werden müssen.

Wir blicken außerdem auf die allgemeinen Grundsätze zurück, welche §. 4 mit Rücksicht auf die Gefechtskraft der Infanterie bereits aufgestellt hat und setzen ein Terrain voraus, welches keinen hervorstechenden Einfluß auf die Führung des Gefechts auszuüben vermag, weil dieser Einfluß seine Würdigung beim Gefecht der Stellung, der Festung und der militairischen Posten finden muß.

Die Infanterie ist ohne Ferngefecht, denn das Gewehrfeuer begründet ein solches nicht und die vorgeschobenen Schützen sind nicht im Stande, die feindlichen Massen in hinreichender Ferne zu gefährden, werden überdieß ganz oder theilweise durch die feindlichen Schützen paralysirt, sind im offenen und ebenen Terrain gegen feindliche Kavallerie von unzureichender Widerstandsfähigkeit und sichern mithin die eigne Infanterie nicht gegen die Gefahr, den Feind mit den geworfenen Schützen zugleich auf sich fallen zu sehen.

Hat der Feind Artillerie bei sich, so ist deren Feuer bei günstiger Wirkung hinreichend, die geschlossenen Massen der Infanterie zurückzudrängen und mit diesen gleichzeitig den Rückzug der Schützen zu erzwingen, so daß eine vielleicht haltbare, der Infanterie günstige Aufstellung dadurch verloren geht, oder der feindlichen Kavallerie Gelegenheit gegeben wird, mit Erfolg auf die Infanterie zu fallen u. s. w.

Eben so wenig ist die Infanterie im Stande, sich selbst gegen nahe Umgehungen, gegen Flankenanfälle zu schützen und günstige Anlehnungen gehörig zu benutzen, wenn jede angedrohte

Umgehung, jede Ueberflügelung sogleich zu lebhaften Besorgnissen und zur Schwächung der Front führt. In gleicher Weise würde die Infanterie ihre Front durch unvortheilhafte Ausdehnung schwächen müssen, wenn sie selbst die Verbindung mit den ihr zur Seite fechtenden Truppen zu schützen und gegen den Durchbruch des Gegners zu vertheidigen hätte, sobald die Abstände ihre unmittelbare Wirkungssphäre übersteigen. —

Die verhältnißmäßig langsamen Bewegungen und Manövers der Infanterie und selbst ihrer Schützen, wenn deren Feuer nicht alle Wirksamkeit verlieren soll, machen es daher zur unverletzlichen Bedingung, die geschlossenen Massen der Infanterie in gehöriger Nähe bei einander zu halten, um die Angriffs- und Widerstandsfähigkeit der Infanterie, so viel es die Umstände nur irgend zulassen, ungeschwächt zu erhalten. Dieß spricht eben so wohl gegen eine große Ausdehnung der Front, als gegen eine unverhältnißmäßige Tiefe der Aufstellung, wenn die Infanterie nicht gehörig mit Artillerie und Kavallerie versehen ist, welche den getrennten Infanteriemassen die ausreichende Widerstandsfähigkeit und so die hinreichende taktische Selbständigkeit verleihen.

Aus den hier berührten Rücksichten entspringen der Mechanismus des heutigen Infanteriegefechts, die darauf berechnete Aufstellung der geschlossenen Infanterie im Treffen mit vorgeschobenen Schützen und die zulässigen Abstände der Schützenlinie und der Treffen nach Front und Tiefe.

Wir wissen ferner, daß die Attaque und das darauf folgende oder zu fürchtende Handgemenge der mörderischste und verhängnißvollste Gefechtsakt ist, den es überhaupt geben kann, daß also die Infanterie für die Attaque und gegen die Folgen derselben gestärkt und geschützt werden muß, so viel, als es irgend geht. Sie muß auf dem Wege zur Attaque gegen Flankenangriffe, gegen gefährliche Wirkungen der feindlichen Artillerie geschützt werden, um mit ausreichender Kraft und Sicherheit auf den Gegner zu stürzen, sie muß, so viel es zu erreichen ist, auf einen erschütterten Gegner stoßen und nicht in die Gefahr fallen, von herbeieilenden Reserven des Gegners überwältigt zu werden, und sie muß endlich einen gesicherten, gegen heftige Verfolgung geschützten Rückzug haben, wenn die Attaque abgeschlagen wird. Im Gegensatze hierzu soll die Infanterie gegen die Attaque eines noch unerschütterten Feindes geschützt werden und sie dieselbe abwarten können, ohne zugleich den eignen Rückzug aufgeben zu müssen, damit nicht schon eine drohende Attaque des Gegners die Entscheidung des Gefechts in sich trägt.

Wir dürfen hier natürlich nicht an so ungleiche Stärken der gegen einander auftretenden Streitkräfte denken, daß die auf einer Seite bestehende Ueberlegenheit einen geregelten Widerstand gar nicht mehr zuläßt, wir müssen vielmehr Streitkräfte voraussetzen, welche einen Vergleich aushalten und taktische Verhältnisse, welche eine geregelte Entwickelung des Infanteriegefechts nicht von sich weisen, sonst würde man wegen des sich ewig aufhebenden Für und Wider und wegen der sich ganz ins Blaue verlierenden Betrachtungen zu keinem klar gedachten Falle und zu keinem scharf entwickelten Gesetze gelangen. Will man die Behufs einer theoretischen Entwickelung nothwendig gedachte Gleichheit der Verhältnisse jeden Augenblick wieder einseitig aufheben, so muß dieß zu einer solchen Verwirrung des Raisonnements und zu einer solchen Verwischung aller klaren Begriffe führen, daß weder Anfang noch Ende bleibt; man kommt bei einem so wüsten Durcheinander zuletzt zu einem Schlusse, dessen Sinn ungefähr sagen will: „Es geht, es geht aber auch „nicht, je nach den Umständen! Man muß sich daher nach den Umständen richten!" —

Wir müssen also bei unsern Betrachtungen stets diejenige Gleichheit der Verhältnisse voraussetzen, welche noch einen geregelten Gang des Gefechts denken läßt, denn dieß schließt ja keineswegs den Rückzug, die Ueberwindung eines Theiles voraus, weil die Opfer, welche beide Theile bringen oder bringen müssen, allmählig sehr verschiedenen Werth bekommen können.

Man kann sich sehr wohl zwei an Infanterie, Artillerie und Reiterei gleiche Korps in gleichen taktischen Verhältnissen denken und sogleich eine Ungleichheit hineinbringen durch die Voraussetzung, daß die taktischen Grundsätze beider Theile einen verschiedenen Mechanismus in die Entwickelung und Führung des Gefechts tragen, der natürlich auch seine eigenthümlichen Schwächen und Stärken ins Spiel bringt, welche vom Gegner benutzt und beachtet werden müssen.

So nehmen wir bei der vorliegenden Betrachtung die Infanterie in einem gleichgiltigen Terrain gegen einen Feind an, welchen wir uns gar nicht bestimmt vorgestellt haben, forschen nach den Schwächen und Stärken des Infanteriegefechts, um festzustellen, was zu thun, zu beachten ist, was vermieden, verhindert werden muß, damit dem Gefecht der Infanterie Stärke und Schutz verliehen wird, wozu es der Stärke, wogegen es des Schutzes vorzugsweise bedarf.

Man kann nun wohl sagen, daß das Gefecht der Infanterie, der Massen sowohl, wie der Schützen, im Allgemeinen und in den meisten Fällen, den Charakter der Oertlichkeit, der langsamen Orts- und Formveränderung an sich trägt, so wie, daß dieser Charakter nach Kräften aufrecht erhalten werden muß, um die nothwendige Ordnung und Gefechtsfähigkeit der Infanterie zu behaupten.

Ein geregeltes Infanteriegefecht wird meistens folgende Gefechtsperioden durchlaufen, sobald man mit dem Feinde in Berührung kommt:

a. Die Entwickelung der Infanterie im Angesicht, d. h. im Gefechtsbereiche des Gegners oder als Gegensatz die Entwickelung der feindlichen Infanterie im Angesicht der diesseitigen.

b. Das Schützengefecht.

c. Der Entscheidungsakt zwischen den geschlossenen Massen.

Die Entwickelung bringt in der Regel die geschlossenen Massen der beiderseitigen Infanterie noch nicht in gegenseitigen Kontakt, sondern nur das Ferngefecht der Artillerie und Kavallerie pflegt während dieses Stadiums in Verbindung mit dem Schützengefecht die taktischen Verhältnisse zu beherrschen. Nur in besondern Fällen haben die geschlossenen Massen der Infanterie gleich bei ihrer Entwickelung sich auf einen geschlossenen Anfall des Gegners gefaßt zu machen, wie z. B. beim Vorbrechen über Defileen. Dergleichen Fälle haben wir aber hier nicht im Auge.

Für diese Gefechtsperiode ergeben sich nun für den Gebrauch und das Verhalten der Artillerie folgende Gesetze:

73. „Die Artillerie stellt sich hinter einem oder hinter beiden „Flügeln der geschlossenen Infanterie auf, bis sie zur „Eröffnung des Gefechts vorgehen soll."

Die Aufstellung hinter den Flügeln, als den schwachen Punkten, ist auch deshalb derjenigen hinter der Mitte vorzuziehen, weil dadurch das schnelle Vorbrechen der Artillerie beschleunigt und abgekürzt wird und zugleich das Seitenterrain von der Artillerie stets im Auge behalten werden kann.

74. „Die Artillerie geht, sobald es zum Schutze der Entwickelung ihrer eignen Infanterie erforderlich wird, oder „sobald sie im Stande ist, der feindlichen Entwickelung „wirksam entgegenzutreten, auf einem, oder beiden Flügeln „der Infanterie zur Eröffnung des Feuers vor."

75. „Die Artillerie wählt ihre Aufstellung, wenn nicht das „Terrain dagegen spricht, auf dem Flügel, auf welchem „sie am meisten zum Schutze der eignen Infanterie beitragen kann und voraussichtlich am wenigsten in ihrer „Feuerthätigkeit unterbrochen wird, auf beiden Flügeln,

„wenn diese gleichmäßig des Beistandes und Schutzes der „Artillerie bedürfen.“

76. „Die Artillerie muß hierbei so weit zur Seite heraus„gehen, daß die Bewegungen der eignen Infanterie durch „ihre Aufstellung nicht genirt werden, wobei auf das etwaige „Ueberflügeln des ersten Treffens durch das zweite Rück„sicht zu nehmen ist.“

77. „Die Aufstellung seitwärts der eignen Infanterie hat „gleichzeitig den Zweck, das feindliche Artilleriefeuer von „der eignen Infanterie ab- und auf sich zu ziehen und „der feindlichen Artillerie die Gelegenheit zu nehmen, „doppelte Ziele zu beschießen. Die Aufstellung vor der „eignen Infanterie ist daher in jeder Beziehung ver„werflich.“

78. „Gleichzeitig wählt die Artillerie ihre Aufstellung so weit „vorwärts, daß sie die feindlichen Infanteriemassen oder „die feindlichen Geschütze mit befriedigender Wirksamkeit „zu beschießen vermag und nicht sogleich durch das Vor„rücken der eignen Infanterie im Feuer unterbrochen „wird.“

79. „Die Artillerie darf sich jedoch hierbei niemals so weit „von der eignen Infanterie entfernen, daß sie dadurch in „Gefahr kommt, vom Feinde, besonders von dessen Ka„vallerie überrascht zu werden. Die Artillerie darf sich „selbst nicht aus dem unmittelbaren Schutze der eignen „geschlossenen Infanterie entfernen, wenn sie nicht eine „besondere Bedeckung von angemessener Stärke mit sich „nehmen kann.“

80. „Die Artillerie soll ferner bei ihren Aufstellungen die Nähe „solcher Terrainpunkte vermeiden, welche sie verdeckten „und überraschenden Angriffen des Feindes aussetzen, wenn „diese Punkte nicht in unzweifelhaftem Besitze der eignen „Truppen sind. Sie hat daher die Nähe von Gebüschen,

„Dörfern u. s. w. zu vermeiden, wenn diese nicht gehörig „besetzt und beobachtet sind."

81. „Nächst einer tüchtigen Wirkung des eignen Feuers und „der Beherrschung eines großen Schußbereichs soll die „Aufstellung dem eignen Geschütz so viel, als möglich, „Deckung gegen das feindliche Feuer, so wie eine unge- „hinderte Abfahrt nach allen Seiten gewähren, keine ge- „deckte Annäherung der feindlichen Artillerie gestatten und „eine kräftige Beschießung der nächsten Umgebungen zu- „lassen."

82. „Das Feuer der Artillerie muß in dieser Gefechtsperiode „mit sorgsamer Beachtung des Munitionsverbrauches ab- „gegeben werden."

83. „Ein Wechsel der Aufstellung soll nur erfolgen, wenn sie „nicht mehr dem Zwecke entspricht, wenn die Wirkung des „Feuers dadurch erheblich gesteigert wird, wenn die Ge- „fechtslage es nothwendig erscheinen läßt, oder wenn die „damit verbundene Gefahr nicht mehr in angemessenem „Verhältnisse zur eignen Wirkung steht."

84. „Der Wechsel der Aufstellung muß mit der irgend zuläs- „sigen Schnelligkeit der Bewegungen ausgeführt werden, „ohne dadurch die gefechtsfähige Erhaltung der Mann- „schaften und Bespannungen aufzuopfern."

85. „Die Artillerie richtet ihr Feuer auf diejenige Waffe des „Feindes, welche den eignen Truppen am gefährlichsten „ist und dabei eine befriedigende Wirkung des eignen „Feuers verspricht, mithin auf die nächsten geschlossenen „Truppen des Gegners oder auf seine Artillerie. In der „Regel bietet die feindliche Infanterie das ergiebigste und „zugleich das entscheidendste Feuerziel dar."

86. „Die feindliche Artillerie wird in der Regel nur bei ihren „Annäherungen beschossen, oder wenn sie vertrieben werden „muß, oder wenn ihr Feuer mit Gewalt von der eignen

„Infanterie abgelenkt werden soll, oder endlich nur, wenn „sie mit großer Wirkung beschossen werden kann.“

87. „Entfernte Bewegungen der feindlichen Truppen, besonders „der Kavallerie werden in der Regel nicht beachtet werden „dürfen, wenn nicht eine unzweifelhaft große Wirkung „dabei zu erwarten ist.“

88. „Ist die Artillerie zur Unterstützung oder Aufnahme der „vorgeschobenen Fechter vorgezogen worden, oder machen „die Gefechtsverhältnisse dies nothwendig, so hat die Ar- „tillerie ihr Feuer auf diejenigen geschlossenen Truppen „des Gegners zu richten, welche zur Unterstützung und „Verstärkung der feindlichen Schützen bestimmt sind, oder „auf die feindliche Artillerie, wenn deren Feuer die eignen „Soutiens sehr gefährdet, oder endlich bewacht sie die „eignen Schützen gegen die Unternehmungen der feind- „lichen Reiterei, wenn dieß ohne eigne Bloßstellung gegen „diese geschehen kann.“ —

89. „Bricht der Gegner zum Angriff vor, so wird das Ar- „tilleriefeuer ausschließlich gegen diese gerichtet und nach „Maßgabe seiner Annäherung und Stärke lebhafter und „die Artillerie darf alsdann ihre Aufstellung nur verlassen, „wenn sie die feindliche Annäherung nicht mit entschei- „dender Wirkung bekämpfen kann, oder wenn die eigne „Infanterie dem drohenden Angriffe ausweichen will. Im „letztern Falle schließt sich die Artillerie dem vordern „Treffen der Infanterie enger an und folgt demselben in „steter Feuerbereitschaft oder geht schnell zur Aufnahme „der zurückgehenden Infanterie in seitwärts gelegene, gün- „stige Aufstellungen voraus.“ —

90. „Es ergibt sich aus dem bloßen Reflex des Vorangehen- „den, wie sie sich gegen die Entwickelung der feindlichen „Infanterie zu verhalten hat, daß sie sich so nahe an „diese heranzuschieben sucht, als es das Feuer des feind-

„lichen Geschützes und die feindlichen Schützen gestatten „und daß sie ihr Feuer nur dann von der feindlichen „Infanterie ablenken läßt, wenn ihre eigne Erhaltung es „fordert."

91. „So lange das Gefecht sich in den bis hierher angedeu„teten Formen und Entwickelungsmomenten bewegt, so „lange die beiderseitigen geschlossenen Massen noch nicht „in unmittelbare Berührung mit einander gerathen, so „lange darf die Artillerie sich mit ihren Aufstellungen nie„mals der Gefahr, genommen zu werden, noch der Wir„kung des Gewehrfeuers aussetzen, um nicht vor dem „Eintritt der Entscheidung bereits zu Grunde gerichtet zu „sein; sie muß sich eben so wenig ungedeckt dem wirk„samen Feuer des feindlichen Geschützes Preis geben, „sondern ihre Kräfte für die Entscheidung aufsparen." —

Sobald sich das Gros der eignen Infanterie unter dem Schutze der Artillerie und des Schützengefechts entwickelt hat, also entweder selbst zum Angriff übergehen oder sich in ein entscheidendes Gefecht mit dem Gegner einlassen will, gewinnen das Gefecht der Artillerie und der Schützen eine andere taktische Bedeutung, denn sie sollen von diesem Augenblick an das beabsichtigte Gefecht einleiten, der Entscheidung vorarbeiten, während sie früher nur den Zweck hatten, den feindlichen Maßregeln hinderlich zu sein und die Freiheit der eignen Entschlüsse zu bewahren.

Während man früher das Schützengefecht nur nach Bedarf im Gange zu erhalten suchte, muß man es jetzt seinem Zwecke gemäß ausrüsten und behaupten und in gleicher Weise muß das Artilleriegefecht sich mit den nunmehr gefaßten taktischen Absichten in Einklang bringen.

Man ist nunmehr gezwungen, das Schützengefecht mehr als bisher zu nähren, um es entweder zum Uebergewicht über das feindliche zu erheben, oder mit diesem im Gleichgewicht zu erhalten, man muß das Schützengefecht oft den nun vorliegenden Absichten gemäß in die entsprechenden Richtungen vorschieben, in andern dagegen an bestimmte Oertlichkeiten knüpfen.

Es ist natürlich, daß die fechtenden Truppen, welche meistens glauben, nicht stark genug sein zu können, dieses Uebergewicht auf numerischem Wege zu erstreben suchen und andere dahin führende Mittel mehr oder weniger zu vernachlässigen geneigt sind, daß mithin eine große Gefahr besteht, zu viel geschlossene Infanterie in das Schützengefecht zerstreuen und sich verwickeln zu lassen.

Es ist daher von großer Wichtigkeit, durch die Artillerie und Kavallerie für die Stärkung und Sicherung des Schützengefechts zu wirken, wie, und wo sich immer dazu eine günstige Gelegenheit oder eine dringende Veranlassung darbietet, um die Masse der geschlossenen Infanterie für die entscheidenden Maßregeln nach Kräften zu schonen und aufzusparen.

Die Artillerie kann hierzu wirken, wenn sie die geschlossenen Massen der feindlichen Infanterie hindert, sich zu nähern oder wenn sie dieselben gar zwingt, zurückzuweichen, weil der Abzug der feindlichen Infanterie den der Schützen und in Folge dessen auch den der Artillerie unmittelbar nach sich zieht und wenn sie die feindliche Artillerie hindert, so nahe zu kommen, daß diese die geschlossenen Massen der eignen Infanterie zurückzunehmen zwingt. Nur in einzelnen Fällen werden die größern Soutiens der feindlichen Schützen Feuerziele für die Artillerie abgeben und sehr selten wird die Artillerie in der Lage sein, gegen die Schützen selbst mit Erfolg von ihrem Feuer Gebrauch zu machen.

Die Reiterei muß durch ihre Bereitschaft, auf die feindlichen Schützen und ihre Soutiens zu stürzen, dem Gegner Besorgnisse, Behutsamkeit und Zurückhaltung einflößen. Dieser taktische Zusammenhang zwischen dem Schützengefecht, der Artillerie und Kavallerie, weil sie die gemeinsame Bestimmung haben, das entscheidende Gefecht der geschlossenen Massen gründlich vorzubereiten und an der Gefechtskraft des Gegners mit aller Macht zu nagen, muß dem hier bezeichneten Stadium des Gefechts den wahren Nerv und die erreichbare Wirkung verleihen. Während die Schützen durch das Gefecht mit ihren Gegnern in vollen Anspruch genommen sind, kämpft die Artillerie gegen die geschlossenen Massen des Gegners und wehrt, wenn es geboten ist, die Wirkung und Annäherung des feindlichen Geschützes von der eignen Infanterie ab; die Reiterei bewacht die Erfolge des Schützengefechtes, um sie zu benutzen oder abzuwehren, wie es der Augenblick gebietet.

Die Artillerie darf sich bei ihren Aufstellungen einem tüchtigen und aufmerksamen Gegner nicht in einer Weise bloß stellen, daß sie überraschenden Anfällen Seitens der feindlichen Schützen ohne gehörige Bedeckung, oder einem wirksamen Gewehrfeuer ausgesetzt ist. Die Stärke des eignen Schützengefechts, seine Wirksamkeit auf den Gegner, die bei demselben sich etwa zeigende Unerschrockenheit und Kühnheit müssen in jedem einzelnen Falle den Maßstab abgeben, was die Artillerie hierbei zu fürchten hat; sie wird bei ihren Aufstellungen die Nähe eines schwankenden Schützengefechtes vermeiden und sich rechtzeitig in gesichertere Positionen zurückbegeben, um nicht im entscheidenden Gefechtsmomente an der Betheiligung bei demselben gehindert, und nicht in Bewegungen verwickelt zu sein, wenn ihr Feuer von entscheidender Wirkung sein würde.

Unter dem Schutze des Gefechts, welches sich nach den hier gegebenen Andeutungen entzündet hat, entwickeln sich die entscheidenden Maßregeln zwischen den geschlossenen Massen, welche sich auf diejenigen Punkte hinschieben, von wo sie zum entscheidenden Angriffe oder zum Widerstande übergehen wollen.

Sind hiermit merkliche Verschiebungen der geschlossenen Massen nach der einen oder andern Seite verbunden, so ist es vorzugsweise die Aufgabe der Artillerie und des vorgeschobenen

Gefechts, diesen Bewegungen den erforderlichen Schutz und die irgend erreichbare Verborgenheit zu sichern und zu erkämpfen. Die Flanke und die Queue dieser Flankenmärsche sind es vorzugsweise, welche des nachdrücklichsten Schutzes bedürfen, wenn der Fortgang dieser Maßregel gesichert sein soll; die Tete muß sich erforderlichen Falls Bahn brechen können und dazu ausgerüstet sein, sonst ist die Maßregel überhaupt unausführbar, unzeitig oder fehlerhaft ausgeführt.

Aus den vorangegangenen Betrachtungen folgt demnach für das Gefecht der Artillerie in der vorliegenden Gefechtsperiode:

92. „Sobald das Schützengefecht eine größere Stärke und „Ausdehnung erlangt und für das nachfolgende Gefecht „von taktischer Bedeutsamkeit wird, muß die Artillerie „demselben den erforderlichen Schutz und Nachdruck verleihen, seinen Bewegungen, Zwecken und Erfolgen sich „anschließen."

93. „Die geschlossenen Massen der feindlichen Infanterie sind „die entscheidendsten und ergiebigsten Feuerziele der Artillerie, so lange nicht das Feuer, oder die Annäherung „der feindlichen Artillerie der eignen Infanterie sehr hinderlich oder gefährlich werden, so lange nicht die eigne „Vertheidigung gegen feindliche Anfälle es anders gebieten."

94. „Wenn die größern Soutiens der feindlichen Schützen sehr „ergiebige Erfolge für das eigne Schützengefecht erwarten „lassen, oder sehr bedrohlich werden, das Vordrängen „starker feindlicher Schützenschwärme mit befriedigendem „Erfolge bekämpft werden kann, wenn Anfälle der feindlichen Kavallerie die eignen Schützen sehr gefährden, nur „in solchen Fällen wird die Artillerie ihr Feuer auf diese „nähern und gefährlichern Unternehmungen des Feindes „ablenken."

95. „Mit der zunehmenden Nähe zum Feinde muß sich die „Artillerie in engere taktische Verbindung mit den ge- „schlossenen Massen der eignen Infanterie versetzen, um „nicht von entscheidenden Maßregeln in unvortheilhafter „Lage zur eignen Infanterie überrascht zu werden."

96. „In dieser Gefechtsperiode darf das Feuer der Artillerie „auf den entscheidenden Punkten niemals ganz schweigen, „um dem Gegner keine feuerfreien Augenblicke zu seinen „Maßregeln zu geben und stets Herr des vorliegenden „Terrains zu bleiben. Die Artillerie darf daher niemals „mit allen Geschützen zugleich in Bewegung sein; der „stehende Theil der Artillerie muß durch eine lebhaftere „Feuerthätigkeit das Schweigen und die Bewegungen des „andern auszugleichen suchen und beschützen."

97. „Die Bewegungen, Manövers und Frontveränderungen „der Infanteriemassen müssen vorzugsweise gegen die Un- „ternehmungen der feindlichen Artillerie und Kavallerie „geschützt werden, wonach die Artillerie ihre Maßregeln „zu treffen hat."

98. „Bei Frontveränderungen des Ganzen muß die Artillerie „vorzugsweise die örtliche Widerstandsfähigkeit des ste- „henden Flügels stärken; der andere Flügel wird, wenn „es geht, durch vorangehende, oder bei Rückwärtsschwen- „kungen durch nachfolgende Artillerie in seiner geregelten „Bewegung unterstützt."

99. „Die Artillerie muß zu verhüten suchen, daß der Feind „sich mit den geworfenen Schützen zugleich und durch diese „maskirt dem Gros der eignen Infanterie nähern kann, „ohne wirksam beschossen zu werden."

100. „Die Artillerie darf daher in dieser Gefechtsperiode nie- „mals ohne eine hinreichende Bedeckung auftreten, um den „Umständen gemäß und mit gehöriger Sicherstellung ma- „növriren zu können."

101. „Aufstellungen, in welchen die Artillerie eine günstige „Wirkung ihres Feuers erlangt hat, dürfen nie ohne „dringende Veranlassung aufgegeben werden und sind nö„thigen Falls durch den Beistand der andern Waffen „festzuhalten."

Die Erfolge des Schützengefechts und die Bereitschaft der geschlossenen Massen bedingen bei regelrechtem Verlaufe des Gefechts den Zeitpunkt der Entscheidung.

Die Erfolge des Schützengefechts bestehen nicht allein in dem Verlust an Leuten und Terrain, sondern auch in äußern und innern Wirkungen, welche dasselbe auf beide Theile geäußert hat. Wenn von einer Seite das Schützengefecht eine Menge geschlossener Infanterie aufgezehrt, einen großen Munitionsverbrauch verursacht hat, ohne dadurch entsprechende Erfolge zu begründen, wenn es wild und unter großen Schwankungen fortgeführt wird, dann hat der Gegner einen Maßstab für den wahrscheinlichen Widerstand, auf welchen seine entscheidenden Maßregeln stoßen werden; er darf urtheilen über den Zeitpunkt der Entscheidung, indem er die Gefechtskraft der ihm entgegentretenden Truppen schneller dahin schwinden sieht, als der seinigen und er läuft hierbei wenig Gefahr, auf unerwarteten Widerstand und in gefährliche Rückschläge zu gerathen, so lange nur die eignen Truppen ihre überlegene Ordnung und Geschlossenheit bewahren.

Durch eine angemessene Verstärkung der eignen Schützen und durch dreiste Unternehmungen der Kavallerie wird die schwankende Schützenlinie des Feindes überwältigt und vielleicht mit großer Heftigkeit und Unordnung auf seine Infanteriemassen zurückgeworfen, welche sich dadurch in ihrer Widerstandsfähigkeit erschüttert und in ihren Maßregeln gegen die Entscheidung gehindert sehen.

Begünstigt durch solche Erfolge des Schützengefechts und großentheils geschützt durch dieselben gegen den vollen Widerstand des Feindes schreiten die Infanteriemassen zum entscheidenden Angriffe vorwärts; die Artillerie geht ihnen zur Seite voraus, um mit aller Gewalt eines nahen, entscheidenden Feuers die Widerstandsfähigkeit der feindlichen Infanterie zu brechen oder zu erschüttern, oder um das Feuer der feindlichen Artillerie zu dämpfen, wenn dieses das Vorgehen der eignen Infanterie am meisten bedroht.

So augenfällig, wie hier angedeutet, entwickelt sich jedoch nicht immer die Reife des Gefechts zu entscheidenden Maßregeln, welche vielmehr oft aus andern Gründen unternommen werden müssen, bevor sich noch eine so entschiedene Ueberlegenheit auf einer Seite entwickelt hat. Selten darf man die Kraft des Gegners als so gebrochen erachten, daß man nicht die dringendste Veranlassung hätte, mit ernsten, großen Besorgnissen für die eigne Existenz zu den verhängnißvollen Maßregeln der Entscheidung zu schreiten. Man muß alle Energie aufbieten, alle disponiblen Kräfte zu dem Entscheidungsschlage concentriren, alle Maßregeln der Vorsicht, des schützenden Rückhaltes gegen mögliches Unglück treffen, um nicht von der Schwelle des Sieges in den Abgrund einer zertrümmernden Niederlage zurückgeschleudert zu werden. Unerwartete Ereignisse, herbeieilende Verstärkungen des Feindes, die plötzlich heranziehende Gefahr, in Flanke und Rücken angefallen zu werden, sind gefährliche Klippen für die bis dahin siegreichen und muthvollen Truppen.

In der Niederlage verhältnißmäßig bedeutender Infanteriemassen ist der Regel nach auch die Entscheidung des ganzen Gefechts gegeben und die Folgen einer solchen Niederlage pflegen auch verderblicher für die Armee und nachhaltiger zu sein, als Unglücksfälle der andern Waffen.

Deshalb müssen die entscheidenden Maßregeln der Infanterie oder gegen dieselbe als Gefechtsakte behandelt werden, welchen sich die Artillerie und Kavallerie völlig unterzuordnen haben, sofern sie nicht die Entscheidung selbst zu geben berufen oder fähig sind.

Es ist für das Verhalten der Artillerie, wenn sie den Angriff der Infanterie vorzubereiten hat, ohne Einfluß, ob die Infanterie zur Bayonnetattaque in Kolonnen mit Tirailleurs in den Zwischenräumen vorgeht, oder ob sie vor der Attaque noch ein kurzes, nahes Gewehrfeuer auf den Feind abgiebt, wohl aber ist es von Erheblichkeit, ob die Infanterie noch einen längern Angriffsweg zur Attaque zurückzulegen und ob sie hierbei ein wirksames Artilleriefeuer oder Anfälle Seitens der feindlichen Truppen zu fürchten hat.

Erwartet die Infanterie den feindlichen Angriff, so wird sie denselben durch ein kräftiges, nahes Gewehrfeuer abzuschlagen suchen und hiermit vielleicht einen Gegenangriff durch dazu bereitstehende Kolonnen in Verbindung bringen.

Die Artillerie wird in diesem Falle theils die feindlichen Geschütze, welche den Angriff unterstützen, bekämpfen, theils den vorrückenden Feind beschießen und dann zum Abschlagen des Angriffs mitzuwirken haben.

Man muß annehmen, daß die Infanterie, welche den feindlichen Angriff erwartet, dieß in einer dazu einigermaßen günstigen Aufstellung thut oder sich in eine solche Position zu bringen sucht, wenn sie nicht durch unglückliche Verhältnisse oder eine unfähige Führung gezwungen ist, sich in einer ungünstigen Lage dem Feinde Preis zu geben. Bei einer gehörigen Unterstützung durch Artillerie und Kavallerie wird es in der Regel gelingen, sich vor dem entscheidenden Angriffe in eine dem Widerstande günstige Lage zu versetzen, wenn nicht eine sehr merkliche Ueberlegenheit des Gegners daran hindert. Ein großes Mißverhältniß zwischen den sich entgegentretenden Streitkräften läßt natürlich zuletzt keine geregelte Gefechtsführung aufkommen und von dieser ist hier nur die Rede. —

Wir schließen nunmehr über den Gebrauch der Artillerie in dieser entscheidenden Periode des Gefechtsaktes:

102. „Wenn die feindliche Artillerie dem vorzubereitenden An„griffe hinderlich oder gefährlich ist, dann muß das Feuer „derselben vorher zum Schweigen gebracht werden. Die „Artillerie muß dazu an die feindliche bis auf die wirk„samste Kugelschußweite schnell und so gedeckt als möglich „herangehen.“

103. „Ist das Feuer der feindlichen Artillerie gedämpft oder „nicht mehr zu fürchten, so geht die Artillerie der zum „Angriff vorbrechenden Infanterie voraus und nimmt eine „sich darbietende Aufstellung zur Eröffnung des Feuers „ein, sobald sie der nachrückenden Infanterie wenigstens „so weit voraus ist, daß sie Zeit hat, ihr Feuer zu er„öffnen und eine hinreichende Schußzahl abzugeben, bevor „sie durch die Bewegungen der Infanterie am Schießen „gehindert wird, denn die begonnene Angriffsbewegung der „Infanterie darf niemals der eignen Maßregeln wegen „zum Stillstande kommen, weil dieß dem Gegner Zeit „geben würde, sich dem entscheidenden Stoße zu entziehen „oder mit gehörigem Widerstande auszurüsten.“

104. „Sobald die nachrückende Infanterie die Höhe der feuern„den Artillerie erreicht, geht diese in eine neue Stellung „voraus, auf dieselbe Weise, wie bereits angedeutet.“

105. „Die Artillerie soll in der Regel den Bereich des wirksamen Gewehrfeuers nicht betreten, daher sich der feind„lichen Infanterie beim Vorgehen auch nur bis an die „Grenze dieses Bereiches 500—400 Schritt nähern.“

106. „Nur wenn die Artillerie durch die Beschaffenheit des „Bodens gehindert ist, in solchem Abstande von der feind„lichen Infanterie ihr entscheidendes Feuer (Kartätschen) „gegen diese abzugeben, oder wenn das Gefecht es sonst „bedingt, muß die Artillerie selbst in den Schußbereich

„der Infanterie eintreten, denn der **Entscheidung des** „**Gefechts müssen in diesem Augenblicke auch** „**die unvermeidlichen Opfer** gebracht werden."

107. „Wenn die feindliche Artillerie in den vorangegangenen „Aufstellungen häufig das Ziel des Artillerieangriffs sein „kann, so muß in der letzten Aufstellung die Artillerie ihr „entscheidendes Feuer (Kartätschen) **nur gegen die In**„**fanterie** richten, selbst wenn das Feuer der feindlichen „Artillerie sehr lästig sein sollte, weil durch die Ueber„wältigung der feindlichen Infanterie die Entscheidung „ganz unzweifelhaft errungen wird."

108. „Wenn bei den frühern Aufstellungen und Bewegungen „die Deckung gegen feindliches Feuer eine wichtige Rück„sicht abgab, so muß die Angriffsartillerie bei ihrer letzten „Aufstellung gegen die feindliche Infanterie diese Rücksicht „gänzlich außer Acht lassen, sobald es die entscheidende „Wirkung irgend beeinträchtigen könnte."

109. „Das Feuer der Artillerie, welche den Angriff vorbereitet, „muß im Allgemeinen lebhafter gehalten sein, als in den „frühern Gefechtsperioden, um die Entscheidung nach „Kräften zu beschleunigen, dem Feinde die Zeit zu Ge„genmaßregeln zu beschränken; in der letzten Aufstellung „ist die höchste Lebendigkeit und Energie des Feuers ge„boten."

110. „In der letzten Aufstellung erwartet die Artillerie den „Erfolg des Angriffs, um im Falle des Mißlingens die „abgeschlagene Infanterie aufzunehmen und den nachdrin„genden Feind zu beschießen, im Falle des Gelingens aber „sogleich in die Höhe der siegreichen Infanterie vorzu„eilen, den geschlagenen Feind am Sammeln zu hindern „und vorbrechenden Verstärkungen des Feindes entgegen„zutreten." —

111. „Bei allen diesen Aufstellungen muß die Artillerie sich so „zur Seite der eignen Infanterie halten, daß diese unter „keinen Umständen in ihren Bewegungen gehindert wird, „das Feuer der Artillerie zu früh unterbricht, oder gar „im unglücklichen Falle auf das eigne Geschütz geworfen „wird.“ —

Erwartet aber die Infanterie den Angriff des Feindes, so treten für die Artillerie nachfolgende Gesetze in Kraft, um zum Entscheidungsakte alle irgend aufzubringende Widerstandsfähigkeit gegen den Angriff zu vereinigen:

112. „Die Artillerie stellt sich vorwärts und zur Seite ihrer „Infanterie auf, wobei sie auf das Sorgfältigste die sich „darbietenden Deckungen des Bodens benutzt, um in dieser „Stellung, wo möglich, bis zur Entscheidung ausharren „zu können.“

113. „Die gewählte Aufstellung muß daher unter dem Schutze „der eignen Infanterie stehen, das Terrain vor dem Ge-„schütz, vor der Front der Infanterie und nach der Seite „wirksam bestreichen, darf sich daher nicht an ein bedecktes, „der feindlichen Annäherung günstiges Terrain lehnen und „sie muß vor allen Dingen die Wirkung des Kartätsch-„feuers nicht beeinträchtigen.“

114. „Die Aufstellung muß ferner, so viel es geht, zugleich die „Richtung des etwa nöthig werdenden Rückzuges beschützen „und unter allen Umständen einen leichten und schnellen „Abzug nach hinten gestatten.“

115. „Die Artillerie darf diese für die Entscheidung gegen den „Angriff gewählte und geeignete Aufstellung niemals ohne „ausdrücklichen, höhern Befehl verlassen, ehe der Ent-„scheidungsschlag wirklich eintritt, um nicht durch zu frühen „Abzug den Widerstand gegen den entscheidenden Angriff „zu schwächen, die Infanterie zu entmuthigen und so die „Sicherheit des Ganzen zu gefährden.“

116. „Wenn eine Aufstellung allen den hier angedeuteten Bedingungen, besonders aber der nachdrücklichsten Wirksamkeit gegen den Entscheidungsakt entspricht, so ist es „vorzuziehen, daß die Artillerie nur in dieser Aufstellung „sich betheiligt, um jeden Stellungswechsel und die „damit verbundene Schwächung des Artilleriefeuers zu vermeiden."

117. „Nur wenn von dieser Aufstellung aus der größte Theil „der Annäherung des Feindes in dem wirksamen Schußbereiche nicht beschossen werden könnte, besonders auf „Punkten, welche den feindlichen Anmarsch erschweren, „verzögern, aus seiner Richtung ablenken, muß die Artillerie diese günstigen Verhältnisse benutzen und durch „geschicktes, schnelles Manöver die mit dem erforderlichen „Stellungswechsel verbundenen Nachtheile ausgleichen, „um rechtzeitig aus der entscheidenden Aufstellung mit ihrem Feuer eingreifen zu können."

118. „Die Artillerie bekämpft zunächst die Annäherung des „Feindes, die feindliche Artillerie und ihre Annäherungen „mit einem wohlgezielten, aber mäßigen Feuer, die feindliche Infanterie nach Maßgabe der Wirkung besonders „auf solchen Punkten lebendiger, wo sie in ihrem Marsche „und in ihren Formationen gestört und verzögert wird."

119. „Gefährliche Annäherungen der feindlichen Artillerie werden mit Nachdruck bekämpft und die feindliche Infanterie ausschließlich, sobald sie in den „Bereich des wirksamen Kartätschschusses eintritt." —

120. „Der abgeschlagenen Infanterie wird aus der gewählten „Aufstellung nachgeschossen, so lange es mit Wirksamkeit „geschehen kann und so lebendig, als es der Nähe „des geschlagenen Gegners und der erreichten Wirkung „entspricht."

121. „Es hängt von den Maßregeln der eignen Infanterie ab, „wenn die beigegebene Artillerie zur Verfolgung des ab- „geschlagenen Angriffes vorbrechen soll.“ —

122. „Wird dagegen der Rückzug angetreten, so bleibt die Ar- „tillerie in der Höhe des dem Feinde nächsten Treffens „und sucht sich bei ihren Bewegungen in steter Feuer- „bereitschaft zu erhalten, um dem Rückzuge die möglichste „Widerstandsfähigkeit und Ordnung zu erhalten.“

123. „Ist feindliche Kavallerie zu fürchten, so muß sich die „Artillerie enger an eine der Flügelmassen schließen und „bei einem Anfalle derselben, so viel es die Zeit gestattet, „in die sich darbietenden Intervallen abziehen.“

124. „Erhält die Artillerie Befehl, den Rückzug aus einer weiter „zurückgelegenen Stellung zu beschützen, so muß dieselbe „zur Seite des Rückzuges gewählt werden und so, daß „der nachdringende Feind so früh, als möglich, mit Ku- „geln und später mit Kartätschen beschossen werden kann, „ohne die eignen Truppen zu gefährden.

„Eine hinreichende Sicherstellung der Artillerie durch „angemessene Bedeckungstruppen und durch Aufstellungen, „welche vom Terrain möglichst geschützt sind, durch Zu- „gangshindernisse ꝛc., muß hierbei beachtet werden.“ —

125. „Die Artillerie muß die rückwärts gelegenen Aufstellungen „mit der möglichsten Schnelligkeit zu erreichen suchen, um „rechtzeitig zur Aufnahme des Rückzuges in Bereitschaft „zu sein.“ —

126. „Die gefährlichsten Waffen für den Rückzug, die Artil- „lerie und Kavallerie des Feindes, sind vorzugsweise zu „bekämpfen.“ —

In wiefern die Shrapnells die Theilnahme der Artillerie an der Einleitung des Entscheidungsaktes und am Entscheidungs- akte selbst günstiger und wirkungsvoller gestalten, darüber müssen noch Kriegserfahrungen entscheiden; man kann indessen jetzt schon sagen, daß sie in vielen Fällen von entscheidender Wirkung sein werden, daß sie vorzugsweise dem Vertheidiger zu Gute kommen, welcher mit dem Vorterrain und den Entfernungen bekannt ist und daß sie beim Angriff besonders dann von großem Nutzen sein werden, wenn die Artillerie, durch feindliche Schützen gehindert, sich nicht gehörig den feindlichen Massen nähern kann, um dieselben durch ein tüchtiges Kartätschfeuer zu erschüttern.

Wie weit also durch die Shrapnells das in den obigen Gesetzen gegebene taktische Verhalten der Artillerie modifizirt werden kann, läßt sich jetzt noch gar nicht allgemein abmessen.

Noch weniger läßt sich von dem Einflusse der Kriegsracketen sagen und wir gestehen gern das Vorurtheil ein, daß wir von diesem Geschosse keine erheblichen Aenderungen des Gefechts im freien Felde erwarten, wie wir überhaupt von der allgemeinen Anwendbarkeit solcher Geschosse nichts halten, welche einen veränderlichen Schwerpunkt und welche eine andere, als sphärische Gestalt haben, sobald man nicht zugleich auf jede Wirkung des Geschosses nach dem ersten Aufschlage verzichtet. Das Letztere ist offenbar im freien Felde wegen der Beweglichkeit der Zielobjekte nicht zulässig.

Wir haben diese Bemerkungen über Shrapnells und Racketen hier nur in dem Sinne angeschlossen, insofern aus ihrer Wirksamkeit eine wesentliche Aenderung des Gebrauches der Artillerie erwartet werden könnte, was dann auch auf die Ausrüstung des Infanteriegefechts mit Artillerie zurückwirken müßte.

Endlich müssen wir noch hinzufügen, daß die Beweglichkeit der Fußartillerie den Bedürfnissen des Infanteriegefechts vollständig Genüge leistet, so wie, daß die Fähigkeit dieser Artillerie, unter größern Gefahren und Verlusten sich in längerer Gefechtsthätigkeit zu behaupten, sie für das Gefecht mit Infanterie geeigneter macht, als die reitende Artillerie. —

Wir schließen diese Betrachtungen durch das selbstverständliche Gesetz, daß:

„im Infanteriegefecht die Infanterie, als die bei Weitem „größere Masse, die entscheidende Waffe ist, daß also die „beigegebene Artillerie und Reiterei sich den Maßregeln der„selben unterzuordnen haben und daß es somit in fast allen „Fällen ein verderblicher Irrthum ist, wenn die beigegebenen „Waffen dieser Unterordnung entgegenhandeln." —

§. 10.

Ueber die taktische Verbindung des Artilleriegefechts mit dem Gefecht der Kavallerie.

Die Kavallerie ist, wie wir wissen, die Waffe der fernwirkenden Stoßkraft der unmittelbaren Attaque, welche aus dem Entschlusse des Augenblicks hervorgehend, mit reißender Schnelligkeit ausgeführt, durch die Gewalt eines einzigen Stoßes zur Niederwerfung des Gegners oder zum Rücksturze der attaquirenden Masse führt.

Die Wirkung der Kavallerieattaque ist vorzugsweise auf die Gewalt ihres Stoßes, mithin gleichmäßig auf ihre Geschlossenheit, wie auf ihre Geschwindigkeit gegründet, nicht aber auf den Gebrauch der Handwaffe, welche den Erfolg der Attaque vollenden, also erst nach der Brechung des kompakten Widerstandes den Gegner bedrohen soll. —

Die geschlossene Attaque entscheidet gegen geschlossene Truppenmassen durch ihren Stoß, die Handwaffe gegen zerstreute, eine kompakte Widerstandsmasse nicht entgegensetzende oder dazu nicht mehr fähige Truppen, die geschlossene Attaque ist also eine um so entscheidendere Maßregel, je größer und taktisch bedeutungsvoller der zu überwältigende Widerstand ist.

Berücksichtigt man nun die Schnelligkeit des Ueberganges zur Entscheidung und, wenn wir so sagen dürfen, die weitreichende Perkussionskraft der gelungenen Attaque, so wie als ihren verhängnißvollen Gegensatz, den eben so weit zurückschnellenden Rücksturz im Falle des Mißlingens, welche die geschlossene Kavallerieattaque charakterisiren, so folgt daraus zunächst:

127. „Das Artilleriegefecht kann nur mit geschlossenen Kaval„lerieattaquen in Verbindung treten, welche einen großen „Widerstand zu überwältigen, also zu Gefechtsakten von „großer entscheidender Kraft, bestimmt sind." —

Die Kavallerieattaque muß zur Erlangung der vollen Schnellkraft ihres Stoßes einen gehörigen Anlauf nehmen, mithin an sich schon lange Angriffswege durchlaufen, auf welchen sie theils durch feindliche Artillerie, theils durch Flankenanfälle mannichfach gefährdet und in ihrer Geschlossenheit, also in einem Hauptnerv ihrer Attaque, erschüttert werden kann.

Die Kavallerie hat ferner ihrer Natur gemäß die taktische Bestimmung, Unternehmungen auszuführen, mit welchen in kurzer Zeit größere Wege verbunden sind, also zu Ueberflügelungen, Flankenanfällen, Umgehungen, zur Bedrohung von Rückzügen, zur schnellen Besitznahme entfernter Punkte verwendet zu werden. Das Gelingen dieser Unternehmungen wird oft von der Ueberwältigung solcher Widerstände abhängig, welche der Kavallerie allein oft unmöglich, oft nur mit unverhältnißmäßigen Opfern und Anstrengungen, sehr häufig nur mit einem unersetzlichen Zeitverluste gelingen würde, sobald Infanterie mit solchen Unternehmungen nicht in Verbindung gebracht werden kann.

Hieraus folgt nun weiter:

128. „Die Artillerie wird größern Kavallerieangriffen beige„geben, theils um das Feuer der feindlichen Artillerie von „ihnen abzulenken, theils um die Flanken der Attaque zu „bewachen."

129. „Wenn größere Kavalleriemassen zu selbständigen taktischen „Unternehmungen verwendet werden, so bedürfen sie der

„Artillerie, um die hierzu nothwendige Angriffs= und Wi=
„derstandsfähigkeit zu gewinnen."

130. „Die reitende Artillerie ist ihrer natürlichen Verwandtschaft
„wegen zur taktischen Verbindung mit der Kavallerie vor=
„zugsweise berufen." —

Wenn die Kavallerie Erfolge des Artilleriegefechts benutzt, um feindliche Truppenmassen, welche durch Geschützfeuer erschüttert sind, überraschend anzufallen und so einen Lorbeer zu pflücken, der sich zufällig darbietet, so ist dieß der taktischen Bestimmung der Kavallerie gemäß, aber es ist nicht die hier gedachte Verbindung des Artilleriegefechts mit demjenigen der Kavallerie, sondern eigentlich eine Art Gegensatz, die Verbindung des Kavalleriegefechts mit den Erfolgen der Artillerie. —

Es ist übrigens nicht nothwendig vorauszusetzen, daß die taktische Verbindung des Artilleriegefechts mit demjenigen der Kavallerie auf eine permanente Verbindung beider Waffen hindeutet, sie kann sehr wohl erst am Tage der Schlacht, selbst erst im Augenblicke des Gebrauches angeordnet sein und demnächst sich wieder auflösen, ohne deshalb ihre taktische Bedeutung und ihr Wesen zu ändern. —

Wir müssen nun näher auf das Wesen der Kavallerieattaque eingehen, um zu den allgemeinen Gesetzen zu gelangen, welche den Gebrauch und das Verhalten der Artillerie in Verbindung mit dem Kavalleriegefecht regeln.

Die Attaque bedarf zur Ausübung ihres Stoßes eines hinreichenden Anlaufes, um ihre volle Schnellkraft zu entwickeln.

Dieser Anlauf fordert vor allen Dingen einen freien, ungehinderten, durch nichts in seiner Ordnung, Geschlossenheit und Richtung gestörten Lauf der Pferde, also einen festen, wesentlich ebenen, wenig geneigten, nicht durchschnittenen und unbedeckten Boden und die hier genannten Bedingungen sind um so unerläßlicher, je größer die attaquirende Masse, je entscheidender ihr

Erfolg ist. Dieselben Bedingungen sind der Artilleriewirkung gleich günstig.

Der Anlauf fordert also einen hinreichenden Abstand vom Gegner, welcher sich in der Wirklichkeit auf etwa 900—1000 Schritte feststellt; bei einem kürzern Anlaufe ist die volle Schnellkraft um so weniger zu erreichen, je schwächer die innere Ausbildung der Kavallerie und der Zustand ihrer Pferde ist; ein merklich längerer Anlauf ist aus gleichen Gründen schwächend für die Schnellkraft. Auch diese Anlaufsweite ist der Artilleriewirkung sehr günstig.

Innerhalb der Anlaufsweite soll die Kavallerie alle Veränderungen ihrer Formation und Richtung vermeiden, um nicht aufgelockert zu werden. Die Kavallerie formirt sich daher nicht gern eher in der Weise, wie sie die Attaque ausführen will, als bis sie sich in die Richtung des Anlaufes geschoben hat, um alsdann geradeaus reiten zu können. Bieten sich zu dieser Formation Deckungen des Terrains dar, so werden sie benutzt und bis dahin die nothwendigen Evolutionen ausgeführt. Hieraus folgt:

131. „Die mit der Kavallerie verbundene Artillerie folgt derselben hinter der Mitte und in einem solchen Abstande, „daß die Bewegungen und Evolutionen der Reiterei ungehindert ausgeführt werden können.“ —

Die Schnelligkeit der Bewegungen, die reißende Ausführung der Attaque, die Weite, bis zu welcher die Attaque im Falle des Gelingens durchschlägt und über das Ziel der Attaque hinausschießt und die Weite des Rückschlages einer mißlungenen Attaque bedingen, daß:

132. „Die mit der Kavallerie verbundene Artillerie sich in „steter Bereitschaft zu schnellen und weitern „Bewegungen hält und dagegen ihre Theilnahme „auf kurze, aber energische Feuerwirksamkeit zu „gründen bemüht ist.“

Dieß ist ein Gegensatz zu der mit dem Infanteriegefecht verbundenen Artillerie, welche sich vorzugsweise in einer möglichst ununterbrochenen Feuerthätigkeit zu erhalten bemüht sein soll.

Nachdem wir gestützt auf die Natur der Kavallerieattaque in den vorangegangenen Schlüssen die ersten Gesetze über die Verbindung der Artillerie mit dem Gefecht der Kavallerie und über das Verhalten der erstern bei den gemeinschaftlichen Bewegungen und Manövers hingestellt haben, bleiben uns noch die nähern Gesetze zu entwickeln, in welchen Fällen die Attaque der Kavallerie durch Artilleriefeuer vorbereitet wird, in welchen dagegen nicht und wie sich die Artillerie hierbei verhält; hierzu müssen wir die hervortretendsten Elemente der Attaque wiederholt ins Auge fassen.

Das Element der Ueberraschung, welches durch die Schnelligkeit des Eintretens und der Ausführung der Attaque erzeugt wird, ist ein Faktor, oder Exponent von so variabler Größe, daß man in günstigen Fällen von ihm die außerordentlichsten Wirkungen erwarten kann, während unter andern Verhältnissen wenig oder gar nicht auf seinen Beistand gerechnet werden darf.

Zu den der Ueberraschung des Gegners günstigen Bedingungen gehören, ihrem Werthe nach geordnet:

1. junge, mit den Erscheinungen des Krieges noch nicht vertraute, Truppen des Gegners, oder solche, welche bereits durch Unglücksfälle, durch das vorangegangene Gefecht, durch ungeschickte, unglückliche oder gar schlechte Führung in ihrem Vertrauen sehr erschüttert sind;
2. Truppen des Gegners, welche bereits durch das Gefecht sehr mitgenommen sind;
3. Truppen des Gegners, welche auf dem Rückzuge begriffen sind, denselben bedroht und sich mehr oder weniger isolirt sehen.

4. Truppen des Gegners, welche in einer Bewegung getroffen werden, welche sie für einen augenblicklichen kräftigen Widerstand nicht vorbereitet erscheinen läßt, welche die ganze Aufmerksamkeit derselben gefesselt hält, daher für die Ueberraschung sehr empfänglich macht, welche ohne die gehörigen Sicherheitsmaßregeln ausgeführt wird, ohne nahen Beistand oder Rückhalt den Erfolg der Attaque sehr wahrscheinlich macht.
5. Fehler, Unvorsichtigkeiten des Gegners aller Art.
6. Eine der überraschenden Ausführung der Attaque günstige Bereitschaft der Kavallerie.
7. Eine gewandte, kühne, ihrer Ueberlegenheit und tüchtigen Führung sich bewußte, Reiterei, welche das begonnene Werk mit Entschlossenheit und Energie durchführt und welche schon manchen Strauß mit glücklichem Erfolge bestanden hat.

Offenbar sind diese günstigen Bedingungen theils von den Verhältnissen des Augenblickes abhängig, theils sind sie Ergebnisse des gegenwärtigen und der vorangegangenen Gefechte, theils sind sie dem Urtheile oder dem Takte des Führers der Kavallerie vollkommen zugehörig und eben so ist es unzweifelhaft, daß hierbei eine falsche Rechnung mit großen Gefahren für die attaquirende Kavallerie verbunden sein kann.

Endlich ist es klar, daß das Element der Ueberraschung um so weniger zur Seite steht, je größer die Masse der Kavallerie und ihres Gegners ist, weil große Massen schwerer zu bewegen und zu verbergen sind und daß große Massen bei ihren Gefechtsakten sich überhaupt mehr auf die Wirkung ihrer Gefechtskraft, als auf den Beistand ungewöhnlicher Verhältnisse stützen sollen, weil es nur fehlerhaft wäre, sich durch oft nur scheinbare Vortheile aus den durch große Maßregeln bedingten Verhältnissen fortreißen zu lassen.

Hieraus folgt zunächst:

133. „Attaquen der Kavallerie, deren Erfolg wesentlich auf das „Element der Ueberraschung gestützt werden kann und soll, „werden nur in sehr seltenen Fällen durch Artilleriefeuer „einzuleiten sein. Die beigegebene Artillerie wird „alsdann sich in Bereitschaft setzen, die attaqui„rende Kavallerie erforderlichen Falls gegen „unerwartete Angriffe zu bewachen und den Er„folg der Attaque in gehöriger Verfassung ins „Auge zu fassen.“

134. „Ohne ausdrücklichen Befehl des Kavallerie„führers wird die Artillerie keines Falls zur „Einleitung der Attaque vorbrechen.“

135. „Am häufigsten wird noch die Artillerie zur Einleitung „der Attaque berufen werden, wenn feindliche Infanterie in „einer exponirten, wenig unterstützten Bewegung oder Auf„stellung überrascht wird, besonders wenn sie dabei noch „den Beistand der Artillerie genießt.“

136. „In diesem Falle geht entweder die Artillerie vor, um „das Feuer der feindlichen Artillerie mit Gewalt auf sich „zu ziehen und zwar, wo möglich, in einer Richtung, daß „sie zugleich die Infanterie in ihre Schußrichtung bekommt, „oder sie geht vor, um die feindliche Infanterie zu er„schüttern.“

137. „Gegen feindliche Reiterei wird die Artillerie die Attaque „weit seltener einleiten und meistens dann nur gegen deren „etwa auftretende Artillerie sich wenden.“

138. „In allen übrigen Fällen der Ueberraschung des Gegners „wird sich die beigegebene Artillerie nur schützend und „beobachtend verhalten und hiernach im gehörigen Ver„hältnisse zur Attaque bewegen oder aufstellen, aber „aufstellen nicht in Feuerbereitschaft, sondern in „Bereitschaft zur augenblicklichen Bewegung.“

139. „In allen den hier gedachten Fällen, wo die Artillerie die „Attaque einzuleiten Befehl hat, ist in Uebereinstimmung „mit dem Elemente der Ueberraschung ein kurzer, energischer Anfall des Gegners, also eine solche Annäherung an die zu attaquirende Masse geboten, als es das Terrain, die feindliche Artillerie, das „Gewehrfeuer 2c. gestatten. Für die Sicherstellung der „vorbrechenden Artillerie muß auf geeignete Weise gesorgt „werden." —

Wenn die Gefechtsverhältnisse dagegen der Kavallerie nicht gestatten, das Element der Ueberraschung für ihre Attaque in hervorragende Wirksamkeit zu ziehen, vielmehr gebieten, dieselbe lediglich auf die Stoßgewalt des Chocs, also auf die Schnellkraft und Geschlossenheit desselben zu gründen, wenn selbst die numerische Ueberlegenheit, womit die Kavallerie vielleicht noch ihren Gegner zu überraschen vermag, oder auch ihr moralisches Uebergewicht entweder keine befriedigende Wahrscheinlichkeit des Erfolges in Aussicht stellen, oder wenn die mit der Attaque verbundenen Gefahren, Opfer und Widerstände, so wie die möglichen Gegenmaßregeln des Feindes Besorgnisse einflößen, so muß die Wahrscheinlichkeit des Erfolges und die Sicherheit der Ausführung durch die Mitwirkung der beigegebenen Artillerie gehörig begründet werden. Das Artilleriegefecht wird alsdann ein nothwendiger und wesentlicher Bestandtheil der Kavallerieattaque. Aber auch in diesem Falle muß das Element der Ueberraschung durch die Lebendigkeit des Entschlusses, durch unerwartetes Zuvorkommen und durch Kühnheit der Ausführung dem Feinde abgewonnen werden, um den Gegner an der Entwickelung seiner vollen Widerstandsfähigkeit und wirksamer Gegenmaßregeln zu hindern.

Hiernach muß sich das Verfahren der mit einander verbundenen Artillerie und Kavallerie regeln. Es ist hierbei von großem Einflusse, ob die Attaque gegen Infanterie oder Reiterei auszuführen ist. Die Infanterie läßt vorzugsweise die Wirkung eines ruhigen und wohlgezielten Gewehrfeuers und einen festgeschlossenen örtlichen Widerstand fürchten, die Kavallerie entweder einen kräftigen Gegenstoß, gefährliche Gegenmanövers oder einen rechtzeitigen Abzug, um sich dem Choc zu entziehen und in beiden Fällen ist die feindliche Artillerie möglicher Weise im Stande, durch ihr Feuer die Geschlossenheit und Schnellkraft des Chocs während seines Anlaufes zu brechen.

Die hier angedeuteten Widerstände des Feindes zu brechen, die der Attaque entgegentretenden Gefahren zu bekämpfen und abzuwehren, ist die zwiefache Aufgabe der Artillerie, welche die Attaque einzuleiten Befehl erhält. Sie wird daher die nachfolgenden Gesetze beachten:

140. „Ist die Attaque gegen feindliche Infanterie gerichtet, deren „Artillerie den Choc sehr gefährden kann, so geht die Ar„tillerie zur Dämpfung und Ablenkung des feindlichen „Geschützfeuers auf wirksame Kugelschußweite gegen das „feindliche Geschütz schnell, möglichst verdeckt und in eine „sich etwa darbietende gedeckte Aufstellung vor. Sie er„öffnet ein so lebhaftes Feuer, als es noch mit einer guten „Wirkung vereinbar ist. Gestatten es die Umstände, die „feindliche Artillerie von der Seite zu fassen, so wird dieß „den Abzug der feindlichen Geschütze beschleunigen."

141. „Sobald das feindliche Feuer gedämpft ist oder merklich „geschwächt, bricht die Artillerie in eine nähere Stellung „vor, um die feindliche Infanterie nachdrücklich zu be„schießen, die Kavallerie aber setzt sich in diesem Moment „zur Attaque in Bewegung."

142. „Die Artillerie kann zu diesem Manöver nur vorgehen, „wenn für ihre Sicherstellung gehörig Sorge getragen „wird." —

Die nähern Anordnungen der Attaque, ihr Mechanismus u. s. w. so weit sie specielle Angelegenheiten der Kavallerie sind, gehören nicht hierher.

143. „Die Artillerie muß stets auf der dem Choc gefährlichsten „Seite desselben manövriren, um gleichzeitig zu seinem „Schutze beizutragen."

144. „Wenn die Artillerie sich der Infanterie verdeckt so weit „nähern kann, daß sie im Stande ist, gegen diese ein „entscheidendes Feuer zu eröffnen, ohne daß die feindlichen „Geschütze es zu hindern vermögen, so ist dieß besonders „zu beachten, weil die feindlichen Geschütze in ihrem nach„drücklichen Widerstande gegen den Choc gelähmt sind, „sobald ihre Infanterie schon halb geschlagen ist." —

145. „Sobald die attaquirende Kavallerie in der Höhe der „Artillerie angelangt ist, stellt dieselbe ihr Feuer ein und „setzt sich sogleich in Bereitschaft zur augenblicklichen Be„wegung (protzt auf), welche sie alsdann antritt, wie es „ein späteres Gesetz bestimmen wird." Siehe 155.

Soll aber die Attaque gegen Kavallerie ausgeführt werden, so sind andre Elemente ins Spiel getreten, deren Einfluß auf die Ausführung der Attaque gewürdigt werden muß.

Der Kavallerie gegenüber hat die Attaque den Gegenstoß, das Artilleriefeuer und Unternehmungen des Feindes gegen Flanke und Rücken der Attaque am meisten zu fürchten.

Der Gegenstoß wird als eine sehr große Gefahr zu erachten sein, wenn es dem Gegner gelingt, den Choc, wie man sich ausdrückt, abzugewinnen, wenn das Terrain den Anlauf der Attaque an einzelnen Stellen merklich stört und der Gegner dieß mit Gewandtheit zu benutzen weiß. In allen Fällen aber muß die Attaque, wenn der Zusammenstoß mit einem ebenbürtigen, entschlossenen Gegner zu erwarten ist, durch die natürliche Rückwirkung eines so gewaltsamen Stoßes, die attaquirende Kavallerie selbst sehr heftig erschüttern und in Auflösung bringen, so daß die Gefahr begreiflich wird, wie wenige geschlossene Eskadrons im Stande sind, das lockere Getümmel einer eben siegenden Kavallerie in wilde Flucht zurückzuschleudern.

Es bleibt also in allen Fällen ein für die eigne Erhaltung und Sicherheit der attaquirenden Kavallerie, für ihre weitere Gefechtsfähigkeit sehr wichtiges Ergebniß, die Gefahr eines kräftigen, wohlgeschlossenen Gegenstoßes abzuwehren.

Dieses Ergebniß wird zur Aufgabe der beigegebenen Artillerie, welche nur dann zu lösen ist, wenn die Artillerie ihrer Kavallerie voraus sich in eine sehr wirksame Feuerstellung gegen die feindliche Reiterei vorwerfen kann. Wenn nun die feindliche Artillerie nach denselben Grundsätzen handelt, wie es von einem tüchtigen Gegner zu gewärtigen ist, so wird es eine wesentliche Bedingung zur Lösung der Aufgabe, daß die Artillerie der feindlichen in der Eröffnung eines nahen Feuers zuvorkommt, um deren Annäherung theils abzuwehren, theils in der Erschütterung der gegenseitigen Kavallerie einen Vorsprung abzugewinnen. Schnelle Erfassung des günstigen Augenblicks, gewandte Benutzung der für die Bewegung sich darbietenden Deckungen, Masken und Aufstellungen, welche vor dem feindlichen Feuer und vielleicht sogar vor Unternehmungen feindlicher Reiterei Schutz gewähren, sind die wesentlichsten Bedingungen für den Erfolg des Artilleriemanövers, wenn nicht eine ziemliche Ueberlegenheit an sich schon den Erfolg sicher stellt.

Einer feindlichen Kavallerie von achtbarer Beschaffenheit und Stärke gegenüber wird man nicht sogleich zum entscheidenden Angriffe übergehen, vielmehr eine Avantgarde entgegenwerfen, um den Gegner zur Entwickelung seiner Stärke und Absichten zu veranlassen und zugleich die unentbehrliche Kenntniß von dem vor- und nebenliegenden Terrain zu gewinnen.

Diese Avantgarde wird in vielen Fällen durch Artillerie unterstützt werden müssen, um die Unternehmungen der feindlichen Artillerie und Kavallerie abzuwehren, bis entweder der

Zweck der Avantgarde erreicht ist, oder dieselbe vor dem Feinde zurückzuweichen gezwungen wird. Es würde von den nachtheiligsten Folgen für die geschlossene Kavallerie sein, wenn ihre Avantgarde mit großer Gewalt auf sie zurückgeworfen würde, daher darf diese sich nicht in ein ernstes Gefecht mit überlegenen Kräften verwickeln, um so weniger, als sie, um dem Zwecke gemäß, eine große Terrainfläche zu decken und zu beobachten, einen bedeutenden Theil der Schwadronen in Flankeurs auflösen muß. Die Nothwendigkeit, das Terrain vor den Flankeurs gegen das Vorbrechen geschlossener Kavallerie und vorzugsweise den hinter der Mitte der Flankeurs stehenden geschlossenen Kern der Avantgarde gegen solche Anfälle zu schützen, um dadurch der Avantgarde die eigentliche Widerstandsfähigkeit zu verschaffen, ferner die bedeutende Ausdehnung der Flankeurslinie und die verhältnißmäßige Schwäche ihrer Seiten, bedingen die Aufstellung der vorgezogenen Artillerie vor der Mitte der Avantgarde in der Höhe der aufgelösten Schwadronen.

Sobald der Gegner ernste Anstalten macht, das Vordringen der Avantgarde abzuwehren, oder dieselbe zurückzuwerfen, so gibt er seine Absicht zu erkennen, von seiner Stellung aus den entscheidenden Kampf anzunehmen. Das Terrain zwischen der geschlossenen Kavallerie und der feindlichen Avantgarde und umgekehrt wird daher der voraussichtliche Kampfplatz zwischen den beiderseitigen Gros werden.

Wenn nun die Kavallerie den Punkt ihres Chocs in gehöriger Entfernung vor sich haben muß, so folgt hieraus die Nothwendigkeit, die Avantgarde rechtzeitig zu sammeln und der geschlossenen Kavallerie den Raum für die entscheidenden Angriffe frei zu geben.

Das Einziehen der Flankeurs ist ein Zeichen, daß dieser Moment eingetreten, der Zweck der Avantgarde erfüllt oder aufgegeben ist. Mit diesem Augenblicke ist daher nicht allein die Aufgabe der vorgezogenen Artillerie als erfüllt, sondern auch ihre Sicherheit als gefährdet zu betrachten. Ein weiteres Verharren der Artillerie in ihrer vorgeschobenen Lage würde ohne alle Aussicht, sich zu verwerthen, ihren Verlust wahrscheinlich machen. Sie muß sich daher zurückziehen und die Front der geschlossenen Kavallerie frei machen.

Wir schließen hieraus:

146. „Soll die Avantgarde der Kavallerie durch Artillerie „unterstützt werden, so eilt dieselbe vor die Mitte der „Avantgarde in die Höhe der aufgelösten Schwadronen „und eröffnet ihr Feuer gegen die geschlossenen Truppen „der feindlichen Reiterei, gegen das Vordringen derselben „und feindlicher Artillerie."

147. „Sie geht aus dieser Stellung schnell, sobald die Avant„garde ihre Flankeurs einzieht, in ihr früheres Verhältniß „hinter die geschlossene Kavallerie zurück."

148. „Zur Unterstützung der Avantgarde darf nur ein ver„hältnißmäßig geringer Theil der Artillerie vorgeworfen „werden." —

In dieser Lage der Dinge entscheidet sich nun die Frage, ob der Gegner angegriffen werden soll, ob man seinen Angriff annehmen, oder ob man dem feindlichen Angriffe ausweichen will.

Wird der Angriff des Feindes beschlossen und gleichzeitig als vortheilhaft oder nothwendig erachtet, denselben durch Artillerie einzuleiten, so wird die Artillerie der Attaque vorausgehen, sich jedoch nicht in einem Zuge so nahe an die feindliche Reiterei werfen können, um sogleich ein entscheidendes Feuer gegen dieselbe zu schleudern, weil nicht allein die feindliche Artillerie hierbei sehr hinderlich und gefährlich sein würde, sondern auch, weil eine so weit voraneilende Artillerie der feindlichen Reiterei sehr leicht in die Hände fallen könnte, wenn nicht eine unverhältnißmäßige Bedeckung dagegen sichern und dadurch die Stärke der Attaque schwächen würde. Die Artillerie geht ihrer

Kavallerie daher nur so weit voraus, als es ohne Gefahr für ihre Sicherheit geschehen kann und hinreicht, um in der vorausgeschickten Aufstellung ein wirksames Feuer abzugeben, bevor die nachfolgende Reiterei dasselbe einzustellen gebietet. Aus dieser einleitenden Feuerstellung muß demnächst die Artillerie zur Abgabe ihres entscheidenden Feuers vorauseilen.

Hieraus folgt nunmehr:

149. „Sobald sich die Kavallerie den Massen der feindlichen „Reiterei bis auf größere Kanonenschußweite genähert, hält „sie, während ihre Artillerie so weit vorausgeht, daß sie auf „einer wirksamen, mittlern Schußweite ein gut „gezieltes und dabei lebendiges Feuer gegen die „feindliche Reiterei eröffnen kann."

Diese Einleitung der Attaque durch die beigegebene Artillerie wird mit seltenen Ausnahmen in allen Fällen gegeben werden, um dem Kavalleriegefecht mit allen dargebotenen Mitteln in die Hände zu arbeiten. Es wird nunmehr von den obwaltenden Verhältnissen abhangen, ob die Artillerie Befehl erhält, den beschlossenen Angriff vorzubereiten.

In diesem Falle bleibt die Artillerie im Feuer, bis die Kavallerie sich so weit genähert hat, daß die Geschütze sich bereits in Bewegung setzen können, wenn die Kavallerie in ihrer Höhe angekommen ist. Die Artillerie muß nun in schnellster Gangart vorausgehen und sich so nahe an den Gegner schieben, daß sie eben einen wirksamen Kartätschschuß gegen denselben abgeben kann, also bis auf etwa 600 Schritt. Kommt der Feind entgegen, so ist dieß von der Artillerie in der Art zu würdigen, daß sie ihr Feuer abgibt, wenn der Gegner auf der gedachten Entfernung vor ihr angelangt ist. Dieser Anlauf der Artillerie kann nur unter dem Schutze einer angemessenen Bedeckung erfolgen.

150. „Die Artillerie geht nur auf Befehl zur Vorbereitung „der Attaque aus ihrer ersten Stellung bis auf etwa

„600 Schritt Abstand gegen den Feind vor und gibt ein „entscheidendes Schnellfeuer gegen denselben ab."

151. „Sie stellt ihr Feuer in der einleitenden Feuerstellung ein, „sobald die zur Attaque anreitende Kavallerie sich so weit „genähert hat, daß die Artillerie ihre Bewegung antreten „kann, ehe sie von der nachrückenden Reiterei erreicht ist, „um derselben einen hinreichenden Vorsprung zur Ab„gabe des Feuers in der entscheidenden Stellung abzuge„winnen." —

152. „Dieses Vorbrechen der Artillerie erfolgt unter dem un„mittelbaren Schutze angemessener Bedeckung in der schnell„sten Gangart." —

153. „Sobald die attaquirende Kavallerie in der Höhe der „Artillerie anlangt, stellt sie ihr Feuer ein und setzt sich „sofort in Bewegung."

154. „Das in den vorstehenden Gesetzen angegebene Artillerie„gefecht wird auf derjenigen Seite der Kavallerieattaque „ausgeführt, welche der Verstärkung durch Artillerie am „meisten bedarf und den möglichen Rückzug am wirksam„sten beschützt, wenn nicht die Wirkung der Artillerie da„durch zu empfindlich beeinträchtigt wird, was in der Regel „auf einem zum Kavalleriegefecht geeigneten Terrain nicht „zu fürchten ist." —

Beachten wir die Weite, in welche eine gelungene Attaque noch vorwärts schießt, also eine mißlungene auch im natürlichen Gegensatze von dem Gegner zurückgeschleudert wird, so folgt daraus, daß die Sicherheit der zur Vorbereitung der Attaque thätig gewesenen Artillerie im höchsten Grade gefährdet sein würde, wenn sie in ihrer letzten Aufstellung den Erfolg der Attaque abwarten oder gar der gelungenen Attaque nachreiten wollte, weil die Auflösung der eignen Reiterei in beiden Fällen ihr weder hinreichenden Schutz, noch irgend eine Aussicht auf eine wirksame Betheiligung nach der Attaque gewähren würde.

Die Artillerie kann diesen Schutz und die Möglichkeit, der geschlagenen Reiterei wirksamen Beistand zu leisten, der siegenden gegen feindliche Unterstützungen zu Hilfe zu kommen, nur im Anschlusse an einen geschlossenen Rückhalt von angemessener Stärke finden, mag dieser Rückhalt Kavallerie oder in der Nähe stehende Infanterie sein. Muß sich die Artillerie in den Schutz der Infanterie zurückziehen, so ist dieß einer schnellen und freien Wiederbetheiligung der Artillerie an dem der Attaque nachfolgenden Gefechtsverlaufe hinderlich. Geht die Kavallerie daher ohne angemessenen Rückhalt an Kavallerie zur Attaque vor, so ist wegen der großen Empfindlichkeit derselben gegen unerwartete Seitenanfälle die Artillerie überhaupt höchst gefährdet, je näher sie dem Feinde kommt.

Wir schließen hieraus zuvörderst:

155. „Die Artillerie geht, sobald sie ihr Feuer eingestellt hat, „in schnellster Gangart in den Schutz des Rückhalts zurück, „um mit demselben den Erfolg der Attaque abzuwarten „und gegen feindliche Unterstützungen oder zur Deckung „des Rückzuges bereit zu sein.“

156. „Geht die Kavallerie ohne Rückhalt an Kavallerie zur „Attaque, so kann die Artillerie nicht zur Vorbereitung „der Attaque verwendet werden, sondern muß aus der „ersten Feuerstellung sogleich zum nächsten geschlossenen „Rückhalt und zur Sicherstellung des Rückzuges zurück„gehen.“

157. „An der Verfolgung des geschlagenen Gegners darf sich „die Artillerie niemals voreilig betheiligen, um nicht bei „möglichen Rückschlägen in die höchste Gefahr zu ver„fallen.“ —

Wenn die Reiterei den feindlichen Angriff abwartet, also vertheidigungsweise zu Werke geht, so hat dieß entweder seinen Grund in der Besorgniß, zum Angriffe nicht die gehörige Kraft oder Gunst der Verhältnisse für sich zu haben, um auf einen guten Erfolg mit befriedigender Wahrscheinlichkeit zählen zu können, oder in der Absicht, den Gegner in einen nachtheiligen Angriff zu verwickeln, oder endlich in allgemeinen taktischen Verhältnissen, welche der Reiterei diese Rolle gebieten.

In allen diesen Fällen darf aber die Kavallerie den Choc des Feindes niemals stehenden Fußes annehmen, sondern sie muß demselben entweder einen Choc entgegensetzen, oder vor dem des Gegners zurückweichen. Immer aber bedarf die Kavallerie bei dem defensiven Verhalten gegen den Feind des Beistandes der Artillerie, entweder zur nothwendigen Ausgleichung mit der wirklichen oder vermeintlichen Ueberlegenheit des Gegners, zur Abwehr seiner Artillerie und zur Bekämpfung seines Anlaufes, oder zur wirksamen Ausbeute der sich darbietenden Schwächen des feindlichen Angriffs, oder endlich um die Reiterei gehörig zu stärken, damit sie in ihrer Aufstellung die Aufgabe zu lösen vermag, welche ihr durch die taktischen Verhältnisse zugefallen ist. Solche Verhältnisse treten beispielsweise ein, wenn die Kavallerie den Abzug vom Schlachtfelde und den Rückzug gegen eine heftige Bedrohung durch feindliche Reiterei zu decken hat.

Man muß voraussetzen, daß die Kavallerie, wenn sie sich eine Aufstellung wählte, um in derselben den Angriff des Feindes abzuwarten, bei dieser Aufstellung auch den Beistand des Bodens für sich hat, daß sich die Kavallerie bei guter Führung nicht leicht zwingen läßt, in einer nachtheiligen Lage gegen den Angriff vertheidigend zu verfahren; nur in Fällen, wo sich die Kavallerie für die Rettung des Ganzen opfern muß, werden sich auch ungünstige Gefechtslagen für sie nicht immer vermeiden lassen.

Der Beistand, welchen die Artillerie der Reiterei in ihrer defensiven Rolle zu leisten vermag, muß dieser Rolle und den obwaltenden Verhältnissen sorgsam angepaßt sein, von Hause aus auf den voraussichtlichen und beabsichtigten Verlauf des

Gefechts sich stützen, die Vortheile des Bodens so weit für sich ausbeuten, als es geht, ohne in schwierige und gefährliche Manövers zu fallen, und stets die Sicherstellung und Widerstandsfähigkeit des Rückzuges im Auge haben und dieß Alles um so mehr, je mehr die Defensive durch die obwaltenden Verhältnisse aufgezwungen, je weniger sie ein Akt der freien Wahl ist.

Die Artillerie darf sich in solchen taktischen Verhältnissen niemals durch die gelegentlichen Ausfälle der Kavallerie vorwärts reißen lassen, sie muß vielmehr selbst in dem Falle, wenn die Kavallerie dem feindlichen Angriffe entgegenreitet, um sich für den spätern Rückzug den Gegner möglichst vom Halse zu halten, oder um dargebotene Vortheile über den Gegner zu benützen, die Sicherstellung des Rückzugs, die Einnahme einer dem Rückzuge förderlichen Rückhaltsstellung im Auge behalten. Wenn die Kavallerie überhaupt gegen Anfälle auf ihre Flanke sehr empfindlich ist, so tritt dieser Fall bei ihrer Defensive noch weit mehr in den Vordergrund; die Artillerie muß daher vor allen Dingen die schwächste Seite des Rückzugs zu sichern suchen und hier dem Vordringen des Gegners entgegentreten.

Es ist in allen Fällen sehr nachtheilig, sich vollkommen entwickelt zu haben, ehe man noch die hinreichende Kenntniß von der Stärke, Stellung und Absicht des Gegners gewonnen hat, von den übelsten Folgen aber wird dieß, wenn man schwächer als der Feind ist und alle Ursache hat, seine Kräfte disponibel zu halten, um dem Angriffe in jeder Richtung mit einem unerwarteten Widerstande entgegentreten zu können. Es ist daher vorzugsweise gegen Kavallerie geboten, in der Entwickelung des Widerstandes mit großer Zurückhaltung zu verfahren und sich gegen Ueberraschung zu sichern.

Hieraus folgt:

158. „Geht die Kavallerie vertheidigungsweise zu Werk, so darf „die Artillerie niemals früher auftreten, als es durch die „Entwickelung und Stärke des feindlichen Angriffs ge-

„rechtfertigt ist und muß sich bis dahin so verdeckt, als „möglich, aufstellen."

159. „Die Artillerie wird bei dem defensiven Verfahren ihrer „Kavallerie niemals die etwaigen Angriffe derselben vor„bereiten."

160. „Die Artillerie unterstützt die Angriffe ihrer Kavallerie „vielmehr nur durch Kugelfeuer und darf den Erfolg „der Attaque nur in einer gesicherten Rückhaltsstellung „abwarten."

161. „Die Artillerie muß ihre Kavallerie gegen das Feuer der „feindlichen Geschütze nach Kräften zu decken suchen."

162. „Die Artillerie muß zur Sicherung des Rückzuges recht„zeitig in rückwärts genommenen Aufstellungen eintreffen, „um das Nachdringen des Feindes zu bekämpfen." —

163. „Man benutzt zu diesen Aufstellungen Terrainabschnitte, „welche die Geschütze gegen unmittelbare Angriffe des „Feindes sichern und einen schnellen gesicherten Abzug der„selben in der Rückzugsrichtung gestatten." —

164. „In allen Fällen, wo Artillerie mit Kavallerie zum Ge„fecht verbunden ist, muß die Artillerie den Bewegungs„raum der Kavallerie auf das Sorgfältigste beachten, um „bei den heftigen Bewegungen nicht beide Waffen in die „höchste Gefahr zu stürzen. Die Artillerie wird daher so „weit zur Seite ihrer Reiterei manövriren, als es mit „dem Terrain, mit der Schnelligkeit, Kürze und Sicher„heit des Artilleriemanövers und mit dem taktischen Zu„sammenhange der beiden Waffen sich vereinigen läßt." —

Aus den voranstehenden Betrachtungen ergibt sich nun zwar, daß das mit dem Reitergefecht verbundene Artilleriemanöver von eben so einfacher Natur ist, als jenes, allein es ist deshalb nicht leicht; es gehört ein großes Maß von Schnelligkeit, Gewandtheit des Führers und der Batterie dazu, um die günstigen Momente gehörig zu nutzen, der eignen Kavallerie nach Möglichkeit zu helfen ohne ihr jemals hinderlich zu sein und sich nicht auf eine gefährliche Weise zu exponiren.

Die Kavallerie muß in ihrem stärksten Elemente, in der Schnelligkeit und Freiheit ihrer Bewegungen und Attaquen, durchaus nicht beeinträchtigt werden, die ihr beigegebene Artillerie darf sie daher hierin nicht allein nicht beeinträchtigen, sondern muß derselben hierzu förderlich sein. Dabei darf die Artillerie von ihrer Reiterei nur das Nothwendige als Beistand fordern, soll derselben, so weit es geht, unentgeltlich dienen!

§. 11.

Ueber die taktische Verbindung des Artilleriegefechts mit dem Gefecht der Stellung.

Wir haben im §. 6 den taktischen Begriff der Stellung und ihre Gefechtskraft besprochen und hieraus die ersten Grundsätze abgeleitet, zu welchem Zwecke und in welcher Art die Stellung durch die Gefechtskraft der Artillerie bewaffnet und belebt wird.

Wir haben aber noch nicht erörtert, wie die taktische Verbindung des Artilleriegefechts mit dem Gefecht der Stellung in seinem ganzen Verlaufe sich regelt und abwickelt.

Hier kommt also nicht die Stellung, als ein der Strategie oder der höhern Taktik zugehöriges Element, zur Sprache, nicht ihre Beziehung zur großen Kriegführung, ihre taktische Lage zur Operations- und Rückzugsrichtung, sondern lediglich ihre Gefechtswirkung, ihre Gefechtskraft. —

Die Gefechtskraft der Stellung verlegt den Standpunkt unsrer Betrachtungen unmittelbar zwischen die beiden Gegensätze der Gefechtsform, Vertheidigung und Angriff, ohne welche die Gefechtskraft der Stellung weder zur Vorstellung, noch zur wirklichen Erscheinung gelangen kann. Wir erledigen mithin hier gleichzeitig die taktische Verbindung der

Artillerie mit den beiden Formen der Gefechtsführung, Vertheidigung und Angriff; die hierauf bezüglichen Gesetze müssen in ihrer Abstraktion auch für solche Fälle Giltigkeit behalten, bei welchen das Element der Stellung mehr oder weniger in den Hintergrund tritt.

Wir wissen aus §. 6, daß die Gefechtsfähigkeit der Stellung auf ihrer taktischen Herrschaft über das Vorterrain und auf der Stärkung des Waffengebrauches und des Waffenerfolges ihrer Besatzung beruht, daß ihre Manövrirfähigkeit sich auf die Größe, Gestalt und taktische Beschaffenheit ihres innern Raumes, Reserveterrain, Reservestellung, auf die Stärke und Widerstandsfähigkeit ihrer Seiten, Flanken, und auf die Sicherheit und Leichtigkeit des Rückzuges stützt, daß endlich ihre Gefechtsausdauer nächst den bereits genannten Elementen von der Widerstandsfähigkeit ihrer Hauptfront gegen den unmittelbaren Angriff und von ihrer Offensivkraft gegen entscheidende Angriffe abhängig ist. Der §. 6 belehrt uns gleichzeitig, daß die Artillerie vor allen Waffen berufen ist, die Herrschaft der Hauptstellung über ihr Vorterrain zu begründen und bis zum Eintritt der Entscheidung zu behaupten, um die beiden andern Waffen für den entscheidenden Kampf so stark und kräftig zu erhalten, als es irgend geht, daß die Artillerie ferner als Grundpfeiler für die Manövrirfähigkeit der Stellung dienen muß, daß sie endlich den Widerstand der Hauptfront und ihrer Flanken gegen den entscheidenden Angriff stärken, die Offensive gegen den Angriff, die Ausfälle des Vertheidigers und seine Rückschläge einleiten und zugleich im ungünstigen Falle den Abzug aus der Stellung vermitteln soll. —

Hieraus entspringt im natürlichen Gegensatze die taktische Aufgabe der Artillerie beim Angriff auf das Vorterrain, auf die Hauptstellung und ihre Flanken, bei der Einleitung und Vorbereitung der entscheidenden Angriffe, gegen die Ausfälle und Rückschläge des Vertheidigers und gegen seinen Abzug aus der Stellung.

Es muß vorausgesetzt werden, daß nicht allein aus höhern, strategischen und taktischen, Gründen die Stellung angegriffen wird, also nicht zur Seite gelassen werden kann, sondern daß auch der Feind gezwungen ist, mit der Gefechtskraft der Hauptfront in einen entscheidenden Kampf zu treten und daß dieß in einer verhältnißmäßig bedeutenden Ausdehnung geschehen muß, wenn er zum Siege über den Vertheidiger gelangen will.

Ohne diese Voraussetzung kann vernünftiger Weise die Gefechtskraft der Stellung gar nicht zur Wirkung gelangen, sondern bleibt eine todtgeborene Idee. Wir können für unsern Zweck eine solche Unterlage gar nicht gebrauchen. —

Wenn aus der Gestalt und Beschaffenheit des Terrains eine vortheilhafte Benutzung des Bodens für das Gefecht gewonnen werden kann und wenn durch eine hierauf gegründete, taktisch-richtige Besetzung desselben die Gefechtskraft des Bodens erzeugt wird, so prägt sich dem Gefecht der Charakter der Oertlichkeit auf, d. h. in dem Verluste oder in der Behauptung des besetzten Bodens ist ein Gefechtselement von mehr oder weniger entscheidender Kraft gegeben, so daß die taktische Freiheit des Vertheidigers in demselben Maße gefesselt wird, als er auf den Beistand der taktischen Vortheile seiner Stellung angewiesen ist.

Die Schwäche der Vertheidigung liegt demnach in ihrer taktischen Gebundenheit, in der Empfindlichkeit für Terrainverlust, in der außerordentlichen Schwierigkeit, die Vortheile des Bodens gehörig auszubeuten, ohne sich mit zu vielen Opfern und zu lange an dieselben zu fesseln und in dem Gegensatze zu der größern Freiheit des Angriffs. Kommt hierzu noch, daß selten Stellungen sich darbieten, deren Gefechtskraft in allen wesentlichen Beziehungen befriedigt, so wächst die Schwierigkeit, das rechte Maß in der Benutzung des Bodens zu treffen.

Wenn der eigentlichen Stellung eine hervorstechende Widerstandsfähigkeit gegen starke entscheidende Angriffe nicht innewohnt, wenn ihre Flanken, ihr Rücken merkliche Schwächen der Vertheidigung werden, wenn es der Stellung sehr an Manövrirfähigkeit gebricht und ihre Stärke vorherrschend durch ein sehr vortheilhaftes Vor- und Seitenterrain begründet ist, so muß die Benutzung dieser Vortheile danach geregelt sein, um hierbei so viel Gefechtskraft des Angriffs zu absorbiren, daß die Entscheidung dadurch begünstigt und die Schwäche der Hauptstellung durch die Schwächung des Angriffs angemessen ausgeglichen wird. Man muß deshalb den Angriff so lange, als es mit eignem Vortheil verbunden ist, von der Entscheidung gegen die Hauptstellung ab- und im Kampfe um das Vorterrain aufzuhalten suchen.

Aber auch in dem Falle, daß die Hauptstellung in Front und Flanken eine befriedigende Vertheidigungsfähigkeit darbietet, ist es von dem Interesse des Vertheidigers geboten, die Entwickelung und Festsetzung des Angriffs im Vorterrain nachdrücklich zu bekämpfen, die Vertheidigungsfähigkeit des Vorterrains gehörig auszubeuten, und die Annäherung des Angriffs nur langsam und unter empfindlichen Opfern zuzulassen.

Hiernach zerlegt sich das Gefecht der Stellung in natürliche Abschnitte und zwar in den Kampf um den Besitz des Vorterrains, in den Entscheidungskampf der eigentlichen Stellung gegen den Angriff und in die Folgen dieses Entscheidungskampfes, welche man als Entscheidungsgefecht gegen die Truppen, entweder des aus der Stellung gedrängten Vertheidigers oder des zurückgeschlagenen Angriffs bezeichnen kann. —

Wie man sich immer die Absichten und Verhältnisse der Vertheidigung vorstellen mag, jedenfalls will der Vertheidiger die Vortheile seiner Stellung ausbeuten, um sich für den entscheidenden Kampf, besonders für das gegen die Truppen gerichtete Entscheidungsgefecht zu stärken. —

Dieß geschieht unmittelbar dadurch, daß der Angriff bis zum Eintritt der entscheidenden Gefechtsakte die dem taktischen Werthe der Stellung entsprechenden Opfer darbringt, während gleichzeitig der Vertheidiger die Gefechtskraft seiner Truppen für den entscheidenden Kampf in einem ungewöhnlichen Grade aufsparen und schonen kann.

Die wesentlichsten Ersparnisse kann demnach der Vertheidiger nur in der Periode machen, welche bis zu dem entscheidenden Kampfe auf die eigentliche Stellung reicht, weil von diesem Augenblicke an der unmittelbare Angriff und der unmittelbare Widerstand nicht mehr eine vorsichtige Zurückhaltung und Schonung der Infanterie und der Kavallerie gestatten, mithin die Massen dieser beiden Waffen des unmittelbaren Widerstandes in entscheidende Berührung mit dem Gegner ziehen.

Hieraus folgt zunächst der allgemeine Grundsatz für das Gefecht der Stellung:

165. „Das Gefecht im Vorterrain, gegen die Entwickelung und „Annäherung des Angriffs, muß nächst der Schwächung „des Angriffs eine wesentliche Schonung und Aufsparung „der Infanterie und Kavallerie zum Zwecke haben."

166. „Die Artillerie ist daher die Hauptwaffe der ersten „Periode des Gefechts der Stellung." —

Dieser aus dem vorigen unmittelbar folgende Schluß hat seine Giltigkeit sowohl beim Gefecht der Stellung im freien Felde, als auch beim Gefecht der Schanzen, Verschanzungen, provisorischen und permanenten Festungen.

Wenn wir aus der jeder Vertheidigung mehr oder minder empfindlich beigemischten Schwäche, durch die Benutzung der Vortheile ihrer Stellung in demselben Maße an taktischer Freiheit zu verlieren, in einer einfachen Schlußfolge zu dem Gesetze der Vertheidigung hingeführt wurden, daß die Abwehr des entscheidenden Angriffs auf die Stellung wesentlich von der Vertheidigung des Vorterrains, von der nachdrücklichen Bekämpfung des in der Entwickelung und Annäherung befindlichen Angriffs, von seiner Schwächung und von einer sorgsamen Schonung und Aufsparung der Infanterie und Kavallerie abhängig wird und daß daher die Artillerie die Hauptwaffe des ersten Widerstandes gegen den Angriff sein muß, so müssen wir auch auf der andern Seite noch eines taktischen Elementes gedenken, welches dem Vertheidiger in seiner Stellung mehr, als dem Angriff zu Gute kommt. Es ist dieß das Element der Ueberraschung.

Denken wir uns den Angriff im Vorrücken gegen den Vertheidiger begriffen, so kann er zwar vermuthen, ob er mit dem Vertheidiger in einen ernsten Konflict gerathen wird und vielleicht auch, ob der Vertheidiger in ein entscheidendes Gefecht eingehen und dasselbe bis zum Aeußersten durchführen wird; der Angreifende kann auch aus der Terrainkenntniß, welche er mitbringt, und aus der Anschauung des Bodens einen mehr oder minder zutreffenden Schluß auf die Stärken und Schwächen der Vertheidigung stützen, er kann aber niemals den Zeitpunkt, die Richtung und das Maß des Widerstandes früher erkennen, als er den Widerstand durch seine Maßregeln hervorgerufen hat, wenn der Vertheidiger nicht hierin ihm ohne Noth entgegenkommt.

Der Angriff muß also seine Entschlüsse fassen, seine Dispositionen treffen, sich entwickeln, ohne sich nach dem Widerstande, mit welchem er in Berührung kommt, abmessen zu können. Wenn hierbei nun noch eine mangelhafte Kenntniß des zu betretenden Bodens, eine unsichre Erkennung der feindlichen Stellung, die Gefahr sich hierbei zu irren und die Nothwendigkeit, durch überlegene Kräfte sich die erste Annäherung erzwingen zu müssen, mitwirken, so ist es einleuchtend, daß der Angriff viel Gefahr läuft, seine Kräfte auf eine unvortheilhafte

Weise abzumessen und in falschen Richtungen anzusetzen und daß hierdurch ein sehr großer Theil seiner taktischen Ungebundenheit, welche vielleicht ohnedieß schon nicht sehr merklich gewesen ist, oft mehr als aufgewogen wird.

Durch eine gründliche und geschickte Beobachtung des vorliegenden Terrains hat es der Vertheidiger in seiner Gewalt, die Absichten, Mittel und Wege des Angriffs so frühzeitig zu erkennen, daß er vollkommen im Stande ist, die Gegenmaßregeln, welche ihm dienlich erscheinen, zu treffen und durch eine zweckmäßige Besetzung und Vertheidigung des Vorterrains wird der Angriff an einer ausreichenden Erforschung des Terrains und der Stellung gehindert, bis er so bedeutende Kräfte entwickelt hat, daß er das vorgeschobene Gefecht des Vertheidigers zurückdrängen kann. Ueberall vermag der Vertheidiger durch die Art, Stärke, Richtung und Dauer seines Widerstandes die Erwartungen des Angriffs zu täuschen, überlegene Kräfte mit wenig eigner Gefahr zu Kraft- und Zeitverschwendungen zu zwingen und in Richtungen festzuhalten, welche dem Angriff unbequem sind.

Ist der Angriff gar gezwungen, sich dem Vorterrain in bestimmten Richtungen, auf bestimmten Wegen zu nähern, so kann dieß dem Vertheidiger eine vortheilhafte Gelegenheit darbieten, den Angriff empfindlich aufzuhalten und zu schwächen; in gleicher Art wird es dem Angriff nicht ohne Opfer und Gefahren gelingen, sich im Vorterrain festzusetzen, wenn er gezwungen ist, durch schwierige Passagen in dasselbe einzutreten.

Wenn nach Ueberwindung aller dieser Hindernisse und Widerstände der Angriff sich endlich im Angesicht der feindlichen Stellung in einer Stärke entwickelt hat, welche dem Vertheidiger nicht mehr ohne Gefahr gestattet, seine Kräfte anders, als in gehöriger Bereitschaft zum Widerstande, also in entsprechenden Richtungen und Stärken, zu disponiren, so werden verdeckte Aufstellungen die Stärke und Vertheilung der Streitkräfte dem

Angriff verbergen und ihm immer noch eine große Unsicherheit in der Schätzung des Widerstandes und in der Anordnung seiner Maßregeln aufzwingen.

Welche andern Mittel stehen dem Angriffe zu Gebote, den Vertheidiger zur vollen Entwickelung seines Widerstandes zu zwingen, als das Vorwärtsdrängen mit überlegenen Angriffskräften? Und ist nicht immer noch dem Vertheidiger die Wahl frei, sich in seiner Stellung zu schlagen, oder abzuziehen, bevor es Ernst wird, wie Massena bei Zürich, oder, wenn das Gefecht in der Stellung angenommen wird, sich bis zur vollen Entscheidung mit der Stellung zu schlagen, oder endlich auszuweichen, wenn die Vortheile der Stellung mit den Gefahren des weitern Kampfes nicht mehr in einem beruhigenden Verhältnisse stehen, wie 1813 bei Bautzen?

Mit einem Worte, es ist ein wesentliches Element, wenn die Vertheidigung vor unwirksamen, falschen Maßregeln, vor Kraft- und Zeitverschwendungen sich zu bewahren und für die Entscheidung stark zu erhalten weiß, wenn der Vertheidiger nur gegen Angriffsmaßregeln von bedeutsamer Stärke und klar erkennbarer Entwickelung mit einem seinen Verhältnissen sorgsam angemessenen Kraftaufwande auftritt und dabei zu überraschen sucht, sich niemals früher entwickelt, als es nothwendig ist, oder nur, wenn seine Maßregeln in ihrer Wirkung sehr begünstigt werden. Dieses Gesetz gilt für die Vertheidigung bis zum Eintritt der entscheidenden Maßregeln, *welche zur Entwickelung eines hinreichenden Widerstandes zwingen oder den Rückzug gebieten.*

Wir haben also für den Vertheidiger das allgemein giltige Gesetz:

167. „Die Vertheidigung soll ihre Kräfte nie früher zeigen und „entwickeln, als sie in eine wirksame und gedeihliche Ge„fechtsthätigkeit treten können, also nur gegen Angriffs-

„maßregeln von bedeutsamer Stärke und in einer hinreichenden Entwickelung.“

168. „Die Artillerie ist die geeignetste Waffe, den ersten Maßregeln des Vertheidigers eine namhafte Stärke und eine „bedeutsame Wirkung zu verleihen, sich das Element der „Ueberraschung zu Nutze zu machen und die Kräfte der „andern Waffen gegen frühzeitige Erschöpfung und Abschwächung zu bewahren.“

169. „Die Artillerie muß hierbei sich nie früher zeigen, als „bis sie den Feind in gehöriger Entwickelung vor sich hat, „um sich eine günstige Wahl der Aufstellung und eine „möglichst bedeutende Wirksamkeit zuzuwenden, den Feind „aber an geeigneten Gegenmaßregeln zu hindern.“

170. „Schnelle Bewegungen, geschicktes Manöver, gewandte „Benutzung des Terrains und eine vorsichtige, wirkungsvolle Verwendung des Feuers begründen die Kraft dieser „ersten Gefechtsakte des Vertheidigers.“

171. „Die Artillerie wird sich bei dem vorgeschobenen Gefecht „betheiligen, wenn dasselbe eine angemessene taktische Bedeutung hat, wenn von vorliegenden Punkten aus die „Zugänge zum Vorterrain mit Vortheil vertheidigt werden „können, wenn der Feind zu einer frühzeitigen Entwickelung bedeutender Kräfte gezwungen werden soll, wenn „der Anmarsch des Feindes durch schwierige Passagen und „Defileen erfolgen muß, welche von der Stellung aus „nicht mit Erfolg zu erreichen sind. Alle diese vorgeschobenen Manövers dürfen jedoch weder mit einer unangemessenen Entfernung von der Hauptstellung, noch „mit einer unzulässigen Schwächung derselben, noch endlich „mit einem schwierigen oder gar gefährlichen Rückzuge „verbunden sein.“

172. „Alle vorgeschobenen Manövers dürfen ihre taktischen „Beziehungen zum Gefecht der Stellung nicht aus den

„Augen verlieren und müssen ihren Rückzug auf die Stel-
„lung so einrichten, daß sie das Feuer derselben in seinen
„Hauptrichtungen nicht maskiren und dadurch die Annä-
„herung des Feindes begünstigen; sie sollen vielmehr
„suchen, den Feind in das wirksamste Feuer der Stellung
„zu ziehen."

173. „Die Sicherstellung der Artillerie erfolgt bei diesen Ma-
„növers auf dieselbe Weise durch angemessene Bedeckung
„und durch gesicherte Verbindung mit den geschlossenen
„Truppen der andern beiden Waffen, wie dieß in den
„vorangehenden Paragraphen bereits erörtert ist." —

174. „Nie dürfen günstige Erfolge bei diesen vorgeschobenen
„Gefechten zu einer voreiligen und unvorsichtigen Ver-
„folgung des Feindes hinreißen, am wenigsten die bei-
„gegebene Artillerie, deren Hauptaugenmerk stets auf einen
„gesicherten und zweckmäßig dirigirten Rückzug der vor-
„geschobenen Truppen gerichtet bleiben muß." —

175. „Es darf nicht außer Acht gelassen werden, daß der Zweck
„der vorgeschobenen Gefechte nur eine empfindliche Schwä-
„chung des Angriffs, niemals ein vollkommener Sieg über
„den Feind sein soll." —

Wir müssen uns das vorgeschobene Gefecht der Stellung als eine Art zerstreutes Gefecht denken, welches durch die Eigenthümlichkeiten des Vorterrains eine große Stärke gewinnen kann. Wenn das Vorterrain Punkte darbietet, welche einer vorgeschobenen Vertheidigung vortheilhafte Stützen darbieten und gewissermaßen wie haltbare detachirte und Außenwerke der Stellung zu Gebote stehen, so würde es fehlerhaft sein, solche Punkte zu vernachlässigen, weil sie sonst, wenigstens in der großen Mehrzahl der Fälle, dem Angriffe sehr zu Statten kommen. Je näher sie der Stellung liegen, desto nothwendiger wird es, sie mit in die Vertheidigung hineinzuziehen, desto leichter sind sie aber auch zu behaupten und von der Stellung aus zu unterstützen. —

Wenn das vorgeschobene Gefecht im Verlaufe der Dinge, entweder nicht mehr mit Erfolg fortgeführt werden kann, oder wenn es dem Vertheidiger nicht gerathen erscheint, seine Kräfte weiter daran zu wenden, wenn also die Stellung selbst den Kampf aufnehmen soll, so tritt auch erst der Zeitpunkt ein, sie zu dem Zwecke zu besetzen, zu bewaffnen, um die Gefechtsthätigkeit derselben unmittelbar zu beginnen. Diese Bewaffnung darf nur in dem Maße vor sich gehen, als es der Widerstand gegen den Angriff fordert und zwar zuvörderst, um das noch vorgeschobene Gefecht wirksam zu unterstützen, zur Aufnahme desselben bereit zu sein und um, wo es nothwendig erscheint, auf andern Punkten gegen die Annäherung des Angriffs aufzutreten, sobald dieß mit befriedigendem Erfolge geschehen kann und die Stärke des anrückenden Feindes der Mühe werth ist.

Es ist die wahre Grundlage einer kräftigen und erfolgreichen Vertheidigung, in der Bewaffnung ihrer Stellung mit um so größerer Zurückhaltung und Zähigkeit zu Werke zu gehen, je weniger sie sich auf die Stärke ihrer Streitkräfte stützen kann. Nur hierdurch behält der Vertheidiger verhältnißmäßige Kräfte disponibel, um gegen die entscheidenden Angriffe einen nachdrücklichen Widerstand und genügenden Rückhalt zu gewinnen. Die entscheidenden Angriffe sprechen sich aber oft später und in andern Richtungen aus, als sich voraussehen ließ.

Der Widerstand der Stellung an sich kann seiner örtlichen Natur nach immer nur den Zweck haben, überlegenen Angriffskräften in einer längern Gefechtsdauer ungewöhnliche Anstrengungen, Opfer und Gefahren aufzuzwingen und dadurch die feindliche Ueberlegenheit und Gefechtskraft zu erschöpfen; die Bewaffnung der Stellung darf daher niemals ein Gleichgewicht mit der Truppenzahl des Feindes, oder gar eine Ueberlegenheit über dieselbe im Auge haben, sondern muß nach einer großen Stärke der disponibel gehaltenen Streitkräfte hinstreben, weil diese beweglich, also allein im Stande sind, die günstigen Erfolge des Widerstandes der Stellung zu benutzen, den Angriff zu überwältigen und der Vertheidigung den Sieg zu erringen, oder in unvorhergesehenen Richtungen dem Angriffe entgegenzutreten, ihm den Sieg zu entreißen und der Niederlage zu wehren, einen gesicherten Rückzug zu erkämpfen.

Man kann also sagen, daß in der Stellung das Prinzip des örtlichen Widerstandes, in den Truppen dagegen das Prinzip der entscheidenden Kraft gegeben ist und erstrebt werden muß, daß man jenes Prinzip nur in dem unabweislichen Maße ausrüsten und nähren muß, um einen wirksamen und ausdauernden Kampf mit überlegenen Angriffskräften zu bestehen, während das Prinzip der entscheidenden Kraft so stark, als irgend erreichbar gehalten werden muß.

Der Nerv eines ausdauernden Widerstandes gegen überlegene Angriffskräfte liegt allein in der Beherrschung des vorliegenden Terrains und in der Abwehr der feindlichen Annäherung, also vorzugsweise in einem wirksamen und schwer zu unterdrückenden Ferngefecht, d. h. in der Stärke und Widerstandsfähigkeit des Artilleriegefechts der Stellung.

Wir schließen aus dem eben aufgestellten Grundsatze zunächst:

176. „Durch die Bewaffnung der Stellung mit Artillerie, durch „die Herrschaft derselben über das vorliegende Terrain „und durch ihren Widerstand gegen die Annäherung des „Angriffs wird die Gefechtskraft der beiden andern Waffen „bis zum Eintritte der Entscheidungsakte um so vollständiger aufgespart, je ausdauernder sich die Artillerie in „den Feuerstellungen behaupten kann, welche das Vorterrain, besonders aber die wichtigsten Passagen desselben, „die Entwickelungspunkte des Angriffs beherrschen und die

„Annäherung um so wirksamer zu beschießen gestatten, je „mehr sie gegen die Stellung vorschreitet."

177. „Die Artillerie wird daher zunächst zur Bewaffnung der„jenigen Theile der Stellung verwendet, welche als Kern „und Stützpunkte des örtlichen Widerstandes der Stellung „dienen sollen.

„Dieß sind also die sogenannten militairischen „Posten und solche Punkte der Stellung, welche „die wichtigsten Passagen und Flächen des Vor„terrains am wirksamsten beherrschen."

178. „Die Artillerie, welche zur Stärkung der militairischen „Posten bestimmt ist, wählt ihre Aufstellung in der Regel „neben denselben und zwar so, daß sie zugleich das Vor„terrain gehörig übersehen, die Verbindung mit den Ne„bentruppen sichern, den unmittelbaren Anfall auf den „Posten abwehren und die schwächsten Theile des Postens „gehörig unterstützen kann."

179. „Die Artillerie, welche zur Bestreichung der wichtigsten „Passagen und Flächen des Vorterrains bestimmt ist, hat „demnach die Aufgabe, die feindlichen Bewegungen und „Aufstellungen zu bekämpfen."

180. „Um in den zu diesen Zwecken geeigneten Aufstellungen „eine große Ausdauer zu gewinnen, müssen die Geschütze „sowohl gegen das feindliche Artilleriefeuer hin„reichende Deckung finden oder künstlich, so viel es „die Zeit gestattet, erhalten, als auch im Stande sein, „die unmittelbar vor den Geschützen sich hin„streckenden Bodenflächen auf eine entscheidende „Weise zu bestreichen; gegen den Anfall zerstreuter „Fechter muß die Artillerie durch beigegebene Schützen„züge hinreichend gesichert werden."

181. „Die Artillerie zeigt sich in diesen Aufstellungen erst dann, „wenn die feindlichen Maßregeln es bedingen und wenn

„sie einen angemessenen Erfolg ihres Feuers erwarten „darf.“

182. „Je weniger diese gewählten und vorbereiteten Aufstel- „lungen der feindlichen Erkennung ausgesetzt sind, desto „mehr wird die Artillerie im Stande sein, in denselben „den Gegner zu überraschen.“

183. „Die Abstände von den wichtigsten Passagen und Punkten „des Vorterrains müssen, so viel es möglich gewesen, „abgemessen sein, um die Wirksamkeit der Artillerie zu „sichern und dem feindlichen Feuer überlegen zu machen.“ —

184. „Das Feuer der Artillerie muß in diesen Stellungen nach „dem Erfolge geregelt werden und soll daher gegen ent- „ferntere Feinde und gegen Artillerie in der Regel mit „großer Sparsamkeit abgegeben werden; nur gegen be- „deutende Ansammlungen des Feindes, gegen Punkte, „welche die feindlichen Bewegungen verzögern, ablenken, „kann bei sicherem Erfolge die Abgabe des Feuers leben- „diger erfolgen.“

185. „Die Annäherungen der feindlichen Artillerie sind nach- „drücklich zu bekämpfen, besonders wenn dieselbe zur ent- „scheidendern Aufstellung vorgehen will; sonst werden „gewöhnlich die geschlossenen Massen des feindlichen Angriffs „und beim Vorrücken die Teten derselben als Ziele des „Artilleriefeuers zu wählen sein.“

186. „Gegen die zur Entscheidung heranstürmenden feindlichen „Kolonnen konzentriren die dahin reichenden Geschütze ihr „entscheidendes Feuer, gleichviel ob der Vertheidiger den „Sturmkolonnen entgegengehen oder sie in der Stellung „erwarten will.“

187. „Die Verhältnisse werden bestimmen, ob die Artillerie in „dem Augenblicke, wo der entscheidende Schlag gegen die „Stellung zu erwarten ist, in engeren taktischen Verband „mit den Truppen treten soll, oder sich bis zum letzten

„Augenblicke an die Stellung zu fesseln hat. Im erstern „Falle verläßt sie ihre gewählte Aufstellung, wenn die „taktische Verbindung mit den Truppen, welche die Ent= „scheidung geben oder empfangen sollen, es gebietet; im „letztern Falle behauptet sie ihre Aufstellung im Sinne „der erhaltenen Befehle und Instruktionen."

188. „Wenn in Voraussicht der Entscheidung oder im Verfolg „derselben der Abzug aus der Stellung geboten ist, so „geht die Artillerie aus ihren Aufstellungen in den Rich= „tungen des Rückzuges nach Aufstellungen zurück, welche „zur Aufnahme des Rückzuges und zur Abwehr des nach= „dringenden Feindes besonders geeignet sind." —

189. „Die nicht zur Bewaffnung der Stellung verwendeten und „bestimmt gewesenen Batterieen stehen in taktischer Ver= „bindung mit den Truppenkörpern der andern Waffen „und haben sich in allen Gefechtsverhältnissen mit den= „selben gemeinschaftlich zu bewegen; sie benutzen die dar= „gebotenen Vortheile der Stellung, so lange die Verbin= „dung mit ihren Truppen dies gestattet."

190. „Sobald das Gefecht der Stellung entschieden, entweder „also der Angriff zurückgeschlagen, oder der Widerstand „überwunden ist, treten die taktischen Beziehungen der „Artillerie zu den übrigen Truppen wieder in voller Kraft „auf und regeln sich nach den obwaltenden Verhältnissen, „Gefechtslagen derselben."

191. „In Bezug auf den erstern Fall eines zurückgeschlagenen „Angriffs soll die Artillerie der Stellung jedoch sich nicht „voreilig durch die Verfolgung eines zurückgewiesenen „Angriffs aus ihrer Aufstellung vorwärts reißen lassen, „um nicht die örtliche Widerstandsfähigkeit der Stellung „zu schwächen, so lange noch erneuerte Angriffe und uner= „wartete Ereignisse in den Verlauf des Gefechts einen „Umschwung zu bringen vermögen."

192. „Niemals wird gegen alle Theile der Stellung in gleicher „Weise gekämpft, vielmehr wird die Entscheidung nur auf „einzelnen Punkten erstrebt und reift gewöhnlich nicht „gleichzeitig auf den wichtigsten Punkten heran. Diese „ungleiche Heftigkeit des Gefechtes der Stellung und diese „Ungleichzeitigkeit der eintretenden Entscheidungsakte wirken „je nach ihrer taktischen Bedeutsamkeit auf die Neben„gefechte zurück." —

193. „Die Artillerie muß vorzugsweise gegen die heftigen „Schwankungen des Stellungsgefechts und gegen deren „Folgen zu wirken suchen, um die gehörige Zeit zu Ge„genmaßregeln zu gewinnen." —

Alle übrigen taktischen Beziehungen, welche nicht durch den Einfluß der Stellung, sondern lediglich durch die Gefechtsverhältnisse der Truppen, durch die Natur jedes Gefechts hervorgerufen werden, regeln das Verhalten und den Gebrauch der Artillerie auch nach den allgemeinen Gesetzen, welche darüber bestehen.

Die Schwierigkeit, Truppen, welche sich in den Kampf einer starken Oertlichkeit verwickelt haben, aus einem solchen Gefecht herauszuwickeln, muß bei der Führung des Gefechts vorsorglich gewürdigt werden, macht tüchtige Abzugsstellungen besonders wichtig und wirkt auf den Gebrauch der Artillerie beim Rückzuge aus der Stellung je nach den obwaltenden Verhältnissen zurück.

Im Allgemeinen wird aus den vorstehenden Gesetzen schon im bloßen Gegensatze ein hinreichendes Licht auf den Gebrauch der Artillerie des Angriffs geworfen, so daß nur noch wenig zu bemerken übrig bleiben wird.

Offenbar muß in den meisten Fällen die Entwickelung und Annäherung des Angriffs lediglich durch Artillerie eingeleitet und geschützt werden, denn die zerstreuten Fechter werden, wenigstens bei einer guten Stellung, nicht im Stande sein, die

Vertheidigung auf die Hauptstellung zurückzuwerfen, wie dieß etwa mit den Vorposten einer Festung geschieht. Auch würden die Angriffsmassen während ihrer Annäherung durch das Feuer der Vertheidigungsartillerie in einem Grade geschwächt und erschüttert werden, daß nicht allein die Kraft der entscheidenden Angriffe hierbei gebrochen, sondern auch ein verhängnißvoller Umschwung der Dinge gegen den Angriff erzeugt werden würde. Selbst eine ungewöhnliche Ueberlegenheit an Streitkräften könnte sich auf solche Weise unter den Wirkungen einer gut placirten Vertheidigungsartillerie völlig erschöpfen.

Es wird daher in der überwiegenden Mehrzahl der Fälle unvermeidlich sein, die Artillerie der Vertheidigung durch einen Artillerieangriff aus denjenigen Aufstellungen zu verdrängen, welche das Vorterrain und die Annäherungen am nachdrücklichsten beherrschen, oder wenn dieß nicht vollständig gelingen sollte, doch das Feuer dieser Vertheidigungsartillerie möglichst zu dämpfen und von den Angriffsmassen abzulenken. Daß dieß der Angriffsartillerie im Angesicht einer zweckmäßig placirten und guten Vertheidigungsartillerie nicht ohne empfindliche Opfer und nur bei einer ausreichenden Ueberlegenheit gelingen wird, ist eine natürliche Folge der gegenseitigen Verhältnisse.

Man muß in der Nothwendigkeit, den schwierigen, wenig materielle Wirkung versprechenden und langwierigen Kampf gegen die Vertheidigungsartillerie zu unternehmen, ohne diese schnell und ganz zu einer Erwiederung des Angriffsfeuers zwingen zu können, ein Hauptergebniß der Stellung erblicken, welche die Massen der Infanterie und Kavallerie der Wirkung des feindlichen Feuers entzieht, der Artillerie aber gestattet, das Feuer der Angriffsartillerie gar nicht, oder schwach zu erwiedern und mit voller Kraft die Angriffsmassen der feindlichen Infanterie und Reiterei zu bekämpfen, also weit entscheidender zu wirken.

Wenn es der Vertheidigungsartillerie gelingt, die Massen der feindlichen Infanterie und Kavallerie durch die Wirkung ihres Feuers zurückzutreiben, so muß die Angriffsartillerie diesem Abzuge von selbst bald genug nachfolgen, d. h. der Angriff ist zurückgewiesen. Die Angriffsartillerie kann dieses Verfahren nicht erwiedern, sondern muß es lediglich bekämpfen.

Dieser Kampf wird um so schwieriger, je vollständiger das Vorterrain von der Stellung aus beherrscht wird und je zurückhaltender die Vertheidigungsartillerie in der Bewaffnung der dargebotenen Aufstellungen zu Werke geht, weil dann die Angriffsartillerie gezwungen ist, ihre Dispositionen gegen eine Aufstellung zu treffen, welche sie weder ihrer Lage, noch ihrer Stärke nach gehörig erkennen kann und gegen einen Widerstand, der noch gar nicht vorhanden ist und sich ganz unerwartet gestalten und dirigiren kann.

Dieß zwingt die Angriffsartillerie, von ihrer Ueberlegenheit einen sehr zurückhaltenden Gebrauch zu machen, um nicht Gefahr zu laufen, daß ihre Kräfte in ungünstigen Richtungen angesetzt und für die spätere Gestaltung der Dinge mehr oder weniger unwirksam werden.

Die Zurückhaltung in der Entwickelung des Artillerieangriffs kommt natürlich der Vertheidigung sehr zu Gute, indem sie ihr Zeit gewährt, die Gestaltung der Dinge gehörig zu beobachten und indem sich manche Gelegenheit darbieten wird, Blößen und Fehler des Gegners unerwartet auszubeuten. Alle diese Vortheile würden durch eine vorzeitige Entwickelung der Vertheidigungsartillerie für den Widerstand der Stellung nicht allein verloren gehen, sondern sich in den geraden Gegensatz, in Schwächen und Gefahren des Vertheidigers umwandeln, alle Nachtheile eines örtlichen, gefesselten Widerstandes ohne seine Erfolge hervorrufen und die taktische Freiheit des Angriffs in volle Wirksamkeit versetzen.

Die Angriffsartillerie wird daher einer guten Vertheidigung gegenüber, sobald sie in Folge der vorangegangenen Gefechte den Eintritt in das Vorterrain der Stellung gewonnen hat, zur allgemeinen Vorbereitung und Entwickelung des Angriffs, diejenigen Aufstellungen einnehmen, welche am geeignetsten erscheinen, die Entwickelung im Angesicht der Stellung zu unterstützen, gegen Ausfälle des Vertheidigers zu sichern, die weitere Annäherung vorzubereiten und dadurch die Artillerie und Streitkräfte des Vertheidigers in ihre Aufstellungen zu ziehen.

Diese ersten Aufstellungen der Artillerie sollen mit einer bedeutenden Widerstandsfähigkeit gegen die Offensive des Vertheidigers eine hinreichende Offensivkraft entwickeln, um den Vertheidiger zu einer starken Gegenwirkung anzuregen. Sie müssen also neben einer gedeckten Aufstellung der Geschütze und einer guten Bestreichung des bis zur Stellung hinreichenden Terrains zugleich eine möglichste Uebersicht der feindlichen Stellung und wo möglich Einsicht in das Innere derselben darbieten. Dergleichen Aufstellungen muß sich der Angriff in der Regel erst durch die Vorgefechte erobern und sie pflegen auf den höhern Punkten des Vorterrains der Stellung, auf Anhöhen und Terrainwellen sich zu finden.

Hat sich die Angriffsartillerie auf solchen Punkten festgesetzt, so wird sie gegen die Aufstellungen der feindlichen Artillerie, welche theils schon bewaffnet sind, theils sich noch, wenn man so sagen darf, demaskiren, sobald die Infanterie des Angriffs in ihren wirksamen Schußbereich kommt, ihr Feuer und ihre weitern Maßregeln entwickeln können. Unter dem Schutze der bereits in Thätigkeit begriffenen Artillerie werden andere Geschütze in den durch die Aufstellung der Vertheidigungsartillerie sich als wirksam ergebenden Angriffsrichtungen angesetzt und mit einer solchen Ueberlegenheit ausgerüstet, daß dadurch die Annäherung zum entscheidenden Angriffe erzwungen werden kann, ohne daß deshalb bereits über die Richtung und den Zielpunkt desselben entschieden zu sein braucht. In der Regel entwickelt sich der Entscheidungsakt erst durch die Erfolge eines langen, heftigen Kampfes, so daß die Angriffsartillerie bis zum letzten

Augenblicke nicht ohne disponible Kräfte bleiben darf, um gegen jeden Umschwung der Dinge gerüstet zu sein.

Die Eroberung des Vorterrains, der vortheilhaften Artilleriepositionen, welche sich hierin darbieten, die Nothwendigkeit, Zeit zu gewinnen und deshalb zur Entscheidung hinzudrängen, zwingen den Angriff, seine Streitkräfte in weit höherm Grade zu exponiren, als der Vertheidiger, und viel früher entscheidende Anfälle gegen die feindlichen Positionen zu versuchen, als es für ihr Gelingen Zeit ist.

Zum Theil sind diese frühzeitigen Anfälle nothwendige Versuche, wie weit man mit seiner vermeintlichen oder wirklichen Ueberlegenheit durchschlagen kann, zum Theil entspringen sie aus der unvollkommenen Beurtheilung der feindlichen Stellung und Widerstandsfähigkeit, zuw Theil endlich bedingt es die Natur des Angriffs, den Gegner sobald als möglich von den Vortheilen seiner Stellung loszuschlagen, um die Ueberlegenheit der Streitkräfte zur vollen Geltung zu bringen.

Alle diese Umstände bringen es denn zu Wege, daß der Angriff bis zur Entscheidung des Gefechts je nach der Stärke der feindlichen Stellung und ihrer geschickten Vertheidigung weit mehr Verluste erleidet, als der Vertheidiger und daß dessen Verluste erst nach der Entscheidung in höheren Verhältnissen steigen, wenn er in eine Niederlage und in einen sehr bedrängten Rückzug verwickelt wird.

Die meisten Angriffsschlachten gegen eine tüchtige Stellung und tapfere Vertheidigung derselben geben hierfür unzweifelhafte Beläge. Die Schlachten von Eilau, Bautzen, Dresden, Leipzig, Belle Alliance sind Beispiele solcher Art.

Die Vorzeitigkeit der Angriffsakte und die Ungewißheit, auf welchen Widerstand sie stoßen, machen es aber unerläßlich, daß die Angriffsartillerie durch ihre Aufstellungen gleichzeitig einen sichern Rückhalt für die Angriffsakte darbietet, um dieselben gegen verderbliche Rückschläge zu schützen und die gewonnene Angriffsstellung zu behaupten. Die Aufstellungen der Angriffsartillerie müssen daher gleichzeitig die Stützpunkte für die einzelnen Stadien der Annäherung bilden.

Die Stärke der unmittelbaren Bedeckungen und die Nähe der Angriffsmassen müssen die Artilleriepositionen um so stärker und widerstandsfähiger machen, je näher man dem Vertheidiger gerückt ist, so daß auch in dieser Beziehung die Streitkräfte des Angriffs dem Feuer und den Ausfällen des Gegners nicht selten völlig Preis gegeben sind.

Sollen nun die Streitkräfte des Angriffs für die Entscheidung möglichst geschont und aufgespart werden, so folgt daraus:

194. „Die Entwickelung und Annäherung des Angriffs muß „durch ein überlegenes Artilleriegefecht eingeleitet „werden."

195. „Das Vorbrechen in nähere Aufstellungen darf nur unter „dem Schutze stehender Batterieen erfolgen."

196. „Die Angriffsartillerie muß stets disponible Kräfte be„halten, um Positionen einnehmen zu können, welche sich „später nothwendig oder besonders wirksam erweisen."

197. „Die Angriffsartillerie muß um so sorgfältiger auf die „Beschützung und den sichern Rückhalt der Angriffsmassen „Bedacht nehmen, je näher man an die Stellung ge„langt."

198. „Die Angriffsartillerie wird in der Regel gezwungen sein, „die feindliche Artillerie zu bekämpfen, um die Entwicke„lung und Annäherung der Angriffsmassen von deren „Feuer, so viel als möglich, zu befreien."

199. „Zur Vorbereitung des entscheidenden Angriffs auf die „Stellung geht die Artillerie zur Seite des Angriffs in „eine Aufstellung vor, aus welcher sie am weitesten in „der Richtung des Angriffsweges vorwärtsschießen, her„beikommende Unterstützungen des Feindes bekämpfen und

„den Rückschlägen des Vertheidigers kräftig entgegen-
„treten kann."

200. „Wenn nicht die feindliche Artillerie mit Gewalt daran „hindert, soll die Vorbereitung des entscheidenden Angriffs „stets gegen diejenigen Truppen gerichtet sein, welche durch „denselben überwältigt werden sollen."

201. „Sind hinreichende Geschützkräfte disponibel, so müssen „diese gegen solche feindliche Batterieen in wirksame Thä-„tigkeit gesetzt werden, welche den vorgehenden Angriffs-„massen besonders gefährlich werden können, und sie „müssen besonders diejenige Seite des entscheidenden An-„griffs bewachen, welche feindlichen Anfällen am meisten „ausgesetzt ist." —

Im Uebrigen treten für die Artillerie die Gesetze ihrer taktischen Verbindung mit den andern Waffen in volle Kraft und ihre Beziehungen zur Stellung hören auf, sobald die taktischen Beziehungen der andern Waffen zur Stellung gelöst sind, mögen diese Beziehungen sich auf den Besitz der Stellung, oder auf die Eroberung derselben, oder auf den Besitz eines widerstandsfähigen Rückhaltes richten.

Die Kriege, welche Napoleon geführt, liefern zahlreiche Beispiele, daß in den neuern Schlachten sich Angriff und Vertheidigung sehr charakteristisch gegen einander entwickelten, theils, weil ein großes Mißverhältniß zwischen den Streitkräften oder den Feldherrn zu bestehen pflegte, theils weil seit Napoleon die Folgen einer entscheidenden Schlacht durch die energische Benutzung des Sieges jede große Schlacht zu einem so verhängnißvollen Wagniß umgeschaffen hatten, theils endlich, weil der taktische Gebrauch der Artillerie weit über den frühern Standpunkt erhoben worden war.

Rivoli, Austerlitz, Wagram, Borodino, Bautzen, Dresden, Leipzig, Ligny, Belle Alliance sind besonders hervorragende Beispiele für eine großartige Charakteristik der beiden Gefechtsformen.

Es läßt sich erwarten, daß auch spätere Kriege, welche über die politische Bedeutung großer Staaten entscheiden müssen, gleiche Erscheinungen in der Gefechtsführung zu Tage fördern werden.

Wir haben hier noch nicht die Modifikationen für den Gebrauch der Artillerie erörtert, welche durch besondere Eigenthümlichkeiten der Stellung oder einzelner Theile derselben hervorgerufen werden, sondern nur den allgemeinen Einfluß der Stellung gewürdigt. Es ist aber offenbar, daß wesentlich verschiedene Gestalten der Stellung in ihren einzelnen Theilen auch von entsprechendem Einflusse auf den Gebrauch der verschiedenen Waffen sind.

Dörfer, Gehölze, Verschanzungen und, wie die taktisch bedeutsamen Gestalten der Stellung und militairischen Posten alle heißen, bedingen eben so viele charakteristische Gefechtslagen zwischen Angriff und Vertheidigung, welche wir später erörtern wollen.

Bei den taktischen Verbindungen zwischen dem Gefecht der Artillerie und demjenigen der andern Waffen und der Stellung, deren Besprechung uns hier vorgelegen hat, sind noch zwei Elemente von großem Einflusse auf den Gebrauch und das Verhalten der Artillerie, die G e s c h ü t z z a h l und die A r t i l l e r i e m a s s e, die erstere als d i r e k t e r F a k t o r d e r G e f e c h t s k r a f t, die letztere als e i g e n t h ü m l i c h e t a k t i s c h e P o t e n z.

Da diese beiden Elemente die Gefechtskraft der Artillerie in allen ihren taktischen Verbindungen des Feldkrieges theils wirklich und wesentlich bedingen, wie die Geschützzahl, theils bedingen können, wie die Artilleriemasse, so würde der Gebrauch der Artillerie in ihren taktischen Verbindungen des Feldkrieges nicht vollständig dargelegt sein, wollte man den Einfluß der Geschützzahl auf den Gebrauch und das taktische Verhalten der Artillerie und die eben so eigenthümliche, als hervorragende Potenz der Artilleriemasse hier unerörtert lassen.

Die scheinbare Umständlichkeit einer solchen Erörterung wird sich durch die Wichtigkeit dieser Elemente hinreichend rechtfertigen. —

§. 12.

Einfluß der Geschützzahl auf den Gebrauch und das Verhalten der Artillerie im Gefecht des Feldkrieges.

Die Zahl der zu einem bestimmten Gefechtszwecke und gegen dasselbe taktische Objekt gefechtsthätigen Geschütze ist nicht blos ein natürlicher Multiplikator der Wirkung des einzelnen Geschützes, sondern ein taktisches Steigerungsmittel der Einzelnwirkung des Geschützes und gleichzeitig seiner Gefechtskraft. Es ist hierbei gleichgiltig, ob die Wirkung zur That geworden oder nur damit gedrohet ist und wir sehen hier, wie immer, von dem moralischen Eindrucke der Artillerie auf die Truppen ab, weil derselbe keiner bestimmten Messung unterworfen werden kann. Daher ist auch die moralische Wirkung einer starken Geschützzahl im Vergleiche zu einer geringern hier kein Gegenstand der Betrachtung, obschon es unzweifelhaft ist, daß in allen Fällen mit dem Auftreten einer zahlreichen Artillerie selbst auf die unerschrockensten Truppen ein mächtiger Eindruck sich verbindet, besonders aber in Gefechtslagen der höchsten Spannung, wo jeder Zuwachs in der Kraft des Gegners mit einem entscheidenden Umschwunge der bestehenden Gefechtslage bedrohen kann. Wenn nun auch kriegsgewohnte, unerschrockene Schaaren in schwierigen Lagen nicht vor ein Paar Kanonenschüssen zusammenbrechen werden und sich daher auch nicht durch ein Paar Geschütze in Schrecken jagen lassen, so ist es doch etwas ganz anderes, wenn eine bedeutsamere Geschützzahl gegen sie auftritt, ohne daß sie ein Mittel der Abwehr dagegen aufzubringen haben.

Wir können daher in Betreff der moralischen Wirkung der Geschützzahl nur zu einem ganz allgemeinen taktischen Grundgesetz gelangen:

„Jeder unerwartete und für die bestehende Gefechts-„lage bedeutsame Zuwachs an gefechtsthätiger „Artillerie übt auf die im Gefecht begriffenen Truppen „einen um so mächtigern moralischen Stoß aus, je „mehr ihre Gefechtskraft bereits in volle Anspannung ge-„nommen ist.“

Mit diesem Grundgesetz müssen wir uns begnügen und es in der Wirklichkeit den Führern überlassen, von diesem Gesetz Gebrauch zu machen, wo die Verhältnisse dazu Gelegenheit geben und die Mittel dazu vorhanden sind. Es wird in der Wirklichkeit natürlich viel öfter an den Mitteln, als an der günstigen Gelegenheit fehlen. —

Wenn wir nun in der Geschützzahl ein taktisches Steigerungsmittel der Einzelnwirkung des Geschützes und zugleich der Gefechtskraft erkennen wollen und nachdem wir die moralische Seite der Steigerung abgefertigt haben, so bleibt uns nun die Frage zu erledigen, „in welchen Richtungen ein gefechts-„thätiges Geschütz außerdem noch seine Wirkung auf eine „taktisch werthvolle Weise zu steigern vermag? und wel-„chen Einfluß die Geschützzahl auf den Gebrauch dieser „Steigerung ausüben wird?“

Durch die Beantwortung dieser beiden Fragen gelangen wir alsdann zu denjenigen Gesetzen, welche den Gebrauch der Artillerie nach dem Einflusse der Geschützzahl modifiziren.

Nehmen wir das Geschütz mit seiner Ausrüstung für den Gebrauch im freien Felde, wie es eben vorhanden ist, als eine gegebene Größe an, welche im Augenblicke der eintretenden Gefechtsthätigkeit nicht mehr zu ändern ist, nehmen wir also auch die durch Wahl der vorhandenen Geschoßarten zu gewinnende Steigerung des Erfolges als eine gegebene, unabänderliche Größe an, so kann die Wirkung des einzelnen Geschützes sich nur noch in folgender Weise steigern:

1. Durch die Lebhaftigkeit des Feuers, Steigerung der Trefferzahl,
2. durch die Verringerung der Schußweite, Steigerung des Treffens und der Geschoßwirkung zugleich; und
3. durch die taktische Bedeutung des Geschützfeuers, also Steigerung seiner entscheidenden Kraft.

Betrachten wir zuerst das taktische Werthverhältniß der hier genannten Steigerungsmittel, um zunächst allgemein über ihre Anwendbarkeit für das einzelne Geschütz überhaupt zu entscheiden, so ist uns ohne Weiteres klar, daß die Lebhaftigkeit des Feuers als die einfachste, rein mechanische, Steigerung für ein einzelnes Geschütz überhaupt nur in dem Falle zulässig ist, wenn sich damit gleichzeitig eine ungewöhnliche taktische Bedeutung des Geschützfeuers, also eine große Steigerung seiner entscheidenden Kraft verbindet.

Hieraus folgt ohne Weiteres:

202. „Eine geringe Geschützzahl kann von der Lebhaftigkeit des Feuers, als Steigerungsmittel ihrer Wirkung, nur einen eingeschränkten Gebrauch machen „und niemals, wenn nicht gleichzeitig ihrem Feuer „eine ungewöhnliche taktische Bedeutung gewonnen wird." —

Die Verringerung der Schußweite, als doppelte Steigerung des Treffens und der Geschoßwirkung setzt eine Annäherung an den Feind, also eine veränderte Gefechtslage voraus, ist daher zugleich ein taktisches Steigerungsmittel mit einer höhern Verwerthung des Geschosses verbunden. Wenn durch die Verringerung der Schußweiten das Treffen und die Geschoßwirkung erheblich gesteigert werden, so gewinnt das Artilleriefeuer zugleich an entscheidender Kraft und es ist dann geboten, mit der entscheidenden Schußweite die Lebhaftigkeit des

Feuers anzunehmen, welche der Wichtigkeit der Entscheidung entspricht.

In dem einzelnen Geschütz liegt aber eine so unbedeutende Gefechtskraft und eine so geringe Gewalt des Feuers, daß es niemals von der Verringerung der Schußweite Gebrauch machen dürfte, selbst wenn eine erhebliche Steigerung der Wirksamkeit dabei gewonnen würde, weil ein einzelnes Geschütz so gut als gar keine Widerstandsfähigkeit gegen die Annäherung des Feindes besitzt. Selbst zwei Geschütze, in welchen erst das geringste Maß der Widerstandsfähigkeit, der Deckung des ladenden Geschützes durch das schußfertige, gegeben ist, werden sehr selten im Stande sein, auf ihre eigne Kraft gestützt von der Verringerung der Schußweiten einen erheblichen Gebrauch zu machen, da die Nähe zum Feinde zur gegenseitigen Deckung der beiden Geschütze gegen etwaige Anfälle zwingt und da hierdurch eine große Einschränkung in der Lebhaftigkeit des Feuers, also in der summarischen Wirksamkeit beider Geschütze, geboten ist.

Mit kurzen Worten, es fehlt selbst zwei Geschützen noch an der hinreichenden taktischen Selbständigkeit, um, auf ihre eigne Kraft gestützt, von den dargebotenen Steigerungsmitteln ihrer Gefechtskraft, Lebhaftigkeit des Feuers und Verringerung der Schußweite, einen ergiebigen Gebrauch zu machen und dadurch auf den Verlauf des Gefechts in einer gewissen Selbständigkeit hinzuwirken. Man darf daher wohl sagen, daß erst in 4 Geschützen eine so große Gewalt des Feuers und so viel Widerstandsfähigkeit gegen die Annäherung des Feindes gegeben ist, um hierauf gestützt in einer gewissen Selbständigkeit sich gewissermaßen das Gefecht etwas in die Hand zu arbeiten.

Man darf deshalb in solchen Fällen, wo man von der Artillerie eine kräftige Einwirkung auf die Gefechtsführung verlangen will und muß, die Artillerie in keine geringern Abtheilungen, als 4 Geschütze, zersplittern, weil sie sonst gezwungen ist, in großer Passivität zu verharren und eine Menge günstiger Momente ungenützt vorbeizulassen, um die Defensivkraft gegen die Entscheidungsakte des Feindes nicht zu schwächen, die Mittel zur Vorbereitung der eignen Entscheidungsakte aufzusparen. Wir schließen daher:

203. „Eine geringe Geschützzahl besitzt nicht die hinreichende „Widerstandsfähigkeit gegen den feindlichen Andrang und „daher nicht die genügende Selbständigkeit, um durch „Verringerung der Schußweite auf eine erhebliche Stei- „gerung ihrer Gefechtserfolge auszugehen."

204. „Erst mit 4 Geschützen ist die Artillerie im Stande, ihr „Vorgehen gegen den Feind durch eignes Feuer zu schützen „und alsdann ein befriedigendes Maß der Widerstands- „fähigkeit zu entwickeln."

Was nun die taktische Bedeutung des Geschützfeuers betrifft, also seine entscheidende Kraft, so kann diese entweder nur durch die materielle Größe der Feuerwirkung oder nur durch die Verbindung des Geschützfeuers mit den Entscheidungsakten der andern Waffen gewonnen werden. Offenbar können wenige Geschütze in den größern Entfernungen keine solche materielle Größe ihrer Feuerwirkung anstreben, um dadurch auf die Entscheidung hinzuwirken; dazu würden eine bedeutende Trefferzahl, also eine kaum erreichbare Lebendigkeit des Feuers, und die Fähigkeit gehören, den Feind zur Annahme eines solchen Feuers zu zwingen oder ihn auf seinem Abzuge wirksam zu verfolgen.

Eine geringe Geschützzahl kann daher ihrem Feuer nur dadurch taktische Bedeutung und entscheidende Kraft verleihen, daß sie sich stets in unmittelbarer Verbindung mit den großen Maßregeln der eignen Truppen, also mit den Aufstellungen und Bewegungen des eignen Gros, erhält, weil die Artillerie nur dadurch Sicherheit gewinnt, ihre geringe Gefechtskraft wenigstens für und gegen die entscheidenden Angriffe gehörig zu verwerthen.

Hieraus folgt also:

205. „Eine geringe Geschützzahl hat nur ein Mittel, ihrem „Feuer eine taktische Bedeutung zu verleihen, das ist die „unmittelbare und enge Verbindung mit den Maßregeln „des eignen Gros und die Aufsparung ihrer Gefechtskraft „für die Entscheidungsakte."

206. „Eine geringe Geschützzahl hat keine auf größere Entfer- „nungen und ausgedehnte Schußbereiche sich erstreckende „taktische Bedeutung und kann daher niemals mit takti- „schen Nebenzwecken in Verbindung treten, wenn damit „eine unstatthafte Schwächung der Hauptrichtungen des „Gefechts verbunden wäre." —

207. „Unmittelbare Stärkung, Vorbereitung und Beschützung „des Entscheidungsaktes und seiner Folgen muß demnach „das leitende Gesetz des Gebrauches und des taktischen „Verhaltens einer geringen Geschützzahl sein." —

Nachdem wir im Vorstehenden die ersten Grundgesetze über den Einfluß einer geringen Geschützzahl auf den Gebrauch derselben entwickelt haben, beantworten wir die zweite Frage über den Einfluß der Geschützzahl auf den Gebrauch der genannten Steigerungsmittel.

Offenbar bestimmt sich dieser Einfluß durch das Verhältniß, in welchem die Gefechtskraft mit der Geschützzahl zunimmt oder schwindet, in welchem also die Gefechtsfähigkeit oder Waffenwirkung, die Manövrirfähigkeit und die Gefechtsausdauer des einzelnen Geschützes durch die Zahl der mit einander verbundenen Geschütze berührt werden. Es kommt hier zunächst darauf an, diese umfassende und zusammengesetzte Frage auf eine einfache zurückzuführen.

Wenn uns die Geschoßwirkung die unzweifelhafte Grundlage der Gefechtskraft der Artillerie abgibt, die Zahl der von einem Geschütz mitgeführten Geschosse demnach das numerische Maß dieser Gefechtskraft feststellt, wenn ferner im Augenblicke des Gebrauches das Geschütz, wie es durch Konstruktion und Organisation mit seiner Ausrüstung und taktischen Brauchbarkeit zu Gebote steht und wie es nach dem etwa schon vorangegangenen Gebrauche noch beschaffen ist, als eine gegebene und unabänderliche Größe betrachtet wird, so ist das materielle Maß der Gefechtskraft eines Geschützes durch die Zahl der Geschosse, welche es mit sich führt, gegeben, das taktische Maß aber durch die wirksame Anwendung dieser Gefechtskraft, also durch die Zahl der Treffer und durch deren taktische Wirkung. Je geringer nun die Zahl der disponiblen Geschosse, also auch die Zahl der mit einander verbundenen Geschütze ist, oder in einem andern Falle, je weniger die Geschütze noch mit Munition ausgerüstet sind, oder endlich je weniger die angegriffene Beschaffenheit der Geschützröhre, Laffeten ꝛc. eine wirksame, ausdauernde Gefechtsthätigkeit versprechen, desto mehr muß in einem solchen Falle der Gebrauch der Artillerie auf sorgsame Vermeidung von Fehlschüssen und auf eine taktisch werthvolle Anwendung der treffenden Geschosse gerichtet sein.

Setzen wir also das Geschütz mit seiner Ausrüstung und taktischen Beweglichkeit als eine gegebene Größe voraus, so ist auch das materielle Maß seiner Manövrirfähigkeit und Gefechtsausdauer gegeben und die Wirkung der abgegebenen Geschosse begründet in erster Instanz die Manövrirfähigkeit und Gefechtsausdauer der Geschütze.

Die Frage läßt sich daher jetzt in den Sinneslaut umwandeln:

„In welchem Verhältnisse werden die Geschütze je nach ihrer „Zahl und der ihnen innewohnenden Gefechtskraft in den „verschiedenen Gefechtsmomenten von ihrer Geschoßwirkung „Gebrauch machen, d. h. in welchem Verhältniß werden „sie ihre Treffer auf die verschiedenen Momente

„des voraussichtlichen Gefechtsverlaufes verthei-
„len, um für die Entscheidung und ihre Folgen noch die
„unerläßliche Kraft zu behalten? oder mit andern Worten:
„An welchen Gefechtsmomenten darf sich eine ge-
„ringe Geschützzahl oder eine geringe Gefechtskraft
„der Artillerie wirksam betheiligen und mit welcher
„Lebhaftigkeit des Feuers d. h. mit welcher Tref-
„ferzahl?"

Die Frage über die Lebhaftigkeit des Feuers kann nur bei schnell verlaufenden Gefechtsmomenten, also nur bei ungedeckten Ansammlungen, Entwickelungen und Bewegungen von Truppen innerhalb des Schußbereiches zur Sprache kommen, in allen übrigen Fällen des sogenannten Kanonirens mit dem Feinde ist ein langsames Feuer grundsätzlich festzuhalten, wenn doch einmal geschossen werden muß.

Es folgen hieraus ohne weitere Erörterung nachfolgende Gesetze:

208. „Eine geringe Geschützzahl, sowie größere Abtheilungen „von geschwächter Gefechtskraft, dürfen die Lebhaftigkeit „des Feuers niemals als ein Mittel benutzen, eine nicht „befriedigende oder den Forderungen des Ge-„fechtsmomentes nicht entsprechende Trefferzahl „durch eine größere Schußzahl zu steigern."

209. „Eine geringe Geschützzahl darf gegen die Ansammlungen, „Entwickelungen und Bewegungen des Feindes nur dann „feuern, wenn entweder in den größern Entfernungen „eine ungewöhnliche Wirkung zu erwarten ist, oder wenn „im nähern Schußbereiche das Treffen begünstigt wird „und die Wirkung einen größern taktischen Werth hat. „Das Feuer muß in diesen Fällen langsam und mit gutem „Erfolge abgegeben werden."

210. „Gegen feindliche Annäherungen ist das Feuer einer ge-„ringen Geschützzahl nur dann mit größerer Lebendigkeit

„zu richten, wenn dieselben taktische Bedeutsamkeit haben, „in die wirksamsten Schußweiten eingetreten oder bei „größerem Abstande in schwierige Passagen und Bewe„gungen verwickelt sind."

211. „Die Abwehr feindlicher Angriffe und die Vorbereitung „der eignen fordern als Maßregeln der Entscheidung die „höchste Anspannung aller aufzubringenden Kräfte wie groß „oder klein diese auch sein mögen."

212. „Eine geringe Geschützzahl darf ihr Feuer gegen feindliche „Artillerie nur dann richten, wenn es mit hinreichender „Wirkung geschehen kann und wenn dieß entweder den „eignen Maßregeln am förderlichsten wird, oder den feind„lichen Absichten am kräftigsten entgegentritt."

213. „Eine geringe Geschützzahl muß als eine untergeordnete „Streitkraft ihr Feuer stets mit denjenigen Maßregeln der „eignen Truppen in taktischen Zusammenhang bringen, „welche die größte taktische Wichtigkeit haben, und das „Feuer dann mit steigender Lebhaftigkeit abgeben, sobald „diese Maßregeln einen entscheidenden Charakter ge„winnen." —

214. „Je kriegsgewohnter, unerschrockener und gewandter der „Gegner sich zeigt, desto vorsichtiger muß eine geringe „Geschützzahl mit der Abgabe ihres Feuers zu Werke „gehen und sie kann dieß um so vollständiger durchführen, „je mehr gleichzeitig die eignen Truppen mit diesen Eigen„schaften ausgerüstet sind."

215. „Eine geringe Geschützzahl darf nur ihr Kartätschfeuer mit „der erreichbar größten Lebhaftigkeit und auch dieß nur „im Bereiche des wirksamsten Kartätschschusses abgeben; „das Kugelfeuer muß stets sorgsam gerichtet und in seiner „Wirkung beobachtet sein." —

216. „Eine geringe Geschützzahl muß sich im wirksamen Schuß„bereiche feindlicher Artillerie durch sorgsame und geschickte

„Benutzung der dargebotenen Deckungen vor gefährlichen „Verlusten an Geschütz und Ausrüstung derselben sowohl „bei ihren Bewegungen, als auch in ihren Aufstellungen „zu bewahren suchen.“ —

Werfen wir nun noch schließlich einen Blick auf die Organisation der Feld-Artillerie, so finden wir, daß erst in der Batterie, als Organisationseinheit, die volle Gefechtsausdauer der Feldartillerie durch die Ausrüstung der Batterie begründet ist, daß eine Menge Bedürfnisse und der geregelte Ersatz des im Gefecht erfolgenden Abganges nur in der ungetheilten Batterie unverkürzt befriedigt werden können, so wie daß in der vereinigten Batterie durch die gegenseitige Unterstützung der Geschütze ungewöhnliche Verluste einzelner ohne empfindliche Schwierigkeiten ausgeglichen werden können. Eine Menge Kräfte sind in einer ganzen Batterie disponibel, um für die gefechtsfähige Herstellung einzelner Geschütze zu wirken und selbst der Verlust eines einzelnen Geschützes wird naturgemäß in der ganzen Batterie weniger fühlbar, sondern läßt sich in vielen Fällen durch eine erhöhete Gefechtsthätigkeit der übrigen ausgleichen. Weit fühlbarer werden gleiche Verluste der Geschütze in halben Batterieen und sehr empfindlich in Zügen; es ist selbst ein großer Unterschied zwischen den halben Batterieen oder Zügen, welche vom Stamme der Batterie detachirt sind und zwischen denen, welche bei demselben, also in der Nähe der gemeinsamen Quelle alles Ersatzes verbleiben, denn die Vorräthe dieser Quelle können und dürfen nicht bei jeder Entsendung einzelner Theile gleichmäßig mit zur Theilung kommen. —

Berücksichtigt man ferner, daß bei gleichmäßiger Beschaffenheit der Geschützröhre und Munition einer Batterie das einzelne Geschütz sich schneller, d. h. mit weniger Schüssen, in jeder einzelnen Aufstellung einschießt, je mehr Geschütze zusammenstehen, weil eine größere Schußzahl zwischen zwei Schüssen eines Geschützes zur Beobachtung vorliegt, daß bei gleicher

Steigerung der Lebhaftigkeit des Feuers, also bei gleichen Feuerpausen, die Feuerthätigkeit des einzelnen Geschützes in demselben Maße geringer ist, als die Zahl der mit einander vereinigten Geschütze, daß daher auch die Geschütze selbst, wie die Bedienung und Ausrüstung in demselben Verhältnisse weniger angegriffen werden, so folgt daraus, daß die Schwächung der Gefechtskraft der Feldartillerie in einem höhern Grade zunimmt, als die Theilung der Batterie vor sich geht, daß mit der Abnahme der Geschützzahl, und noch mehr mit ihrer Abtrennung vom Stamme der Batterie, die Gefechtskraft des einzelnen Geschützes und die Fähigkeit, die Berechtigung, von den Steigerungsmitteln der Feuerwirkung Gebrauch zu machen, eine immer schneller erfolgende Abnahme erleiden.

Es ist demnach ein allgemein giltiger Erfahrungssatz, daß die Gefechtskraft des einzelnen Geschützes am stärksten in der vereinigten Batterie, am schwächsten im detachirten Zuge ist, daß dieß aber um so empfindlicher ist, wenn die Batterie an sich schon durch die Beschaffenheit ihrer Geschütze und Ausrüstung in Folge vorangegangenen Gebrauches, durch erlittene Schwächungen oder mangelhafte Einrichtungen, von herabgekommener Gefechtskraft ist.

Wir müssen hier zur Beseitigung von Mißverständnissen einschalten, daß man es nicht als eine für die Gefechtskraft empfindliche Abtrennung von der Batterie erachten kann, wenn sich eine Batterie theilt, um beide Flügel einer Brigade oder Division gehörig zu unterstützen, so lange noch ein unmittelbarer taktischer Zusammenhang zwischen den beiden Flügeln, also auch eine gegenseitige Unterstützung Statt findet.

Sobald aber eine Batterie für ein detachirtes Korps, zu einer Avantgarde 2c., einen Zug oder eine halbe Batterie abgeben muß, so tritt für beide Theile, am fühlbarsten für den detachirten, eine empfindliche Schwächung der Gefechtskraft ein.

Es ist klar, daß, wenn man, wie im Kriege für alle Handlungen, einen guten Grund haben muß, die Batterie für das Gefecht beisammen zu halten, dieß um so viel mehr nöthig sein wird, wo es sich um eine Theilung der Batterie handelt, weil hierbei immer eine Schwächung des einzelnen Geschützes, wie gering sie auch sein mag, vor sich geht. Indessen die taktische Nothwendigkeit und der moralische Eindruck auf Truppendetachements, sich von Artillerie unterstützt zu sehen, gebieten fast in allen Fällen, größere Detachirungen mit einer angemessenen Geschützzahl auszurüsten.

Hieraus folgen nachstehende Gesetze:

217. „Die Artillerie soll es möglichst vermeiden, durch Zer„splitterung der Batterieen das Fundament ihrer Gefechts„kraft zu schwächen."

218. „Batterieen, deren Zustand bereits merklich geschwächt, „oder von Hause aus mangelhaft ist, müssen, so lange „es irgend geht, mit Detachirungen verschont werden, „vielmehr bei den Hauptkorps verbleiben."

219. „Die Batterieen müssen zu ihren Detachirungen die besten „Geschütze mit voller Ausrüstung bestimmen; besonders „einzelne Züge müssen gehörig ausgestattet werden." —

220. „Batterieen von geschwächtem Zustande müssen auch ihren „Gebrauch und ihr Verhalten mehr oder weniger nach „den Gesetzen für eine geringe Geschützzahl regeln, obschon „sie in der Anwendung der Lebhaftigkeit des Feuers durch „die Zahl der Geschütze immer noch einer bedeutenden „Kraftentwickelung fähig sind." —

Im Vorstehenden haben wir nunmehr die wesentlichsten Gesetze über den Einfluß der Geschützzahl auf die Gefechtskraft der Artillerie erörtert und wir erkennen zunächst hieraus, von welcher außerordentlichen Wichtigkeit für die Gefechtskraft der Artillerie es sein muß, wenn die Organisation im Stande gewesen ist, in ihren Feldbatterieen die taktische und die organische Einheit der Feldartillerie gleich gelungen zu vereinigen.

Ohne diese glückliche Bildung taktisch-organischer Einheiten durch die Feldbatterieen würde, man kann es wohl sagen, ein wahrhaftes Waffenleben in der Artillerie nicht möglich sein; erst durch eine solche Organisation konnte die Artillerie aus dem Konstablerthume zur Waffe emporgehoben werden.

Wir erkennen aber auch aus den vorangegangenen Erörterungen, welchen Einfluß die richtige Erkenntniß der taktischen Rolle äußern muß, zu welcher sich der Artillerieoffizier je nach der Stärke der ihm untergebenen Geschützzahl berufen fühlt.

Es ist natürlich und meist nothwendig, mehrern detachirten Bataillonen Geschütz beizugeben, aber es würde widersinnig sein, wenn nun diese dem taktischen Trugbilde eines hervorstechenden Artillerieerfolges nachziehen sollten.

Schwache Geschützabtheilungen müssen voraussetzen, daß die taktische Aufgabe, welche ihnen in dem Gefecht mit den andern Waffen zufällt, auch den ihnen innewohnenden Kräften entspricht und jede vorzeitige Ueberspannung derselben nur um so schädlicher wird, wenn durch die Verkettung der Umstände ein augenfälliges Mißverhältniß zu den Streitkräften des Feindes einen unaufhaltsamen und nachtheiligen Verlauf des Gefechtes nach sich zieht. In solchen Fällen muß sich der Soldat mit dem Gedanken an einen ehrenvollen, schwer verkauften Untergang befassen, wie es die Besatzung eines belagerten Platzes Wochen und Monate hindurch thun muß.

Wenn kleinere Truppenkorps, mit welchen schwache Geschützabtheilungen in Verbindung zu kommen pflegen, zu selbständigen Gefechten auftreten, so haben sie auch in der Regel sehr bewegte, wechselvolle und oft chikanöse Gefechtslagen zu bestehen; sie müssen eine große Gewandtheit in der Benutzung selbst der unbedeutenden Vortheile des Bodens und geringer Gefechtserfolge entwickeln, weil nach Verhältniß der mit einander im Konflicte stehenden Truppenmassen auch schon Erfolge von geringerem Umfange einen entscheidenden Einfluß gewinnen können. Dieses natürliche Gesetz über die entscheidende Kraft der Erfolge muß von der beigegebenen Artillerie sorgsam beachtet werden.

Es ist ferner ein in der Natur der Dinge tief begründetes Gesetz, daß man in einem so ernsten, gefahrvollen Geschäft, wie ein Gefecht es ist, jeden günstigen Erfolg, den man vor sich hat, so lange zu steigern und für die Entscheidung auszubeuten sucht, als es noch mit sichtbar guten Folgen und ohne Gefahr für die eigene Sicherheit geschehen kann und dieses Naturgesetz muß in Gefechten von kleinem Umfange zur ausgedehntesten Geltung kommen, während in großen Gefechten, wie im Großhandel, die Truppenführung es verstehen muß, die kleinen Interessen den großen gehörig unterzuordnen, sich weder durch kleine Vortheile, noch durch kleine Nachtheile aus den großen Lineamenten des Ganzen der Schlacht ablenken zu lassen.

Durch die Benutzung der augenblicklichen Erfolge aber entsteht eben jenes lebhafte Schwanken der Gefechtsverhältnisse, jenes frühzeitige Streben und Drängen nach Entscheidung, welches wir bei kleinern Gefechten wahrnehmen. Bei ihnen sind daher auch schwache Geschützabtheilungen weit öfter, als sonst, angeregt, ihre natürliche Gefechtskraft durch eine lebhaftere Feuerthätigkeit zu steigern. Das allseitige Verlangen nach Artillerie, der Drang nach einer hervorstechenden taktischen Rolle, vielleicht auch der Reiz, vor den Augen der übrigen Truppen eine gewaltige, weit reichende Zerstörungskraft zu entwickeln, können schwache Geschützabtheilungen recht leicht hinreißen, auf Kosten der Entscheidung und ihres Gefolges sich schon gegen entferntere Maßregeln des Feindes geltend zu machen, oder gar sich in eine Art selbständigen Ferngefechts zu verwickeln und durch das Trugbild einer solchen Kanonade einen Theil der eignen Truppen in ungedeihliche Verhältnisse zu ziehen.

Die Artillerie muß sich gegen dergleichen taktische Aufblähungen durch die Ansicht schützen, daß es niemals die Aufgabe weniger Geschütze, eines geringen Munitionsquantums, einer geringen Gefechtskraft überhaupt sein kann, große Entfernungen, bedeutende Bodenflächen zu beherrschen, hinter jeder feindlichen Kompagnie oder Eskadron herzuschießen, sondern vor allen Dingen, in das zur vollen Entwickelung gediehene, für die Entscheidung reifere Gefecht, stärkend und schützend einzugreifen.

Wir kämpfen hier gewiß mit keinem leeren Schreckbilde, indem wir vor der Gefahr einer vorzeitigen Entwickelung und Ueberarbeitung der Gefechtskraft warnen, denn man trifft häufiger auf übertriebene Erwartungen von der Artillerie, als auf taktisch begründete. —

Der lebhaftere Stellungswechsel, welchen kleinere Gefechte hervorrufen und die Beweglichkeit der heutigen Artillerie können leicht zu Klippen für den wahren Erfolg des Artilleriefeuers werden, ein Uebel, welches durch wüste Vorstellungen von der Leistungsfähigkeit der Artillerie und durch eine irrthümliche Auffassung unserer Friedensmanöver wohl erzeugt werden kann.

Hiergegen sichern sich schwache Geschützabtheilungen am besten, wenn sie unbeirrt an dem Grundsatze festhalten, sich niemals aus einer unmittelbaren taktischen Verbindung mit dem Gros der eignen Truppen fortziehen zu lassen, weil sie dann auch nicht Gefahr laufen, im entscheidenden Augenblicke für die gehörige Stärkung des Angriffs oder Widerstandes unwirksam zu werden. —

§. 13.

Ueber den Gebrauch der Artilleriemasse beim Gefecht im freien Felde.

Durch den Einfluß der Geschützzahl auf den Gebrauch der Artillerie sehen wir uns unmittelbar auf den Gebrauch der Artilleriemasse hingeleitet, welche wir schon im Voraus eine taktische Potenz des Artilleriegefechts im freien Felde genannt haben, um zu bezeichnen, daß wir einen taktischen Unterschied zwischen einer großen Geschützzahl und einer Artilleriemasse voraussetzen. Diesen Unterschied haben wir jetzt in sein volles Licht zu stellen. —

Seit jenen glanzvollen Schlachten, in welchen der größte Feldherr des Jahrhunderts von den Kräften seiner Artillerie Gebrauch in einem so großartigen Style zu machen gewußt, hat die Taktik sich der Idee der Artilleriemasse zwar bemeistert, allein man hat es versäumt, sich über die taktische Natur der Artilleriemasse mit voller Bestimmtheit und Schärfe auszusprechen.

Hierdurch ist nun die Streitfrage zwischen denen, welche von der Artilleriemasse den irgend zulässigen Gebrauch verlangen und in derselben eine mächtige Basis der Entscheidung erblicken und zwischen denen in die Länge gezogen worden, welche die Aufbringung und Anwendung der Artilleriemasse in den meisten Schlachten nicht für ausführbar erkennen. So lange aber diese Streitfrage in ihren wesentlichsten Punkten fortbesteht, so lange man sich über den Begriff und das Wesen der Artilleriemasse nicht unzweifelhaft entschieden hat, so lange wird auch eine praktisch nutzbare Herausbildung des Gebrauches der Artilleriemasse nicht begründet werden können, denn man darf nicht übersehen, daß hierbei nicht sowohl die Führer der Artillerie, als vielmehr die Befehlshaber des Heeres betheiligt sind.

Offenbar hat sich eine große taktische Verwandtschaft des Gebrauches und der Wirkungen zwischen der Kavalleriemasse und der Artilleriemasse in denjenigen Schlachten kund gethan, wo diese taktischen Potenzen zur Anwendung gekommen sind. Beide, die Kavalleriemasse und die Artilleriemasse sind gewaltige Potenzen des Ferngefechts, mit welchen der Gegner überrascht und niedergeworfen werden soll, entweder durch die Schnellkraft eines gewaltigen Stoßes, oder durch die verheerenden Wirkungen des Feuers.

Man ist bei der Unbestimmtheit des Begriffes sehr geneigt, mit der Artilleriemasse das Kriterium einer ungewöhnlichen Geschützzahl zu verbinden, was offenbar nicht genügen kann, weil damit die Frage über die Natur der Artilleriemasse und über die zwischen ihr und einer großen Batterie bestehenden Unterschiede nicht entschieden wird. Erst wenn diese Unterschiede festgestellt und dadurch die Kriterien für den wahren Begriff der Artilleriemasse gewonnen sind, werden wir zu brauchbaren Ansichten über die Größe, zu Gesetzen über die Bildung und über den Gebrauch der Artilleriemasse gelangen können.

Wir müssen daher die Natur jener großartigen Maßregeln des Gebrauches der Artillerie erforschen, welche die Idee der Artilleriemasse angeregt und sich durch besondere Eigenthümlichkeiten in ihrer Erscheinung und in ihren Erfolgen von andern Artilleriegefechten unterschieden haben, denen man trotz ihres großen Maßstabes die taktische Würde der Artilleriemasse nicht zuspricht.

Wagram, Friedland und Groß-Goerschen werden vorzugsweise genannt, wenn man von hervorstechenden Beispielen einer Artilleriemasse spricht; vergleichen wir mit diesen die ungewöhnlichen Artilleriegefechte, welche in den Hauptschlachten Friedrichs des Großen, in neuerer Zeit unter andern bei Groß-Beeren, Borodino sich besonders bemerkbar machen, so müssen wir auf die Unterschiede stoßen, um welche es uns hier zu thun ist.

Sind es Größe, taktische Einheit des Gefechtszweckes und des Objektes, der Gleichzeitigkeit und gemeinsamen Führung der auftretenden Geschützmassen, Gemeinsamkeit ihrer Gefechtsfront, oder ihre entscheidende Kraft? Dieß sind die wesentlichsten Fragen, mit welchen wir an die Erforschung der uns vorliegenden Beispiele gehen müssen.

Bei Friedland hatte die Schlacht bereits seit dem frühen Morgen fortgedauert, ohne daß zur Entscheidung geschritten worden war; die Streitkräfte der Franzosen kamen erst im

Verlaufe der Schlacht herbei, die Russen hatten von Hause aus nicht die gehörige Energie entwickelt und wurden deshalb ihre anfängliche Ueberlegenheit nicht gewahr. Um 12 Uhr langte Napoleon an, rekognoszirte die Stellung der Russen, welche dicht hinter sich einen sehr schwierigen Rückzug durch Friedland und über die Alle hatten. Wenn es also gelang, die Russen mit großer Gewalt gegen Friedland und die Alle zurückzuwerfen, so mußte dieß zu ihrer Niederlage führen. Besonders nachtheilig war es alsdann für die Russen, daß das Mühlenfließ den linken Flügel vom rechten trennte.

Um 3 Uhr Nachmittags traf das Corps Victor ein, desgleichen die Garden und noch ließ Napoleon die Schlacht einige Stunden fortbrennen, ehe er zur Entscheidung schritt, die gegen den linken Flügel der Russen gegeben wurde. Endlich führte General Senarmont 30 Geschütze gegen den linken russischen Flügel vor, welche den entscheidenden Stoß des Neyschen Korps durch eine mörderische Wirkung gegen die Russen zu einem unwiderstehlichen Angriffe zu erheben suchten. Aber erst, nachdem der Marschall Ney noch eine große Batterie in der linken Flanke der Russen auftreten ließ, brach die Bravour der russischen Infanterie zusammen und die Niederlage des linken Flügels war entschieden.

Fragen wir nach dem Charakteristischen dieses hier berührten taktischen Vorganges, so finden wir zunächst, daß es der entscheidende Schlußakt eines bereits seit 10 Stunden bestandenen Kampfes ist, dessen Entscheidung durch zwei große Artillerie-Manöver erzwungen wurde, denn die Divisionen Neys waren ohne diese Artillerie-Manövers sicher nicht im Stande, die Russen zu überwältigen. Man kann also nicht annehmen, daß das Gefecht bereits zu solcher Reife gediehen war, um von den französischen Divisionen unter der gewöhnlichen Beihilfe ihrer Geschütze zur siegreichen Entscheidung erhoben zu werden. Noch würde die Bravour und Stärke der Russen den Franzosen einen eben so furchtbaren, als gefährlichen Widerstand entgegengesetzt haben.

Eine gewaltsame Beseitigung dieses Widerstandes mußte entscheidend wirken, sobald hierbei die französischen Truppen ohne wesentliche Opfer dazu gelangten, während dagegen die Verluste der Russen erschütternd werden mußten. Die Senarmontsche Artillerie brach zu diesem Zwecke vor; ihre Wirkung war groß genug, den Widerstand der Russen gegen den Stoß der beiden französischen Divisionen so zu lähmen, daß diese ohne zu große eigne Gefahr überhaupt ans Werk gehen durften, aber doch nicht hinreichend, jenen Widerstand so zu brechen, daß die Franzosen zum Siege gelangten; erst als die zweite Geschützmasse auftrat, unterlag die russische Infanterie.

Es waren also zwei heftige Artilleriestöße, welche entschieden, und zwar zwei in ihren Richtungen verschiedene; der erste überwältigte die bestehende Gefechtslage in der Art, daß man überhaupt den entscheidenden Stoß versuchen durfte, der zweite fuhr in das hieraus entbrannte Gefecht mit einer unwiderstehlichen Gewalt; beide waren ganz selbständige Formationen und gingen aus ganz verschiedenen Gefechtsverbindungen, wenn auch gegen dasselbe Objekt, doch in ganz getrennten Richtungen, hervor.

Beide bildeten einen plötzlichen Zuwachs der Gefechtskraft, welcher sofort auf einen gewaltsamen Umschwung der Gefechtslage ausging, nicht erst eine längere Vorbereitung desselben herbeiführen wollte.

Beide Artillerieangriffe traten sogleich mit ihrer ganzen Geschützzahl auf und gingen auch sofort in diejenige Aufstellung, aus welcher sie den Umschwung des Gefechts zu erzwingen gedachten. —

Um den Angriff bei Borodino vorzubereiten, ließ Napoleon am Abend vorher 3 große Batterieen, jede zu 24 Zwölfpfündern aufwerfen, welche ihr Feuer gegen die Rajefskoi und Bagrationschanzen richten sollten, aber wegen zu großer Entfernung nicht zum Gebrauch kamen. Wäre aber auch ihre Wirkung eingetreten und zum Falle jener Schanzen hinreichend gewesen, so würde dadurch doch nicht unmittelbar die Schlacht von Borodino entschieden, sondern es würde nur eine sehr wirksame Einleitung zum nachfolgenden Entscheidungskampfe daraus hervorgegangen sein, zu welchem die Russen zwar nicht mehr den Beistand ihrer Schanzen mit ins Spiel bringen, aber sonst noch die volle Gefechtskraft ihrer Truppen einsetzen konnten.

In jenen Batterieen wäre also immer nur ein für den spätern Entscheidungskampf nothwendiger und wichtiger Angriff gegen die Widerstandsfähigkeit der feindlichen Stellung, also immer nur eine Vorbereitung des entscheidenden Kampfes gegeben worden, sie selbst wären kein unmittelbarer Bestandtheil des entscheidenden Stoßes gewesen, denn noch war keine allgemeine Berührung zwischen den beiderseitigen Streitkräften in solcher Ausdehnung und Nähe der gegenseitigen Truppenmassen eingetreten, daß darauf eine Maßregel von entscheidender Wirkung hätte begründet werden gekonnt.

Anders wäre es schon mit der taktischen Rolle der 80 Geschütze gewesen, welche Sorbier vor Semenofskaja vereinigte, um dem letzten Versuche Kutusofs, durch einen Stoß gegen das genannte Dorf den Sieg der Franzosen in seiner Kraft und Nachwirkung zu schwächen, zu begegnen. Hier wäre es nicht ein Kampf gegen oder für den Besitz einer Stellung geworden, sondern ein zur Entscheidung unmittelbar hinführender Angriff oder Gegenstoß.

Bei Wagram ließ Napoleon 100 Geschütze zwischen Raasdorf und Aderklaa vereinigen, um Macdonalds entscheidenden Stoß gegen die Mitte der Oestreicher unmittelbar einzuleiten; ein andrer großartiger Artillerieangriff in dieser Schlacht war es, als Davoust durch 60 Geschütze den Angriff auf Markgraf-

Neusiedel vorbereiten ließ, ein Angriff, der zwar über den Besitz von Neusiedel entschied und dadurch den Weg zum Siege über den linken Flügel der Oestreicher öffnete, diesen Sieg selbst aber nicht unmittelbar erwirken konnte.

Also auch in diesen beiden Maßregeln macht sich eine charakteristische Verschiedenheit durch ihren Zusammenhang mit dem eigentlichen Entscheidungsakte bemerklich; die erste führt unmittelbar in den entscheidenden Schlag gegen die feindlichen Truppen, die zweite hat den Zweck, den Feind erst aus einer Stellung zu drängen, aus einer Gefechtslage zu treiben, welche seinen Widerstand gegen den entscheidenden Schlag besonders begünstigte, dem entscheidenden Stoße sehr hinderlich und gefährlich war. Wir sehen hierbei davon ab, daß die Maßregel gegen Markgraf-Neusiedel auch nicht die eigentliche Entscheidung der Schlacht werden konnte, weil hierbei nur der linke Flügel der Oestreicher gezwungen wurde, seine umfassende Stellung gegen die Franzosen aufzugeben und sich zurückzuziehen, ohne dabei geradezu in die Gefahr einer Niederlage zu fallen, oder den Rückzug nach Mähren zu verlieren.

Als in der Schlacht von Groß-Goerschen die Alliirten über Groß-Goerschen und Rahna vorwärts gegen Kaja vorstürmten, dieses Dorf nahmen, und dadurch sich bald in die Lage versetzen konnten, ihre überlegene Reiterei zwischen Rahna und Starsiedel vorzuführen, da erschien es dem Kaiser Napoleon von der höchsten Wichtigkeit, gegen diese Maßregel des Feindes den entscheidenden Schlag zu führen.

Während eine überlegene Masse frischer Bataillone sich der alliirten Infanterie entgegenwarf, wurden in der Linie zwischen Starsiedel und Kaja 60 Geschütze vereinigt, um sich in dieser Richtung jeder entscheidenden Maßregel der Alliirten zu widersetzen. Das Feuer dieser bedeutenden Geschützmasse hat weder gegen die Kavallerie der Alliirten, welche demselben längere Zeit ausgesetzt war, noch gegen die Infanterie eine entscheidende Rolle gespielt und kann daher nicht einmal den Charakter einer entscheidenden Maßregel unmittelbar beanspruchen, sondern erscheint eigentlich im Charakter einer großen Sicherheitsmaßregel. Diese Geschützmasse leistete also einen sehr nothwendigen und wichtigen Dienst, aber keinen entscheidenden, denn die Entscheidung wurde gegen die Infanterie der Alliirten, und nicht gegen deren Reiterei, beabsichtigt und gegeben.

Betrachten wir die Schlacht von Groß-Beeren, welche durch ein großartiges Artilleriegefecht eingeleitet und bis zur Entscheidung fortgeführt wurde, näher, so gewinnen wir das nachfolgende Bild:

Die Unvorsichtigkeit, mit welcher ein französisches Armeekorps unter den Augen seines nahen Gegners aus dem Walde in die Ebene vorbrach, ohne Verbindung mit den beiden Nebenkorps und in der abscheulichen Lage, nur eine einzige Straße zum Rückzuge in und durch den Wald hinter sich zu haben, so wie der Umstand, daß der französische General in einer Stellung, welche leicht zu umfassen war und keine besonders starke Seite darbot, sich ohne die nothwendigsten Sicherheitsmaßregeln sogleich mit der Unterbringung der Truppen beschäftigte, gaben dem preußischen General die lockendste Gelegenheit, dieses nachlässige Korps anzufallen, vor das Defilee zu quetschen und zu erdrücken.

Zu diesem Zwecke mußte der preußische Angriff mit großer Gewalt und in einem Zuge bis zum entscheidenden Angriffe gegen den Feind und das Dorf Groß-Beeren, welches den rechten Flügel des Feindes und seine Stellung vor dem Defilee stützte, vorgeführt werden. Es war zu erwarten, daß der französische General unter dem Schutze eines starken Artilleriegefechts versuchen würde, seine Kräfte vortheilhaft zu entwickeln und sich gehörig in Groß-Beeren einzurichten, um mit seiner Stellung so lange Haus zu halten, bis entweder die beiden andern Korps in die Ebene vorbrechen und mit ihm in Verbindung treten konnten, oder bis der Einbruch der Nacht ihm einen gefahrlosen Abzug verschaffte.

Dieß zu verhindern, mußte vor allen Dingen das Artilleriegefecht des französischen Korps überwältigt werden; ein überlegener Artillerieangriff war das Mittel hierzu. Die preußische Artillerie führte denselben in ein Paar Feuerstadien dergestalt aus, daß sie zuerst mit 48 Geschützen das Feuer eröffnete, demnächst in einer zweiten Stellung 64 Geschütze entwickelte und zuletzt mit 82 Piecen auftrat.

Wir sehen hier also dem entscheidenden Kampfe eine große Kanonade voraufgehen, welche vielleicht ein Paar Stunden dauerte, wir sehen die preußische Artillerie sich durch mehrere Feuerstellungen an den Gegner heranarbeiten und nehmen wahr, wie sie durch mehrfachen Nachschub zu einer entschiedenen Ueberlegenheit anschwillt.

Wenn nun ein Paar Stunden nicht hinreichen konnten, daß 20000 Mann mit Ordnung und ohne Gefahr in das Ei zurückkrochen, aus welchem sie hervorgekommen, so wurde dadurch der Feind gezwungen, den entscheidenden Kampf vor dem Defilee anzunehmen.

Die preußische Artillerie fand also bei hinlänglicher Ueberlegenheit und schneller Entwickelung derselben Zeit genug, sich mit dem entscheidenden Angriffe bis an den Feind heranzuschießen und es ist ihr dieß auch vollkommen gelungen; der geringe Verlust des preußischen Korps beweist, wie vollständig sie das Feuer der feindlichen Artillerie in Anspruch nahm.

Aber dieses Artilleriegefecht, so wirksam und vortheilhaft es für die Entscheidung wurde, so nothwendig dieses Verfahren für die Sicherstellung und Größe des Erfolges war, bietet im Vergleich zu jenen großen Artilleriemanövers bei Friedland und Wagram immer nicht dieselben Merkmale eines entscheidenden Schlages dar, eines plötzlich in seiner vollen Stärke auftretenden und unmittelbar zur vollen Entscheidung hinstürmenden

Artillerieangriffs, nicht die Merkmale eines Artillerieangriffs, welcher plötzlich in ein bereits zur vollen Entwickelung gediehenes und für die Entscheidung reif gewordenes Gefecht hereindonnert.

Wir gewinnen also in diesen Gegensätzen zwei verschiedene Begriffe, den Begriff der großen Batterie und den Begriff der Artilleriemasse, wobei weder die Größe, noch die entscheidende Wirkung der thätig gewesenen Geschützmasse als bestimmende Merkmale des Begriffs zur Geltung gelangen.

Es ist natürlich, daß eine große Anzahl Geschütze vereinigt auftreten muß, wo ungewöhnliche Terrainflächen im Kampfe gegen bedeutende Kräfte des Feindes beherrscht werden sollen, oder wo eine starke Artillerie des Gegners zu bekämpfen ist; es wird eine sonst genügende Zahl der Geschütze um so größer werden müssen, je schneller der taktische Zweck derselben erreicht werden soll, je weniger geregelt das Ferngefecht sich fortspinnen darf; dagegen wird aber die Zahl der auftretenden Geschütze wieder um so ermäßigter ausfallen dürfen, je höher die Anspannung aller Streitkräfte in dem bestehenden Gefechtsakte, in welchen die Geschütze eingreifen sollen, sich bereits gesteigert hat.

Wenn ein zur vollen Entwickelung gediehenes Gefecht nur mit großer Anspannung aller thätigen Streitkräfte noch in einer Verfassung erhalten wird, welche für beide Theile zwar noch keine entscheidenden Nachtheile mit sich führt, aber doch in jedem Augenblicke in eine beiden Theilen gleich gefährliche Entscheidung umschlagen kann, dann ist schon ein vergleichsweise mäßiger Zuwachs der thätigen Streitkräfte auf der einen oder der andern Seite genügend, diesen entscheidenden Umschlag hervorzurufen, und zwar um so schneller und unwiderstehlicher, je plötzlicher und stärker der Zuwachs an Streitkraft in das Gefecht eingreift.

Also nicht die Anzahl der Geschütze charakterisirt die Artilleriemasse im Gegensatze zur großen Batterie, sondern die Gefechtslage bei ihrem Gebrauche, die Art ihres Gebrauches und der Charakter ihres Erfolges.

Man kann also die starken Artillerieentwickelungen Friedrichs des Großen, die bedeutenden Geschützanhäufungen in neuern Schlachten, die 3 großen 12pfündigen Batterieen bei Borodino, die 60 Geschütze gegen Markgraf-Neusiedel, die französische Artillerie zwischen Rahna und Starsiedel, die preußische bei Groß-Beeren, u. s. w. ihrer Größe wegen nicht als einen Gebrauch der Artilleriemasse ansehen. —

Es ist ferner kein ausschließliches Kriterium der Artilleriemasse, eine entscheidende Maßregel zu sein, denn jede Maßregel im Gefecht ist auf die Entscheidung hingerichtet; selbst die Eigenschaft eine große entscheidende Maßregel zu sein, charakterisirt die Artilleriemasse nicht, denn kein Mensch wird ungewöhnliche Kräfte in Bewegung setzen, als in der Absicht, Wirkungen von ungewöhnlicher Größe zu erzeugen und solchen Wirkungen kommt im Gefecht von selbst eine große entscheidende Kraft zu.

Es muß unter allen Umständen von einem entscheidenden Einflusse auf den Erfolg eines Gefechts sein, ob eine bedeutende Anzahl der Geschütze richtig, also mit entsprechender Wirkung gebraucht worden ist, oder ob der Gebrauch so bedeutender Gefechtskräfte verfehlt wurde.

Wenn nun also selbstverständlich die Artilleriemasse zwar eine große und zugleich entscheidende Maßregel sein muß, dieß aber nicht ihren wesentlichen Gegensatz zur großen Batterie charakterisirt, so muß dieser Gegensatz sich in ihrem Zweck und Gebrauche, in ihrem Auftreten, in ihrer Gefechtsthätigkeit und in dem Charakter ihres Erfolges begründen.

Jene großen Batterieen beabsichtigen eine energische Entwickelung und Fortführung des Gefechts oder einen großen Widerstand dagegen, die Artilleriemassen aber einen plötzlichen, heftigen und unwiderstehlich entscheidenden Umschwung der bestehenden Gefechtslage; jene wollen ihre ganze ungewöhnliche Gefechtskraft in der hierzu nothwendigen Wirkungsdauer und in den hierzu erforderlichen Gefechtsstadien an ihrem Gegner vollkommen erledigen, diese dagegen beabsichtigen ein gewaltsames Ueberspringen der bis zur Entscheidung noch bevorstehenden Zwischenstufen eines methodisch fortbrennenden Kampfes, jene erscheinen als ein bis zum Eintritt der Entscheidung durch alle bei einem allmähligen Verlaufe des Gefechts hervortretende Stadien desselben (Momente, Abschnitte) fortgeführter, sich an der feindlichen Kraft abmessender und mehr oder minder geregelt sich erledigender Druck, diese, die Artilleriemassen, dagegen als ein plötzlich hervorschnellender Stoß, welcher in ein bereits zur vollen Entwickelung und zu hoher Spannung gediehenes Gefecht hineinbraust, um einen gewaltsamen, entscheidenden Umsturz der bestehenden Gefechtsverhältnisse zu erzwingen und sich dadurch zum eigentlichen Schlußakte der Entscheidung zu erheben; die Artilleriemasse ist also eine ganz eigenthümliche, durch die Art ihres Gebrauches hervorgerufene, taktische Potenz des Artilleriegefechts.

Man kann nunmehr sagen, daß die Artilleriemasse gewissermaßen einen gewaltigen Choc der Artillerie bezeichnet, welcher sich, wie derjenige einer großen Kavalleriemasse, in einem einzigen, unmittelbar in die volle Entscheidung des Gefechtes hinüberstürzenden Stoße erledigen soll und eben so in dem Elemente der Ueberraschung, sowohl durch die Schnelligkeit des Auftretens, als durch die Größe seiner Gewalt, eine wesentliche Garantie des Erfolges zu begründen sucht.

Wir dürfen jetzt nicht mehr fragen, was ist die Artilleriemasse, sondern wir müssen fragen, welchen taktischen Zweck hat die Artilleriemasse zu erfüllen, welche Gefechtsverhältnisse sind hierzu geeignet und wie regelt sich der Gebrauch der Artilleriemasse nach ihrem Zwecke und nach den obwaltenden Verhältnissen? Hieraus werden sich allgemeine Grundsätze über die Bildung, die Führung und die Gefechtsthätigkeit der Artilleriemasse ableiten.

Nicht die numerische Größe der Geschützmasse, nicht die Einheit ihrer Führung und ihres Gefechtszweckes, nicht die Einheit ihres Zielobjektes, nicht die materielle Größe ihrer Wirkung, welche bei der großen Batterie schon wegen ihrer längern Gefechtsthätigkeit summarisch größer ausfallen wird, nicht ihr Einfluß auf die Entscheidung unterscheiden die Artilleriemasse von der großen Batterie, sondern lediglich ihr Zweck, ihr Gebrauch und ihr taktischer Charakter.

Legen wir den hier entwickelten Begriff zu Grunde, so erkennen wir die Merkmale der Artilleriemasse in den beiden erwähnten Fällen der Schlacht von Friedland, in den hundert Geschützen gegen die Oestreichische Mitte der Schlacht von Wagram und in den 80 Geschützen, welche Sorbier vor Semenofskaja vereinigte, wir erkennen sie aber nicht in den 60 Geschützen gegen Markgraf-Neusiedel, nicht in der französischen Artillerie, welche sich am 2. Mai zwischen Kaja und Starsiedel entwickelte und eben so wenig in dem großen und erfolgreichen Artilleriemanöver der Schlacht von Groß-Beeren. In diesen letztern Beispielen vermögen wir nur den Charakter großer Batterieen zu erkennen; am wenigsten den Charakter der Artilleriemasse in dem Beispiele vom 2. Mai, wo diese bedeutende Geschützmasse eigentlich nichts, als eine bloße Fernhaltung der russisch-preußischen Reitermassen, gegen welche die Entscheidung gar nicht gegeben wurde, bewirkte und dieß zwar, wenn auch mit empfindlichen, doch nicht mit ungewöhnlichen Verlusten der lange Zeit beschossenen Reiterschaaren erreichte.

Es muß ohne Zweifel von der höchsten Wichtigkeit für den Gebrauch so ungewöhnlicher Artilleriekräfte sein, über das Wesen der Artilleriemasse zu einem klaren, scharfen und erschöpfenden Begriffe zu gelangen und dieß wird die Umständlichkeit der vorstehenden Erörterungen rechtfertigen.

Wenn nun die Artilleriemasse den taktischen Zweck hat, einen gewaltsamen, überraschenden Stoß mit bedeutenden Geschützkräften in der Absicht auszuüben, die bestehende Gefechtslage plötzlich in einen unaufhaltsamen, entscheidenden Verlauf zu stürzen und dadurch zur ganzen und vollkommenen Entscheidung des Gefechts unmittelbar zu gelangen, so ist die Erreichung dieses Zweckes, d. h. der Gebrauch und der Erfolg der Artilleriemasse an nachfolgende Bedingungen geknüpft:

1. Die Natur des Stoßes verlangt die plötzliche, gleichzeitige und höchste Anstrengung der ganzen für den Stoß gesammelten Kräfte in einer Richtung und gegen den Schwerpunkt des Widerstandes, damit die Wirkung eine plötzliche, unaufhaltsame und unwiderstehliche wird; der Stoß muß zugleich den Schwerpunkt eines seiner Gewalt entsprechenden Widerstandes treffen, um nicht in die Luft zu fahren, sondern sich gehörig zu verwerthen.

Wenden wir diese Naturgesetze des Stoßes auf das Wesen und den Zweck der Artilleriemasse an, so folgt daraus:

221. „Die Artilleriemasse muß alle für sie bestimmten „Geschützkräfte gleichzeitig, unter einer Führung, „in ein und derselben Richtung und gegen ein „und dasselbe taktische Zielobjekt in Thätigkeit „versetzen."

222. „Die Artilleriemasse muß stets gegen den Schwerpunkt des feindlichen Widerstandes oder des „feindlichen Angriffs gerichtet sein."

Der passive Widerstand einer feindlichen Stellung oder gegen das Artilleriefeuer schützender Aufstellungen bricht die Schnelligkeit und Unwiderstehlichkeit des Stoßes der Artilleriemasse und hindert, den Schwerpunkt des feindlichen Widerstandes, die Truppen selbst zu treffen; hieraus folgt:

223. „Die Artilleriemasse ist nur gegen Truppen anwend„bar, welche entweder im freien Angriffe oder im „freien Widerstande begriffen sind.“ —

2. Der Stoß der Artilleriemasse soll gleichzeitig mit der höchsten Anstrengung ihrer gesamten Kraft ausgeführt werden, hieraus folgt:

224. „Die Artilleriemasse muß so schnell und so nahe an „den Gegner herangeführt werden, als es die Gefechts„verhältnisse und das Terrain irgend gestatten.“

225. „Die Artilleriemasse muß ihren Erfolg durch Lebhaftigkeit „des Feuers und durch gesteigerte Geschoßwirkung so viel „als möglich zu erhöhen und zu beschleunigen suchen.“

3. Der Stoß der Artilleriemasse soll aber auch nicht blos von entscheidender Wirkung sein, denn dieß soll ja jede große taktische Maßregel, sondern er soll unmittelbar zur vollen Entscheidung des ganzen Gefechts hinüberführen. Wenn nun die Entscheidung schließlich nur gegen die Massen der Infanterie und Reiterei, vorzugsweise aber der Infanterie, gegeben und empfangen wird, der Stoß aber, um seine volle Gewalt zu entwickeln und seine ganze Wirkung zu gewinnen, gegen den Schwerpunkt des Widerstandes gerichtet sein muß, so folgt daraus, daß die Artilleriemasse sich erstens niemals in eine Kanonade mit der feindlichen Artillerie verwickeln darf und zweitens vorzugsweise gegen diejenigen Massen der feindlichen Infanterie geführt werden muß, welche entweder die Entscheidung empfangen sollen, oder welche die Entscheidung zu geben beabsichtigen und deren Ueberwältigung zur vollen Entscheidung des Gefechtes unmittelbar hinüber führt.

Die feindliche Kavallerie wird selten ein für die Artilleriemasse geeignetes Ziel sein, einmal, weil sie der Kopfzahl nach in der Regel nur einen geringen Theil der Armee ausmacht und deshalb nicht leicht zum Schwerpunkte derselben werden kann und zweitens, weil die Kavallerie sich entweder der Artilleriemasse sehr leicht entziehen oder sie auf eine Weise bedrohen würde, welche einen nahen Angriff durch die Artilleriemasse sehr gewagt erscheinen ließe.

Die große Geschützmasse, welche die Franzosen am 2. Mai 1813 gegen die preußisch-russische Reiterei konzentrirten, gibt einen recht schlagenden Beweis, was von einer Artilleriemasse gegen Kavallerie zu erwarten sein möchte, wenn nicht ganz ungewöhnliche Bedingungen die Kavallerie lähmen und an eine bestimmte Aufstellung fesseln.

Wir schließen aus dem Vorstehenden:

226. „Die Artilleriemasse darf niemals zur Bekämpfung der „feindlichen Artillerie benutzt werden und darf keinen Theil „ihres Feuers durch feindliche Artillerie aus der Richtung „und von dem Zielpunkte des entscheidenden Stoßes ab„lenken lassen."

227. „Auch wird die Artilleriemasse für gewöhnlich nicht gegen „feindliche Kavallerie gebraucht werden können."

228. „Die Artilleriemasse soll daher gegen diejenigen Massen „der feindlichen Infanterie gerichtet sein, welche den Kern „des feindlichen Angriffs oder Widerstandes ausmachen „und dadurch zum eigentlichen Schwerpunkte der Entschei„dung werden."

229. „Die Artilleriemasse kann daher erst dann zur Anwendung „kommen, wann sich bereits die Hauptkräfte der beider„seitigen Truppen in einzelnen Richtungen zu entschei„denden Maßregeln konzentrirt haben oder doch in naher „Bereitschaft hierzu halten."

230. „Niemals darf die Artilleriemasse gegen untergeordnete „Maßregeln des Feindes verwendet und muß daher bis „zum Augenblicke des entscheidenden Gebrauches zurück„gehalten werden."

231. „Ist der Zeitpunkt für den entscheidenden Gebrauch der „Artilleriemasse gekommen, so müssen ihrem schnellen,

„überraschenden und so nahe, als zulässig, an den Feind „heranführenden Anlaufe alle Interessen und Rücksich-„ten, welche dem entgegentreten könnten, untergeordnet „werden."

232. „Mit der Artilleriemasse müssen zur Vollendung ihres „entscheidenden Erfolges hinreichende Massen der andern „Waffen in Verbindung stehen."

233. „Die Artilleriemasse findet eben so wohl in dem Angriffe, „als in der Vertheidigung ihre entscheidende Rolle, sie „muß aber stets im Charakter des Angriffes gehalten „werden, also entweder ein Stoß oder ein Gegenstoß „sein."

234. „Die Artilleriemasse kann in ihrer Gesamtheit nicht „zur Verfolgung des geworfenen Gegners auftreten, son-„dern nur durch Detachirung angemessener Kräfte dazu „mitwirken."

235. „In gleicher Weise wird die Artilleriemasse als solche „nicht in einem fortlaufenden Manöver zur Deckung des „Rückzuges auftreten, sondern hierzu entweder in ange-„messene Theile zerfallen oder in den Charakter der großen „Batterie zurücktreten müssen." —

Wenn die Artilleriemasse ein zur vollen Entscheidung des Gefechtes führender Stoß sein soll, der rechte Zeitpunkt ihres Auftretens und zwar ihres überraschenden Anlaufes mithin eine wesentliche Grundlage ihres Erfolges wird, so würde es schon deshalb schwierig sein, die Artilleriemasse erst im Augenblicke des Gebrauches oder kurz zuvor aus disponiblen oder gar aus bereits thätigen Batterieen zusammenzuraffen und vorzuführen.

Aber auch abgesehen hiervon wird die entscheidende Gewalt der Artilleriemasse um so sicherer gestellt, um so höher gesteigert, je mehr sie als ein von dem bereits bestehenden Gefecht unabhängiger, selbständiger Gefechtsakt, als ein wahrer Zuwachs der bereits thätigen Gefechtskraft auftritt, je mehr sie in voller Bereitschaft ist, den günstigen Zeitpunkt abzuwarten und pfeilschnell zu benutzen.

Natürlich ist dieß nur zu erreichen, wenn die Artilleriemasse in ähnlicher Art, wie eine Schlachtreserve, für die letzte Entscheidung disponibel gehalten wird und für ihren Zweck eine passende Formation erhält. Wir haben hier nicht die Aufgabe, Vorschläge für diese taktische Maßregel und Formation zu machen, sondern nur Grundsätze zu entwickeln.

Die Schlachtreserven, wenn sie zum entscheidenden Schlage oder gegen denselben auftreten, finden ein bereits zur vollen Entwickelung und mehr oder weniger zur Reife gediehenes Gefecht vor; sie bedürfen daher der Artillerie zur Stärkung, Einleitung und Beschützung des von ihnen beabsichtigten Entscheidungsaktes. Wenn nun der Stoß der Artilleriemasse mit entsprechenden Kräften der andern Waffen verbunden sein muß, um seinen Erfolg zu vollenden, so wird durch die taktische Verbindung der Artilleriemasse mit der Schlachtreserve das Bedürfniß der letztern an Artillerie erledigt; diese Verbindung legt aber zugleich der Artilleriemasse eine so einfache taktische Rolle auf, daß sie durch den Stoß der Artilleriemasse an sich schon erfüllt ist, während die Artillerie der übrigen Truppen außerdem mit der Entwickelung des Gefechts, mit der Führung des Ferngefechts, mit der Beherrschung des Terrains eine Menge Bedürfnisse der Gefechtsführung zu decken hat, welche mit dem Zwecke der Artilleriemasse sich nicht vereinigen lassen, ohne dem entscheidenden Stoße derselben das Element der Ueberraschung und der Schnellkraft zu rauben oder doch zu lähmen.

Die taktische Aufgabe der Schlachtreserve, welche zur Abgabe oder zur Aufnahme des entscheidenden Stoßes bestimmt ist, wird nur eine sehr einfache, lediglich auf die Kraft dieses Stoßes oder der Gegenwehr gerichtete, von allen Nebenrücksichten, zusammengesetzten Bewegungen und Manövers befreite sein, also völlig geeignet, mit dem Zwecke der Artilleriemasse zusammenzufallen.

Hieraus folgt:

236. „Die Artilleriemasse ist als integrirender Bestandtheil der „Schlachtreserve zu formiren und mit derselben in takti„scher Verbindung zu erhalten."

237. „Das Bedürfniß der Beweglichkeit, der Lebhaftigkeit des „Feuers einer Artilleriemasse, die Wahrscheinlichkeit, mit „einer heftigen Gegenwehr der feindlichen Artillerie in „Berührung zu kommen und die mit dem entscheidenden „Schlage möglichen Eventualitäten, machen die leichten „Fußbatterieen am geeignetsten, die Artillerie„masse zu formiren."

238. „Der Führer der Artilleriemasse wird dieselbe nach den„selben Grundsätzen handhaben, in die Richtung des An„laufes gegen den Feind schieben, entwickeln und in einer „einfachen, geraden und schnellen Bewegung vorführen, „wie der Führer der Kavalleriemasse."

239. „Der Führer der Artilleriemasse sucht, wie derjenige der „Kavallerie, dem Gegner in seiner entscheidenden Maß„regel oder in seiner Gegenwehr zuvorzukommen, ge„wissermaßen den Artilleriechoc abzugewinnen."

240. „Die Artilleriemasse wird sich in der Regel der feindlichen „Artillerie wegen nur bis auf wirksame Kugelschußweite „gegen den Feind heranwerfen können." —

241. „Nur ein solcher Abstand macht es der Artilleriemasse „möglich, die feindliche Artillerie unbeachtet zu lassen und „ihre ganze Gewalt gegen die Massen der feindlichen In„fanterie zu richten."

242. „Stößt die Attaque auf unerwarteten Widerstand, so „wird die Artilleriemasse in die Rolle einer großen Bat„terie zurücktreten und hiernach ihr weiteres Verfahren „einrichten müssen."

243. „Gelingt der Stoß, so ist die Aufgabe der Artilleriemasse, „als solcher, erfüllt und sie wird den zur Ueberwältigung „des Gegners vorbrechenden Massen der andern Waffen „nach den obwaltenden Verhältnissen weitern Beistand „und Schutz zuwenden.“

244. „Ehe die Artilleriemasse zum Gefecht vorbricht, muß sie „sich mit voller Munition ausgerüstet haben, um für alle „Fälle und Folgen gesichert zu sein.“ —

Blicken wir nun noch einmal über die ganze Entwickelung zurück, so finden wir es in der Natur der Verhältnisse, daß Artilleriemassen überhaupt nur in großen entscheidenden Schlachten zum Vorschein kommen können, weil nur in diesen so bedeutende Streitkräfte als Schlachtreserve zurückgehalten werden, daß hierdurch auch eine angemessene Geschützzahl zur Bildung einer Artilleriemasse disponibel bleibt. Auch werden nur große Entscheidungsschlachten so große und freie Terrainflächen suchen müssen und darbieten, als sie für die Verwendung der Artilleriemasse unentbehrlich sind und auch nur solche Schlachten drängen in ihren Entscheidungsakten ungewöhnliche Kräfte in den entscheidenden Richtungen zusammen.

Starke Terrainabschnitte, bedeutende militairische Posten, gedeckte Aufstellungen des Gegners, eine starke, gut eingeschossene und reichlich ausgerüstete feindliche Artillerie sind dem Auftreten der Artilleriemasse eben so hinderlich als gefährlich.

Dergleichen Verhältnisse schützen den Gegner vor gewaltsamen, auf den Umsturz der bestehenden Verhältnisse hingerichteten, Unternehmungen und setzen denselben in den Stand, unter dem Beistande jener Verhältnisse sich durch einen geordneten Abzug vor einer Katastrophe zu bewahren.

Man muß hierzu die große Gefahr rechnen, durch eine mißlungene Attaque der Artilleriemasse neben den damit verbundenen Verlusten gleichzeitig in den Nachtheil zu stürzen, seine entscheidende Kraft aus der Hand gegeben und in eine meist sehr mißliche und gefesselte Lage gestürzt zu haben.

Es bleibt immer ein großer Uebelstand, welcher, wie im Gefecht und namentlich in der entscheidenden Periode desselben jede unerwartete und große Aenderung der Verhältnisse, auch nicht ohne Gefahr eintreten kann, daß die Artilleriemasse im ungünstigen Falle in die Rolle einer großen Batterie zurückgeworfen wird, aber nicht wie diese auf eine solche Rolle gehörig vorbereitet ist. Die große Batterie hat sich in ihre Aufgabe genügend hineingearbeitet, hat sich gewissermaßen methodisch in ihre taktische Lage eingeschossen und bis zum entscheidenden Augenblicke durch alle Entwickelungsstufen fortgearbeitet; sie kann im Kampfe gegen die feindliche Stellung, in der Bekämpfung des feindlichen Widerstandes mürbe geworden sein, sich an der Festigkeit der militairischen Posten des Feindes oder an der Abwehr seiner Angriffe erschöpft haben, sie kann endlich in Kraftlosigkeit zusammensinken, aber sie hat in einem langen Gefecht ihre Kraft gehörig verwerthen gekonnt. Die Artilleriemasse dagegen, wenn ihr Stoß mißlingt, hat eine große Kraft auf einen verunglückten Entscheidungsschlag verwendet und wird dann in der Regel keine Aussicht haben, die verfehlte Wirkung durch spätere Leistungen wieder gut zu machen.

Das aber kommt der Artilleriemasse zu Gute, daß sie nicht, wie die Infanterie und Kavallerie, durch das Mißlingen des entscheidenden Stoßes in die Gefahr einer großen Katastrophe verfallen kann und dieß macht die Artilleriemasse zu einer eben so vortheilhaften, als furchtbaren Einleitung des großen Entscheidungsaktes.

Hieraus folgt als taktisches Grundgesetz für den Gebrauch der Artillerie:

245. „Die Artillerie der großen Schlachtreserve muß, „wenn es die Verhältnisse irgend gestatten, für den Ge„brauch der Artilleriemasse aufgespart werden,

„und mit der großen Reserve zum Entscheidungsakte auf-
„treten.“

Wenn wir nun in den großen Schlachten die Artilleriemasse in der hier entwickelten Schärfe des Begriffes nur in seltenen Beispielen zur Anwendung gebracht sehen, so liegt dieß theils daran, daß die Artillerie noch nicht lange genug auf einer hierzu genügenden Stufe der taktischen Ausbildung gestanden hatte, als bereits die letzten großen Kriege geschlagen wurden, theils daran, daß sich die Gefechtsverhältnisse selten in so großer Schärfe und Bestimmtheit entwickeln, um die Artilleriemasse in so ausgeprägtem Charakter eines einzigen, bis zur Entscheidung durchschlagenden, Stoßes zuzulassen, theils endlich daran, daß es überhaupt eine der schwierigsten Aufgaben des Feldherrn ist, eine starke Reserve, besonders an Artillerie, unter der Gewalt und den verhängnißvollen Ereignissen einer großen und langdauernden Schlachtentwickelung aufzusparen, um noch mit Ueberlegenheit in dem Entscheidungsakte auftreten zu können.

Wo man Mühe hat, sich bis zum Eintritte der Entscheidung in einem nothdürftigen Gleichgewichte zu behaupten, da wird in der Regel die Artillerie alle Noth haben, die Truppen aufrecht und das Gefecht in einer leidlichen Ordnung zu erhalten und oft bleiben nur wenige Batterieen gegen die Folgen der Entscheidung disponibel.

Es würde daher eine Vermessenheit sein, die seltene Anwendung der Artilleriemasse einer mangelhaften Führung der Artillerie, oder einem Verkennen ihrer Kraft und Leistungsfähigkeit und ähnlichen Ursachen zuzuschreiben.

Wie groß wird für den Gebrauch der Artillerie, für ihr Manöver der Unterschied sich geltend machen, ob sie mit tüchtig eingeschulten, eingeschlagenen, kriegerischen, oder mit jungen, unerprobten Truppen in das Gefecht geht! —

§. 14.

Schluß des Kapitels.

Wir haben in den vorangehenden Paragraphen die Prinzipien entwickelt, nach welchen die der Artillerie eigenthümliche Gefechtskraft in taktische Verbindung mit dem Gefecht der beiden andern Waffen und der Stellung gebracht werden kann und soll, um zu einem für die Entscheidung des Gefechtes angemessenen taktischen Totalerfolge zu gelangen.

Wir sagen nicht, zum höchsten taktischen Totalerfolge, weil derselbe keine absolute Größe, sondern ein dem wirklichen Gefechtsfalle zugehöriges variables Element ist. Durch das dem Gefecht natürliche Streben nach Entscheidung wird der Artillerie bei einem taktisch richtigen Gebrauche und Verhalten der Weg vorgezeichnet, auf welchem sie zum höchsten taktischen Totalerfolge zu gelangen vermag.

Wir würden ganz mißverstanden werden, wenn man voraussetzen wollte, daß wir den starren Mechanismus, welchen wir als die Grundlage unsrer Entwickelungen nehmen müßten, etwa als eine Art Abbildung oder Vorstellung eines normalen Gefechtsverlaufes ausgeben möchten. Die Kriegsgeschichte belehrt uns nur zu gut, daß die wirklichen Gefechte in hundertfachen Abweichungen von dem geregelten Verlaufe sich fortspinnen, eben so wie das Leben von der starren Regel. Aber die nothwendige Schärfe und Bestimmtheit allgemeiner Gesetze verlangt, daß gewisse Verhältnisse mit einer Schärfe und Bestimmtheit zur Vorstellung gebracht und als Grundlage ihrer Entwickelung benutzt werden, wie sie im wirklichen Gefecht begreiflicher Weise gar nicht oder höchst selten zur Erscheinung gelangen.

In dem wirklichen Gefecht stehen die einzelnen Gefechtslagen nie in einer so scharfen Trennung von den vorangegangenen, gleichzeitigen und nachfolgenden Ereignissen, daß sie, wie in einer wissenschaftlichen Behandlung geschehen muß, isolirt und in voller Reinheit behandelt werden können.

Darum sind die hier entwickelten Gesetze auch keine Regeln für bestimmte Gefechtsfälle und sollen es auch nicht sein, sondern sie sind allgemeine Wahrheiten, welche in der Wirklichkeit bald mehr, bald weniger Geltung finden können.

Der Zweck, welcher durch das Gefecht erreicht werden soll, regelt je nach seiner Verschiedenheit auch die Anlage und Führung desselben und zeichnet den Truppen die Grenzen, innerhalb deren sie sich taktisch zu bewegen haben, ohne hierdurch die Prinzipien des Gebrauches zu berühren.

Die verschiedenen Zwecke der wirklichen Gefechte haben demnach wohl Einfluß auf die höhere Taktik, aber nicht auf die Gebrauchslehre einer einzelnen Waffe, welche nach denselben Grundsätzen sich in dem Gefecht und in seinen verschiedenen Gefechtsakten bewegt und handelt, gleichviel, ob eine Fouragirung, oder ein Transport zu decken, oder eine gewaltsame Recognoscirung auszuführen ist. Der besondere Zweck eines Gefechts wird also nur besondere Instruktionen der einzelnen Truppenführer hervorrufen, um denselben die Richtungen und Grenzen anzudeuten, in welchen sie nach dem Zwecke zu streben und die Erfolge zu benutzen, den Nachtheilen zu begegnen haben.

Dagegen haben die besondern Eigenthümlichkeiten des Bodens auf den Gebrauch der Truppen, besonders aber der Artillerie entschiedenen Einfluß, ohne darum aber die bisher entwickelten Prinzipien anders, als erweiternd oder beschränkend, zu berühren.

Die hierauf gerichtete Betrachtung wird sich jedoch alsdann erst zu voller Erledigung anstellen lassen, nachdem wir den Gebrauch der Kampfmittel, durch welche die Artillerie den allgemeinen Prinzipien der Gebrauchslehre zu genügen vermag, gehörig besprochen haben, weil die Eigenthümlichkeiten des Bodens und der Stellung vorzugsweise die Waffenwirkung, also den Gebrauch der Kampfmittel berühren.

Aus dem nachfolgenden Kapitel sind denn auch erst die Gesetze über den Gebrauch der Geschosse und der Schußarten zu entnehmen und konnten deshalb nicht in den frühern Entwickelungen berührt werden. —

Drittes Kapitel.

Vom Gebrauche der Kampfmittel der Artillerie.

§. 15.

Einleitende Entwickelung.

Wenn das erste Kapitel gewissermaßen die taktische Kraft, welche durch das innerste Wesen der Artillerie begründet ist, besprach, das zweite den taktischen Gebrauch dieser Kraft unter allgemeine Gesetze zu stellen suchte, so handelt das jetzige von der taktischen Fügsamkeit der eigentlichen Waffenwirkung und macht uns mit den reichhaltigen Kampfmitteln der Artillerie bekannt.

Die Artillerie hat sich für eine möglichst gleichmäßige und kriegsbrauchbare Erzeugung gewisser Größen (Kaliber) und Trageweiten (Schußweiten) der durch die Geschoßwirkung materiell und mechanisch begründeten Zerstörungsgewalt, so wie gewisser Formen des Geschoßfluges (Schußarten) Geschütze geschaffen, d. i. Geschützröhre mit ihrer für die Gefechtsthätigkeit geeigneten Konstruktion und Ausstattung, gewissermaßen montirte und armirte Geschützröhre.

Jedes Geschütz hat daher, so zu sagen, ein bestimmtes Stammgeschoß, für dessen vortheilhaftesten Gebrauch und bestimmte Stammflugbahnen, für deren natürlichste und gleichmäßigste Erzeugung dasselbe konstruirt ist.

An das Stammgeschoß schließen sich, die Gefechtsthätigkeit und Wirkung des Geschützes erweiternd und steigernd mehr oder weniger Nebengeschoßarten an, je nach dem der taktische Gebrauch des Geschützes eine größere Mannichfaltigkeit der Geschoßwirkung zulässig macht und zugleich nothwendig oder vortheilhaft erscheinen läßt.

Jedes Geschütz gewährt durch seine Konstruktion einen bestimmten, mehr oder weniger beschränkten Spielraum, innerhalb dessen man ohne unstatthafte Beeinträchtigung des Treffens, der Geschoßwirkung und der abzugebenden Schußzahl von den Stammflugbahnen zu Nebenschußarten übergehen kann.

Wir müssen uns also hier bei der Gebrauchslehre zuvörderst das Geschütz, als den Inbegriff einer bestimmten, taktisch-brauchbaren Wirkungssphäre, begründet durch das Stammgeschoß und die Stammschußarten, erweitert und gesteigert durch Nebengeschosse und Nebenschußarten zur Vorstellung bringen.

In unmittelbarer Folgerung aus der gegebenen Konstruktion der verschiedenen Geschütze erhalten wir zunächst folgende Gesetze:

246. „Der taktische Gebrauch der verschiedenen Geschütze muß „sich vorzugsweise auf die Anwendung ihrer Stamm„geschosse und Stammschußarten stützen."

247. „Die Anwendung der Nebengeschosse und Neben„schußarten muß um so schärfer durch die obwaltenden „Verhältnisse gefordert und begründet, so wie in ihrem „Erfolge gerechtfertigt sein, je geringer der Spielraum ist, „welcher hierbei dem Geschütz durch die Konstruktion und „durch die eigenthümliche Natur der Nebengeschosse und „Nebenschußarten zu Gebote steht." —

248. „Die Anwendung der Nebengeschosse und Neben„schußarten ist daher nur zulässig, wenn ihre Wir-

„kung entweder materiell, oder taktisch durch die ob-„waltenden Verhältnisse besonders gesteigert wird."

249. „Die Bestimmung des Geschützes als Fernwaffe und die „Eigenthümlichkeiten der Nebengeschosse und der Neben-„schußarten machen es gleich unstatthaft, den Gebrauch „des Geschützes auf die Anwendung und den Erfolg dieser „Geschosse und Schußarten zu stützen." —

Es wird, um den Gebrauch der Geschütze, Geschosse und Schußarten gesetzlich festzustellen, nothwendig sein, den Charakter der Geschütze, Geschosse und Schußarten in seinen wesentlichsten Zügen voranzuschicken und hieraus die Gesetze des Gebrauches abzuleiten.

Hierbei müssen wir die eigentlichen Konstruktionen, wie sie in den gegenwärtigen Artillerieen der civilisirten Staaten vorhanden sind, als etwas Gegebenes und Bekanntes voraussetzen und es ist in diesem Betrachte besonders wichtig, sich die Entwickelungsstufe der verschiedenen Artillerieen im Wesentlichen als eine gleiche vorstellen zu dürfen, so daß in der That eine allgemeine Gebrauchslehre nicht blos ein zulässiges Gedankenspiel bleibt, sondern einen wahrhaften Werth für die Wirklichkeit zu gewinnen vermag.

Wir für unser Theil müssen uns auf dasjenige stützen, was wir in der Lehre von der Wirkung über das Wesen und die Entwickelungsstufe der Artillerie vom Standpunkte der Wissenschaft aus dargelegt haben. Wenn nun aber auch in der Wirklichkeit, besonders zwischen den verschiedenen Feld-Artillerieen, Unterschiede sichtbar werden, so beziehen sich diese, von ziemlich geringen Differenzen in den Kalibern abgesehen, vorzugsweise auf die Ausrüstung der Geschütze für das Gefecht und auf die mehr oder weniger entwickelte Manövrirfähigkeit, mithin auf das Maß der Gefechtskraft, aber nicht auf das eigentliche Wesen derselben. Solche Differenzen können natürlich einen sehr merklichen, für einzelne Gefechtsfälle sehr entscheidenden, Einfluß gewinnen und werden niemals gleichgiltig betrachtet werden dürfen, aber die Grundsätze des Gebrauches werden durch sie nicht geändert.

Die Lehre von der Wirkung hat uns in dem Kapitel: „Kombination der Geschütze, Geschosse und Schußarten,“ in den Geschützen gewissermaßen Wirkungseinheiten von verschiedenem Gepräge und von verschiedener Größe zur Vorstellung gebracht; gegründet sind diese Wirkungseinheiten auf das Geschoß und modifizirt durch die Flugbahnen.

Denken wir uns diese Wirkungseinheiten von der Organisation als etwas Gegebenes aufgenommen, für die verschiedenen Bedürfnisse des Gefechts taktisch und militairisch entwickelt, geformt und für den Gebrauch im Gefecht, als Waffe ausgebildet und ausgerüstet und kombiniren wir nunmehr jene Wirkungseinheiten mit dieser taktisch-militairischen Organisation der Waffe, so erhalten wir durch diese Kombination die Gefechtskraft des Geschützes als die taktisch-militairische Grundeinheit, welche wir in dem vorliegenden Kapitel nach ihrer verschiedenartigen Gestalt und Größe zu Grunde zu legen haben. Die Manövrirfähigkeit und die Gefechtsausdauer sind in den frühern Erörterungen bereits erledigt worden, so weit es die Lehre vom Gebrauch für die Entwickelung ihrer Gesetze nothwendig fand.

Es bleibt uns also hier die durch die Geschoßwirkung begründete Gefechtskraft des Geschützes als Grundlage für den Gebrauch der verschiedenen Kampfmittel der Artillerie gegeben. —

§. 16.

Gebrauch der Feldkanonen.

Die Feldkanonen sind, wie wir aus der Lehre von der Wirkung, §. 85, wissen, zur Erzeugung sehr flacher und langgestreckter Flugbahnen bestimmt und zwar bei Anwendung einer verhältnißmäßig sehr starken und unveränderlich beibehaltenen Ladung.

Die daraus entspringende Kombination einer sehr flachen und weitreichenden Flugbahn mit einem an sich geringen Gewicht des Geschosses sucht der oben gedachte §. 85 durch den Begriff: Stoßkraft der Flugbahn zu charakterisiren.

Offenbar ist es die einfachste Basis für die Geschoßwirkung, dieselbe auf die Triebkraft, auf das Bewegungsmoment, des Geschosses, dergestalt zu stützen, daß diese Triebkraft für alle im Felde vorkommenden Objekte eine ausreichende Zerstörungskraft auf allen taktisch brauchbaren Schußweiten erzeugt, dabei für die ganze Wirkungssphäre durchaus gleich genommen und nur noch durch die Erhöhung des Geschützrohres die Flugbahn für die verschiedenen Schußweiten geregelt wird.

Die verhältnißmäßig starke und unveränderliche Ladung bedingt, daß die anwendbaren Richtungswinkel für die im Feldkriege gewöhnlichen Schußweiten innerhalb sehr enger Grenzen bleiben und man ist genöthigt, an diese Einförmigkeit der Flugbahn der Feldkanonen die Geschoßarten zu knüpfen, deren Wirkungsweise vornehmlich auf den Stoß des Geschosses gegründet ist, oder des Stoßes bedarf, um in gehörige Verbindung mit dem Ziele zu gelangen, oder doch wenigstens mit der Stoßkraft der Flugbahn in Verbindung treten kann, ohne die Geschoßwirkung selbst in sehr empfindlicher Weise zu beeinträchtigen.

Naturgemäß muß die Stoßkraft der Flugbahn, für welche die Feldkanonen konstruirt sind, am meisten gestärkt und die Flugbahn in ihrer Regelmäßigkeit begünstigt werden, wenn das kalibermäßige Geschoß das Gewicht des Stammgeschosses mit den Bedingungen eines geregelten Geschoßkörpers verbindet.

Jedes schwerere Geschoß, wie das Shrapnell, muß eine größere Krümmung der Flugbahn erzeugen, oder würde eine stärkere, der Rohrlänge, wie der Natur des Shrapnells nicht entsprechende, Ladung nach sich ziehen, wenn man von der Gestreckheit der Flugbahn nicht abgehen wollte. Beim Shrapnell ist die Krümmung der Flugbahn erst dann als nachtheilig anzusehen, wenn dadurch die tödtende Kraft ihrer Sprengstücke und Gewehrkugeln beeinträchtigt wird. Ein leichteres Geschoß wird eben so sehr gegen die Wirkung des Geschosses, wie gegen die Regelmäßigkeit der Flugbahn wirken; die Gründe dürfen wir nicht näher entwickeln, sondern hierbei auf die Lehre von der Wirkung verweisen.

Berücksichtigen wir nun hierbei noch, daß das Stammgeschoß, die kalibermäßige Kanonenkugel, das wohlfeilste Geschoß ist, die Anfertigung des gewöhnlichen Kugelschusses die einfachste und leichteste, seine Anwendung die einfachste und schnellste Bedienung gestattet und seine Wirkung am wenigsten durch äußere Bedingungen eingeschränkt, daß die Wirkung der Kugel nicht durch vorherige Aufschläge vollständig oder größtentheils aufgehoben wird, so folgt hieraus, daß die Anwendung des Stammgeschosses mit der Konstruktionsladung des Geschützes auch die gedeihlichste und sicherste Grundlage für die Wirkung und für den Gebrauch der Feldkanonen abgibt. Wir wollen das Stammgeschoß mit der Konstruktionsladung unter der Bezeichnung „Kugelschuß" verstanden wissen.

Je nach dem man bei Anwendung der einförmigen Flugbahnen, wie sie durch Feldkanonen erzeugt werden, mit, vor oder kurz nach dem ersten Aufschlage, oder je nach dem man durch einen der folgenden Aufschläge des Geschosses treffen will, je nach dieser Absicht nennen wir die sonst auf dieselben Elemente, einer unveränderlich beibehaltenen Ladung und innerhalb sehr enger Grenzen gehaltener Richtungswinkel, gestützten Flugbahnen entweder Bogenschuß oder Rollschuß.

Nur diese Absicht und selbstredend die Schußweiten, in welchen beide Schußarten ihre Wirkung suchen, nicht die Natur der Flugbahnen charakterisiren sie als etwas Verschiedenes. (Siehe Lehre von der Wirkung §. 34 ad 1 und 8.) —

Für diese Flugbahnen (Schußarten) hat man die Feldkanonen mit Vollkugeln, Shrapnells und Kartätschen ausgerüstet.

Aus den frühern Erörterungen folgt zunächst:

250. „Der gewöhnliche Kugelschuß aus Kanonen kann als Bo„genschuß und als Rollschuß verwendet werden.“

251. „Der Shrapnellschuß und der Kartätschschuß sind auf das „Treffen mit und vor, oder kurz nach dem ersten Auf„schlage eingeschränkt; die Wirkung dieser Geschosse wird „durch einen Aufschlag vor dem Ziele sehr beeinträchtigt.“

Die Stoßkraft der Flugbahn, ihre Länge und Gestrecktheit sind Elemente, welche für das Gefecht im freien Felde, bei beweglichen Zielen einen großen Werth haben und die Aufgabe, durch das Ferngefecht die vorliegenden Bodenflächen innerhalb der taktisch brauchbaren Entfernungen zu beherrschen, kann nur durch jene Elemente gelöst werden, wenn nicht durch bestimmte Punkte in den vorliegenden Bodenflächen sich besonders günstige Momente für die Wirkung der Geschütze darbieten und dadurch die Einbuße auf den übrigen Entfernungen ausgeglichen wird. Solche Punkte, welche in unveränderlichen, dem Treffen und der Wirkung gleich günstigen Entfernungen zwingen, sich dem Artilleriefeuer längere oder kürzere Zeit auszusetzen, also Defileen, schwierige Passagen u. s. w. welche nicht ohne erhebliche Nachtheile vermieden werden können, und Gefechtsverhältnisse, welche zwingen, auf bestimmten Punkten sich dem feindlichen Feuer stehenden Fußes Preis zu geben, wie z. B. beim Angriffe oder bei der Vertheidigung wichtiger Oertlichkeiten, solche Punkte und solche Gefechtsverhältnisse sind doch immer, wenn sie auch häufig zum Vorschein kommen und man im Stande ist, sie alsdann auch gehörig zu benutzen, als Ausnahmen von der Regel zu betrachten. Man kann daher auf die doch immer zweifelhaft bleibende Ausbeute solcher vorliegenden Punkte und solcher günstigen Gefechtsverhältnisse niemals die ganze Wirksamkeit des

Ferngefechts einschränken, ohne sich des größten Theiles des Artilleriegefechts zu begeben.

Die Stoßkraft einer langen, sehr gestreckten Flugbahn ist daher in allen Fällen, wo sich freie, ebene Gefechtsfelder von bedeutender Ausdehnung und Tiefe darbieten und von den Truppen betreten werden, der wahre Nerv eines energischen Ferngefechts, weil gegen bewegliche Ziele und bei veränderlichen Aufstellungen der Artillerie ein großer bestrichener Raum die unvermeidlichen Fehlschüsse am wirksamsten auszugleichen vermag. Man kann es deshalb auch nur als bedenklich erachten, die Ladung der Feldkanonen zu schwächen, sie auf stärkeren Elevationswechsel anzuweisen und dadurch an Stoßkraft der Flugbahn und Größe des bestrichenen Raumes aufzuopfern.

Hieraus folgt:

252. „Die Feldkanonen haben die Bestimmung, das Ferngefecht gegen die Bewegungen, veränderlichen und für kurze „Dauer bestehenden Aufstellungen der Truppen, so weit „sie nicht gedeckt sind, zu führen und die Herrschaft über „ebene, freie Bodenflächen zu begründen."

253. „Die Feldkanonen werden zur Führung ihres Ferngefechts „sich vorzugsweise auf den Bogenschuß und Rollschuß „stützen müssen."

254. „Der Rollschuß findet gegen bewegliche, in mehrere Staffeln „hintereinander geordnete Truppen auf den größern Ent„fernungen bei einem ebenen und festen Boden, welcher „geregelte Absprünge der Kugel wahrnehmen läßt, eine „sehr wirksame Anwendung."

255. „An seine Stelle tritt der sogenannte Bogenschuß bei un„günstiger Bodenbeschaffenheit, gegen einfache Ziele, gegen „tiefe Truppenformationen, welche eine ungeschwächte Trieb„kraft des Geschosses fordern, auf den dem Rollschusse „nicht zusagenden nähern Schußweiten und auf den nähern „Abständen gegen sehr tiefe Truppenmassen mit schmaler

„Front, also zur nahen Beherrschung schmaler Zugänge „und Passagen, wo eine große Triebkraft des Geschosses „werthvoller, als eine größere Trefferzahl gegen die Tete „(Kartätschen) wird."

256. „Der Shrapnellschuß tritt an die Stelle des Bogenschusses, „wenn innerhalb seiner Wirkungssphäre gegen Truppen „gewirkt werden soll, welche gezwungen sind, auf bestimm„ten Punkten sich zu entwickeln, sich durch schwierige Pas„sagen vor- oder zurückzuschieben, ihre Formation zu ändern „und dabei geschlossene Truppenkörper längere Zeit un„gedeckt Preis zu geben."

257. „Der Kartätschschuß findet seine ergiebigste und entschei„dende Wirkung in den nächsten Abständen bis zum Ge„wehrschusse herab gegen Truppen und stets unter stei„gernder Anwendung des Schnellfeuers."

258. „Selbst schwache Deckungen und Masken, als dünnes, „leichtes Stangenholz, dichte Hecken und Zäune, stärkeres „Gebüsch, hohes dichtes Getreide schwächen die Wirkung „der Shrapnells und noch mehr der Kartätschen."

Es macht auf alle Truppen einen ungewöhnlichen moralischen Eindruck, daß durch einen Schuß mit Shrapnells oder mit Kartätschen eine Menge tödtender und verwundender Kugeln abgegeben werden und in einem solchen Feuer wird keine Truppe längere Zeit auf der Stelle halten können, sondern muß schnell zur Entscheidung zu gelangen oder sich zu retten suchen.

Die Trefferzahl, welche sich an einen Shrapnellschuß, oder an einen Kartätschschuß knüpfen kann, die Bedingungen, an welche die Anwendung und Wirkung beider Geschoßarten geknüpft sind und der moralische Eindruck auf Truppen bedingen es, daß beide Geschoßarten ihrem Charakter nach in das Gebiet entscheidender Gefechtsakte gehören und der Artillerie ein furchtbares Kampfmittel für die Theilnahme derselben an entscheidenden Gefechtsakten, so wie das einzige kräftige Mittel gegen unmittelbare Angriffe auf das Geschütz selbst gewähren.

Hieraus folgt:

259. „Das Shrapnell- und Kartätschfeuer dürfen nur für „solche Gefechtsverhältnisse verwendet werden, welche diesen „Geschossen eine entscheidende Wirkung verleihen, mithin „nur gegen geschlossene Truppen." —

260. „Shrapnells werden daher an Stelle des Kugel„schusses gegen entscheidende oder für die Entscheidung „einflußreiche Maßregeln des Feindes oder zur Unter„stützung und Vorbereitung eigner Maßregeln gleicher „Gattung, niemals gegen zerstreute Fechter, an„gewendet." —

261. „Shrapnells werden an Stelle des Kartätsch„schusses gegen das Innere stark besetzter Schanzen und „zur Enfilade ihrer längern Linien als Einleitung des „Sturmes mit Erfolg verwendet werden können."

262. „Kartätschen werden zur unmittelbaren Vorbereitung „oder Abwehr entscheidender Maßregeln in den nächsten „Abständen vom Feinde gebraucht."

263. „Kartätschen werden gegen dichte Tirailleurshaufen nur „verwendet, wenn dieselben zu nahe und dreist vordrängen „und die Geschütze selbst bedrohen, der Abzug der Ge„schütze aber mit Nachtheilen oder mit erheblicher Gefahr „verbunden wäre."

264. „Die Artillerie muß ihr Shrapnell- und Kartätschfeuer „für die spätern und entscheidendern Momente des Ge„fechts aufsparen, wo sie überdieß sicher sein kann, das„selbe auf eine eben so ergiebige, als entscheidende Weise „zu verwerthen."

265. „Die Artillerie darf beim Gefecht im freien Felde nie„mals eine Aufstellung nehmen, in welcher sie nicht

„im Stande ist, das nächste Terrain vor und seitwärts „der Geschütze mit Kartätschen zu bestreichen."

Was nun den Unterschied zwischen den schweren und leichten Feldkanonen, wie sie gewöhnlich mitgeführt werden, betrifft, so begründet sich derselbe in folgenden Punkten:

Das schwere Kaliber hat eine merklich größere Wirkungssphäre, als das leichte, welchem es weit mehr durch die größere Trefffähigkeit auf den größern Schußweiten, als auf den geringern überlegen ist. Auf den nähern Schußweiten vermag sich das leichte Kaliber durch die größere Lebhaftigkeit des Feuers mit dem schweren mindestens auszugleichen und bei der Leichtigkeit und Schnelligkeit im Wechsel der Aufstellungen und in den Bewegungen verdient das leichte Kaliber für das nähere Gefecht, so wie für alle beweglichern, wechselvollern Gefechtsverhältnisse einen entschiedenen Vorzug vor dem schweren Kaliber.

Das schwere Geschoß wird weniger durch die Bodenbeschaffenheit in seinen spätern Aufschlägen gestört und abgeschwächt, als das leichte, so daß der Rollschuß und die spätern Sprünge der Bogenschüsse des schweren Kalibers in allen Fällen von erheblich größerem Werthe sind, wo in größeren Abständen starke Ansammlungen und Entwickelungen des Feindes bekämpft werden können.

Hierzu kommt noch, daß das Shrapnellfeuer der schweren Kanonen sowohl durch die Zahl, als durch die Triebkraft der treffenden Kugeln und Sprengstücke demjenigen der leichten Kanonen merklich überlegen ist und daß eben so das Kartätschfeuer des schweren Kalibers durch Schußweite, Trefferzahl und Triebkraft der Kartätschen dasjenige des leichten bedeutend übertrifft. Wenn nun auch die größere Schnelligkeit des Feuers dem leichten Kaliber gestattet, seine Kartätschwirkung durch eine größere Schußzahl namhaft zu steigern und wenn die größere Gewandtheit und Schnelligkeit der leichten Kanonen für die Gefechtsverhältnisse des Kartätschfeuers einen außerordentlichen, selten durch eine größere Wirkung auszugleichenden, Vorzug verdienen, so ist doch hierbei besonders zu berücksichtigen, daß die größere Schußweite der neuern Infanteriebewaffnung eine dem leichten Kaliber zusagende Annäherung vielfach zurückweisen wird.

Rechnet man hierzu noch, daß leichte Deckungen schon einen merklichen Schutz gegen das Kartätschfeuer der leichten Feldkanonen gewähren können, so gewinnt dadurch das Shrapnell- und Kartätschfeuer der schweren Kanonen in vielen Fällen im Vergleiche mit den leichten eine erhöhete Bedeutung. Auch in solchen Fällen, wo auf den nähern Schußweiten geringere Zielflächen zu treffen, oder stärkere Widerstände zu zerstören, zu durchschlagen sind, da wird das schwere Kaliber einen sichtbaren Vorrang einnehmen.

Hieraus folgt für den Gebrauch der schweren Feldkanonen:

266. „Zur wirksamen Beherrschung großer Gefechtsfelder aus „einer oder doch wenigen Aufstellungen in einer voraus„sichtlich längern Zeitdauer, gegen entferntere Sammel„plätze, Debouchéen und Entwickelungen, gegen schwierige „Passagen in größern Abständen, zur Bestreichung langer „Zugänge ist das schwere Kaliber der Feldkanonen be„sonders geeignet.

267. „Die Aufstellungen müssen hierbei gestatten, die Annähe„rung der feindlichen Artillerie wirksam zu bekämpfen, und „einen freien Shrapnell- und Kartätschbereich vor sich „haben."

268. „Zur Eröffnung des Angriffs gegen feindliche Stellungen, „um die feindliche Artillerie zu bekämpfen, zurückzudrängen „und die geschlossenen Truppen des Feindes zu beschießen, „die Entwickelung der eignen Truppen zu beschützen, sind „die schweren Kanonen besonders geeignet."

269. „Um auf mittlern und größern Schußweiten schwierige „Passagen, Debouchéen nachdrücklich zu beherrschen, ist das

„Shrapnellfeuer der schweren Feldkanonen als ein beson-
„ders wirksames Mittel anzuwenden."

270. „Zur unmittelbaren Vorbereitung des Angriffs auf Lisieren „u. s. w. ist das Kartätschfeuer der schweren Kanonen weit „wirksamer und gestattet, sich dabei dem Feuer der feind- „lichen Infanterie weniger auszusetzen, als es bei leichten „Kanonen der Fall ist."

271. „Zum Angriff auf besetzte Häuser, Gehöfte, Dörfer, auf „Schanzen, Umfassungsmauern, Pallisadirungen, Barri- „kaden u. s. w., zur Zerstörung besetzter Gebäude, leichten „Mauerwerks, zur Anwendung des Glühkugelfeuers sind „die schweren Feldkanonen den leichten vorzuziehen."

Beachtet man aber dagegen, daß die schweren Kanonen eine langsamere und anstrengendere Bedienung und Bewegung mit sich bringen, daß sie ein weit geringeres Munitionsquantum unmittelbar in das Gefecht mitführen, daher von den Munitionswagen sehr abhängig sind, daß sie ihre Stärke und Ueberlegenheit nur in solchen Fällen gehörig entwickeln können, wo sie Gefechtsfelder von großer Tiefe in einer längern Wirksamkeit zu beherrschen vor sich haben, ohne zu weitschweifigen Bewegungen und häufigem Positionswechsel veranlaßt zu werden, oder wo die Triebkraft des leichten Kalibers nicht zureichend ist, so folgt hieraus:

272. „Die schweren Feldkanonen eignen sich nicht für wechsel- „volle Gefechtsverhältnisse und Manövers, welche vor- „aussichtlich mit großer Beweglichkeit ausgeführt werden „müssen, können daher in der Regel nicht zu den Ge- „fechten kleinerer Truppenabtheilungen, der Avant- und „Arrieregarden, zu Umgehungen, Flankenmanövers u. s. w. „mit Vortheil verwendet werden."

273. „Zur Entwickelung ihrer vollen Ueberlegenheit und Gefechts- „kraft und zur Umgehung ihrer natürlichen Schwächen ist „es geboten, die schweren Batterieen ungetheilt zu erhalten,

„so lange es irgend möglich ist. Die Zersplitterung der „schweren Batterieen in Züge muß in den meisten Fällen „als unstatthaft erachtet werden."

274. „Die schweren Batterieen müssen in den Hauptrichtungen „des Gefechtes, also in den Richtungen der stärksten und „entscheidendsten Entwickelungen und so angesetzt werden, „daß sie voraussichtlich die kürzesten Bewegungen und den „geringsten Stellungswechsel, also eine möglichst ununter„brochene Gefechtsthätigkeit zu äußern finden."

275. „Fechten leichte und schwere Batterieen gemein„sam, so eröffnen die leichten am vortheilhaftesten den „Uebergang in nähere, die schweren den Abzug „in entferntere Aufstellungen; die leichten Batterieen „werden am zweckmäßigsten auf den Flügeln, namentlich „auf demjenigen fechten, welcher die längsten Wege mit „sich bringt und welcher am leichtesten bedroht werden „kann, oder welcher voraussichtlich Gelegenheit darbietet, „den Gegner zu umfassen, in die Flanke zu nehmen."

276. „Eine ununterbrochene und nicht zu weitschweifige Ver„bindung der Batterie mit den Munitionswagen ist bei „der Führung der schweren Feldbatterieen und ihrer Mu„nitionswagen besonders zu beachten."

277. „Gegen vereinzelte Züge schwerer Batterieen, welche bei „der Langsamkeit ihres Feuers wenig Kraft in der Ab„wehr der feindlichen Artillerie zu entwickeln vermögen, „wenn nicht das Terrain sie hierbei besonders unterstützt, „welche bei einem schwächern Munitionsbestande und bei „einer größern Abhängigkeit von ihrem Munitionswagen „eine viel geringere Manövrirfähigkeit entwickeln können, „müssen die leichten Kanonen durch dreiste Annäherung und „lebhaftes Manöver die Oberhand zu gewinnen suchen."

278. „Wenn leichte Batterieen zum Angriffe auf schwere vorge„führt werden müssen, so ist ihre Annäherung auf eine

„die Wirkung des leichten Kalibers mit dem schweren aus- „gleichende Schußweite der schwierigste und gefährdetste „Theil der Aufgabe; die Bewegung muß daher gedeckt, „maskirt und überraschend ausgeführt und so viel als „möglich seitwärts des Frontalfeuers der schweren Bat- „terie gegen eine Flanke derselben gerichtet sein."

279. „Schwere Batterieen sollen, besonders in den größern „Schußweiten, den Wechsel ihrer Feuerziele möglichst ver- „meiden, Querbewegungen des Feindes, nur wenn sie von „größerer Bedeutung sind, oder eine besondere taktische „Wichtigkeit gewinnen können, beschießen, sofern es mit „befriedigendem Erfolge geschehen kann."

280. „So lange es die Gefechtsverhältnisse gestatten, müssen „die schweren Batterieen die Munition ihrer Protzen un- „berührt lassen, indem sie sich direkt aus den Munitions- „wagen versorgen, die Protzmunition nur zum erforder- „lichen Wechsel der Geschoßart benutzen und sogleich wie- „der für deren Ersatz sorgen.

281. „Es muß vor allen Dingen Sorge getragen werden, daß „die schweren Batterieen in nähere Aufstellungen stets mit „voller Protzmunition vorgehen, besonders aber mit vol- „ler Shrapnell- und Kartätschmunition. So lange es „geht, muß ein geregelter Nachschub der Munition an- „geordnet seyn."

282. „Die schweren Batterieen dürfen naturgemäß vom Schnell- „feuer nur einen eingeschränkten, durch die Umstände ge- „rechtfertigten und wohlberechneten Gebrauch machen, um „nicht im Augenblicke der Entscheidung in die Gefahr des „Munitionsmangels zu verfallen."

Wenn es naturgemäß ist, daß alle Steigerungen des Effectes in andern Richtungen Schwächen nach sich ziehen und Einschränkungen des Gebrauches fordern, wenn dieses Naturgesetz auch in Bezug auf die gesteigerte Wirkung der Waffen seine volle

Geltung behaupten wird, so muß bei der Führung, beim Gebrauche der schweren Batterieen stets der Grundsatz leiten, die überlegenen Seiten der schweren Batterieen gehörig ins Spiel zu bringen, gründlich auszubeuten, und alle Gefechtslagen und Maßregeln nach Möglichkeit zu vermeiden, welche die schwachen Seiten der schweren Batterieen zur Geltung kommen lassen, ohne durch die größere Wirksamkeit ausgeglichen zu werden.

Ein Gleiches gilt von dem Gebrauche aller stark gesteigerten Geschoßwirkungen. —

§. 17.

Gebrauch der Feldhaubitzen.

Wir haben in der Lehre von der Wirkung die Gründe entwickelt, aus welchen wir für den Feldkrieg die Mitnahme kurzer Haubitzen verlangen und wir verweisen die Streitfrage, ob und welche Kanonenbatterieen mit Haubitzen zu versehen sind, in das Gebiet der Organisation. Wir wollen jedoch andeuten, daß alle Feldbatterieen, welche zu einem wechselvollen Gefecht berufen sind, auch einen befriedigenden Grad taktischer Selbständigkeit und Unabhängigkeit in sich tragen müssen, mithin auch die Fähigkeit, die wichtigsten Seiten des Artilleriefeuers äußern zu können. Solche Feldbatterieen müssen daher aus Kanonen und kurzen Haubitzen in einem angemessenen Verhältnisse zusammengesetzt werden, so daß sie also beide Hauptrichtungen des Artilleriefeuers, das direkte und das indirekte, wie man sich auszudrücken pflegt, in sich vertreten sehen. Wir sagen hier ausdrücklich, mit kurzen Haubitzen, weil wir auch nur deren Eigenthümlichkeiten dem Gebrauche der Haubitzen zu Grunde legen wollen.

Die Anhänger der kurzen Haubitze bedürfen weniger, als die Gegner, welche dieses Geschütz nicht ohne Abneigung und Besorglichkeit in den Kanonenbatterieen wahrnehmen können, des Hinweises, daß die großen Fortschritte des Haubitzfeuers, die Einführung der Shrapnells und tüchtig eingeübte Haubitzbedienungen einen großen Theil der den kurzen Haubitzen zugeschriebenen Schwächen beseitigt oder doch in einem befriedigenden Grade ermäßigt haben und daß die Fortschritte des Feuergefechts und der Taktik der Infanterie weit mehr, als früher, erwarten lassen, daß die Artillerie mit dem Kampfe gegen gedeckte Infanteriestellungen in vielfache Verbindung kommen und dabei durch das Schützenfeuer gezwungen sein wird, in größerer Entfernung abzubleiben. Hierdurch wird die Anwendung der kurzen Haubitzen, wie diejenige der schweren Kanonen weit häufiger eintreten und unentbehrlicher sein, als in den frühern Kriegen.

Ueber Zweck und Wesen der kurzen Haubitze, über ihre Geschosse und Schußarten spricht sich die Lehre von der Wirkung in den §§. 34, 74, 81 und 88 näher aus und wir bemerken hier nur ganz in der Kürze, daß die kurze Feldhaubitze mit Granaten, Shrapnells und Kartätschen ausgerüstet wird und den Bogenschuß, wie den Rollschuß, aber in weit fügsamern Formen, mit den Kanonen gemein hat.

Die im Vergleiche mit den Kanonen weit schwächer gehaltenen und dabei veränderlichen Ladungen erzeugen eine große Fügsamkeit der Flugbahnen, gestatten eine mannichfaltige und geschickte Kombination der Ladungen und der Richtungswinkel und begründen hierdurch gerade die Eigenthümlichkeit und die wahre Gefechtsstärke der kurzen Haubitze.

Man muß es als unverletzlichen Grundsatz anerkennen, daß die Sprengwirkung der Granate gegen das von der Haubitze beschossene Ziel zum vollen Austrage gebracht wird, daß die Flugbahn und der Geschoßstoß nur die Mittel sind, die dazu geeignetste Verbindung der Granate mit dem Ziele hervorzubringen und daß nur der Werth, der wirkliche Erfolg der Sprengwirkung, niemals der Ertrag des Geschoßstoßes den Gebrauch der Hohlgeschosse hervorrufen und rechtfertigen können."

Der alleinige Zweck des Granatfeuers bleibt daher in allen Fällen, die Sprengwirkung der Granate zu ihrem vollen Austrage zu bringen und sich hierbei der Flugbahn und Triebkraft des Geschosses nur als Mittel zu bedienen, so daß man jede Schußart verwerfen muß, welche jenem Zwecke nicht untergeordnet ist.

Die moralische Wirkung des Granatfeuers auf Truppen ruht, wie diejenige der Shrapnells und Kartätschen, auf der Vorstellung von dem ungewöhnlichen Umfange ihrer tödtenden Gewalt und ist eine dem Geschosse einverleibte Steigerung seines Effektes, wie schwankend und unberechnenbar dieselbe auch immer sein mag. Es wird wenige Fälle geben, wo nicht die moralische Wirkung des Granatfeuers, bei einer befriedigenden Trefferzahl selbst auf alte und kampfgewohnte Schaaren, geschweige auf Truppen von gewöhnlichem Werthe, eine erhebliche sein wird und dieß ist ein Grund mehr, die Sprengwirkung der Granate stets als Hauptsache in das Auge zu fassen. Nachdem wir dieß vorausgeschickt, ist uns eine Grundlage für das Urtheil über die Geschosse und Schußarten der kurzen Feldhaubitze gegeben.

Vergleichen wir die Geschoßwirkungen einer gut treffenden Granate, eines Shrapnells und eines Haubitzkartätschschusses unter der Voraussetzung, daß in allen diesen Fällen die Geschoßwirkung durch das getroffene Ziel gleichmäßig begünstigt wird, berücksichtigen wir dabei, daß das Haubitzfeuer im Allgemeinen langsam gegen dasjenige der Kanonen erscheint und in seinem Tempo auch nicht in solchem Verhältnisse, wie das Kanonenfeuer, gesteigert werden kann, so müssen wir es zuvörderst als eine Eigenthümlichkeit der Haubitze erkennen, „daß sie ihre Wirkung weder durch die Wahl der Ge-„schoßart, noch durch die Schußart, in sofern hier, wie bei

„Kanonen, die Triebkraft des Geschosses, oder der bestrichene „Raum seines Fluges, von Einfluß sind, noch endlich durch die „Beschleunigung des Feuertempos in solchem Maße, „wie Kanonen, zu steigern vermag."

Wenn also bei dem Gebrauche und bei der Führung der Feldkanonen der Wechsel der Aufstellungen, also der Schußweiten und Schußrichtungen, verhältnißmäßig große Steigerungen oder Ermäßigungen der Geschoßwirkungen sowohl durch Trefferzahl und Wechsel der Geschoßarten, als auch durch die Schußarten und durch das viel veränderlichere Feuertempo im natürlichen Gefolge hat, so wird beim Gebrauche und bei der Führung der Feldhaubitzen vorzugsweise die Zunahme des Treffens als das ergiebigste Steigerungsmittel der Wirkung angesehen und behandelt werden müssen. Der volle Erfolg des Granatfeuers ist von der gehörigen Verbindung des Sprengpunktes der Granate mit dem Ziele, also von einem genauen Treffen abhängig und dieß steigert den Werth glücklich treffender Granaten in gleichem Grade, wie beim Shrapnell- und Kartätschfeuer.

Hierdurch werden zwei Elemente beim Granatfeuer von dem größten Einflusse auf die Wirkung, die Längenabweichungen des Geschosses, was bei dem weit bestreichendern Fluge des Kanonenschusses nicht in solchem Maße der Fall ist, und das Einschießen der Haubitzen in einer genommenen Aufstellung, also die Schußrichtung gegen das Ziel, die genaue Richtung, die richtige Kombination von Ladung und Richtungswinkel, die sorgsame Beobachtung des Schusses und die Unveränderlichkeit der Stellung und Entfernung des Zieles.

Hieraus ergeben sich für die Führung der Haubitzen zunächst folgende Grundsätze:

284. „Man suche die Haubitzen stets in eine solche Stellung „zum Ziele zu bringen, daß sie dasselbe in seiner größten „Ausdehnung fassen können."

285. „Häufiger Stellungswechsel ist der Wirkung der Haubitzen „viel nachtheiliger, als den Kanonen, und dieß um so „mehr, je weniger Haubitzen in einer Aufstellung zu dem= „selben Zwecke vereinigt sind."

Betrachten wir nun die verschiedenen Geschosse und Schuß= arten der Haubitzen und berücksichtigen wir dabei die Langsam= keit der Bedienung, die Abhängigkeit der Haubitzen von ihrem Munitionswagen, in welchen Beziehungen sie gegen die Kanonen merklich zurückstehen, so gelangen wir zu folgenden Resultaten:

Der Bogenschuß der Haubitze ist entweder auf das Lie= genbleiben des Geschosses an oder nahe bei dem Ziele, also mit oder kurz nach dem ersten Aufschlage, oder darauf gegründet, daß das Geschoß noch mit verhältnißmäßig großer Trieb= kraft am Ziele anlangt und in dasselbe eindringt.

Die letztere Art des Bogenschusses, der flache, wird mit starker Ladung und entsprechend geringen Richtungswinkeln ab= gegeben, während die erstere, der hohe Bogenschuß mit ver= änderlichen schwachen Ladungen und unter solchen Richtungs= winkeln erfolgt, daß das Geschoß mit dem ersten Aufschlage liegen bleibt, oder doch nur noch wenig weiter forttreibt.

Der Rollschuß der Haubitze kann selbstverständlich nur mit Granaten zur Anwendung kommen, nur auf die Spreng= wirkung derselben gegen das Ziel, also auf Liegenbleiben der= selben an oder nahe dem Ziele gerichtet sein und ist wegen der Größe und Schwere der Granate unabhängiger vom Terrain und geregelter in den einzelnen Sprüngen, als der Rollschuß aus Kanonen.

Der flache Bogenschuß und der Rollschuß gestatten eine merklich schnellere Bedienung, als der hohe Bogenschuß, bei welchem der Wechsel der Ladungen und Richtungswinkel, die Größe der letztern, so wie die schwierigere Einbringung des Ge= schosses und die schwierigere Beobachtung des Treffens sehr ver= zögernd einwirken.

Man verbindet mit dem flachen Bogenschusse Granaten, Shrapnells und Kartätschen und kann die letztern beiden Geschoßarten, welche am Ziele nur durch eine hinreichende Triebkraft wirksam werden können, mit keiner andern Schußart verbinden.

Es frägt sich daher nur, ob und in welchen Fällen der flache Bogenschuß die Wirkung des Granatfeuers, d. h. die Sprengwirkung begünstigt.

Offenbar in solchen Fällen, wo die Triebkraft nothwendig ist, um die Granate tief genug in das Ziel einzutreiben, damit die Sprengwirkung mit der Masse des Widerstandes gehörig umgeben ist.

Bei Truppen würden also dichte und tiefe Kolonnen solche Ziele für das Granatfeuer im flachen Bogen sein, in welche die Granate hineinfährt, ihre Triebkraft dabei absorbirt und demnächst in der Kolonne zerspringt. Freilich werden sich solche Ziele den Haubitzen nicht häufig darbieten; nimmt man dazu die Gefahr, daß die Granate wegen des immer viel geringern bestrichenen Raumes, als der Kanonenschuß ihr darbietet, das Ziel übersliegt, oder durch Zwischenräume, aufgelockerte Stellen hindurchfährt, so muß man sagen, daß die eigentliche Granatwirkung beim flachen Bogenschusse nur in sehr seltenen Fällen ihre Rechnung finden kann. Es ist gewiß eine unsichere Rechnung, sich mit der gegen die Truppen in zweiter und dritter Linie erfolgenden Sprengwirkung zu trösten, weil dieß eine so starke Ansammlung der Truppen in bestimmten Richtungen voraussetzt, wie sie selten vorkommen möchte. Zudem ist es aber eben so taktisch richtiger, als moralisch wirksamer, wenn die vordern Truppen des Gegners, als die natürlichen Feuerziele, die volle Geschoßwirkung empfangen. Der flache Bogenschuß ist allerdings für die Haubitze, wenn sie mit Kanonen in Verbindung auftritt, ein sich natürlich darbietendes Mittel, durch die Natur dieser Schußart, durch die Größe des bestrichenen

Raumes, durch die schnellere, bequemere Bedienung sich dem Charakter des Kanonenfeuers möglichst zu assimiliren, allein diese Assimilirung und besonders mit solchen Opfern ist eben so sehr gegen den Zweck, als gegen die Natur der Haubitze. Gegen Deckungen und materielle Widerstände, welche durch die Sprengwirkung am vortheilhaftesten zerstört oder beseitigt werden können und dabei eine ziemliche Triebkraft der eindringenden Granate in Anspruch nehmen, ist der flache Bogenschuß der Granate geboten.

Für Shrapnells und Kartätschen ist wegen der nothwendigen Triebkraft der Sprengstücke und Kugeln der flache Bogenschuß die allein zulässige Schußart und es ist eine den Gegnern der kurzen Haubitze besonders anstößige Schwäche, daß sie in Bezug auf Energie und Schnelligkeit dieser beiden entscheidenden Feuergattungen den Kanonen, besonders den schweren, so merklich nachsteht. Dadurch wird natürlich die Widerstandsfähigkeit der Haubitzen gegen nahe und unmittelbare Angriffe auf eine allerdings empfindliche Weise geschwächt.

Hieraus ergiebt sich die Nothwendigkeit, diese Schwäche der Haubitzen entweder durch Kanonen, welche mit ihnen in Verbindung fechten, auszugleichen, oder die Haubitzen, wenn sie selbständig auftreten, in solchen Richtungen und Aufstellungen thätig zu machen, wo sie durch diese Schwäche weder sich selbst, noch den Gefechtszweck gefährden; keineswegs ergibt sich aber die Nothwendigkeit, deshalb die eigenthümliche Leistungsfähigkeit der Haubitze durch die Zwittergestalt einer langen Haubitze zu untergraben.

In sehr vielen Fällen ist der Granatrollschuß vortrefflich geeignet, das Feuer der Haubitzen mit demjenigen der Kanonen auf eine sehr ergiebige Weise gegen dieselben Ziele zu vereinigen, ohne die Nachtheile einer schwierigen, langsamen Bedienung, eines unbequemen Ladungs- und Richtungswechsels und einer den bestrichenen Raum völlig aufgebenden Flugbahn in den

Kauf zu nehmen. Wo das Terrain den Granatrollschuß nicht gestattet, da muß auch gegen freistehende oder bewegte Truppen im offnen Terrain der hohe Bogenschuß zur Anwendung kommen, um die Sprengwirkung der Granate zu verwerthen, wobei doch immer zu beachten bleibt, daß die Sprengwirkung im Stande ist, den Mangel des bestrichenen Raumes großen Theils zu ersetzen.

Charakterisiren wir nach diesen Betrachtungen das Haubitzfeuer, so gelangen wir zu folgendem Bilde:

Das Haubitzfeuer besitzt eine große Fügsamkeit der Flugbahnen, so daß es gegen gedeckte, wie gegen freie Ziele gleich brauchbar ist; es besitzt für die größern und mittleren Schußweiten in den Granaten und Shrapnells die Mittel ungewöhnlicher Geschoßwirkung bei einer geringern Schärfe des Geschoßstoßes und bei verhältnißmäßig wenig bestrichenem Raume; endlich besitzt es in dem Kartätschfeuer für die nächsten Schußweiten eine im Vergleich mit den Kanonen und im Verhältniß zu dem Granatfeuer und zum Shrapnell geringe Angriffs- und Widerstandsgewalt. Wenn die Kanonen durch den Uebergang von den Kugeln zu Shrapnells, oder Kartätschen, eine große Steigerung der Geschoßwirkung zu gewinnen im Stande sind, so ist es eine Eigenthümlichkeit der Haubitzen, daß sie ihre an sich große Geschoßwirkung durch Wahl und Wechsel der Geschoßart wenig oder gar nicht zu steigern vermögen. Diese Eigenthümlichkeit ist wohl in das Auge zu fassen und muß auf den Gebrauch der Haubitze angemessen zurückwirken. Eine glücklich einschlagende Granate wird in ihrer Wirkung von dem Haubitz-Shrapnell in der Regel nicht viel übertroffen werden und der Haubitzkartätschschuß kann für gewöhnlich als schwächer in seiner eigentlichen Geschoßwirkung angesehen werden, als die Granate, so daß nur in dem merklich schnellern Feuer mit Shrapnells und Kartätschen ein Steigerungsmittel gegeben ist.

Wenn man hierbei nun noch berücksichtigt, daß die Haubitze im Kartätschfeuer von den Kanonen übertroffen, im Shrapnellfeuer aber von denselben, besonders von den schweren mindestens erreicht wird, so folgt daraus, daß die Haubitze ihre Ueberlegenheit gegen Kanonen nur durch ihre Granatwirkung und durch ihren Gebrauch gegen gedeckte Ziele und solche geltend machen kann, gegen welche Kanonen nicht wirksam werden können.

Die Zündkraft der Granaten macht sie zu einem gegen leicht entzündliche Ziele brauchbaren Brandgeschosse, wenn diese Ziele nur leicht zu durchschlagende Deckungen haben, wie gewöhnliche Gebäude, Speicher u. s. w.

Die moralische Wirkung der Granaten gegen Truppen, besonders wenn sich dieselben in beengten Verhältnissen befinden, wie in Defileen, in geschlossenen Schanzen, in Straßen und auf Plätzen im Innern bewohnter Orte, im Innern von Gebäuden, gegen Truppen, welche bereits durch ein vorangegangenes Gefecht erschüttert sind, kann oft eine ungewöhnliche Größe erlangen und wird niemals ohne Erfolg sein.

Wir schließen zunächst für den Gebrauch der Haubitzen hieraus:

286. „Der Gebrauch der Haubitze muß vorzugsweise auf „die Wirkung des Granatfeuers und auf die Be„kämpfung gedeckter und solcher Ziele gestützt werden, „gegen welche Kanonen nicht wirksam werden können."

287. „Gegen ungedeckte Truppen muß entweder der hohe Bogen„schuß oder der Rollschuß zur Anwendung kommen, derge„stalt, daß die Sprengwirkung gegen dieselben erfolgt." —

288. „Nur gegen Truppen in sehr tiefer Formation, welche „man in ihrer Tiefe fassen kann, wird der flache Bogen„schuß mit Granaten nützlich sein."

289. „Das Shrapnell- und Kartätschfeuer der Haubitze unter„liegt denselben Gesetzen des Gebrauches, wie dasjenige „der Kanonen, nur wird es wegen seiner gekrümmteren

„Flugbahn gegen gedeckte Truppen, z. B. in Schanzen, „hinter niedrigen Terrainwellen besonders brauchbar sein, „während es im Uebrigen schwächer als dasjenige der „Kanonen ist.“

290. „Die Haubitze eignet sich weniger zur Beherrschung vor„liegender Bodenflächen in ihrer ganzen Ausdehnung, als „vielmehr zur Bekämpfung einzelner Punkte in denselben, „wird daher weniger gegen die Annäherung des Feindes, „als vielmehr gegen dessen Entwickelung auf bestimmten, „besonders auf gedeckten Punkten des vorliegenden Terrains, „oder gegen dessen Ueberschreiten schwieriger Terrainstellen „leisten.“

291. „Die Haubitze ist dagegen vorzugsweise dazu geschaffen, „gedeckte Aufstellungen, das Innere von Verschanzungen, „Pallisadirungen, Dörfern, Städten, Defileen u. s. w. zu „bekämpfen.“

292. „Die Haubitze wird in ungedeckten Aufstellungen dem An„griffe durch feindliche Kanonen nicht widerstehen können, „weil sie weder ihrer Annäherung hinreichenden Wider„stand leisten, noch der Wirkung ihres nahen und lebhaften „Feuers gleich kommen kann.“

293. „Die Haubitzbatterieen und isolirten Haubitzzüge dürfen „daher nicht in Richtungen und Aufstellungen auftreten, „in welchen sie dem direkten Feuer der Kanonen und dem „unmittelbaren Anfalle des Feindes ausgesetzt sind, ohne „durch anderweitige Maßregeln dagegen geschützt zu sein.“

294. „Die Haubitzbatterieen und isolirten Haubitzzüge werden „nicht mit Vortheil in gleichen Richtungen und gleicher „Höhe mit den Kanonenbatterieen auftreten und in allen „Fällen auf die eigne Deckung gegen feindliches Feuer „einen großen Werth legen.“

295. Die Haubitzbatterieen und isolirten Haubitzzüge eignen sich „nicht zu schnell verlaufenden, plötzliche oder heftige Rück-

„schläge zulassenden Gefechtsakten, desgleichen nicht zur „unmittelbaren Vorbereitung ungedeckter Angriffe und nicht „zur Abwehr derselben, sondern nur zur Einleitung und „Unterstützung solcher Gefechtsakte aus gesicherten Auf„stellungen zur Seite derselben; sie sind keine Waffe „des Nahegefechts."

296. „Die in den Kanonenbatterieen fechtenden Haubitzen suchen „sich durch eine geschickte Benutzung ihrer Schußarten und „Geschosse mit der Gefechtsthätigkeit und Wirkung der „Kanonen nach Möglichkeit zu vereinigen, ohne ihren eigen„thümlichen Charakter aufzuopfern. Die Kanonen werden „meistens im Stande sein, die Schwächen der beigegebenen „Haubitzen zu übertragen."

297. „Die Haubitzen werden vielfache Gelegenheiten finden, den „Rückzug eines geschlagenen Feindes mit großem Erfolge „zu gefährden und dürfen daher den dazu bestimmten „Batterieen in keinem Falle fehlen."

298. „Wenn sich Gelegenheiten zu einer besonders günstigen „Wirkung der Haubitzen darbieten, oder wenn größere „Erfolge nur durch Haubitzen zu erreichen sind, dann „sollen, besonders wenn zur Erreichung des Zweckes kein „großer Zeitaufwand geopfert werden darf, die Haubitzen „mehrerer Batterieen koncentrirt werden, wenn nicht Hau„bitzbatterieen disponibel sind, um die Langsamkeit des „Haubitzfeuers auszugleichen."

299. „Die Bestimmung der Haubitzbatterieen, die Haubitzwir„kung in größerem Maßstabe disponibel zu haben, ver„bietet naturgemäß die Zersplitterung dieser Batterieen „und gebietet ihre Aufsparung für eine größere Wirksam„keit derselben als Angriffswaffe gegen gedeckte Aufstel„lungen u. s. w." —

Wir müssen hier schließlich darauf hinweisen, daß mit dem Ausdrucke gedeckte Aufstellung sich ein rechter Uebelstand verbinden kann, wenn man diesen Ausdruck in der ganzen Unbestimmtheit des Begriffs auffaßt und nicht in jedem Falle unterscheidet, in welchen Beziehungen die deckende Eigenschaft der Stellung zu verstehen ist. Oft ist die Deckung nur ein Hinderniß gegen die genaue Erkennung und leistet dann natürlich auch nur den damit verbundenen Gewinn, der in einzelnen Fällen immerhin groß genug sein kann. Deckungen, welche gegen Infanteriefeuer schon bedeutenden Schutz gewähren, sind gegen Geschützfeuer unzureichend; in allen Fällen aber sind Deckungen, welche die Stellung des Gegners verbergen, ein großes Hinderniß für die zweckmäßige und erfolgreiche Anwendung des Infanterie- und Geschützfeuers, selbst wenn man weiß, daß die Deckung mit einer starken Truppenaufstellung verbunden ist.

Gegen solche der Einsicht entzogene Räume, von deren Besetzung mit angemessenen Streitkräften man Gewißheit hat, ist das Granatfeuer im hohen Bogenschuß, wenn starke Frontaldeckungen zu überfliegen sind, oder bei günstigem Boden und schwachen, nur die Einsicht wehrenden, Masken im Rollschuß das wirksamste und zuverlässigste Mittel.

Blicken wir nochmals auf die vorangehenden Erörterungen zurück und berücksichtigen wir, daß die kurze Haubitze den flachen Bogenschuß, wenn auch mit gekrümmterer Flugbahn, schwächerem Geschoßstoße und mit geringerer Wahrscheinlichkeit des Treffens, wie die lange Haubitze, zu erzeugen vermag, so ist es einleuchtend, daß die kurze Haubitze allein im Stande ist, den Forderungen an das Haubitzfeuer im freien Felde zu entsprechen, indem sie mit einer ausreichenden Fügsamkeit der Flugbahn die Sprengwirkung ihres Stammgeschosses in Verbindung zu setzen vermag.

Zu keinem andern Zwecke aber führt man Hohlgeschosse mit und die Triebkraft, welche man denselben gibt, kann immer nur als Mittel, die Sprengwirkung zu verwerthen und zu steigern, niemals als eigentliche Grundlage der Wirkung des Hohlgeschosses behandelt werden. Wenn nun die lange Haubitze mit denselben Schwächen einer kostbaren Munition und einer gleichen Abhängigkeit vom Munitionswagen ihre eigenthümliche Stärke in einer größern Triebkraft ihrer Geschosse geltend macht und dabei die Sprengwirkung ihrer Geschosse von dem zweifelhaften Umstande abhängig sieht, daß ihre Granaten, so zu sagen, in den Truppen stecken bleiben, nicht durchschlagen, in vielen Fällen aber gegen gedeckte Ziele den Erfolg versagt, so muß die lange Haubitze im freien Felde ungeeignet erscheinen. —

§. 18.

Gebrauch der langen Kanonen im Festungskriege.

Die langen Kanonen sind die natürlichen Repräsentanten flachgestreckter, in große Entfernungen hinschlagender Flugbahnen, scharfer und tief eindringender Geschoßstöße, einer weitreichenden Trefffähigkeit und eines sehr energischen Kartätschschusses.

Wenn nun im Festungskriege die Truppen gewöhnlich nur hinter Deckungen gegen einander in Gefechtsthätigkeit treten, so werden die Ziele des direkten Feuers vorzugsweise in diesen Deckungen bestehen, daher haben die Kanonen überhaupt, besonders aber die langen, die Aufgabe, die feindlichen Deckungen zu durchdringen oder zu zerstören. Diese Aufgabe ist bei der Widerstandsfähigkeit der im Festungskriege gebräuchlichen Deckungen nur zu lösen, wenn mit der bedeutenden Stoßkraft der Flugbahn zugleich eine verhältnißmäßig große Stoßkraft des Geschosses in Verbindung tritt.

Hieraus folgt zunächst:

300. „Die langen Kanonen müssen für den Festungskrieg mit „wenigen Ausnahmen von mittlerem und schwerem Kaliber sein."

301. „Der Angriff, welcher die stärkern Ziele zu bekämpfen hat, „bedarf auch vorzugsweise der schweren Kaliber."

302. „Die langen Kanonen sind nicht geeignet, einen vortheil-

„haften Gebrauch von den Hohlgeschossen zu machen, daher „nur mit Kugeln und Kartätschen auszurüsten."

303. „Die langen Kanonen schweren und mittlern Kalibers besitzen in der Anwendung glühender Kugeln das wirksamste „Brandgeschoß gegen Ziele, welche dem direkten Feuer „ausgesetzt sind." —

Zu den im Eingange dieses §. angegebenen charakteristischen Eigenschaften der langen Kanonen treten noch als eigenthümliche Vorzüge: die Wohlfeilheit des Schusses, die Leichtigkeit sowohl eines weitern Munitionstransportes, als auch der Heranschaffung von den Munitionsdepots zu den fechtenden Geschützen, die Brauchbarkeit langer Kanonen hinter tief eingeschnittenen Scharten, die Schonung der Scharten und Bettungen, die Einfachheit und Leichtigkeit der Bedienung, was beim Mangel an ausgebildeten Artilleristen von eben so großem Werthe sein kann, wie die Schonung der Scharten und Bettungen und die daraus entspringende Ersparniß an Arbeiten. Dagegen darf aber auch nicht unerwähnt bleiben, daß die langen Kanonen von schwerem Kaliber durch das bedeutende Gewicht ihrer Röhre und Laffeten den Transport überhaupt, besonders die Armirung der Werke und Batterieen, so wie den Stellungswechsel, (das Geschützmanöver der Festung), empfindlich erschweren und dadurch die irgend zulässige Einschränkung ihres Gebrauches, besonders in Festungen, gebieten.

Fassen wir nun das Gesagte zusammen und beachten wir dabei noch, daß sich die Möglichkeit denken läßt, ein Festungsgefecht, sowohl den Angriff, wie die Vertheidigung, wenn auch mit großen Opfern an Zeit und Streitkräften, ohne Wurfgeschütz, aber nicht ohne Kanonen, durchzuführen, so folgt hieraus:

304. „Alle Gefechtszwecke des Festungskrieges, welche sich mit „Sicherheit des Erfolges und mit einem zulässigen Zeitauf„wande durch das Kugel- und Kartätschfeuer der Kanonen „erreichen lassen, müssen den Kanonen zugewiesen werden."

305. „Die schweren Kanonen sollen nur da zur Anwendung „kommen, wo bedeutende Schußweiten gefordert werden, „wo in großen und mittlern Entfernungen Ziele von ge- „ringer Oberfläche getroffen oder Ziele von erheblicher „Widerstandsfähigkeit zerstört und wo in den kleinsten Ab- „ständen Ziele von ungewöhnlicher Widerstandsfähigkeit „vernichtet werden müssen."

306. „In allen übrigen Fällen, welche den Gebrauch der Ka- „nonen als vortheilhaft, zulässig oder nothwendig erscheinen „lassen, treten die mittlern Kaliber der langen Kanonen „und die kurzen Kanonen, so weit ihre Trefffähigkeit nicht „dagegen zu sprechen beginnt, in Gefechtsthätigkeit."

Vergegenwärtigen wir uns jetzt das Festungsgefecht, wie es gewöhnlich sich zu gestalten und zu verlaufen pflegt, so gelangen wir zu nachfolgenden nähern Gesetzen:

307. „Der Angriff bedarf des schweren Kalibers der „langen Kanonen:

a. „In den Enfilirbatterieen neben schweren Haubitzen, „weil hier in großen Entfernungen eine bedeutende Ge- „schoßwirkung mit befriedigender Trefffähigkeit gefordert „wird. Die Geschütze und Vertheidigungsanstalten der „Kourtinen, Flanken, im Rücken zu fassenden Bastions- „und Ravelinsfacen sind hier die Feuerziele der langen „Kanonen. Wenn hiernächst sichtbare Mauerflächen von „Reduits oder Kernwerken mit befriedigender Wahrschein- „lichkeit des Treffens und mit ausreichender Stoßkraft des „Geschosses beschossen werden können, so darf dieß nicht „unterlassen werden."

b. „In Demontirbatterieen, deren Abstand vom feind- „lichen Werke die Geschoßwirkung der mittlern langen „Kanonen und die Trefffähigkeit der kurzen Kanonen nicht „mehr befriedigend ausfallen läßt."

c. „In den Bresch- und Kontrebatterieen gegen ge-

„mauerte Eskarpen, gegen Geschützkasematten, Graben-„kaponieren und in den Logementsbatterieen gegen „neuere Kernwerke."

d. „In entferntliegenden Bombardementsbatte-„rieen zum Schießen mit glühenden Kugeln."

e. „Zur Beherrschung des Fahrwassers vor Küsten-„plätzen, um die Annäherung feindlicher Schiffe abzu-„wehren." —

308. „Die Vertheidigung bedarf des schweren Kalibers „der langen Kanonen:

a. „Gegen feindliche Depots, Parks u. s. w., welche „man mit einiger Aussicht des Erfolgs zu treffen vermag, „zum Gebrauche glühender Kugeln."

b. „Zur Beherrschung entfernter Terrainflächen, welche der „Angriff nur auf vorhandenen oder noch zu schaffenden „Uebergängen passiren kann."

c. „Zur Unterstützung vorgeschobener Werke, zur Beherr-„schung des Raumes zwischen solchen Werken, zur Ver-„theidigung vorliegender Werke, welche in der Kehle offen „sind und keine sturmfreien Reduits haben, überhaupt „aber in allen solchen Fällen, wo entweder ein besonders „großer Abstand zu beherrschen oder eine ungewöhnliche „Energie des Kartätschfeuers erforderlich wird."

d. „Gegen entferntere Bombardementsbatterieen, „welche keine geschützte Lage finden konnten, sich schlecht „gedeckt haben und mit befriedigendem Erfolge zu treffen „sind."

e. „In Küstenplätzen gegen einen Angriff von der „Seeseite zum Gebrauche glühender Kugeln, der „furchtbarsten Waffe gegen Schiffe."

f. „Zur Armirung der entferntern Kollateralwerke, weit zu-„rückgelegener Hauptwälle, welche die vorliegenden Werke, „Glacisflächen und das Vorterrain hinreichend überhöhen,

„um einem großen, weitreichenden und namentlich in der „Nähe der Glacisflächen durch nichts unterbrochenen Schuß=„bereiche zu genügen.“

309. „Der Angriff wendet die langen Kanonen mittlern „Kalibers an:

a. „Zum Schießen mit glühenden Kugeln aus „nahe genug an die Festung gerückten Bombardements=„batterieen.“

b. „Zum Demontiren des Festungsgeschützes in den „gewöhnlichen Demontirweiten. Zum Zerstören der Schar=„ten sind kurze Kanonen, besonders mit Hohlgeschossen, „wirksamer.“

c. „Zum Ricoschettiren des gedeckten Weges nur im „höchsten Nothfalle.“

d. „Zur Armirung der Bresch= und Kontrebatterieen „nur, wenn es an schweren Kalibern gebricht.“

e. „Zur Armirung der Logementsbatterieen gegen „die Abschnitte, wenn es an kurzen schweren Kanonen „fehlt und der Transport der langen schweren Kanonen „über die Bresche vermieden werden soll.“

310. „Die Vertheidigung wendet die langen Kanonen „mittlern Kalibers an:

a. „Ueberhaupt in allen Fällen, wo lange Kanonen am ge=„eignetsten erscheinen und das schwere Kaliber nicht aus=„drücklich geboten ist.“

b. „Zur Armirung gegen den gewaltsamen Angriff, „um die Glacisflächen, das Vorterrain und die wichtigsten „Passagen des Vorterrains zu beherrschen, so wie zur kräf=„tigen Kartätschvertheidigung sehr langer Hauptgräben.“

c. „Zur Armirung der angegriffenen Bastione und „Raveline gegen den Bau der Parallelen und Sappen.“

d. „Zur Armirung der Flanken gegen die näher gerückten An=„griffsarbeiten.“

e. Zum Geschützmanöver der Festung, z. B. gegen „einzelne schlecht unterstützte Angriffsbatterieen, zur stärkern „Armirung solcher Linien, gegen welche das feindliche „Feuer schwächer geworden oder unterdrückt ist.“

f. „Zur Armirung des Abschnitts gegen das Logement.“

g. „Zur Armirung der Kaponieren und Geschützkasematten „gegen die Kouronnementsbatterieen, so wie der Reduits „und Kernwerke, wenn es an kurzen schweren Kanonen „fehlt.“

h. „Ueberall in Ermangelung der langen schweren Kanonen, „wo die kurzen schweren Kanonen entweder wegen der „größern Schußweiten nicht die befriedigende Trefffähigkeit gewähren, oder wo sie gegen die Scharten und Erd-„arbeiten des Angriffs aufgespart werden müssen, oder „endlich, wo sie überhaupt fehlen.“

311. „Der Angriff bedient sich der langen Kanonen leichten Kalibers:

a. „Beim gewaltsamen Angriff zur Vorbereitung des „Sturmes.“

b. „Zur Vertheidigung der Parallele gegen Ausfälle „der Besatzung in den sogenannten Flügel-„batterieen.“

Zu den hier genannten Zwecken benutzt man die Feldartillerie der Angriffstruppen.

312. „Die Vertheidigung bedient sich der langen Ka-„nonen leichten Kalibers:

a. „Zur Armirung der Flanken, um die Gräben und „Eingänge, Brücken, Thore u. s. w. gegen Ueberfall und „gewaltsamen Angriff durch lebhaftes Kartätschfeuer zu „vertheidigen.“

b. „Zur Armirung der Abschnitte hinter dem Haupt-„walle, der Reduits in den Ravelinen und Waffen-„plätzen gegen den gewaltsamen Angriff.“

c. „Im gedeckten Wege gegen den Sappenbau, später „zum Geschützmanöver auf den Bastions- und Ravelins- „facen, sobald die Angriffsbatterieen zum größten Theil „ihr Feuer eingestellt haben."

d. „In den bombensichern Reduits des gedeckten „Weges, der Raveline und der Erdenceinte, wenn „es für letztere an andern Geschützen mangelt."

e. „Zum Gebrauche bei Ausfällen (Feldgeschütze)."

f. „Zur Armirung vorliegender Werke, welche nicht „sturmfrei sind und nur bei Tage mit Geschütz besetzt „werden können."

Wir sehen hieraus, daß der Vertheidiger in den letzten Perioden des Widerstandes immer mehr auf die Beweglichkeit und das Stellungsmanöver seiner Geschütze angewiesen ist, je mehr seine Widerstandsfähigkeit in den Hauptstellungen und Hauptrichtungen gebrochen worden ist. Die mittlern und leichten Kaliber sind dann naturgemäß die seinen Maßregeln zusagendsten Mittel eines zähen Widerstandes gegen die letzte Entscheidung.

§. 19.

Gebrauch der kurzen Kanonen im Festungskriege.

Es ist hier zunächst die Frage, ob man mit Vortheil schwere, mittlere und leichte Kaliber von kurzen Kanonen im Festungskriege anwendet, oder ob man sich ausschließlich für eine der drei Klassen entscheiden soll.

Die kurzen Kanonen, indem sie eine mit der Rohrlänge in angemessenem Verhältnisse verminderte Ladung annehmen, geben von der Stoßkraft der Flugbahn, von der Schärfe des Schusses und zugleich einen merklichen Theil der Trefffähigkeit auf den größern Entfernungen Preis; dem Vortheile ihrer leichtern Fortschaffung, Handhabung und Bedienung stellt sich der Nachtheil entgegen, daß sie die eignen Scharten weniger schonen, als die langen Geschütze.

Wenn nun im Festungskriege die Aufgabe der Kanonen fast ausschließlich in der Zerstörung der feindlichen Deckungen besteht, mithin eine bedeutende Geschoßwirkung dann um so unentbehrlicher ist, sobald es dem Schusse an Schärfe, der Flugbahn an Stoßkraft gebricht, so folgt daraus, daß im Festungskriege nur kurze Kanonen von schwerem Kaliber mit Erfolge angewendet werden können. Wir beziehen uns daher auch nur auf kurze schwere Kanonen.

Es ist ein natürliches Gebot, das, was an der Schärfe des Schusses geopfert wurde, so viel als möglich durch die Geschoßwirkung auszugleichen und zwar in einer Weise, welche der Natur der Ziele am meisten zusagt und zugleich den kurzen Kanonen für viele Gebrauchsfälle eine werthvolle Ueberlegenheit über die langen Kanonen sichert, denn ohne diese Ueberlegenheit würde der Gebrauch kurzer Kanonen sich gar nicht rechtfertigen lassen. Die Sprengwirkung der Geschosse ist gegen Erdwerke ein weit wirksameres Zerstörungsmittel, als die bloße Stoßgewalt der Vollkugel, wenn das Hohlgeschoß nur mit einer hinreichenden Triebkraft und mit der hierzu nothwendigen Gestrecktheit der Flugbahn gegen die Erddeckungen und in diese hinein geschossen wird.

Die kurzen Kanonen entsprechen diesen Bedingungen eines erfolgreichen Gebrauches der Hohlgeschosse, während die langen Kanonen sich nicht zur Anwendung der Granaten eignen und in diesem Gebrauche des Hohlgeschosses beruht die Ueberlegenheit und die fast ausschließliche Berechtigung der kurzen Kanonen.

Man rüstet daher die kurzen Kanonen schweren Kalibers für den Festungskrieg mit Vollkugeln, Granaten und Kartätschen aus; auch läßt sich nicht bezweifeln, daß die kurzen Kanonen in manchen Fällen einen höchst wirksamen Gebrauch von Shrapnells zu machen sehr geeignet sein würden.

Fassen wir nunmehr die charakteristischen Eigenschaften der

so ausgerüsteten kurzen Kanonen auf, so erhalten wir folgendes Bild:

1. Die Stoßkraft und Schärfe des Schusses und besonders des Granatschusses ist bedeutend geringer als bei langen Kanonen, aber größer als bei Haubitzen.

Die Trefffähigkeit der kurzen Kanonen nimmt über die mittlern Schußweiten des Festungskrieges hinaus, wenn es kleine Zielflächen zu treffen gilt, sehr schnell und empfindlich ab und zwar der Natur der Sache gemäß noch mehr bei Anwendung von Granaten, als bei Vollkugeln; in dieser Beziehung steht die kurze Kanone der langen sichtbar nach, übertrifft jedoch die Haubitze mit Ausnahme der schweren.

Man muß es überhaupt als ein einfaches Naturgesetz ansehen, daß mit der Schärfe des Schusses zugleich an Trefffähigkeit verloren geht, daß man diese Einbuße nur durch ein größeres Gewicht des Geschosses ausgleichen kann und daß deshalb im Allgemeinen der Grundsatz festgehalten werden muß, leichte Geschütze nicht ohne sehr triftige Gründe zu verkürzen und kurzen Geschützen stets ein schweres Kaliber zu geben.

2. Die gekrümmtere Flugbahn gestattet den kurzen Kanonen, vorliegende Deckungen zu überschießen und dahinter Zielpunkte zu treffen, wenn diese nicht zu dicht hinter der Deckung liegen. Die kurzen Kanonen sind deshalb ein sehr brauchbares Rikoschettgeschütz und wegen des stärkern Geschoßstoßes den leichten und mittlern Haubitzen überlegen.

3. Gegen Erddeckungen sind die kurzen Kanonen innerhalb der mittlern Schußweiten den langen Kanonen durch die Sprengwirkung der Granaten, den leichten und mittlern Haubitzen durch die Schärfe und Trefffähigkeit des Schusses merklich überlegen.

4. Gegen freistehendes Mauerwerk von gewöhnlicher Stärke, welchem erschütternde Kugelanschläge nachtheiliger, als scharfe Durchschläge des Geschosses sind, werden kurze Kanonen

auf nahen Schußweiten eine befriedigende Breschwirkung geben und können im Nothfalle und bei hinreichender Nähe selbst zum Zerstören von Mauerscharten auftreten.

Gegen Holzbauten sind die kurzen Kanonen durch Granatschüsse höchst wirksam.

5. Die Lebhaftigkeit des Feuers und der leichte Transport geben den kurzen Kanonen einen entschiedenen Vorzug vor den langen, so daß sie deshalb in manchen Fällen trotz ihrer schwächern Wirkung an Stelle der langen auftreten müssen.

Die Lebhaftigkeit des Feuers macht die kurzen Kanonen auf den nähern Schußweiten nicht allein zu einem brauchbarern, sondern auch zu einem wirksamern Kartätschgeschütz, als die langen Kanonen, wenn auch deren einzelner Schuß stärker ist. Die leichten und mittlern Haubitzen sind ohne allen Vergleich schwächere Kartätschgeschütze, auch ohne Zweifel in gleichem Maße schwächere Shrapnellgeschütze.

6. Während lange Kanonen nur hinter tiefen und horizontalen Erdscharten zu brauchen sind, können kurze Kanonen auch hinter erhöhten gebraucht werden; dabei schonen die kurzen Kanonen die Erd- und Mauerscharten mehr, als die Haubitzen.

Hieraus folgt nunmehr für den Gebrauch der kurzen Kanonen:

313. „Die kurzen Kanonen treten überall mit Vortheil an die „Stelle der langen von schwerem und mittlerm Kaliber, „wo es weniger auf eine ungewöhnliche Endgeschwindigkeit „des Geschosses, als vielmehr auf eine starke Erschütterung „des Zieles ankommt, oder wo die Sprengwirkung mehr, „als ein starker, durchdringender Stoß des Geschosses zu „wirken vermag.

„Der Gebrauch der kurzen Kanonen wird, wenn nicht „kleine Zielflächen zu treffen sind, selbst noch auf den grö„ßern Entfernungen vortheilhaft bleiben, so lange die

„Sprengwirkung die etwa geringere Trefferzahl überwie-
„gend auszugleichen vermag."

314. „Die kurzen Kanonen treten ferner mit überlegener Wirkung an die Stelle der schweren, wo eine besondere „Fügsamkeit der Flugbahn zum Ueberschießen vorliegender „Deckungen nothwendig wird, oder wo die Sprengwirkung „sich außer der Zerstörung von Erd- und Holzdeckungen „noch durch allgemeine Beunruhigung gedeckter Linien und „Räume besonders werthvoll machen kann."

315. „Die kurzen Kanonen treten ferner überall in den Vorzug ein, wo ein lebhaftes Feuer von besonderem Werthe „ist, namentlich als starkes Kartätsch- und Shrapnell„geschütz für nicht zu große Schußweiten, endlich, wo „die Schwierigkeiten des Transports, der Handhabung, „Aufstellung und des voraussichtlichen Stellungswechsels, „oder wo eine starke Belastung der Aufstellungspunkte, „wie in den obern Stockwerken von Reduits u. s. w., „erhebliche Gründe gegen die Anwendung langer schwerer „Kanonen geltend machen."

Daraus folgt nun im Speziellen für den Festungskrieg:

316. „Der Angriff wendet die kurzen Kanonen mit Erfolg an:

a. „Zum Rikoschettiren des gedeckten Weges, namentlich, „wenn derselbe gut pallisadirt, traversirt und mit hölzernen „Blockhäusern versehen ist."

b. „Zum Demontiren, um die Schartenbacken zusammen„zuschießen, während die etwa nebenstehenden langen „Kanonen die Geschütze hinter den Scharten zu treffen „suchen."

c. „In den Kontrebatterieen gegen Erdflanken."

d. „Zum Breschelegen freistehender Mauern."

e. „In den Breschbatterieen des Logements gegen „schwach eskarpirte Erdabschnitte, um zuerst als

„Demontirgeschütz gegen den Abschnitt zu dienen, demnächst „die Mauer in Bresche zu legen."

f. „Zum Rikoschettiren der Wallgänge ist die kurze „Kanone sowohl wegen der Höhe der vorliegenden Dek-„kung, als auch wegen der Stärke der Traversen unge-„nügend und schwächer selbst, als die Haubitze mittleren „Kalibers."

g. „Zum Demontiren aus größern Entfernungen „ist wegen der schnell abnehmenden Trefferzahl aus kurzen „Kanonen die Anwendung der langen vorzuziehen."

h. „Gegen stark gemauerte Reduits und Kaponieren „können kurze Kanonen nicht zum Breschelegen „angewendet werden." —

317. „Die Vertheidigung benutzt die kurzen Kanonen mit „Vortheil:

a. „Gegen die entdeckte Laufgrabenarbeit zur Ge-„schützverstärkung wegen der größern Schußweiten nur „in Ermangelung anderer Geschütze, desgleichen nur in „Ermangelung andrer Geschütze gegen unvollendete Tran-„cheen, gegen den Batteriebau u. s. w. der ersten Angriffs-„periode."

b. „Gegen die Demontirbatterieen, um auf Linien, welche „dem Rikoschettfeuer entzogen sind, mit mehrfachem Stel-„lungswechsel aufzutreten. Der Stellungswechsel, wel-„cher zum Schutz gegen das feindliche Enfilir- und Wurf-„feuer nothwendig wird, gestattet nur die Benutzung flacher „Scharten und leichter Bettungen. Die so manövrirenden „kurzen Kanonen müssen ihr Feuer gegen einzelne Demon-„tirbatterieen koncentriren, um sie zu unterdrücken und die „dadurch frei gewordene Linie wieder stark gegen die Ar-„beiten des Angriffs zu besetzen. Eine andere Verwen-„dung als gegen die Demontirbatterieen ist in „dieser Periode den kurzen Kanonen nicht gestattet."

c. „Gegen das Kouronnement, hinter den Scharten der „Flanken und Kourtine der Angriffsfront, auf den Neben-„kourtinen, in den Kasematten, Kaponieren und Revers-„batterieen."

d. „Zur Bewaffnung des Abschnitts."

e. „Zur Armirung innerer Werke."

f. „In allen Fällen, wo ein starkes Kartätsch- oder „Shrapnellgeschütz innerhalb der zulässigen Schuß-„weiten von entscheidender Wirkung werden kann."

Es betrifft zwar lediglich die technische Handhabung des Geschützes, mit welcher wir es hier nicht zu thun haben, dennoch wollen wir hier zum Schluß erwähnen, daß die kurzen Kanonen als Granatgeschütze außer ihrer Brauchbarkeit hinter jeder Art von Scharten lediglich dadurch den Haubitzen überlegen sind, daß neben einer großen Trefffähigkeit ihre Schüsse gleichzeitig eine größere Stoßkraft ausüben, als die Schüsse aus kurzen Haubitzen und daß es daher ein allgemein giltiger Grundsatz für den Gebrauch der kurzen Kanonen sein muß, ihrem Feuer stets eine dem Haubitzfeuer überlegene Stoßkraft des Schusses zu sichern. Daher ist es geboten, den Rikoschettschuß der kurzen Kanonen möglichst flach zu halten und bei hohen Deckungen lieber Haubitzen zu gebrauchen.

Dieß entspricht auch dem Zwecke und dem Wesen der kurzen Kanonen, als ein sehr kräftiges Mittelglied zwischen die langen Kanonen und die Haubitzen einzutreten, mithin für bestimmte und darum fest eingeschränkte Aufgaben einzutreten, für welche weder die Kanonen, noch die Haubitzen allen wesentlichen Bedingungen zu entsprechen vermögen. (Siehe über die Charakteristik der kurzen Kanonen das Weitere in der Lehre von der Wirkung §§. 66. 86.)

§. 20.

Gebrauch der langen Haubitzen im Festungskriege.

Wir haben uns bereits in der Lehre von der Wirkung, §. 81 und §. 87, über Begriff, Zweck und Wesen der langen Haubitzen ausgesprochen und wollen uns hier das Wesentlichste der lebendigern Auffassung halber kurz vergegenwärtigen. Offenbar kann die Haubitze im Festungskriege nur die Bestimmung haben, entweder gegen die Truppen und Arbeiter des Gegners, welche dem Kanonenfeuer entzogen sind, von den Mörsern aber nicht mit gleichem Erfolge bekämpft werden können, oder gegen die Deckungen zu wirken.

Zur Bekämpfung der Truppen hinter den mannichfaltigen Deckungen des Festungskrieges gehört weit mehr eine große Mannichfaltigkeit der Flugbahnform, als eine bedeutende Triebkraft oder Sprengwirkung des Geschosses.

Wenn es daher nicht vortheilhaft erscheint, wegen der größern Schußweiten, oder wegen des zu hohen Geschoßeinfalles, oder wegen der langsamern Bedienung, oder weil feindliche Stellungen in einer längern Ausdehnung gleichzeitig gefährdet werden sollen, Mörser von leichtem und mittlerm Kaliber anzuwenden, so tritt die **kurze Haubitze von leichtem** oder **mittlerem Kaliber** in Wirksamkeit und zwar die letztere, wo stärkere Deckungen eine bedeutendere Triebkraft und Sprengwirkung werthvoll machen oder in Ermangelung der leichten Haubitzen. In diesen hier nur ganz allgemein angedeuteten Fällen ist die kurze Haubitze durch die Fügsamkeit ihrer Flugbahnen das brauchbarste Geschütz.

Die im Festungskriege vorkommenden gedeckten Stellungen sind indessen leicht zu fehlen, weil, auch wenn sie ihrer Länge nach gefaßt werden können, sie verhältnißmäßig sehr schmal sind und weil der befestigte oder gedeckte Boden vielfach durchschnitten ist, so daß verhältnißmäßig geringe Seitenabweichungen schon Fehlschüsse erzeugen. Die Wirkungssphäre der kurzen Haubitzen wird deshalb, um eine tüchtige Wirkung zu erlangen, auf die mittlern und geringern Schußweiten beschränkt werden müssen, so viel es die Verhältnisse irgend gestatten.

Für größere Schußweiten müssen die kurzen Kanonen oder die langen Haubitzen den Forderungen des Granatfeuers entsprechen, und in diesen Fällen ist es auch nicht erforderlich, eine bedeutende Fügsamkeit der Flugbahn zu entwickeln. Wo aber, die feindlichen Deckungen und zwar die widerstandsfähigern zu zerstören, die Absicht ist, mithin eine bedeutende Stoßgewalt des Geschosses und eine ungewöhnliche Sprengwirkung unerläßlich werden, da müssen lange Haubitzen vom schwersten Kaliber eintreten, wenn diese Deckungen von vorn getroffen werden können.

Solche ungewöhnliche Leistungen beziehen sich auf bestimmte und besonders wichtige Anlagen der Befestigung oder des Angriffs, welche daher auch nur in dazu geeigneten Gefechtsperioden und Geschützstellungen zu Gefechtsobjekten werden, so daß die Haubitzen zu diesem Zwecke zwar eine formenreichere, fügsamere Flugbahn besitzen müssen, als die kurzen Kanonen, aber in weit engern Grenzen, als die kurzen Haubitzen.

Eine ungewöhnliche Stoßkraft und Sprengwirkung des Geschosses und eine ungewöhnliche Trefffähigkeit auf allen Entfernungen müssen die lange Haubitze sowohl über die kurzen Kanonen, als auch über die kurzen Haubitzen gleich weit erheben und hierzu ist ein ungewöhnliches Geschoßgewicht die allein natürliche Grundlage.

„Die langen Haubitzen müssen daher vom zulässig schwersten Kaliber sein."

Diesem Grundsatze gemäß setzen wir hier auch nur lange Haubitzen von schwerem Kaliber voraus.

Das Stammgeschoß der Haubitze, die Granate, ist es auch für die lange Haubitze und macht mit vollstem Rechte den größten Theil ihrer Ausrüstung für den Festungskrieg aus.

Die schwere Granate wird durch die erschütternde Gewalt ihres Stoßes und durch eine ihrer Größe entsprechende Sprengwirkung zur fruchtbarsten Zerstörungswaffe gegen starke Erd- und Holzdeckungen, ja selbst gegen freistehende Mauern ist der Stoß der schweren Granate eine kräftige Breschwaffe, ohne aber zugleich die vortheilhafteste und dabei gehörig verwerthet zu sein.

Die Bestimmung der Granate, die stärksten Erd- und Holzdeckungen zu zerstören, bedingt ein hinreichendes Eindringen in dieselben, also, wenn nicht eine große Fallgeschwindigkeit dazu erforderlich ist, eine durch entsprechende Ladung erzeugte Triebkraft des Geschosses.

Die kurzen Haubitzen können eine hierzu hinreichende Ladung nicht annehmen und die kurzen Kanonen würden nicht die Schwere des Geschosses mit der hinreichenden Krümmung der Flugbahn zu vereinigen im Stande sein, abgesehen von dem unverhältnißmäßigen Gewichte des Geschützes und der Laffetirung für Kanonen so bedeutenden Kalibers.

Die lange Haubitze, durch die Bestimmung ihres Stammgeschosses auf eine entsprechende Stärke der Ladung und eine hiernach bestimmte Rohrlänge hingewiesen, muß ihre stärkste Seite gerade in der ungewöhnlichen Triebkraft geltend machen, mit welcher sie die Granaten fortschleudert. Eine bedeutende Weite und Sicherheit des Schusses sind die natürlichen Eigenschaften eines mit großer Triebkraft sich bewegenden Geschosses von so großem Gewicht.

Durch die Verbindung einer gewaltigen Stoßkraft, Sprengwirkung, einer bedeutenden Weite und Sicherheit des Schusses ist die lange Haubitze allen übrigen Geschützen von üblicher Konstruktion so bedeutend überlegen.

Hieraus müssen wir zuvörderst für den Gebrauch der langen Haubitze die nachfolgenden Grundsätze ableiten:

318. „Die lange Haubitze muß ihre ungewöhnliche Gefechts-

„kraft für den Festungskrieg vorzugsweise auf die Stärke „und den Gebrauch ihres Granatfeuers stützen.“

319. „Die lange Haubitze muß stets die zulässig stärksten La„dungen und zulässig kleinsten Richtungswinkel anwenden, „welche Entfernung und Lage des Zieles, so wie die etwa „vorliegenden Deckungen gestatten.“

Man würde durch ein kalibermäßiges Vollgeschoß eine ungewöhnliche Stoßgewalt mit einer stark gekrümmten Flugbahn vereinigen und dadurch bedeutende Breschwirkungen gegen starke Mauerwerke erlangen, welche durch vorliegende Deckungen gegen direktes Feuer gesichert sind, so daß Logements in Fällen erspart werden könnten, welche die Errichtung, Armirung und das Gefecht der Logementsbatterieen außerordentlich schwierig, langwierig, gefährlich und selbst zweifelhaft machen.

Es ist indessen auch nicht zu verkennen, daß dergleichen Vollgeschosse ihres Gewichtes wegen den Transport und die Versorgung der thätigen Geschütze erheblich erschweren, daß die Geschütze und Bettungen durch die Rückwirkung einer so schweren Vorlage ungewöhnlich leiden und daß ein solches indirektes Brescheseuer doch immer zweifelhaft und meist von so unvollständigem Erfolge bleiben möchte, daß zuletzt doch die Errichtung eines Logements gegen die letzten Widerstandsmaßregeln erforderlich wird.

Es folgt hieraus:

320. „Die Ausrüstung der langen Haubitze mit Vollgeschossen „und deren Gebrauch zur Erzeugung ungewöhnlicher Stoß„wirkungen wird höchst eingeschränkt und nur selten Statt „finden können.“

In Betreff des Shrapnell- und Kartätschfeuers, so wie der Brand- und Leuchtgeschosse der langen Haubitzen werden die Größe, Triebkraft, Weite und Sicherheit des Schusses die Elemente sein, in welchen sich die Wirkungsgröße und der Gebrauch dieser Geschoßarten fixiren.

Es ist vorauszusehen, daß die Shrapnells der langen Haubitze durch Schußweite und durch die Zahl der Sprengstücke und Kugeln die Shrapnells der kurzen Kanonen an Wirkung merklich übertreffen und den Shrapnells der kurzen Haubitzen außer allem Vergleiche überlegen sind. Man wird daher in allen Fällen, wo ein weitreichendes energisches Kartätschfeuer von Werth ist, namentlich wo das Kartätschfeuer der langen Kanonen von schwerem Kaliber seine eigentliche Wirkungssphäre findet, die Shrapnells der langen Haubitze mit Erfolg in Anwendung bringen können, desgleichen in Fällen, wo vorliegende Deckungen den Kartätschen aus Kanonen keine befriedigende Wirkung versprechen.

Das Kartätschfeuer der langen Haubitze hat zwar die Schwächen des Haubitzkartätschfeuers der Natur der Sache gemäß an sich, indeß doch in einem so geringen Maße, daß bei der Größe und Anzahl der Kartätschkugeln der Kartätschschuß der langen Haubitze mit dem Kartätschschusse der langen Kanonen mittlern Kalibers und der kurzen Kanonen den Vergleich aushält, mithin auch den Forderungen des Festungskrieges entspricht.

Die Brand- und Leuchtgeschosse haben die ihrem Kaliber entsprechende Geschoßwirkung, natürlich mit den diesen Geschossen anklebenden Mängeln, über welche wir in den §§. 20 und 21 der Lehre von der Wirkung uns näher ausgesprochen haben. Wir haben hier nur noch in Bezug auf die lange Haubitze hinzuzufügen, daß sie sich in den meisten Fällen durch die größere Weite und Sicherheit des Schusses besser, als die kurzen Haubitzen und Mörser, zum wirksamen Gebrauche der Brand- und Leuchtgeschosse eignen wird. Besonders wird die lange Haubitze mit Brandgranaten den langen Kanonen schweren Kalibers als wirksames Brandgeschütz für größere Schußweiten zur Seite treten können, wenn auch die Glühkugeln der Kanonen eine weit größere Wirkung, als die Brandgranaten versprechen; die schweren Mörser werden mit Brandbomben nicht so zuverlässig im Treffen sein, als die langen Haubitzen.

Wir müssen uns also die lange Haubitze für den Festungskrieg dergestalt ausgerüstet vorstellen, daß sie als: Granatgeschütz, Breschegeschütz (mit Vollkugeln), Shrapnell-, Kartätsch-, Brand- und Leuchtgeschütz auftreten kann und daß sie in allen diesen Richtungen fast alle übrigen Geschütze an Weite und Sicherheit des Schusses, an Größe und Eigenthümlichkeit der Geschoßwirkung bedeutend überflügelt, daß sie eine ungewöhnliche Stoßgewalt mit einer bedeutenden Eigenwirkung des Geschosses an Flugbahnen von solcher Fügsamkeit knüpft, um freistehende und nicht zu stark maskirte Ziele mit gleich großer Zerstörungsmacht zu bekämpfen. —

Daneben müssen aber auch die Mängel und Uebelstände beachtet werden, welche den Gebrauch dieses Geschützes einzuschränken gebieten.

Die Munition ist kostbar, schwer zu transportiren, die Bedienung des Geschützes ist langsam, das Geschütz greift seine eignen Scharten sehr an, fordert viele Scharten, ist deshalb nicht zum Gebrauche in Kasematten und Geschützständen geeignet und kann hinter Erdscharten nur dadurch eine befriedigende Deckung gewinnen, daß dieselben flach eingeschnitten und nach vorn erhöht sind.

Unter Beachtung dieser schwierigen Seiten der langen Haubitze folgen zunächst als allgemeine Grundsätze für ihren Gebrauch:

321. „Die lange Haubitze muß sorgsam für alle solche Fälle „des Gebrauches aufgespart werden, wo die Wirkung „anderer Geschütze unzulässig oder unbefriedigend ist und „wo zugleich die lange Haubitze im Stande ist, die ganze „Ueberlegenheit ihrer Wirkung gehörig zu verwerthen, so „daß die Mängel und Schwierigkeiten ihres Gebrauches „dadurch vollkommen aufgewogen werden.“

322. „Der Angriff, welcher stärkere Deckungen und Hindernisse „zu bekämpfen hat, wird einem ausgedehntern und viel„seitigern Gebrauch von der langen Haubitze machen können, „als die Vertheidigung." —

Hieraus ergeben sich nun folgende nähere Gesetze für den Gebrauch der langen Haubitze:

323. „Der Angriff bedient sich gern der langen Haubitze:

a. „Bei der Blokade mit langen schweren Kanonen ge„meinschaftlich, wenn solche Mittel zu Gebote stehen, zur „Beherrschung eines weiten Schußbereiches, um die Kom„munikation der Festung nach Außen zu unterdrücken, wo „dieß von besonderer Wichtigkeit ist, also nur in sehr selt„nen Fällen bei bedeutenden Festungen."

b. „Zum Bombardement ist die lange Haubitze besonders „dann den Mörsern vorzuziehen, wenn dasselbe aus irgend „bedeutenden Entfernungen erfolgen muß."

c „In den Enfilirbatterieen mit den langen schweren „Kanonen in Verbindung."

d. „In den Rikoschettbatterieen gegen den Wallgang."

e. „In der halben Parallele gegen die Blockhäuser des „gedeckten Weges."

f. „In den Breschbatterieen nur, wenn die schweren „Kanonen allein nicht zum Ziele gelangen können."

324. „Die Vertheidigung wird die langen Haubitzen überhaupt „nur dann gebrauchen, wenn entweder die Schußweiten der „Trefffähigkeit andrer Geschütze und der Gewalt ihrer „Geschoßwirkung empfindlichen Abbruch thun, oder wenn „der Vertheidiger genöthigt ist, durch ungewöhnliche Ge„schoßwirkungen den Erfolg weniger Geschütze nach Mög„lichkeit zu steigern, also:"

a. „Gegen die Blokade, wenn der Feind genöthigt ist oder „den Versuch macht, sich in solcher Nähe der Festung auf„zustellen oder festzusetzen, daß die langen Haubitzen mit

„Erfolg dagegen wirken können; in Seeplätzen zur Fern-
„haltung größerer Schiffe."

b. „Gegen wirksam zu erreichende Bombardementsbat-
„terieen und gegen die Annäherung größerer
„Schiffe."

c. „Gegen den gewaltsamen Angriff vorzugsweise zur
„Beherrschung vorliegender Werke, entfernter Defileen,
„Zugänge, welche der Angriff überschreiten muß, zur
„Gefährdung entfernter Truppenansammlungen u. s. w.,
„wobei sich viel Gelegenheit zu bedeutenden Shrapnell-
„wirkungen ergeben kann."

d. „Zur Gefährdung der Depots, Parks u. s. w. des
„förmlichen Angriffs, ferner gegen unvollendete
„Laufgrabentheile, gegen den Batteriebau, gegen
„die Demontirbatterieen, gegen den Uebergang zur
„3ten Parallele, späterhin von den Kollateralwerken aus
„gegen das Kouronnement, gegen die Grabendescente,
„und gegen die Vorbereitung zum Sturme der
„Bresche werden einige lange Haubitzen dem Vertheidiger
„große Dienste zu leisten vermögen."

325. „Auch im Festungskriege sollen sich die Haubitzen nie in
„einen direkten Geschützkampf mit den Kanonen-
„batterieen des Feindes einlassen, welchem auch die
„lange Haubitze wegen des langsamen Feuers und der
„weiten Scharten nicht gewachsen ist, um so weniger,
„weil sie bei tiefen Scharten die eigne Scharte sehr schnell
„verbrauchen würde."

326. „Endlich ist noch zu erwähnen, daß die lange Haubitze
„vom Vertheidiger gern auf solchen Punkten aufgestellt
„wird, wo sie zugleich zur Erleuchtung des Vorterrains
„benutzt werden kann." —

Es ist einleuchtend, daß durch die langen Haubitzen und durch die kurzen schweren Kanonen der Gebrauch der Sprengwirkung des Geschosses eine außerordentliche Erweiterung gewonnen hat und daß nur hierdurch der Angriff mit der zunehmenden Widerstandsfähigkeit der neuern Festungsanlagen Schritt halten konnte. Die durch eine gesicherte und kräftige Grabenvertheidigung, so wie durch Reduits im Innern der Werke begründete Sturmfreiheit und Selbständigkeit der neuern Werke hat die Entwaffnung der Erdwälle weniger entscheidend gemacht, indem die Besitznahme des gedeckten Weges, das Zustandekommen des Kouronnements und der Grabenübergang von der Ueberwältigung der dagegen auftretenden, bis dahin dem direkten Feuer des Angriffs entzogenen Blockhäuser und Grabenwerke abhängig geworden sind und indem später das Logement in gleicher Weise von innern, gegen Wurffeuer und direkten Angriff gesicherten Reduits bekämpft wird. —

§. 21.

Gebrauch der kurzen Haubitzen im Festungskriege.

Wir haben hier die Gefechtskraft der kurzen Haubitzen, wie sie für den Feldkrieg gegeben ist, zu Grunde zu legen und mit den Forderungen des Festungskrieges in Verbindung zu bringen.

Sie treten für den Festungskrieg mit ihrem Granatfeuer, mit Shrapnells und Kartätschen und mit demselben Formenreichthume der Flugbahnen auf, wie sie diese Elemente für den Feldkrieg besitzen, und wenden außerdem noch Brand- und Leuchtgeschosse an.

Es liegt in der Natur der Dinge, daß in Betreff der Brand- und Leuchtgeschosse von einer bedeutsamen und zuverlässigen Wirkung der kurzen Haubitzen nicht wohl die Rede sein kann, da diese Geschosse bei leichtem und mittlerem Kaliber zu wenig Satzmasse enthalten; man gebraucht deshalb die kurzen Haubitzen zu diesen Zwecken, wo theils ihre Aufstellung, theils die allgemeinen Verhältnisse sie in diesen Wirkungsarten unterstützen. Die kurze Haubitze, welcher wir auch im Festungskriege nur ein leichtes und mittleres Kaliber zuerkennen, indem wir für das schwere Kaliber stets ein langes Haubitzrohr verlangen, charakterisirt sich unter allen Geschützen durch die ausgedehnteste Fügsamkeit ihrer Flugbahnen, durch die größte Freiheit im Wechsel der Ladungen und Richtungswinkel und sie muß daher auch im Festungskriege diese ihre starke Seite als ein Mittel benutzen, sich da nützlich zu machen, wo andere Geschütze entweder nicht geeignet sind zu wirken, oder nicht mehr disponibel gemacht werden können, oder nicht vermögen, die für die Wirkung günstigste Flugbahnform anzunehmen, oder endlich Unbequemlichkeiten, Schwierigkeiten mit sich bringen, welchen die kurzen Haubitzen nicht unterworfen sind.

Im Feldkriege machen viele Fälle die kurze-Haubitze geradezu unentbehrlich, weil kein anderes Feldgeschütz im Stande ist, das Innere gedeckter Stellungen zu gefährden, wie es die kurze Haubitze vermag; im Festungskriege dagegen ist bei der Anwesenheit der Mörser die kurze Haubitze nicht unbedingt als unentbehrlich anzusehen. Wir müssen daher in jedem Falle, wo gedeckte Aufstellungen zu bekämpfen sind und dieß durch leichte und mittlere Hohlgeschosse mit Erfolg geschehen kann, die Frage entscheiden, ob dieß am wirksamsten durch kurze Haubitzen, oder durch Mörser leichten und mittlern Kalibers erfolgen wird. Diese Frage ist aber erheblich, weil die kurze Haubitze in den meisten Fällen einen Schartenstand und einen größern Aufstellungsraum fordert, daher dem feindlichen Feuer mehr ausgesetzt ist und ein größeres Ziel darbietet, als der Mörser, welcher auch im Uebrigen ein viel wohlfeileres und sehr viel weniger Transportmittel forderndes Geschütz ist.

Wir müssen daher für den Gebrauch der kurzen Haubitze und für die Zurückweisung des Mörsers einen triftigen Grund geltend machen, welcher auch für den Belagerer nicht immer dadurch gegeben ist, daß die bei den Belagerungstruppen befindlichen Feldhaubitzen ihren Gebrauch fordern.

Den triftigen Grund für den Gebrauch der kurzen Haubitze haben wir vor allen Dingen in dem charakteristischen Unterschiede zu suchen, welcher zwischen dem Feuer der kurzen Haubitze und demjenigen des Mörsers besteht. Bei diesem Vergleiche haben wir eine gleich große Eigenwirkung des Geschosses (Sprenggewalt), also gleiche Kaliber im Auge und haben daher nichts mit der durch eine bedeutende Fallhöhe gesteigerten, minenartigen Sprengwirkung schwerer Hohlgeschosse zu thun.

Wir können also zuvörderst als Unterschied zwischen der kurzen Haubitze und dem Mörser aufstellen, daß bei diesem die Flugbahn lediglich als Mittel des Treffens benutzt wird und niemals ein Steigerungsmittel der Geschoßwirkung werden kann, vielmehr muß man befriedigt sein, wenn der Einfall der Bombe ihrer Sprengwirkung, wo sie gegen Truppen gerichtet ist, nicht nachtheilig wird; eine große Kraft des Eindringens in feste Ziele können leichte und mittlere Bomben durch die erreichbaren Fallgeschwindigkeiten nicht gewinnen.

Die kurze Haubitze dagegen ist im Stande, die Sprengwirkung der Granaten durch die Flugbahn, wenn auch im Vergleiche zu den langen Haubitzen und zu den kurzen Kanonen in sehr ermäßigtem Grade, zu steigern, wobei sowohl die Endgeschwindigkeit, als auch der Einfallswinkel als wirksame Elemente auftreten.

Hieraus folgt zunächst für den Gebrauch der kurzen Haubitze:

327. „Die kurze Haubitze tritt in solchen Fällen mit überlegener „Wirksamkeit an Stelle der Mörser von leichtem und „mittlern Kaliber auf, wo die Sprengwirkung des Ge„schosses durch die Endgeschwindigkeit und den Einfalls„winkel erheblich gesteigert wird."

Die Mörser sind ferner für den Gebrauch bedeutender Erhöhungswinkel, also zur Erzeugung steiler Einfallswinkel bestimmt; geringe Erhöhungswinkel sind sowohl ihren Laffetirungen, als auch bei der durch Reibung erschwerten Rückläufigkeit den Bettungen nachtheilig.

Wo nun steile Einfallswinkel der gegen Truppen gerichteten Sprengwirkung nachtheilig und nicht durch die Art der Deckung geboten sind, da wird das Mörserfeuer wesentlichen Abbruch erleiden; dieser Fall tritt bei aufgeweichtem Boden oder bei frisch aufgeschütteten Wallgängen ein. In gleicher Weise wird das Mörserfeuer ungeeignet, wenn feindliche Aufstellungen in einer größern Ausdehnung gefährdet werden können und dazu ein Weitergehen der Geschosse nach dem ersten Aufschlage nothwendig wird.

Hieraus ergibt sich weiter:

328. „Die kurze Haubitze tritt mit Vortheil an Stelle der „leichten und mittlern Mörser auf, wo steile Einfallswin„kel des Geschosses nicht geboten, oder gar der Spreng„wirkung nachtheilig sind."

329. „Die kurze Haubitze tritt ferner statt der Mörser auf, wo „das Rikoschettiren der Geschosse nothwendig ist oder nütz„lich werden kann.

Endlich ist zu beachten, daß bedeutende Schußweiten dem Mörserfeuer aus leichten und mittlern Kalibern wegen der starken Erhöhungswinkel nicht allein durch die bedeutende Fallhöhe in der Wirkung gegen Truppen und zwar in empfindlich steigendem Verhältnisse, sondern auch wegen der bei den steilen Einfallswinkeln nachtheiliger auf das Treffen einwirkenden Längenabweichungen schädlich werden. Die kurzen Haubitzen sind diesen ungünstigen Einflüssen großer Schußweiten nicht in solchem Maße ausgesetzt, wie die leichten und mittlern Mörser und man kann annehmen, daß von den mittlern Schußweiten des Festungskrieges an, d. h. von etwa 400 Schritten, die kurze Haubitze an Trefffähigkeit und an Geschoßwirkung den leichten und mittlern Mörsern merklich überlegen wird. Hierbei ist noch nicht in Rechnung gezogen, daß die vielfach durchschnittenen Zielflächen, welche der Festungskrieg dem Mörserfeuer darbietet, eine bedeutende Sicherheit des Schusses verlangen, um die Treffpunkte der einschlagenden Bomben auf die ihrer Wirkung günstige Fläche zu bringen. Die langen Aeste des gedeckten Weges und die Wallgänge bieten dem Mörserfeuer nur schmale, ungünstige Zielflächen dar, sobald die Schußweiten nur irgend groß werden; ihre Länge vermag nicht auszugleichen, was eine an sich geringe Seitenabweichung hierbei Abbruch thut.

Hieraus folgt:

330. „Die kurze Haubitze verdient von den mittlern Schußweiten „an wegen einer größern Trefffähigkeit und wegen der „geringern Einfallswinkel den Vorzug vor den leichten und „mittlern Mörsern, besonders wenn schmale Zielflächen „in ihrer Längenausdehnung beschossen werden können.“

Vergegenwärtigen wir uns nun mit Beachtung der hier entwickelten allgemeinen Gesetze über den Gebrauch der kurzen Haubitze das Wesen derselben und des Festungskrieges, so ergeben sich folgende nähern Gesetze über ihre Verwendung im Festungskriege:

331. „Die stärkern und durchschnittenern Ziele, welche die „Festung dem Angriff entgegenstellt, bedingen es, daß im „Allgemeinen die Vertheidigung mehr Nutzen von den kurzen Haubitzen zu ziehen vermag, als der Angriff.“ —

332. „Der Angriff verwendet die kurze Haubitze mit Erfolg:

a. „Beim Bombardement nur in Ermangelung anderer „Geschütze in den der Festung nächsten Batterieen zum „Beschießen leicht gebauter Magazine und Speicher, leicht „gebauter Stadttheile.“

b. „Beim gewaltsamen Angriff, wenn derselbe durch „Artillerie vorbereitet wird, gegen das Innere der Festung, „gegen die erkennbaren und wahrscheinlichen Sammelplätze „der Garnison, zur Beunruhigung der nach den Werken „führenden Hauptstraßen und zum Einschießen der Thore.“

c. „Bei der Blokade wird sie ihre Verwendung lediglich „in den Feldbatterieen, denen sie zugehört, finden können.“

d. „Beim förmlichen Angriff in den Rikoschettbat„terieen gegen den gedeckten Weg, gegen den Wall„gang die leichte Haubitze nur in Ermangelung der mitt„lern und der langen, in der halben Parallele zum „Rikoschettiren der langen Aeste des gedeckten Weges und „in der dritten Parallele gegen die Reduits der „Waffenplätze und gegen die Flanken der Bastione.“ —

333. „Die Vertheidigung bedient sich der kurzen Haubitze:

a. „Gegen den gewaltsamen Angriff in den Bastions„spitzen eine kurze Haubitze mittlern Kalibers, wenn nicht „eine lange daselbst aufgestellt werden muß oder kann, „leichte Haubitzen nur in Ermangelung stärkerer Kaliber.“

b. „Gegen die Blokade und gegen das Bombardement „werden kurze Haubitzen selten Gelegenheit finden, nützliche „Dienste zu leisten, weil meistens zu große Entfernungen „zu überschießen sind.“

c. „Gegen den förmlichen Angriff zum Beschießen un„vollendeter Arbeiten und der Baustellen der Angriffs„batterieen, zum Beschießen der Sappenspitzen, um deren „Vortreiben aufzuhalten, zum Enfiliren der Sappenschläge „und Laufgrabentheile, die durch fehlerhafte Anlage oder „aus den dazu vorgetriebenen Kontreapprochen, diesem „Feuer unterworfen werden können, zum Beschießen des „Baues der zweiten Parallele und in den spätern Ver„theidigungsperioden zum Geschützmanöver, um einzelne „feindliche Batterieen zu bekämpfen, so lange noch Hau„bitzen geeignete Aufstellungen hierzu finden können.“ —

d. „Zum Erleuchten des Vorterrains.“

e. „Die kurzen Haubitzen werden zu den hier angeführten „Zwecken ihre zweckmäßigsten Aufstellungen meistens in „den Verlängerungen der Kapitalen, also in den aus„springenden Winkeln der Bastione, Raveline, des ge„deckten Weges und seiner Waffenplätze finden, weil in

„diesen Richtungen die Sappen des Angriffs, also die „wichtigsten Kommunikationen, entgegentreten." —

f. „Niemals dürfen kurze Haubitzen Aufstellungen erhalten, „welche und so lange sie durch ein starkes Kartätschfeuer „entscheidend wirken sollen." —

Das wirkliche Gefecht mit seinen Abweichungen von der Regel und mit seiner oft mangelhaften Ausstattung wird mannichfache Abweichungen von den hier aufgestellten Prinzipien veranlassen.

§. 22.

Gebrauch der Mörser im Festungskriege.

Die Lehre von der Wirkung spricht sich in den §§. 67 und 89 über Zweck und Wesen des Mörsers, seiner Geschosse und Schußarten aus; wir vergegenwärtigen uns hiernach mit Rücksicht auf den Festungskrieg das nachfolgende Bild:

Die Mörser sind zur Erzeugung hochgekrümmter Flugbahnen bestimmt und konstruirt, um entweder Ziele dicht hinter Deckungen, oder liegende Zielflächen zu treffen. Welche der beiden eben bezeichneten Absichten nun auch zutrifft, so bleibt es immer Bedingung, daß das Geschoß mit dem ersten Aufschlage liegen bleibt oder doch in größter Nähe zum Treffpunkte. Es kann also beim Mörserfeuer niemals von einem bestrichenen Raume, sondern nur von einem durch die Sprengwirkung oder durch die Ausbreitung der Geschosse gefährdeten Raume die Rede sein.

Die Trefffähigkeit des Mörsers ist also an die schärfste Bedingung, nämlich an die richtige Lage des Treffpunktes geknüpft und es folgt daraus, daß das Mörserfeuer an sich, sobald gegen bestimmte Treffpunkte gewirkt werden soll, also gegen verhältnißmäßig kleine Zielflächen, nur auf den kleinern Schußweiten des Festungskrieges eine befriedigende Wahrscheinlichkeit des Treffens entwickeln kann.

Hieraus folgt zunächst:

334. „Der Mörser kann im Festungskriege auf mittlern und

„größern Entfernungen nur zur Verstärkung und Unter-
„stützung des Feuers anderer Geschütze benutzt werden, um
„eine allgemeine Beunruhigung und Gefährdung derjeni-
„gen Räume zu bewirken, gegen welche das direkte Feuer
„sich mit Bekämpfung bestimmter Ziele richtet."

335. „Wenn man dagegen durch die Wirkung des Mörserfeuers
„allein zu befriedigendem Erfolge gelangen soll, so kann
„dieß nur in den geringern Schußweiten des Festungs-
„krieges erfolgen und dieses Gesetz trifft eben sowohl
„für die schweren, als für die mittlern und leichten Ka-
„liber zu."

Diese einschränkenden Gesetze des Gebrauches der Mörser haben um so größere Giltigkeit, je kostbarer die verwendete Munition und je langsamer die Bedienung ist.

Indem wir nach diesen Folgerungen den Faden unsrer Betrachtungen wieder aufnehmen, so sagen wir, daß im Grunde genommen der Mörser nur eine Schußart (Flugbahngestalt) hat und an diese alle zu seiner Ausrüstung gegebenen Geschoßarten knüpft.

Wir müssen hierbei einschalten, daß in neuerer Zeit eine sehr ansprechende Idee zu Tage getreten ist, nämlich: den leichten Mörser zum Rikoschettiren zu benutzen, und man hat bei angestellten Versuchen recht befriedigende Resultate des Treffens gewonnen. Wenn nun hierzu noch die große Leichtigkeit, mittlere und leichte Mörser zu placiren, in Betracht kommt, so muß man sagen, daß der Rikoschettgebrauch des Mörsers eine höchst werthvolle Erweiterung seiner Gefechtsfähigkeit sein würde. Hiergegen sprechen aber auch wiederum sehr gewichtige Bedenken. Die für starke Ladungen und flache Elevationen verhältnißmäßig zu leichten Mörserröhre wirken äußerst heftig gegen die Laffeten und Zapfenlager zurück, was bei der durch die große Reibung auf der Bettung sehr gehemmten Rückläufigkeit um so verderblicher für die Laffeten und schon bei mittlern Mörsern selbst für die

Bettungen werden muß. Sodann muß der rikoschettirende Mörser entweder sehr weit von seiner eignen Deckung zurückgezogen werden oder eine, wenn auch nur flache, Scharte erhalten. Rechnet man hierzu, daß es dem Mörser immer nicht möglich sein wird, seinem Rikoschettschusse die Kräftigkeit zu verleihen, welche unter allen Verhältnissen eine wesentliche Bedingung des Rikoschettfeuers ist, beachtet man ferner außer mancher andern dem Mörser anklebenden Unbequemlichkeit noch den Umstand, daß kurze Röhre beim Gebrauche starker Ladungen und geringer Erhöhungen, sobald eine gewisse Grenze hierbei überschritten werden muß, an Trefffähigkeit verlieren, so ist es wohl noch nicht so weit, daß die wichtige Frage über den Rikoschettgebrauch der Mörser durch die erlangten Resultate als völlig entschieden angesehen werden kann.

Wir glauben daher, bei unsern Erörterungen vor der Hand noch von dieser Gebrauchsweise der Mörser absehen zu dürfen und verbleiben bei der Annahme, daß dem Mörser nur eine Schußart zu Gebote steht.

Daß diese Schußart von dem Richtungswinkel, welcher das Liegenbleiben des Geschosses mit dem ersten Aufschlage sicher stellt, aufwärts mit mehrfachen Graden der Krümmung abgegeben wird, ändert das Wesen derselben nicht, sondern geschieht entweder in der Absicht, die zum Treffen des Zieles nothwendige Steilheit der Einfallswinkel zu regeln, oder, wo es erforderlich ist, den Geschossen durch die Fallhöhe eine bedeutende Gewalt des Aufschlages zu verleihen.

Das Stammgeschoß des Mörsers ist die Bombe, deren Sprengwirkung um so mehr den Nerv des Mörserfeuers ausmacht, als die dem Mörser allein zugängige Flugbahn, die hochgekrümmte, lediglich den Zweck hat, der Träger und Vermittler dieser Eigenwirkung des Geschosses zu sein.

Während bei den Kanonen und Haubitzen die Triebkraft der Geschosse durch die Verlängerung der Flugbahn abgeschwächt und hierdurch die Kombination der Ladungen und Richtungswinkel geregelt wird, so ist es eine Eigenthümlichkeit der Mörser, daß die Triebkraft der Geschosse durch die Verlängerung der Flugbahn im Wege einer größern Fallhöhe gesteigert wird, weil bei den hochgekrümmten Flugbahnen nicht die Anfangsgeschwindigkeit, sondern die Fallhöhe des Geschosses seine Endgeschwindigkeit bedingt, die Anfangsgeschwindigkeit, also die Ladung, nur die verschiedenen Schußweiten zu erzeugen bestimmt ist. Man bestimmt daher, je nach der entweder zum Treffen oder zur Erzeugung einer bedeutenden Fallhöhe nothwendigen Steilheit der Einfallswinkel, den Richtungswinkel und regelt nun nach Maßgabe der Schußweite die zu der gewählten Flugbahnkrümmung erforderliche Ladung des Mörsers.

Wenn man nun beachtet, daß mit der Steilheit des Einfallswinkels die Beobachtung des Treffens immer mehr der Täuschung unterworfen, also schwieriger ist, daß dadurch in allen Fällen, wo gegen die auf der Zielfläche befindlichen Gefechtsobjekte, also nicht gegen die getroffene Zielfläche selbst gewirkt werden soll, die Wirkung des tiefer einschlagenden Geschosses gegen die nächsten Umgebungen geschwächt wird, daß mit der größern Krümmung der Flugbahn auch deren Länge und folglich die Abweichungen der Geschosse, besonders die Seitenabweichungen sichtbar wachsen, so folgt daraus für den Gebrauch der Flugbahn des Mörsers:

336. „Der Mörser muß in allen Fällen, wo nicht zur Erzeu-„gung einer minenartigen Sprengwirkung oder zur Er-„zeugung einer ungewöhnlichen Einbruchsgewalt die An-„wendung einer bedeutenden Fallhöhe geboten ist, die „zulässig geringsten Flugbahnkrümmungen wählen."

337. „Die zulässig geringste Flugbahnkrümmung des Mörser-„feuers ist durch das Liegenbleiben des Geschosses gegeben."

Durch dieses letztere Gesetz wird der kleinste Richtungswinkel des Mörsers immer noch so gering, daß die Stärke der dazu gehörigen Ladungen eine außerordentliche Rückwirkung gegen die Laffeten und Bettungen veranlaßt und deshalb auf das Aeußerste vermieden werden muß. Nun wissen wir aber, daß die größten Schußweiten mit den kleinsten Ladungen nach den Gesetzen der Ballistik unter einem Richtungswinkel von nahe zu 45° erreicht werden und so würde hieraus unmittelbar folgen: daß durch den Richtungswinkel von etwa 45° die natürliche Stammschußart des Mörsers in engern Grenzen festgestellt wäre. Nur eine ungewöhnliche Fallhöhe des Geschosses könnte zur Anwendung höherer Richtungswinkel berechtigen und der Winkel von 75° ist erfahrungsgemäß der höchste, welcher noch mit Rücksicht auf die unerläßliche Tragweite des Schusses zulässig ist. Erst mit dem Winkel von 15° bleiben, wie die Erfahrung lehrt, die Geschosse mit dem ersten Aufschlage oder in unmittelbarer Nähe desselben liegen, wenn nicht das Terrain besonders fest und elastisch ist. Das Liegenbleiben des Geschosses mit dem ersten Aufschlage ist aber eine Grundbedingung für das Treffen und die Wirkung des sogenannten indirekten Feuers.

Faßt man dies Alles zusammen und beachtet man, daß zur nothwendigen Vereinfachung des Kriegsgebrauches das Mörserfeuer auf einige bestimmte Flugbahnkrümmungen zurückgeführt und daneben zur Korrektur geringere Elevationsänderungen mit einer übersehbaren Reihe von Ladungen zur Grundlage gewonnen werden müssen, daß ferner geringe Elevationsunterschiede bei so stark gekrümmten Flugbahnen nur sehr unmerkliche Einwirkungen äußern können, daß also Aenderungen der Flugbahnkrümmung nur durch starke Elevationsänderungen erfolgen, beachtet man dieß, so ergeben sich nachfolgende Gesetze:

338. „Die durch den Richtungswinkel von 45° erzeugte Flug„bahn ist die natürliche Stammschußart des Mör„sers, sobald derselbe über die mittlern Schußweiten „hinaus in Wirksamkeit treten muß."

339. „Nur, wenn eine bedeutende Fallkraft erzeugt werden soll, „werden größere Erhöhungswinkel als 45° zur Anwen„dung kommen und dieß kann nur durch die schweren „Kaliber auf den kleinsten Schußweiten mit Erfolg ge„schehen. Die gebräuchlichen Richtungswinkel zu diesem „Zwecke sind 60° und 75°." —

340. „In allen Fällen, wo weder eine bedeutende Schußweite „zu überschießen ist, noch wo die Geschosse in die Ma„terie der Deckungen tief einschlagen, noch endlich wo sie „durch ungewöhnliche Fallkraft gegen Eindeckungen wirken „sollen, wendet der Mörser den Richtungswinkel von 30° „an."

Ein geringerer Richtungswinkel erscheint nicht angemessen, weil damit eine ungünstige Verstärkung der Ladung sich verbinden würde und ein näher zu 45° liegender ergäbe nicht die sichtbaren Unterschiede und Vorzüge, welche dem flachern Schusse eigenthümlich sind.

341. „Die leichten und mittlern Mörser werden ihrer taktischen „Bestimmung gemäß nur ausnahmsweise höhere Rich„tungswinkel als 30° anwenden."

342. „Die schweren Mörser dagegen werden in der Regel mit „einer Richtung von 45° schießen, weil es geboten ist, „eine so bedeutende Sprengwirkung gegen die Deckungen „des Feindes zu verwerthen."

343. „Die mittlern Mörser werden, wenn sie auf den mittlern „Schußweiten des Festungskrieges mit schweren Mörsern „oder an deren Stelle gegen feindliche Deckungen auf„treten, die Richtung von 45° anwenden."

Nachdem wir im Vorstehenden die Gründe für die verschiedenen Flugbahnkrümmungen und deren Wesen entwickelt und ihren Gebrauch unter Gesetze gebracht haben, so ist nunmehr die Grundlage für den Gebrauch der verschiedenen Mörsergeschosse hingestellt.

Die Geschosse, welche der Mörser in seinen verschiedenen Gefechtslagen zur Ausrüstung gegen die Truppen mit ihrer Ausrüstung und gegen die Deckungen des Feindes erhält, sind die Bomben, als Stammgeschosse, Brandgeschosse, Leuchtgeschosse, kalibermäßige Vollkugeln, Spiegelgranaten, Kartätschen und Steine.

Ueber die Natur dieser verschiedenen Geschosse verweisen wir auf die Lehre von der Wirkung und stützen uns auf das dort Entwickelte.

Stellen wir uns nunmehr die Mörser mit ihrer Ausrüstung zum Festungskriege vor, so ergeben sich zunächst folgende allgemeine Gesetze ihres Gebrauches:

344. „Die Mörser dienen entweder zur Unterstützung und Verstärkung des Feuers der Kanonen und Haubitzen; oder „zum Ersatze derselben, oder endlich zu Zwecken, welche „durch die andern Geschütze nicht erfüllt werden können."

345. „Im ersten Falle dürfen sie niemals an Punkten auftreten, „welche den Kanonen oder Haubitzen eine günstige Auf„stellung darbieten; sie müssen vielmehr neben diesen sich „Aufstellungen suchen, welche ihnen eine dem Treffen und „der Geschoßwirkung günstige Schußrichtung gewähren."

346. „Im zweiten Falle nehmen die Mörser in der Regel am „zweckmäßigsten die Stellungen ein, welche den durch sie „ersetzten Geschützen am günstigsten gewesen wären."

347. „Im dritten Falle ist der Mörser in der Wahl der ge„eignetsten Aufstellung völlig unbeschränkt."

348. „In den beiden ersten Fällen können die Mörser im „Allgemeinen nur von ihren Stammgeschossen „Anwendung machen, im letzten Falle dagegen wenden sie je „nach Umständen alle ihnen zugewiesenen Geschoßarten an."

349. „Von den Nebengeschossen können im Allgemeinen „nur die schweren Mörserkaliber einen ertragreichen Ge„brauch machen."

350. „Zur Unterstützung der schweren Kaliber der Kanonen „und Haubitzen oder zum Ersatze derselben können in der „Regel nur die schweren Mörserkaliber zur Anwendung „kommen, die mittlern Mörser nur noch auf den mittlern „Schußweiten."

351. „Zu den dem Mörserfeuer eigenthümlichen Gefechtszwecken „werden alle Kaliber verwendet, die leichten und mittlern „gegen Truppen und Armirung, die schweren gegen Dek- „kungen u. s. w."

Unter Beachtung der hier entwickelten Prinzipien folgt nunmehr:

352. „Der Angriff bedient sich der Mörser:

a. „Beim Bombardement: der schweren Mörser mit „Bomben und Brandbomben gegen das Innere der „Festung, vorzugsweise gegen die dicht bebauten Stadt- „theile, gegen erkennbare Magazine und Speicher. Die „Mörser werden der großen Schußweiten wegen sich in „der Regel nur der Richtung von 45° bedienen."

b. „Beim regelmäßigen Angriffsverfahren zur Un- „terstützung der Enfilade und des Rikoschettfeuers: der „schweren und in Ermangelung auch der mittlern „Mörser gegen das Innere der angegriffenen und neben- „liegenden Werke und zwar in den Hauptrichtungen des „Angriffs die schweren Kaliber. Die Richtung hierbei „ist 45°.

„Zur Unterstützung des Demontirfeuers und des Riko- „schettfeuers gegen den gedeckten Weg auf den mittlern „Schußweiten sind die mittlern und leichten Mörser mit 30° „Elevation genügend. Zu den vorstehenden Zwecken wird „mit Bomben gefeuert. Zum nahen Angriffe des ge- „deckten Weges und der angegriffenen Werke vom Fuße des „Glacis aus werden schwere, mittlere und leichte Mörser „mit allen Geschoßarten verwendet, je nachdem sie gegen

„Truppen und Arbeiter, gegen das Innere der Waffen-
„plätze und Werke, gegen gedeckte Geschützstände, Graben-
„kaponieren, Reduits u. s. w. wirken sollen. Hiernach
„richten sich die anzuwendenden Elevationen." —

353. „Die Vertheidigung verwendet die Mörser:

a. „Gegen feindliche Parks und Depots u. s. w.,
„wenn sie mit befriedigendem Erfolge erreicht werden
„können: schwere Mörser zur Unterstützung der schwe-
„ren Kanonen und langen Haubitzen."

b. „Gegen die ersten Annäherungsarbeiten, gegen den
„Bau der entfernteren Laufgräben und Batte-
„rieen: schwere und mittlere Mörser mit 30° Ele-
„vation; gegen fertige Batterieen, um sie zu über-
„wältigen, vereinigen mehrere Mörser schweren und
„mittlern Kalibers ihr Feuer und zwar mit 45° Erhöhung."

c. „Gegen die nähern Laufgräben und Batterieen
„werden alle Mörserkaliber von ihren verschiedenen
„Aufstellungen aus mit Erfolg zur Anwendung kom-
„men."

d. „Je näher der Angriff rückt und je mehr die Ka-
„nonen und Haubitzen des Vertheidigers von der Theil-
„nahme am Widerstande zurückgedrängt, außer Thätigkeit
„gesetzt werden, desto mehr wird die Vertheidigung
„auf die Gefechtsthätigkeit aller disponibler
„Mörserkaliber und auf das Geschützmanöver
„mit denselben angewiesen sein."

e. „Zur Erleuchtung des Vorterrains werden die auf-
„gestellten Mörser aller Kaliber je nach ihren Stellungen
„und den erforderlichen Schußweiten in allen Perioden
„des Angriffs gebraucht."

Schließlich ist noch zu erwähnen, daß besonders für den Vertheidiger der Mörser durch die Leichtigkeit, sich zu decken und auf Punkten, welche für Kanonen und Haubitzen nicht brauchbar sind, thätig zu machen, so wie durch die Unabhängigkeit seiner Schußrichtung von der Lage seines Aufstellungspunktes ein höchst werthvolles Geschütz ist, um so werthvoller, je näher der Angriff vorgedrungen und je mehr der Mörser das nothwendig gewordene Schweigen andrer Geschütze auszugleichen vermag. Aber dieser große Werth des Mörserfeuers gegen den nahen und nächsten Angriff gebietet auf der andern Seite auch einen sehr sorgsamen, wohlerwogenen Gebrauch der Mörser gegen den entfernteren Angriff, um die Gefechtskraft der Mörser nicht vorzeitig zu verbrauchen.

Es ist unzweifelhaft, daß der geschickte Gebrauch und die zweckmäßige Kombination der Kanonen, Haubitzen und Mörser die erste Grundbedingung für die Stärke des Angriffs, wie für die Stärke des Widerstandes ausmachen und daß namentlich der richtige und zeitgerechte Gebrauch der Hohlgeschosse eine sehr einflußreiche Rolle bei der Vertheidigung spielt. Wenn der Angriff seinen Erfolg durch die Anwendung der Hohlgeschosse in den ersten Perioden des Angriffs außerordentlich zu steigern vermag' und zuletzt die Stoßkraft der Vollgeschosse zur Niederwerfung der letzten Widerstände in vorherrschendem Maße anwenden muß, so ist gerade das Gegentheil bei der Vertheidigung der Fall, denn diese muß in den letzten Perioden fast allen Erfolg auf die geschickte und ergiebige Anwendung des Hohlgeschosses stützen, um die beengten Verhältnisse des Angriffs nach Kräften auszubeuten. —

§. 23.

Gebrauch der Racketen.

In frühern Zeiten wurden die Racketen nur als Signal- oder als Lustfeuer verwendet; erst in den neuern Zeiten sind sie als eine eigenthümliche Geschoßart in die Reihe der Kriegswaffen eingetreten und zwar unter der Bezeichnung: Congreve'sche Racketen, Kriegsracketen. Ueber das Wesen und die Flugbahn der Rackete hat sich die Lehre von der Wirkung in den §§. 22 und 34 näher ausgesprochen und wir wollen hier sogleich und ausdrücklich darauf hinweisen, daß die Flugbahn selbst zu den Eigenschaften der Rackete gehört und daß man sich daher die Rackete nicht, wie andre Geschosse, von der Flugbahn abgeschieden vorstellen kann.

Die Rackete trägt die Ladung, treibende Kraft, in sich, ist also, wie der Kanonenschuß, mit einer bestimmten, unabänderlichen Triebkraft, Flugbahnlänge, ausgerüstet und die Richtungswinkel können nur wenig in dieser Flugbahnlänge modeln.

Nur das haben die Racketen vor den Kanonen voraus, daß sie sehr hohe Richtungswinkel, eben so wie die flachsten anzuwenden und so durch eine höchst verschiedene Krümmung ihre unabänderliche Flugbahnlänge für die verschiedensten Schußweiten zu benutzen vermögen.

Wenn man nun auf diese Weise im Stande ist, die Rackete in allen Flugbahngestalten zu bewegen, also bei einem flachen, gestreckten Fluge ihre Triebkraft als Waffe zu benutzen, bei einem gekrümmtern die Fähigkeit gedeckte Ziele zu treffen, bei einem sehr hochgekrümmten die Gewalt ihres Einschlages in die Materie der Zielfläche, so wird es nur die Aufgabe der Konstruktion sein, in den Racketen für diesen verschiedenen Gebrauch die Flugbahn mit den entsprechenden Geschoßwirkungen zu kombiniren, um zu einem brauchbaren Erfolge zu gelangen.

Die Triebkraft verlangt ein entsprechendes Gewicht und eine angemessene Festigkeit des Racketenkörpers; eben so fordert die Wirkung der Rackete bei sehr hochgekrümmter Flugbahn ein ungewöhnliches Gewicht, um eine bedeutende Einschlagsgewalt zu äußern; die gekrümmtern Flugbahnen, welche zwischen denen der Kanonen und Mörser liegen, bedingen um so mehr, die Wirkung der Racketen alsdann auf eine eigenthümliche Geschoßwirkung derselben zu stützen, je weniger der Racketenkörper geeignet ist, regelrecht und zuverlässig zu rikoschettiren und so die Triebkraft späterer Sprünge zu verwerthen.

Hieraus folgt zunächst, um den Racketen eine werthvolle Kriegsbrauchbarkeit und eine erhöhte Geschoßwirkung zu verleihen:

354. „Die Racketen müssen als Träger der Geschoßwirkung „für die Anwendung verschiedener Flugbahngestalten ver„schieden konstruirt und mit entsprechender Ladung gefüllt, „außerdem aber mit der dazu geeignetsten Geschoßwir„kung ausgerüstet sein."

355. „Die Racketen müssen demnach als Träger verschiedener „Geschoßwirkungen im Sinne derselben behandelt und „gebraucht werden."

356. „Man muß Racketen für den Feldkrieg und für den „Festungskrieg haben; die Feldracketenbatterieen wenden „die im Felde brauchbaren Geschoßwirkungen an und „werden deshalb sowohl im Sinne des Kanonenfeuers, „als in demjenigen der Haubitzen zu wirken haben; die „Racketen für den Festungskrieg müssen die dort verlangten „Geschoßwirkungen äußern können."

357. „Hiernach müssen die Schußweiten (Satzlängen), Trag„fähigkeit (Kaliber), Festigkeit und Gewicht des „Racketenkörpers und die getragene Vorlage „(Geschoßwirkung, Spitzkappe, Kammer oder aufgesetzte „Geschosse) kombinirt werden." —

358. „Die Racketen können durch die Konstruktion mit allen im „Kriege brauchbaren Schußweiten und mit weit größern „Geschoßwirkungen, als die Geschütze, ausgerüstet, also „zu den mächtigsten Kriegswaffen gemacht werden."

359. „Werden die Racketen im Sinne des Kugelschusses der „Kanonen angewendet, so muß, da auf die Wirkung spä„terer Sprünge nicht mit Sicherheit zu rechnen ist, ein „sehr bestreichender Flug durch eine ausreichende Satzlänge

„beim Gebrauche im Feldkriege sicher gestellt und hier-
„nach die Richtung und der Gebrauch geregelt werden.“

360. „Für die Erzeugung der Granatwirkungen im Sinne der „kurzen Haubitzen ist bei geringerer Satzlänge und ent-„sprechenden Richtungswinkeln eine Vorlage mit Spreng-„wirkung anzuwenden.“

361. „Schwere Kanonen und lange Haubitzen können durch „Racketen von größerem Kaliber mit stärkern Gewichts-„oder Sprengvorlagen und mit den dazu gehörigen Satz-„längen und Richtungswinkeln vertreten werden.“

362. „Nur schwere Mörser werden zweckmäßig durch entspre-„chende Racketenkonstruktionen zu ersetzen sein, mittlere und „leichte Mörser dagegen nicht.“

363. „Die Racketen können als Träger der Shrapnells, Brand-„und Leuchtgeschosse zur Anwendung kommen.“

Betrachten wir diese Vielseitigkeit, welche die Triebkraft der Racketen in Erzeugung der verschiedenartigsten Geschoßwirkungen zuläßt, die Fähigkeit, durch gesteigerte Tragkraft innerhalb der taktisch brauchbaren Schußweiten ungewöhnliche Geschoßwirkungen mit dem Gebrauche der Racketen in Verbindung zu setzen, ihre Eigenschaft von jedem Standpunkte aus ohne irgend lästige Vorbereitungen oder Bedingungen gebraucht zu werden, so kann nur die ungewöhnliche Kostbarkeit in Verbindung mit der dem Körper der Rackete anklebenden Unsicherheit des Fluges als Gegengewicht eines allgemeinern Gebrauches dieser eben so bequemen und ansprechenden, als furchtbaren Kriegswaffe in die Wagschale fallen.

Die Beharrlichkeit, mit welcher unausgesetzt so kostbare Versuche auf die Vervollkommnung der Kriegsracketen gerichtet worden sind, lassen nur den Schluß zu, daß Fortschritte erzielt wurden, welche die Hoffnung auf werthvolle Ergebnisse für den Kriegsgebrauch rege erhalten. Auf der andern Seite werden aber die Kostbarkeit und der unsichere Flug der Racketen schwerlich in solchem Maße zu beseitigen sein, daß ihr Gebrauch nicht sehr großen Einschränkungen unterworfen werden müßte.

Diese nothwendigen Einschränkungen bedingen folgende Gesetze für den Gebrauch der Racketen:

364. „Die Racketen sollen nur gebraucht werden, wenn:

a. „Entweder Geschütze keine für ihre Gefechtsthätigkeit gün„stige Aufstellung erhalten können,

b. „Oder Geschütze nicht im Stande sind, so ungewöhnliche „Wirkungen, wie die Racketen, zu erzeugen.“ —

365. „Im Festungskriege müssen die Racketen nur zu ganz un„gewöhnlichen Wirkungen benutzt werden.“ —

366. „Eine Anwendung der Feld-Racketen in einem ausdauern„den Kampfe, oder in einem wechselvollen Gefechtsver„laufe, zur Vorbereitung oder Abwehr unmittelbarer An„griffe erscheint sowohl wegen der Kostbarkeit derselben, „als auch wegen der Unsicherheit ihrer Flugbahn unstatt„haft.“

367. „Die Feldracketen müssen ähnlich, wie die Haubitzbatterieen „für ihre eigenthümliche Wirkungssphäre, für solche Fälle „in Bereitschaft gehalten werden, welche entweder der „Wirkung der Racketen besonders günstig oder für Ge„schütze unbenutzbar sind.“

368. „Im Festungskriege werden die Racketen vorzugsweise „beim Bombardement, gegen feindliche Parks, Depots, „Läger, zum Demontiren, zum Breschelegen von Mauer„werk und Erdwällen und zur Anbringung ungewöhn„licher Einschlags- und Sprenggewalt zu brauchen sein. „Sowohl der Angriff, wie die Vertheidigung werden von „ihnen werthvolle Dienste gewinnen können.“ —

In den vorstehenden Gesetzen sind die Richtungen und allgemeinen Umrisse des Gebrauches der Racketen nur angedeutet worden und es wird lediglich von der weitern Vervollkommnung und Kostenermäßigung der Racketenfabrikation abhangen, wie sich ihr Gebrauch dereinst entwickeln und ausdehnen darf. So viel läßt sich schon im Voraus bestimmen, daß die Racketen eben so wenig, wie die Geschütze, an die Infanteriebataillone und an die Kavalleriegeschwader verzettelt werden dürfen, daß sie vielmehr in Batterieen zusammengehalten und von gewöhnlichen Gefechtsverhältnissen ausgeschlossen werden müssen, um einen umsichtigen, erfolgreichen Gebrauch dieser so kostbaren Waffe sicher zu stellen. —

§. 24.

Gebrauch des reflectirten Lichtes.

Die Lehre von der Wirkung spricht sich über das reflectirte Licht, als des besten und zuverlässigsten Erleuchtungsmittels, aus und wir gedenken hier nur der Vollständigkeit wegen dieses Kampfmittels gegen das Dunkel der Nacht, wenn dasselbe feindlichen Maßregeln Schutz gegen Störung und Gefahr gewährt.

Offenbar kann das Bedürfniß, durch Erleuchtung des vorliegenden Terrains feindliche Maßregeln zu entdecken, nur in solchen Verhältnissen hervortreten, welche nicht gestatten, das vorliegende Terrain in gehöriger Ausdehnung durch Postenketten und Patrouillen zu bewachen und zu erforschen und es kann nur gegen Maßregeln gerichtet sein, welche entweder einen entscheidenden Kampf unmittelbar in sich tragen, oder für das spätere Gefecht von bleibender Wichtigkeit sind.

Hieraus folgt, daß der Gebrauch des reflectirten Lichtes nur im Festungskriege eintreten wird und zwar nur Seitens des Vertheidigers, der ein freies, ebenes Vorterrain seiner Stellung zu bewachen hat, ohne im Stande zu sein, durch eine Postenkette und Patrouillen sich in gehöriger Kenntniß dessen zu erhalten, was sich im wirksamen Schußbereiche seiner Stellung gegen dieselbe vorbereitet. —

Wissenschaft und Industrie sind fortwährend auf das Eifrigste bemüht, sich die Quellen und die Materie des intensivsten Lichtes auf eine gemeinnützliche Weise unterthänig zu machen und man ist gegenwärtig nur noch zu der Erwartung berechtigt, binnen nicht zu langer Zeit im reflectirten Lichte ein Erleuchtungsmittel von solcher Stärke und Tragweite mit einem angemessenen Kostenaufwande zu gewinnen, daß die üblichen Erleuchtungsgeschosse dadurch mehr und mehr in den Hintergrund zurückgestellt werden. Es ist nicht nöthig, die Wichtigkeit des Ergebnisses näher darzulegen, wenn es gelänge, durch das reflectirte Licht nicht allein die unentdeckte Eröffnung der Laufgräben gänzlich zu beseitigen, sondern auch von Hause aus den Sappenbau unausgesetzt im Auge zu behalten und dadurch den feindlichen Sappeur in einem langsamen Vortriebe zurückzuhalten. Und man kann nur sagen, daß an dem Gelingen nicht mehr zu zweifeln ist, daß es lediglich noch auf das Verhältniß zwischen den Kosten einer so durchgreifenden Erleuchtungsmethode und ihren Ergebnissen im Vergleiche mit den gewöhnlichen Erleuchtungsmitteln ankommen wird, wie bald und in welcher Ausdehnung die Festungen davon Gebrauch machen dürfen. —

Man darf natürlich nicht erwarten, daß ein starkes Licht wohlfeiler sei, als ein schwaches, denn aus Nichts wird nun einmal nach der herrschenden Weltordnung Nichts, allein man muß auch auf der andern Seite die Größe des Gewinns beachten, welchen die rechtzeitige und gesicherte Entdeckung der feindlichen Maßregeln auf den Widerstand der Festungen äußern wird. Es müßte für eine sehr vorzeitige Mühe erachtet werden, wollten wir Gesetze für den Gebrauch eines Lichtes entwickeln, welches zur Zeit noch nicht als ein Ausrüstungsmittel der Festungen gegen feindliche Unternehmungen angesehen werden darf, abgesehen davon, daß der Gebrauch des Lichtes, welches wir hier meinen, ein ganz naturgemäßer, selbstverständlicher sein wird. Die Methode, das Licht, mit dem man leuchten will, fortzuwerfen, ist eine naturwidrige und einer der Hauptvorwürfe gegen die Leuchtmethode durch Leuchtgeschosse. —

§. 25.

Schluß des Abschnitts.

Im Grunde genommen ist eigentlich hiermit die allgemeine Gebrauchslehre der Artillerie in ihren hauptsächlichsten Umrissen gegeben und es muß uns vor allen Dingen ein Bedürfniß sein, durch einen Rückblick auf die vorangegangenen Kapitel zu prüfen, ob es uns gelungen ist, die Gebrauchslehre wissenschaftlich zu entwickeln. Wir dürfen dieß nur als gelungen erachten, wenn wir, auf einen Grundbegriff gestützt, durch eine logische Erörterung und Erweiterung desselben seinen vollen Inhalt nach allen wesentlichen Richtungen entwickelt und erschöpft haben, so daß die daraus in Folgerichtigkeit hervorgegangenen und logisch geordneten Gesetze nur als die natürlichen Strahlen erscheinen, in welchen der Grundbegriff seine ganze Bedeutung ausströmen läßt.

Das erste Kapitel entwickelte als Grundbegriff der Gebrauchslehre den taktischen Totalerfolg der Artillerie, erörterte seine wahre Bedeutung und bezeichnete in allgemeinen Umrissen das nothwendige und natürliche Gebiet seines Inhaltes. Als wesentlichste Bedingung jedes Erfolges der Artilleriewirkung ergab sich die taktische Brauchbarkeit desselben, d. h. seine Brauchbarkeit für die Entscheidung des Gefechts in Verbindung mit den hierzu unentbehrlichen andern Waffen und mit den von dem Gefecht unzertrennlichen Beziehungen der Stellung.

Das zweite Kapitel behandelte deshalb zunächst die taktischen Verbindungen der Artillerie mit dem Gefecht der andern Waffen und der Stellung, bestimmte dadurch die Bedingungen, unter welchen die Artillerie ihrem taktischen Totalerfolge nachstreben muß und bezeichnete die Richtungen und natürlichen Schranken für die Erringung und zulässige Steigerung ihres taktischen Totalerfolges.

Erst hierdurch war der Grund und Boden gewonnen, um für die der Artillerie verliehenen Kampfmittel die Gesetze eines taktisch wirksamen Gebrauches zu entwickeln.

Somit wäre also der logische Gang und auch im Allgemeinen die volle Erschöpfung des entwickelten Grundbegriffes der Gebrauchslehre für die Artillerie nachgewiesen und gegen die Gelungenheit des begonnenen Werkes könnte nur dadurch gefehlt sein, daß entweder in der Wahl des Grundbegriffes ein Fehlgriff geschehen, oder in seiner Behandlung und Erschöpfung Lückenhaftigkeit, Sprünge und Verirrungen zu Tage treten, oder endlich in beiden Beziehungen gesündigt wurde. Dieß zu beurtheilen ist Pflicht und Aufgabe der Kritik und nicht des Verfassers; wohl aber steht es diesem zu, die Möglichkeit und die bildende Kraft einer wissenschaftlichen Entwickelung der Gebrauchslehre seiner Waffe als unzweifelhaft nachgewiesen zu behaupten, mit dem gleichzeitigen Bekenntniß, daß dieser sein Versuch, als der erste in solcher Art, vom Verfasser selbst am allerwenigsten als ein wahrhaft gelungenes Werk angesehen wird.

Wir müssen nun noch den Grund darlegen, warum wir die Gebrauchslehre an dieser Stelle im Widerspruche mit unsrer Deduktion nicht abschließen.

Die Lehre vom Gebrauche der Kampfmittel könnte nicht allein in uns Mißbehagen und Gewissensbisse, sondern auch dem Leser Befremden wegen der dort scheinbar gegen die strenge Logik begangenen Sünden erregt haben, indem wir uns namentlich in Bezug auf den Festungskrieg Hindeutungen und Voraussetzungen erlaubten, über welche wir noch keine Rechenschaft gegeben hatten und nicht geben konnten.

Bei der Abfassung einer Gebrauchslehre der Artillerie müssen aber überhaupt gewisse Voraussetzungen, wie zum Lesen die Kenntniß der Buchstaben, zugelassen werden; besonders sind dieß: die Kenntniß der Kampfmittel und ihrer materiellen Wirkung, der Lehren der Taktik und der wesentlichsten Gefechtscharaktere. Im dritten Kapitel traten nun diese nothwendigen Voraussetzungen häufiger und unbequemer zu Tage.

Es liegt im Wesen einer so komplizirten, mittelbaren Fernwaffe, daß sie mit dem taktischen Einflusse der Stellung in steter und unzertrennlicher Wechselwirkung steht und daß ihr Gebrauch dadurch unausgesetzt bedingt und modifizirt wird und es wird deshalb für die Gebrauchslehre unerläßlich, die Hauptcharaktere des Stellungsgefechtes im Felde und im Festungskriege nach ihrem Einflusse auf den Gebrauch der Artillerie näher zu würdigen, ähnlich wie wir z. B. den Einfluß der Geschützzahl erörtern mußten. —

Die allgemeinen Prinzipien für den Gebrauch der Artillerie beim Gefecht der Stellung sind entwickelt, es bleibt uns sonach nur übrig, den Einfluß besonders hervortretender Charaktere der Stellung auf den Gebrauch der Artillerie beim Angriff und bei der Vertheidigung derselben zu besprechen.

Dieß wird die Aufgabe der folgenden Abschnitte sein. —

Zweiter Abschnitt.

Ueber den Gebrauch der Artillerie bei Vertheidigung und Angriff besonderer Oertlichkeiten im freien Felde.

---

§. 26.

Einleitung des Abschnitts.

Wir haben in den ersten Entwickelungen der Gebrauchslehre bereits erkannt, daß die Stärke der Artillerie aufhört und in das gerade Gegentheil umschlägt, sobald sich ihr Schußbereich unter eine noch zuträgliche Grenze verkürzt und verengt und auf das Verengen des Schußbereiches ist noch weit mehr Gewicht zu legen, als auf die Verkürzung, sobald dem Gegner dadurch Gelegenheit gegeben ist, sich bei seinen Maßregeln dem Artilleriefeuer zu entziehen.

Die Oertlichkeit kann von einer solchen Beschaffenheit sein, daß sie überhaupt jedes Feuergefecht, selbst jeden militairisch geordneten und zusammenhängenden Kampf zurück- und lediglich auf das Handgemenge hinweist.

Die Artillerie, welche beim Gefecht um Oertlichkeiten meistens zu einem hervorragenden Elemente des Angriffs und Widerstandes sich erheben kann, bedarf zur vollen Entwickelung ihrer Angriffs- und Widerstandsgewalt einer weitreichenden und freien Umsicht.

Man muß also, wenn es sich um den taktischen Gebrauch von Oertlichkeiten handelt, wozu die Passage von Terrainabschnitten in der Absicht oder in der Voraussicht, im Verlaufe oder in unmittelbarer Folge eines Gefechtes gehört, stets in das Auge fassen, ob und in welchem Maße die Oertlichkeit ein inneres und äußeres Gefecht begünstigt oder erschwert, ob sie die volle Angriffs- und Widerstandsgewalt zu entwickeln gestattet und in welchem Verhältnisse hierbei das innere und äußere Gefecht zu verwerthen sind.

Offenbar gereicht es der Vertheidigung zu großem Vortheile, daß der Angriff nur aus äußern Wahrnehmungen auf die Art und Stärke der innern Vertheidigung schließen kann, mithin großen Täuschungen, also auch gleich sehr der Gefahr, aus Uebereilung oder aus Behutsamkeit zu fehlen, ausgesetzt ist.

Es muß von erheblichem Einflusse sein, ob der Vertheidiger eine bestimmte Oertlichkeit aus freier Wahl für sein Gefecht benutzt, oder durch allgemeine Verhältnisse dazu gezwungen ist, oder durch die nothwendige Passage einer Oertlichkeit in ein von dieser bedingtes Gefechtsverhältniß verwickelt wird.

Im ersten Falle wird eine wohleingerichtete, vortheilhafte Vertheidigung, das Charakteristikon eines militairischen Postens, zu erwarten sein, im zweiten Falle ein mehr oder weniger gedeihlicher Stützpunkt, Zufluchtsort für weitere Maßregeln oder gegen dergleichen, und im letzten Falle ist es die nothgedrungene Abwehr des Angriffs gegen vorübergehende Entwickelungs- oder Abzugsverhältnisse, welche einen namhaften Theil der Streitkräfte an der Entwickelung und Aeußerung ihrer Gefechtskraft hindern, theils weil sie in der Ausführung einer nothwendigen Bewegung begriffen sind, theils weil die Oertlichkeit, über welche diese Bewegung fortführt, eine Gefechtsentwickelung nicht zuläßt.

Jede Oertlichkeit, welche entweder durch ihre natürliche Beschaffenheit oder durch Anbau die freie Umsicht unterbricht und den Blick in ihr Inneres verbietet, und jede, welche die Wirkung des Feuergefechts gegen ihr Inneres schwächt, hat durch diese Eigenschaften, namentlich, wenn beide mit einander verbunden sind, eine um so größere taktische Stärke, wenn sie in ihrem Innern die Entwickelung des Widerstandes begünstigt und dagegen derjenigen des Angriffs theils hinderlich, theils gefährlich ist, und zwar in letzterer Beziehung durch ein starkes Ferngefecht, welches sich an die örtliche Vertheidigung knüpfen laßt.

Die Art und Stärke des Widerstandes, welchen eine Oertlichkeit zuläßt und begünstigt, muß von Hause aus dem Verfahren des Angriffes Gesetze vorschreiben und vorzugsweise auf seine erste Entwickelung bestimmend einwirken; das weitere Verfahren des Angriffs muß sich auf die Resultate gründen, welche durch das wirkliche Gefecht sich ergeben.

Es ist also zur Herleitung allgemein giltiger Gesetze für den Angriff und die Vertheidigung unerläßlich, eine allgemeine taktische Charakteristik der durch ihre taktische Stärke auf die Anordnung und Führung des Gefechtes einflußreichen Oertlichkeiten zu Grunde zu legen und daran die Prinzipien der Vertheidigung, so wie der dagegen zu richtenden Angriffsentwickelung zu knüpfen. Die unwesentlichern, aber die Gefechtsführung mannichfach berührenden, Verschiedenheiten der Lokalität werden im wirklichen Gefechtsfalle ihre nähere Würdigung finden müssen, ohne deshalb die allgemeinen Grundsätze außer Kraft und Giltigkeit zu stellen. Wir müssen daher für unsre Erörterung nur die wesentlichsten Charaktere taktisch bedeutsamer Oertlichkeiten zu Grunde legen, deshalb die ganze Masse der verschiedenen Oertlichkeiten in taktisch rangirte Hauptklassen zusammenfassen und in diesen die wesentlich verschiedenen Charaktere aufstellen. —

Nimmt man die Widerstandsfähigkeit gegen den unmittelbaren Angriff als Maßstab der taktischen Stärke einer Oertlichkeit, also im höchsten Werthe, die Sturmfreiheit, an, so stehen die militairischen Posten als solche an der Spitze, in welchen eine Truppe mit der verhältnißmäßig größten numerischen Ueberlegenheit zum letzten Entscheidungskampfe sich einlassen darf. Natürlich kommt es darauf an, ob die Lage eines solchen Postens einer Truppe gestattet, in und mit demselben zum Aeußersten sich zu entschließen oder davon keinen Gebrauch zu machen gebietet.

An diese Posten schließen sich in Bezug auf Widerstandsfähigkeit die Terrainabschnitte, d. h. Terrainflächen, welche entweder durch ihre eigne Gestaltung, oder durch die Beschaffenheit ihrer nächsten Umgebungen der Vertheidigung mehr oder weniger wesentliche Vortheile darbieten, oder dem Angriffe die Annäherung und Entwickelung besonders erschweren.

An die Terrainabschnitte schließen sich endlich solche Terrainstrecken an, auf welchen sich die Truppen nur in Marschformation und in bestimmten Richtungen bewegen, also nicht gefechtsthätig entwickeln können. Bei solchen beengenden Terrainverhältnissen gewinnen die Ein- und Ausmündungen der über dergleichen Terrainflächen hinführenden Passagen eine besondere taktische Wichtigkeit und meistens ist die innere Widerstandsfähigkeit ohne allen Belang oder kommt überhaupt gar nicht zur Wirkung, wenn nicht etwa, wie bei Arcole, innerhalb derselben beide Parteien einander entgegenkommen, was von einer Seite immer als ein Fehler angesehen werden muß. Wenn wir die letzte Klasse von Oertlichkeiten mit dem üblichen Namen Defileen bezeichnen, so haben wir also in Bezug auf das Maß ihrer Widerstandsfähigkeit gegen den unmittelbaren Angriff die Oertlichkeiten in 3 Hauptklassen zu rangiren, nämlich: Militairische Posten, Terrainabschnitte und Defileen. Wir haben die äußere Vertheidigung, oder eigentlicher gesprochen, das Ferngefecht, bei dem hier aufgestellten Werthverhältniß nicht beachtet, obschon diese äußere Vertheidigung häufig von vorherrschender Wichtigkeit ist. Dieß kann überhaupt in vielen Fällen die Brauchbarkeit für den taktischen Zweck des Widerstandes oder die Möglichkeit desselben bestimmen, allein wir haben es hier nicht mit der Frage zu thun, ob eine dem Widerstande günstige Oertlichkeit benutzt werden kann, sondern welchen Gebrauch man von der vorhandenen Artillerie zu machen hat, wenn man beabsichtigt, in einer bestimmten Oertlichkeit sich zu schlagen und zwar entweder nur so lange, als es vortheilhaft erscheint, oder bis zur vollen Entscheidung.

Die äußere Vertheidigung kann aber eben so oft gegen die Brauchbarkeit eines Terrainabschnitts, wie groß auch seine innere Stärke ist, sprechen, als gegen diejenige eines militairischen Postens und bei den Defileen ist in der Regel von innerer Vertheidigung nur selten die Rede; es erscheint demnach die obige Rangirung völlig gerechtfertigt. —

Zu den militairischen Posten würden etwa zu rechnen sein: Unbefestigte Städte, Dörfer, Gehöfte, einzelne Gebäude, Schanzen, Gehölze und Gebüsche von mäßigem Umfange; zu den Terrainabschnitten: Höhenzüge und Plateaus, kleine Flüsse, Bäche, Wassergräben, trockne Gräben von größerer Breite und Tiefe, Verschanzungen; zu den Defileen muß man rechnen: die Straßen durch Gebirge, Wälder, Moräste, die durch Niederungen führenden Dämme, die Brücken über Gewässer, welche sich außer den Brücken nicht passiren lassen, desgleichen die Fuhrten, die Straßenengen zwischen Seen und größern Teichen.

Wir wollen nun diese 3 Hauptklassen taktisch bedeutsamer Oertlichkeiten nach den hier genannten Kategorieen in entsprechenden Kapiteln näher erörtern und werden von den einzelnen Kategorieen diejenigen zusammenfassen, welche in den wesentlichen Beziehungen ähnliche Merkmale darbieten.

So werden größere Städte eine besondere taktische Kategorie bilden, während kleinere Landstädte und Dörfer zusammen behandelt werden dürfen, desgleichen Gehöfte und einzelne Gebäude.

Bei den Städten ist die Größe, mit welcher in der Regel die Bauart, die Umfassung und die nächsten Umgebungen in enger Wechselwirkung stehen, von dem entscheidendsten Einflusse auf ihre Vertheidigungsfähigkeit, besonders wenn kein günstiges Verhältniß zwischen der Stärke des Truppenkorps und der Größe der Stadt besteht, so daß entweder die äußere, oder die innere Vertheidigung, oder beide zugleich sehr schwach ausfallen. In solchen Fällen zieht man es in der Regel vor, sich nicht mit einer örtlichen Vertheidigung einzulassen, welche die Kräfte übersteigt. —

Erstes Kapitel.

Ueber den Gebrauch der Artillerie bei Vertheidigung und Angriff militairischer Posten.

§. 27.

Vertheidigung und Angriff größerer Städte.

Wenn wir zunächst nach den Vortheilen fragen, welche bewohnte Orte, ganz abgesehen von ihrer Bauart und innern Beschaffenheit, dem Vertheidiger überhaupt darbieten, so sind es zunächst folgende:

1. Sie nehmen einen Theil der Front ein, welcher weit schwächer besetzt werden darf, als wenn freies Terrain an der Stelle wäre, welcher nicht, wie eine freie Truppenstellung mit dem einfachen Mechanismus eines offenen Angriffs durch alle Waffen übergerannt werden kann und eine Durchbruchsstelle darbietet, welcher ferner nicht, wie eine offene Truppenstellung, der freien Wirkung eines gewöhnlichen Feuergefechts ausgesetzt, vielmehr der gewöhnlichen Vorbereitung entscheidender Angriffe entzogen ist und auf diese Weise solche Angriffe auf das offene Nebenterrain hinlenkt.

2. Sie verbergen dem Angriffe die Stärke ihrer Besatzung, also das Maß ihrer Widerstandsfähigkeit und verwickeln deshalb den Angriff in eine falsche und schlecht abgemessene Verwendung seiner Kräfte.

3. Sie entziehen dem Blicke des Gegners einen mehr oder weniger bedeutenden Theil der in ihrem Rücken liegenden Terrainflächen und bieten dadurch verdeckte Aufstellungsräume für

die Truppen des Vertheidigers dar. Weil nun die Aufstellung hinter einem bewohnten Orte zur Seite des freien Nebenterrains die Flanke jeder gegen dieses Nebenterrain gerichteten Angriffsmaßregel bedroht, ohne daß die Stärke, die Vertheilung und die Bewegungen der verdeckt aufgestellten Truppen vom Angriffe früh genug erkannt werden können, so ist der Angriff entweder gezwungen, durch weite Umgehungen dergleichen Posten auszuweichen oder sie anzugreifen und wegzunehmen. In den meisten Fällen ist eine weite Umgehung aus andern Gründen nicht zulässig oder mit großen Opfern, selbst Gefahren, verknüpft und, wenn in einer größern Schlachtordnung mehrere bewohnte Orte oder ähnliche militairische Posten die Stellung verstärken, oft völlig unausführbar. Deshalb sehen wir denn auch in fast allen größern Schlachten unsrer Zeiten den Kampf um bewohnte Orte und militairische Posten von ähnlicher Bedeutsamkeit eine so entscheidende Rolle spielen.

4. Fast alle bewohnten Orte liegen des Wasserbedarfs wegen an fließendem Wasser oder an natürlichen Wassersammlern, also gegen die nächsten Umgebungen mehr oder weniger eingesenkt, was zweierlei Folgen nach sich zieht: sie haben einmal ein oft sehr geringes Ferngefecht gegen das Vorterrain und sie sind andrerseits der Fernwirkung des Angriffs entzogen. Das erstere ist eine Schwäche, das letztere ein Vortheil und es kommt ganz auf das zur Seite der Ortschaft liegende Terrain an, ob das Vorterrain gegen das Vorschreiten des Angriffs vertheidigt werden kann und dadurch die tiefere Lage gegen die nächste Umgebung ein Vortheil des Vertheidigers wird. Oft bietet außerdem das fließende Wasser dem Vertheidiger einen brauchbaren Terrainabschnitt dar, besonders, wenn er dessen Lauf vor die Front nehmen kann.

5. Die bewohnten Orte beschränken die Passage der Fläche, welche sie bedecken, auf bestimmte Straßen und Ausgänge, so daß sie dem Vertheidiger das Vorbrechen aus dem Orte er-

schweren, und im Angesicht des Gegners gefährlich machen, desgleichen eine nahe Aufstellung vor dem Orte, oder ein nahes Manöver vor demselben unrathsam erscheinen lassen. Hat dagegen der Angriff den Ort genommen, so ist für ihn das Debouchiren aus demselben eine sehr schwierige Maßregel.

Je größer ein bewohnter Ort ist, desto wichtiger und einflußreicher ist der hier bezeichnete Umstand.

In den meisten Fällen wird auch die hier angeregte Eigenthümlichkeit dem Vertheidiger mehr Vortheile, als Unbequemlichkeiten für sein Manöver oder Nachtheile darbieten.

6. Wenn die innere Vertheidigungsfähigkeit eines bewohnten Ortes nicht wegen seiner schlechten Bauart und wegen ungünstiger Richtung seiner Straßen geschwächt ist, so wird der Vertheidiger im Stande sein, sehr überlegene Kräfte des Gegners in ein zahes opfervolles Straßen- und Häusergefecht zu verwickeln. Kommt dieser Vortheil mit einer starken äußern Vertheidigung zusammen, so können bewohnte Orte eine ungewöhnliche taktische Stärke und Bedeutsamkeit erlangen, sobald sie mit einer strategisch wichtigen Stellung in Verbindung treten.

Dagegen muß aber nicht vergessen werden, daß mit diesen Vortheilen bewohnter Orte auch alle Nachtheile und Gefahren einer an örtlichen Widerstand gefesselten Vertheidigung verknüpft sind und daß es ganz auf die obwaltenden Verhältnisse ankommt, ob jene Vortheile mit den möglichen Gefahren erkauft werden dürfen. Diese Frage hat die Heerführung zu entscheiden, uns können nur die taktischen Wirkungen und ihr Einfluß auf den Gebrauch der Artillerie beschäftigen. Nachdem wir diese allgemeinen Eigenthümlichkeiten bewohnter Orte hervorgehoben haben, müssen wir noch die besondern größerer Städte erwähnen.

Es ist zunächst eine für die Taktik wichtige Eigenthümlichkeit größerer Städte, daß die unmittelbar an sie stoßenden Bodenflächen in eine weit höhere Bodenkultur versetzt und daher vielfacher durchschnitten sind, als auf dem platten Lande, Gartenwirthschaften, städtische Meiereien u. s. w. bedecken und unterbrechen die nächsten Umgebungen größerer Städte. Hierdurch wird nicht allein die durchschnittene, der Truppenbewegung hinderliche Fläche außerordentlich vergrößert, die Uebersicht und Leitung des Gefechts erschwert, sein innerer Zusammenhang unterbrochen, sondern auch das Element örtlichen Widerstandes durch die unverhältnißmäßige Ausbreitung und Zerstreuung der bewohnten Umgebungen in demselben Grade geschwächt, als sie zersplittert ist.

Ein Gleiches gilt ferner auch von der innern Widerstandsfähigkeit größerer Städte, welche nur durch ganz unverhältnißmäßige Streitkräfte zur vollen Wirkung gebracht werden kann, ohne daß man darum schon im Stande wäre, den großen Nachtheil für den Vertheidiger abzuwenden, welcher in der Menge von Angriffspunkten liegt, die mit einem großen Umfange, mit zahlreichen Ausgängen und mit einem vielverzweigten Straßenzuge gegeben sind. Die Anwesenheit einer zahlreichen Einwohnerschaft wird außerdem stets ein empfindliches Hinderniß für die freie Entwickelung eines gründlichen innern Widerstandes sein.

Eine äußere Vertheidigung von den zur Seite genommenen Stellungen aus wird aus den bereits angeführten Gründen nicht genügen und eine Aufstellung mit der Stadt nahe im Rücken ist des Rückzuges wegen eine bedenkliche Unternehmung. Der Vortheil, durch die Stadt verdeckte Aufstellungen zu gewinnen, ist wegen der großen Ausdehnung und wegen der Durchschnittenheit des städtischen Weichbildes meistens gar nicht vorhanden.

Die Vertheidigung einer größern Stadt ist daher stets ein sehr mißliches Unternehmen, welches nur durch sehr gebietende Umstände veranlaßt zu werden pflegt, oder durch sehr günstige Verhältnisse rathsam werden kann, denn es pflegen damit immer folgende Schwächen verbunden zu sein:

1. Die äußere Vertheidigung ist sehr schwach, von seitwärts genommenen Aufstellungen nicht hinreichend auszuführen und

muß sich in der Regel darauf beschränken, durch vorgeschobene Truppen den Anmarsch und die Entwickelung des Angriffs zu verzögern und wo möglich in Richtungen auf die Stadt zu lenken, welche den Angriff mit den Stärken des Vertheidigers in Berührung bringen, z. B. in das Feuer starker Artillerie-stellungen u. s. w.

2. Die innere Vertheidigung ist schwierig, verwickelt und nimmt bedeutende Streitkräfte in Anspruch, mit der Gefahr, in der Vertheidigung der Stadt größtentheils, vielleicht so gut als ganz verloren zu gehen.

3. Es wird dem Angriff bald gelingen, an einer Stelle einzudringen und im Innern festen Fuß zu fassen, alsdann ist aber der Vertheidiger in um so schlimmerer, bedenklicherer Lage, je weniger die Stadt durch große, breite und gerade Straßen und durch eine dem Rückzuge günstige Richtung der Hauptstraßen den Vertheidiger begünstigt, je weniger die Stadt geräumige, günstig gelegene freie Plätze für die Aufstellung von Reserven darbietet und je weniger sich günstige Vertheidigungs-abschnitte durch Barrikadirungen u. s. w. bilden lassen.

Die hier angedeuteten Schwächen werden nur selten durch den Vortheil ausgeglichen, daß eine große Stadt Gelegenheit darbietet, bedeutende Truppenmassen verdeckt aufzustellen und durch zahlreiche Debouchcen überraschend gegen den nahen Angriff vorzuführen, wie dieß bei Dresden 1813 der Fall war, wo durch eine provisorische Befestigung Stärken geschaffen, Schwächen beseitigt waren, was in andern Fällen nicht Statt findet, also auch dem Vertheidiger nicht zu Gute kommt. Wie unbefriedigend fiel im Gegensatze die Vertheidigung von Leipzig aus und wie entscheidend war dieselbe für den Rückzug Napoleons?

4. Die Artillerie, welche eine starke Besatzung schon ihres etwaigen Rückzuges wegen mit sich in die Stadt nehmen muß, kann in der Regel nur eine sehr beschränkte Mitwirkung gewinnen und kommt meistens, ohne recht was geleistet zu haben, in große

Gefahr, sitzen zu bleiben, oder ihre Sicherung kostet der Infanterie große Opfer.

Man sieht aus den hier angedeuteten und andern Gründen die eigentliche Vertheidigung größerer Städte in der Regel nicht eintreten und noch seltener bis zum Aeußersten fortschreiten, vielmehr pflegt man es nur mit einer indirekten Vertheidigung zu versuchen, indem man sich dem Gegner bei seinem Anmarsche vorlegt, oder zur Seite seines Anmarsches eine Aufstellung nimmt, oder endlich mit der äußern Vertheidigung sein Heil versucht und rechtzeitig abzieht. Daß auch die innere Vertheidigung größerer Städte bei hartnäckiger Durchführung Außerordentliches leisten kann, dieß belegt die Geschichte mit hervorleuchtenden Beispielen, aber stets sind ungewöhnliche Umstände, besonders eine große Hingebung der Einwohnerschaft, der Sache günstig gewesen.

Was nun unser eigentliches Thema, den Gebrauch der Artillerie bei Vertheidigung und Angriff, betrifft, so haben wir zunächst die Theilnahme der Artillerie an der äußern Vertheidigung, an der innern und ihre Aufgabe für den Fall des Rückzuges zu erörtern.

Offenbar ist es die Aufgabe der Artillerie, die Annäherung des Angriffes zu erschweren und namentlich von den Ausgängen und schwächsten Stellen des äußern Umfanges zurückzuweisen. Die schwächsten Stellen sind besonders diejenigen, welche leicht zu umfassen sind, defecte Theile der Ringmauer darbieten, oder Stellen, wo äußere Gebäude eine Infanterievertheidigung der Ringmauer gefährden. Ist der Angriff auf bestimmte Zugänge beschränkt, so sind diese vorzugsweise durch Artillerie zu beherrschen und den hierzu vortheilhaften Aufstellungen so viel Widerstandsfähigkeit und Deckung gegen feindliche Artillerie zu geben, als es Zeit und Umstände gestatten. Ein gesicherter Abzug ins Innere der Stadt ist die erste Bedingung für die unmittelbar vor der Stadt aufgestellten Geschütze. Bieten sich günstig gelegene und gesicherte Ausgänge dar, um sie zu überraschenden Seitenanfällen gegen nahegerückte Angriffe zu benutzen, so gibt dieß der Artillerie Gelegenheit, den äußern Widerstand nachdrücklich zu stärken.

Wenn zu diesen Maßregeln vor dem Umfange der Stadt auch noch zur Seite derselben Truppen und Artillerie in Mitwirkung treten, gegen umfassende Angriffe wirken und die Flanke der gegen die Umfassung gerichteten Unternehmungen bedrohen können, was von der Stärke des Vertheidigers und von der Beschaffenheit des Weichbildes abhängig ist, so gewinnt dadurch die äußere Vertheidigung bedeutend an Stärke; der Angriff wird dadurch zu einer nachtheiligen Ausdehnung gezwungen, oder muß sich erst dieser Gefahren seiner Flanke durch Vertreibung der Seitenmanövers entledigen.

Auch hier wird es eine wesentliche Bedingung für einen tüchtigen Widerstand der Artillerie, durch natürliche oder künstliche Deckungen dem Geschützfeuer des Angriffs entzogen zu sein.

Eine große Gewandtheit, Lokalkenntniß und richtige Beurtheilung der Gefechtslage sind für die Wirksamkeit der außerhalb auftretenden Artillerie unerläßliche Bedingungen ihres Erfolges und ihrer Sicherheit.

Ist die außerhalb auftretende Artillerie durch das feindliche Geschütz zum Abzuge gezwungen, oder durch Einbruch des Feindes an einem Punkte der Umfassung, so muß sie, wenn nicht ihre Verwendung im Innern angeordnet ist, nach einer im Rücken der Stadt gelegenen Rückzugsstellung abrücken, um in dieser zur gesicherten Aufnahme des etwa eintretenden Rückzuges aus der Stadt und gegen das Nachdringen des Feindes bereit zu stehen. Hierbei ist die Sicherung etwa vorhandener Defileen, über welche der Rückzug führt, sorgsam zu beachten.

Muß die abziehende Artillerie die Stadt passiren, so darf sie nur die für ihren Abzug angewiesenen und dazu freigehaltenen Straßen einschlagen.

Kann und soll die Artillerie zur Verstärkung des innern Widerstandes mitwirken, so geschieht dieß durch Bestreichung der gegen die Thore und Umfassung führenden Straßen aus Stellungen, welche nicht leicht durch das Vordringen des Feindes in Nebenstraßen umgangen und abgeschnitten werden können. Hierbei sind besonders natürliche Abschnitte, wo sie sich durch die Straßenzüge, oder durch Gewässer, welche die Stadt durchziehen, u. s. w. bilden, zu beachten, desgleichen alle Straßen, welche zu den Thoren der Rückzugsseite führen.

Zuweilen werden auch starke Reduitstellungen im Innern mit Geschütz versehen, wenn von ihnen aus Plätze und Hauptstraßen beherrscht werden können. In der Regel wird dann auf den Rückzug solcher Geschütze verzichtet, wenn sie sich nur gehörig verwerthet haben.

Blicken wir auf die vorangegangenen Betrachtungen zurück, so kann die zur Vertheidigung einer größern Stadt mitwirkende Artillerie auf nachfolgende Weise zur Anwendung kommen:

1. Zu den vorgeschobenen Manövers, welche dem Feinde in der Absicht entgegengehen, seinen Anmarsch gegen die Stadt aufzuhalten und hierzu die etwa sich darbietenden Terrainabschnitte benutzen. Diese vorgeschobenen Detachements dürfen sich niemals auf die Stadt selbst zurückwerfen lassen, um nicht die äußere Vertheidigung derselben zu maskiren und dem nachdringenden Feinde die Annäherung zu erleichtern, oder ihm gar Gelegenheit zu geben, die geworfenen Truppen mit Gewalt gegen die Eingänge zu pressen. Hieraus folgt für die solchen Detachements beigegebenen Geschütze:

a. „Die Artillerie der vorgeschobenen Detachements hat nächst „der denselben gestellten Aufgabe die Sicherstellung des „Rückzuges in der vorgeschriebenen Richtung von Hause „aus in das Auge zu fassen und deshalb besonders die „Unterstützung des äußern Flügels zu beachten.“

Das Abdrängen von einer größern Stadt ist wegen der bedeutenden Ausdehnung weniger zu fürchten; auch werden alle zur Aufnahme aus der Stadt vorrückenden Unterstützungen vorzugsweise dem innern Flügel Hilfe bringen. Sollten die vorgeschobenen Detachements demnächst zur Seite der Stadt auftreten und die Vertheidigung des äußern Umfanges erweitern und unterstützen, so muß:

b. „Die Artillerie dahin wirken, daß die zurückgehenden Trup„pen in die ihnen bezeichnete Stellung gelangen, und zu „diesem Zwecke die geeigneten Zwischenstellungen einneh„men, um eine starke Verschiebung der Front und des „Rückzuges abzuwehren.“

c. „Die Artillerie muß es beim Rückzuge vermeiden, in die „Schußrichtungen der äußern Vertheidigung zu gerathen.“

d. „Die Artillerie darf bei den vorgeschobenen Manövers „nur in dringenden Fällen von ihren Shrapnells und „Kartätschen Gebrauch machen, um dieselben für die spä„tere Entscheidung aufzusparen.“

2. Zu den Seitenmanövers, welche den Zweck haben, sowohl das Umfassen der Stadt durch den Angriff zu verhindern, den Feind zu einer größern Ausdehnung zu zwingen und dadurch seinen Angriff auf die Stadt selbst zu schwächen, als auch die Angriffsmaßregeln gegen die Stadt in der Flanke zu bedrohen und demnächst den Rückzug aus der Stadt zu schützen. Bei dieser Aufgabe ändert sich das taktische Werthverhältniß beider Flügel gegen dasjenige bei den vorgeschobenen Detachements in das Gegentheil um. Gelänge es nämlich dem Feinde, den innern Flügel zu werfen und sich zwischen das abgedrängte Seitendetachement und die angegriffene Stadt zu schieben, so würde, da eine Unterstützung des Seitendetachements aus der angegriffenen Stadt nicht mit der Leichtigkeit und Sicherheit erfolgen kann, wie bei der Aufnahme der vorgeschobenen Manövers, das Seitenmanöver außer der eignen Gefahr einen

seiner wichtigsten Zwecke, die Sicherstellung des Rückzuges der innern Vertheidigung, völlig verfehlen. Außerdem verlangt der Zweck des Seitenmanövers die Unterstützung der äußern Vertheidigung, so wie die Bedrohung der Flanke des Angriffs, so daß also der innere Flügel des Seitenmanövers der Artillerie am meisten bedarf. Es wird von den Umständen abhängig sein, ob auch der äußere Flügel durch Artillerie gestärkt werden muß, indessen wird in den meisten Fällen der innere Flügel den Vorrang bei der Vertheilung der Geschütze behaupten.

Es folgert sich aus dem eben bemerkten:

e. „Die Artillerie der zur Seite der Stadt agirenden Truppen muß vorzugsweise den innern Flügel dieser Truppen stärken, um ihre Abdrängung von der Stadt und von der allgemeinen Rückzugslinie abzuwehren, um zur Unterstützung der äußern Vertheidigung am kräftigsten und überraschendsten auftreten und zugleich die Flanke des Angriffs gefährden zu können."

f. „Gedeckte Aufstellungen gegen die Wirkung des feindlichen Geschützes, voraussichtige Wahl günstiger Abzugsstellungen und Sicherstellung des Rückzuges der innern Vertheidigung durch zähen Widerstand zur Seite der Stadt und durch eine zur Seite des Rückzuges aus der Stadt genommene haltbare Aufstellung sind die wesentlichsten Gesichtspunkte des Seitenmanövers und der damit verbundenen Artillerie."

3. Zur Aufstellung vor dem Umfange der Stadt, mithin um der äußern Vertheidigung der Stadt ein Ferngefecht, theils zum Widerstande gegen die Annäherung des Angriffs, theils zur Flankirung der Umfassungslinie, theils zur lokalen Verstärkung besonders wichtiger, oder sehr schwacher Punkte, zu geben.

Diese Artillerie wird sich stets einem überlegenen Geschützfeuer und nicht selten der Gefahr eines plötzlichen Anlaufes ausgesetzt finden, dabei aber die Aufgabe eines zähen und hartnäckigen Widerstandes zu lösen haben.

Hieraus ergiebt sich:

g. „Die vor dem Umfange auftretende Artillerie, mag sie „vor den Ausgängen, an einspringenden Theilen der Umfassung zur Flankirung, oder an besonders schwachen „Punkten der Umfassung aufgestellt sein, muß sich Deckung „gegen feindliches Geschützfeuer schaffen, durch geeignete „Maßregeln gegen feindliche Schützen und überraschende „Angriffe geschützt werden und einen leichten, sicheren Abzug hinter sich haben, um bis zum entscheidenden Augenblicke des äußern Kampfes ausharren zu können."

h. „Falls diese Artillerie ihren Abzug durch die Stadt antreten muß und nicht an der innern Vertheidigung sich „betheiligen soll, darf sie keine andere, als die ihr vorgeschriebene und offengehaltene Passage einschlagen und „geht in eine zur Aufnahme der innern Vertheidigung „geeignete Rückhaltsstellung." —

4. Zur innern Vertheidigung, um die Hauptstraßen und freien Plätze gegen den eindringenden Angriff zu vertheidigen, diesen in die Nebenstraßen und in den Häuserkrieg zu verwickeln, die natürlichen oder künstlich geschaffenen Abschnitte der innern Vertheidigung zu stärken und endlich etwaige Reduits im Innern der Stadt durch Geschützbewaffnung widerstandsfähiger zu machen.

Es wird natürlich von höhern Rücksichten abhängig sein, wie weit man sich in die innere Vertheidigung einer größern Stadt einlassen will oder muß, und ob die Artillerie, wenn sie mitwirken soll, alle hier bezeichneten Zwecke, oder nur einige derselben zu erfüllen hat.

Die lokalen Verhältnisse haben bei dieser Aufgabe einen so entscheidenden Einfluß, daß allgemeine Regeln und Gesetze vollkommen illusorisch sind und man kann nur ein Gesetz aufstellen, daß der im Innern auftretende Artillerieoffizier von allen Vertheidigungsanstalten, von allen Lokalitäten und Passagen die genaueste Kenntniß besitzen muß, um weder sich, noch die andern Truppen in Verlegenheit zu bringen und im entscheidenden Augenblicke nicht unwirksam zu sein. Der Stand des Straßen- und Häusergefechts muß ihm in jedem Augenblicke klar vorschweben und dazu muß er sich die nothwendigen Nachrichten verschaffen.

Hiermit wären die wesentlichsten Punkte der Vertheidigung größerer Städte mit Bezug auf den Gebrauch der Artillerie erörtert und wir haben nun des Angriffs zu gedenken.

Wenn man zum Angriffe, oder doch in der Absicht desselben, also in der Erwartung, Widerstand zu finden, gegen eine größere Stadt vorrückt, so muß man verständiger Weise voraussetzen, daß, wenn nicht ganz besondere Umstände obwalten, der Gegner sich nicht in die Vertheidigung einer größern Stadt mit unzureichenden Kräften einlassen wird, man muß vielmehr annehmen, daß die Streitkräfte des Vertheidigers, für die schwierige und verwickelte Aufgabe, eine größere Stadt gehörig zu besetzen und zu vertheidigen, hinreichen.

Wir für unsern Zweck einer prinzipiellen Behandlung der Sache würden auf einen ganz falschen Standpunkt gerathen, wenn wir nicht voraussetzten, daß Angriff, wie Vertheidigung, für ihren Zweck auch mit den zureichenden Mitteln versehen sind.

Man greift eine Stadt nur an, entweder um sie in Besitz zu nehmen, oder um den in selbiger sitzenden Feind zu überwältigen und man kommt in beiden Fällen nur zum Ziele, indem man den Vertheidiger schlägt und zwar, wo man ihn trifft, so entschieden, als möglich. Auch muß man sich noch klar machen, daß, wenn man eine größere Stadt angreift, von der Zulässigkeit oder Angemessenheit einer Umgehung derselben nicht mehr die Rede sein kann, daß vielmehr diese Frage schon entschieden ist und daß, während kleine Städte, Flecken und

Dörfer in der Regel nur Theile, Verstärkungsmittel oder sogenannte Schlüsselpunkte der Gefechtsstellungen im freien Felde sind, größere Städte als der eigentliche Kern der Vertheidigungsstellung dastehen, ihre Vertheidigung den Zweck des Gefechts, mithin ihre Einnahme die Entscheidung desselben ausmacht. Alle äußern Stellungen und Manövers sind nur Erweiterungen, Verstärkungen, Sicherheitsmaßregeln der eigentlichen Stadtvertheidigung, oder Hindernisse, Erschwerungen, Bedrohungen des Angriffs. Diese Anschauung des Wesens muß beim Verfahren der Vertheidigung, wie des Angriffs größerer Städte stets vorschweben, um gegen Fehlgriffe gesichert zu sein.

Wir nehmen den Angriff nunmehr ganz in der Ordnung vor, in welcher die Berührung mit den Vertheidigungsmaßregeln erfolgen wird, haben also zuerst mit den vorgeschobenen Manövers des Vertheidigers, demnächst mit den Seitenmanövers und mit der äußern Vertheidigung der Stadt, zuletzt mit der Vertheidigung des Innern die zugehörigen Relationen des Angriffs zu besprechen.

Der äußere Widerstand des Vertheidigers ist ganz besonders darauf hingewiesen, sich auf eine tüchtige Mitwirkung der Artillerie zu stützen, hierdurch die andern Waffen gegen einen starken und schnellen Verbrauch zu schützen und dabei dem Widerstande eine lange Dauer zu verleihen, d. h. den Angriff in seinem Streben zum entscheidenden Kampfe aufzuhalten.

Die Artillerie ist also bis zum Eintritte der Entscheidung als Kern des äußern Widerstandes anzusehen und hieraus folgt als allgemeines Gesetz:

i. „Der Angriff hat vor allen Dingen nach einer schnellen „Ueberwältigung der Artillerie des Vertheidigers hinzu„streben."

1. Angriff der vorgeschobenen Manövers der Vertheidigung.

Der Angriff wird auf diese Manövers des Feindes bei

seinem Anmarsche stoßen, wo ihnen das Terrain mehr oder weniger haltbare Abschnitte darbietet.

Es liegt nicht in der Absicht solcher vorgeschobenen Detachements, sich in einem entscheidenden Kampf einzulassen, an welchem nicht die volle Kraft des Vertheidigers, also die äußere Vertheidigung der Stadt, sich betheiligen kann und es ist für solche Detachements schon ein sehr gefährlicher und für die ganze Vertheidigung sehr nachtheiliger Ausgang des Gefechts, wenn sie mit großer Gewalt aus ihren vorgeschobenen Stellungen auf die Stadt und die ihnen zu Hilfe eilenden Unterstützungen geworfen werden.

Eine schnelle Vertreibung der Artillerie ist das wirksamste Mittel, die vorgeschobenen Detachements in nachtheilige Rückzugsverhältnisse zu stürzen und das taktische Werthverhältniß zu erkennen, welches die beiden Flügel derselben zu ihrem Rückzuge haben.

Das Umfassen und Ueberwältigen des äußern Flügels, also des Flügels der Rückzugsseite muß alsdann als Zielpunkt der weitern Maßregeln des Angriffs behandelt werden.

Hieraus folgen als Grundsätze für den Angriff gegen die vorgeschobenen Detachements:

k. „Eine schnelle Entwickelung eines überlegenen Artillerie„angriffs muß den Angriff gegen die vorgeschobenen Ma„növers einleiten."

l. „Sobald die Richtung des feindlichen Rückzuges mit Be„stimmtheit erkannt wird, muß in dieser mit allem Nach„drucke vorgeschritten werden, um den äußern Flügel wo „möglich gerade gegen die Stadt zu drängen."

2. Angriff der Seitenmanövers.

Man kann nicht wohl daran denken, die äußere Umfassung einer größern Stadt anzugreifen, so lange zur Seite derselben Truppen des Vertheidigers stehen, welche den Angriff an seiner freien Annäherung und Entwickelung hindern und zugleich bedrohen, ohne sie gleichzeitig mit anzugreifen oder gegen sie angemessene Kräfte zu detachiren. Ist man nun doch gezwungen, mit ihnen in Berührung zu treten, so ist dieß schon ein zureichender Grund, gleich von Hause aus gegen diese äußern Truppen zur Seite der Stadt mit entscheidenden Maßregeln vorzuschreiten, sie, wo möglich, zu schlagen, dadurch die Vertheidigung der Stadt zu isoliren und ihren späteren Rückzug abzuschneiden.

Es ist schon bei der Vertheidigung entwickelt worden, daß der innere Flügel der Seitendetachements der wichtigere ist, weil derselbe sich an die Stadt lehnt und deshalb am meisten zur Verstärkung des äußern Umfanges beizutragen vermag. Bei den vorgeschobenen Detachements war es umgekehrt, weil mit der Ueberwältigung des äußern Flügels der Rückzug derselben auf die Stadt selbst gedrängt wurde, ohne daß der Angriff bei der Verfolgung unmittelbar mit den herbeikommenden Unterstützungen in Berührung gerieth, wie es bei der Verfolgung des innern Flügels eintreten würde.

Bei dem Angriffe des innern Flügels der Seitendetachements kommt man zwar zugleich mit der äußern Vertheidigung der Stadt selbst in Kontakt, allein man gewinnt auf der andern Seite dadurch den Vortheil, den Vertheidiger der Stadt gleichzeitig mit in Anspruch zu nehmen und auf eine den gemeinsamen Rückzug gefährdende Trennung der Seitendetachements von der Stadt hinzuwirken. Der Kampf wird dadurch zwar schwerer, aber auch entscheidender, als bei einer Bedrohung des äußern Flügels, welche doch nicht ohne angemessene Detachirung gegen die Stadt und gegen den innern Flügel unternommen werden könnte, den Angriff zu einer großen Ausdehnung und weitschweifigen Manövers zwänge und bei der Ueberwältigung des äußern Flügels doch noch mit dem innern Flügel und der noch nicht in Anspruch genommenen Stadt in Berührung brächte.

Um aber bei dem Angriffe gegen den innern Flügel eines Seitendetachements die Infanterie und Reiterei gegen gefährliche Verluste zu bewahren, muß derselbe durch eine überlegene Artillerie ausgeführt werden, welche das Geschützfeuer der Stadt und des Seitendetachements auf sich zieht und zugleich gegen Flankenanfälle des in der Stadt befindlichen Vertheidigers sichert.

Mit der Vertreibung der Artillerie des innern Flügels wird der Rückzug des Seitendetachements am sichersten erzwungen und der Angriff ist alsdann durch nichts gehindert, mit demselben Geschütz sich gegen die Stadt selbst zu wenden.

Daß lokale Verhältnisse und besondere Umstände auch hier auf ganz entgegengesetzte Entschlüsse hinleiten können, ist selbstverständlich, wo aber solche Bedingungen nicht obwalten, da wird die eben entwickelte Anschauung ihr Recht behalten und wir folgern deshalb als allgemeingiltig:

m. „Beim Angriffe auf die zur Seite der Stadt stehenden „Truppen des Vertheidigers ist der innere Flügel (Anlehnungsflügel) derselben durch eine überlegene Artillerie „zu bekämpfen, welche auf eine Abdrängung der äußern „Truppen von der Stadt hinzuwirken hat."

n. „Unter dem Schutze dieses Artillerieangriffs wird man „Infanterie und Kavallerie gegen die äußern Truppen „des Vertheidigers entwickeln, während angemessene Kräfte „gegen die Stadt selbst zurückgehalten werden."

3. Angriff der äußern Vertheidigung der Stadt.

Sind die zur Seite der Stadt auftretenden Truppen des Vertheidigers vertrieben, oder durch einen allgemeinen Angriff gegen sie und die Stadt zugleich vollkommen in Anspruch genommen, so wird die Vertreibung der Artillerie aus ihren Aufstellungen vor der Stadt das nächste Ziel des Angriffs, demnächst die Oeffnung der Eingänge, welche man stürmen will, die Vorbereitung dieses Sturmes und die Festsetzung innerhalb der gewonnenen Einbruchspunkte.

Die Lokalitäten beherrschen hier alle Verhältnisse und zeichnen den Gebrauch der Artillerie so scharf vor, daß es vollkommen illusorisch sein würde, sich mit der Entwickelung brauchbarer Gesetze abzumühen.

4. Angriff der innern Vertheidigung.

Dasselbe gilt vom Gebrauche der Artillerie gegen die innere Vertheidigung. Hier werden die Verhältnisse für die Artillerie noch bestimmter und beengter, so daß nur von der vollkommensten Herrschaft der Oertlichkeit die erforderlichen Maßregeln abzuleiten sind. Meistens wird die Artillerie sich beim innern Kampfe wenig oder gar nicht betheiligen können. —

Was nun schließlich das nähere Verhalten der Artillerie sowohl bei der Vertheidigung, als auch beim Angriffe, in den verschiedenen hier bezeichneten Hauptmomenten betrifft, so gehört dieß theils nicht in die Reihe der hier gesuchten allgemeinen Prinzipien, theils wird der Artillerie-Offizier bei einer klaren und scharfen Auffassung der Natur des Gefechtes und der augenblicklichen Gefechtslage von selbst zu dem rechten Wege hingeleitet werden. Eine solche Auffassung setzt aber voraus, daß der Artillerie-Offizier ein allgemeines Bild der wesentlichsten Gefechtscharaktere mitbringt, um leicht und sicher die einflußreichsten Modifikationen des wirklich eintretenden Gefechtsfalles zu erkennen. Ohne dieses allgemeine Bild ist man in Gefahr, durch die Menge der hervortretenden Charaktere zu einer unbestimmten, verworrenen Anschauung zu gelangen.

Deshalb erachten wir es für besonders wichtig, unsere Entwickelungen auf eine solche allgemeine Charakteristik zu stützen und erkennen diese Methode für die allein brauchbare, um zu allgemein giltigen Gesetzen zu gelangen.

Ist die Charakteristik falsch oder mangelhaft, nun so mag eine richtige an ihre Stelle gesetzt werden und die Resultate werden dann sicher das Rechte treffen.

Mag diese Methode durch ihre Breite unbequem und lästig

werden, so hat sie doch den Nutzen, das gründlichste und schärfste Durchdenken des Stoffes zu veranlassen und in der That möchte wohl Niemand eine dringendere Veranlassung finden, als der Militair, alle Aufgaben und Verhältnisse seines gefahrvollen Berufes bis in ihr Innerstes zu erforschen. —

§. 28.

Vertheidigung und Angriff kleiner Städte, Flecken und Dörfer.

Die taktischen Unterschiede zwischen den hier bezeichneten Posten und den größern Städten sind im Allgemeinen folgende:

Die nächsten Umgebungen sind nicht in solchem Maße, wie bei größern Städten, bedeckt, bebaut und durchschnitten, sondern der übliche Anbau des Bodens reicht, besonders bei Flecken und Dörfern, bis an den Umfang des bewohnten Ortes.

Der Umfang fordert bei seiner weit geringern Ausdehnung weit geringere Vertheidigungskräfte, so daß von den vorhandenen ein um so größerer Theil außerhalb des Ortes zur Verwendung kommen kann.

Die innere Vertheidigungsfähigkeit, insofern man hierbei den eigentlichen Häuser- und Straßenkampf im Auge hat, ist bei größern Städten stärker, als bei kleinen Städten, Flecken und Dörfern, aber auch weit schwieriger zu leiten.

Man kann ferner sagen, daß größere Städte bei der Schwierigkeit, sie zu vertheidigen und bei der zu ihrer Vertheidigung erforderlichen Truppenmasse, nur ihrer politischen, ihrer strategischen Bedeutung wegen zum Gegenstande der Vertheidigung werden.

Größere Städte sind daher in der Regel als Zweck und taktischer Kern der Vertheidigung zu betrachten, an welche sich nach Maßgabe der disponiblen Streitkräfte und der dazu günstigen Umgebungen äußere Truppenstellungen schließen; in dem Verluste solcher Städte ist mithin die volle Entscheidung enthalten.

Anders verhält es sich mit den jetzt zur Sprache kommenden Kategorieen.

Man besetzt dieselben niemals ihrer selbst willen, sondern nur, wenn man dadurch eine größere Widerstandsfähigkeit gewinnt, oder einen Punkt, an dessen Besitz sich eine große taktische oder strategische Bedeutung knüpft, wie z. B. wenn solche Orte einen Flußübergang, den Ausgang oder Eintritt eines Gebirgsstriches, einer waldigen, oder morastigen Landstrecke schließen.

Kleinere Städte, Flecken und Dörfer sind daher nur als Theile und Verstärkungsmittel einer Vertheidigungsstellung zu betrachten und zu behandeln, mithin als eigentliche militairische Posten.

Mit ihrem Verluste, als demjenigen der Stütz- oder Schlüsselpunkte einer Vertheidigungsstellung, ist der wesentlichste Schritt zur Entscheidung gegen die Stellung geschehen, aber erst dann zugleich auch gegen den Vertheidiger, wenn derselbe an den örtlichen Widerstand in der gewählten Stellung den letzten Entscheidungskampf knüpfte oder dazu gezwungen worden ist.

Es erschien nothwendig, dieses taktische Werthverhältniß besonders hervorzuheben, weil hieraus das taktische Gesetz folgt, „daß es nur dann vortheilhaft für den Vertheidiger ist, „sich mit der Vertheidigung, besonders mit der innern, solcher „Orte einzulassen, wenn sie leicht und mit verhältnißmäßig geringen Kräften einen starken Widerstand leisten können, oder „wenn sie als zufällige Theile einer im Uebrigen sehr starken „Stellung besetzt und vertheidigt werden müssen." Der letzte Fall kommt fast in allen größern Schlachten vor, wo es sich nicht um die Frage handelt, ob es vortheilhaft ist, ein in der Stellung gelegenes Dorf zu besetzen, sondern um die, ob es nachtheilig ist, dasselbe nicht zu besetzen. Da nun bewohnte Orte in jedem Falle einen Theil des dahinter liegenden Terrains maskiren und die Bewegungen der Truppen einschränken, so sind sie für die Vertheidigung, oder besser gesagt, für den Widerstand gegen das Vorschreiten eines Angriffs niemals gleichgiltig und müssen deshalb schon in die Maßregeln der Vertheidigung gezogen werden.

Wenn es eine fast durchgreifende Eigenthümlichkeit größerer Städte ist, daß ihre Häusermasse auf eine verhältnißmäßig geringe Bodenfläche zusammengedrängt ist, so ist dieß bei kleinern Städten, besonders aber bei Flecken und Dörfern in der Regel nicht der Fall, vielmehr pflegt sich ein oft sehr großes Mißverhältniß zwischen den Längen- und Querdimensionen geltend zu machen.

Außerdem ist nicht selten schon bei Flecken, bei Dörfern aber stets der innere Zusammenhang in den Häuserreihen und Straßen vielfach unterbrochen.

Es wird daher von ganz entschiedenem Einflusse, mit welchen Dimensionen ein Ort gegen den Angriff Front macht und wie groß diese Dimensionen sind, ob dieser Umstand dem Angriff oder der Vertheidigung zum Nachtheile gereicht. Offenbar würde eine bedeutende Front des Ortes von der Seite her schwer zu vertheidigen, zu unterstützen sein, eine sehr starke Besetzung fordern, dem Angriff eine Menge Punkte und eine bedeutende Entwickelung seiner Kräfte darbieten und die äußere Entwickelung des Vertheidigers empfindlich beschränken.

Eine starke Artillerie und zahlreiche Reiterei fordern nicht allein vor ihrer Front ein weites und freies Terrain, sondern auch in ihrem Rücken und stellen sich daher nicht gern nahe vor bewohnte Orte; die Artillerie würde durch eine solche Aufstellung das feindliche Geschützfeuer zugleich auf den Ort hinlenken.

Wenn langgestreckte Ortschaften mit ihrer Spitze gegen die Front einer Stellung gerichtet sind, so ist dieß in mehrfacher Beziehung nachtheilig, weil die zu beiden Seiten entwickelten

Truppen durch die Ortschaft in ihrem Zusammenhange gestört sind und sich nicht mehr unterstützen können, sobald die Truppen auf einer Seite zurückgedrängt werden; die Spitze einer Ortschaft kann aber, sobald sie gehörig umfaßt oder in einer Flanke angegriffen wird, keine bedeutende Widerstandsfähigkeit entwickeln. Zur Flügelanlehnung eignet sich ein so gelegener, langgestreckter Ort sehr schlecht, sobald seine äußere Seite gehörig angegriffen werden kann, wie z. B. das Dorf St. Amand in der Schlacht von Ligny nur in der Voraussetzung für die Stellung der Preußen brauchbar war, daß die Engländer neben demselben auftreten würden.

Auch verliert ein langgestreckter und mit seiner Längenrichtung gegen die Front der Stellung stoßender Ort die vortheilhafte Eigenschaft, nahe Aufstellungen zur schnellen Unterstützung des Vertheidigers und der nebenstehenden Truppen darzubieten.

Endlich muß noch bemerkt werden, daß die Ortschaften der hier in Rede stehenden Kategorie nicht selten ihrer Bauart wegen sich wenig oder gar nicht zu einer innern Vertheidigung eignen, alsdann aber je nach dem Stande des Gefechts außerhalb bald für den Vertheidiger, bald für den Angriff wegen der Unsicherheit des Besitzes sehr unbequem, selbst gefährlich werden können, wie jedes durchschnittene, bedeckte, aber unhaltbare Terrain, welches man nahe zur Seite hat.

So lange der Angriff nicht in den unzweifelhaften Besitz derselben gelangt ist, so lange beschränken sie seine freie Entwickelung und sein Vorschreiten, begünstigen also dadurch die Vertheidigung und es ist nur schwer, solche Orte geschickt zu benutzen, nicht zu viel Kräfte an ihre unmittelbare Vertheidigung zu opfern und dennoch dem Angriffe ihre Besitznahme streitig zu machen.

Deshalb spielen bei der Vertheidigung solcher Orte haltbare Reduits im Innern, wenn sie nicht ganz ungünstig gelegen sind, eine große Rolle. Kirchen, massive Gebäude und Gehöfte sind solche Reduits, welche mit wenig Kräften zu vertheidigen sind und den Gegner an der unbestrittenen Besitznahme des Ortes hindern. Die sogenannten Schüttkasten in Eßlingen und ähnliche Beispiele belegen diesen taktischen Werth haltbarer Reduits auf eine unzweifelhafte Weise.

Aus den vorstehenden Betrachtungen folgt zuvörderst im Allgemeinen:

1. „Sind die hier in Rede stehenden Ortschaften durch ihre „Bauart und durch vertheidigungsfähige Reduits im In„nern eines nachdrücklichen Widerstandes ohne unverhält„nißmäßige Opfer fähig und bietet das Terrain zur Seite „haltbare Aufstellungen dar, so muß der Vertheidiger „dahin streben, sich in gleicher Höhe mit ihnen zu be„haupten, sie als Stützpunkte seiner Aufstellung benutzen, „bei seinem etwaigen Rückzuge das Vordringen des Fein„des zur Seite des Ortes nach Kräften aufhalten und „endlich die Entwickelung vorwärts des Ortes und das „Debouchiren aus demselben bekämpfen."

2. „Sind solche Ortschaften dagegen nicht zu einer nach„drücklichen innern Vertheidigung geeignet und muß die „Aufstellung neben ihnen aufgegeben werden, so muß der „Vertheidiger sogleich in eine Aufstellung zurückgehen, „welche das Vorbrechen des Angriffes durch dieselben und „neben denselben erschwert, den Angriff in den Nachtheil „bringt, eine unhaltbare Ortschaft neben sich zu haben, „welche seine Bewegungen und Entwickelungen beengt, „verzögert und belästigt."

Im ersten Falle muß also der Vertheidiger sich so lange, als es geht, in unmittelbarer Verbindung mit dem Orte zu behaupten suchen, im zweiten dagegen sich derselben zur rechten Zeit entledigen und nur noch die Vortheile auszubeuten suchen, welche ihm aus den nachtheiligen Verhältnissen des Angriffs in der Nähe eines solchen Ortes erwachsen.

Offenbar müssen diese hier angedeuteten Verschiedenheiten einen großen Einfluß auf das Verfahren des Angriffs und der Vertheidigung ausüben und den Gebrauch der Artillerie wesentlich berühren. Das Gefecht wird durch solche Ortschaften einen ganz andern Charakter erhalten und wie schwach, wie unhaltbar sie immer sein mögen, sie bleiben unter allen Umständen Hindernisse des freien Gebrauches der Truppen, der freien Beobachtung des vorliegenden Bodens. Wir erinnern hier nur an die Dörfer in der Schlacht bei Groß-Görschen, welche lediglich als Terrainhindernisse ihren großen Werth geltend machten und dabei die ganze lange Schlacht beherrschten. Was folgt nun hieraus für den Gebrauch der Artillerie Seitens der Vertheidigung?

A. Bei Ortschaften, deren innere Widerstandsfähigkeit von hinreichender Stärke ist:

a. „Man entwickelt neben dem Orte zur Verstärkung seines „äußern Widerstandes, zur Fernhaltung und Abwehr des „Angriffes so viel Artillerie, als es der Wichtigkeit des „Postens entspricht, jedoch so, daß die Aufstellung neben „dem Posten ein verhältnißmäßig starkes Artilleriegefecht „disponibel behält, um das freie Terrain seitwärts des „Postens kräftig zu beherrschen und den Gegner zum Angriffe desselben zu zwingen."

b. „Liegt der Ort mit einer bedeutenden Ausdehnung in der „Front des Vertheidigers, so entwickelt man neben dem „Orte schwere Geschütze, um das Terrain vor demselben „kräftig beherrschen zu können. Bei sehr bedeutender Frontlänge der Ortschaft kann eine Geschützaufstellung vor dem „Orte geboten sein; nur muß der Abzug der Geschütze „durch denselben gesichert sein."

c. „Ist die Längenausdehnung des Ortes aber gegen die „Front gerichtet, so daß nur seine schmale Seite dem Angriffe ausgesetzt ist, so ist es nicht erforderlich, Artillerie

„in unmittelbarer Nähe des Ortes zu entwickeln und es ist „vortheilhafter, dazu leichte Batterieen zu wählen, die schweren Batterieen dagegen zur Verstärkung der seitwärts der „Ortschaft genommenen Stellung disponibel zu halten.“ —

d. „Ist die gegen die Front des Vertheidigers gerichtete „Längenausdehnung des Ortes bedeutend, so wird die „neben demselben auftretende Artillerie für den Fall des „Rückzuges günstige Zwischenstellungen zur Seite des Ortes benutzen, um das Vordringen des Angriffs nebenher „und das Umfassen desselben nach Kräften zu erschweren. „Große Gewandtheit, Schnelligkeit der Bewegung und „die sorgsamste Ueberwachung des Standes der innern „Vertheidigung sind unerläßliche Bedingungen für das „Verhalten der neben dem Orte thätigen Artillerie.“

e. „Hat dagegen der Ort nur eine geringe Tiefe, so muß „die Artillerie im Falle ihres Abzuges aus der Aufstellung „neben demselben sogleich in eine Aufstellung zurückeilen, „welche ein kräftiges Kartätschfeuer gegen den durch den „Ort vorbrechenden Feind zu richten gestattet und die Aufnahme der aus demselben geworfenen Truppen sichert.“

B. Wenn der Ort keine genügende Widerstandsfähigkeit im Innern besitzt.

a. „Die Artillerie hat in diesem Falle vorzugsweise die Aufgabe, die Stellung neben dem Orte zu vertheidigen, den „Angriff auf denselben, so weit es sich mit dieser Bedingung vereinigen läßt, zu bekämpfen, sich nicht in nahe „und gefährliche Beziehungen mit dem Gefechte um den Ort „zu verwickeln und denselben nur als ein Hinderniß für „die freie Entwickelung und das ungestörte Vordringen „des Angriffs zu benutzen.“

b. „Eine Aufstellung der Artillerie in unmittelbarer Nähe „des Ortes darf nicht bis zum Eintritte des unmittelbaren „Angriffes auf denselben behauptet werden und ist über-

„haupt nicht zu nehmen, wenn nahe vor dem Orte ein „bedecktes Terrain sich befindet, derselbe mithin über„raschenden Anfällen ausgesetzt ist.“

Im Uebrigen gelten für den Gebrauch und das Verhalten der Artillerie die beim Gefecht der Stellung entwickelten Gesetze der Vertheidigung.

In Betreff des Angriffs ist etwa Folgendes zu sagen:

Es ist bei den hier in Rede stehenden Orten nicht der Besitz des Ortes, wie bei einer größern Stadt, es ist eben so wenig die Ueberwältigung und Vernichtung bedeutender Streitkräfte, wie sie bei der innern Vertheidigung größerer Städte vorkommt, um was es sich handelt, sondern es ist entweder die Nothwendigkeit, einen als Stützpunkt der feindlichen Stellung besetzten Ort zu nehmen, oder es erscheint vortheilhaft, durch den Angriff eines solchen Ortes die Streitkräfte des Feindes in ein örtliches Gefecht zu verwickeln, in bestimmten Richtungen festzuhalten, um dadurch den Erfolg in andern Richtungen zu erleichtern und entscheidender zu machen, oder endlich ist der Ort, so lange ihn der Feind besetzt halten kann, ein Hinderniß für die weitern Maßregeln des Angriffs.

In jeder der hier angedeuteten Beziehungen wird die Ueberwältigung der außerhalb des Ortes auftretenden Streitkräfte des Feindes, weil sie die bedeutendere Masse ausmachen, die volle Entscheidung des Gefechts, mithin auch den Besitz des Ortes nach sich ziehen, nicht aber umgekehrt, so daß also der Sieg außerhalb des Ortes über diesen mit entscheidet.

Hieraus folgt also, daß mit dem Orte zugleich die neben demselben auftretenden feindlichen Truppen angegriffen oder doch durch eine angemessene Entwickelung bedroht werden müssen, nicht aber, daß der Ort mit den neben selbigem aufgestellten Truppen zugleich angegriffen werden muß.

Es ist daher die Trennung des Feindes von dem Orte, welchen derselbe als Stütze oder Anlehnung seiner

Stellung gewählt hat und deshalb vertheidigt, in allen denjenigen Fällen der Weg zum Ziele; wo die Wegnahme des Ortes nothwendig oder vortheilhaft ist; mit diesen Fällen haben wir es aber lediglich zu thun, wenn wir vom Angriff des Postens sprechen wollen.

Was folgt nun hieraus für den Gebrauch der Artillerie beim Angriffe:

a. „Die erste Entwickelung der Artillerie zur Einleitung des „Angriffes auf den Ort muß die Vertreibung der feind„lichen Artillerie vor und neben demselben zum Ziele „nehmen.“

b. „Hat der Feind kein Geschütz vor dem Orte selbst ent„wickelt, so muß die erste Entwickelung der Artillerie so„gleich gegen den Anschluß der äußern Truppen an den„selben gerichtet sein.“

c. „Die erste Entwickelung der Artillerie des Angriffs muß „mit der irgend zulässigen Ueberlegenheit und Energie „erfolgen, um den Vertheidiger zur Entwickelung seiner „Maßregeln zu zwingen und gleichzeitig einen bedeuten„den Theil seiner Streitkräfte festzuhalten.“

d. „Unter dem Schutze dieses ersten Artilleriemanövers muß „die weitere Entwickelung des Angriffs und seiner Maß„regeln gegen die äußern Truppen des Feindes erfolgen.“

e. „Gelingt es, den Feind aus seiner Stellung neben dem „Orte zurückzudrängen, so muß der Angriff seine Artil„lerie in eine Aufstellung zu bringen suchen, welche so„wohl gestattet, ein erneuertes Vordringen des Feindes „neben dem Orte zurückzutreiben, als auch den unmittel„baren Angriff auf denselben selbst vorzubereiten, oder „doch wenigstens seine Flanken gegen feindliche Maßregeln „zu schützen und im Falle des Mißlingens seine Auf„nahme zu sichern.“

f. „Die obwaltenden Verhältnisse und die Widerstandsfähig-

„keit des Ortes werden lediglich entscheiden, welche Maß„regeln und Kräfte die Artillerie gegen denselben zu dis„poniren hat und mit welchen Mitteln sie zur weitern „Vertreibung des äußern Feindes auftritt.“

Im Uebrigen gelten für den Gebrauch und das Verhalten der Artillerie die früher entwickelten Gesetze. —

§. 29.

Vertheidigung und Angriff von Gehöften und einzelnen Häusern.

Es ist selbstverständlich, daß wir hier nicht Gehöfte und einzeln stehende Häuser im Sinne haben, welche etwa in bewohnten Orten sich vorfinden, und als Reduits, oder günstige Vertheidigungsabschnitte benutzt werden, sondern solche, welche isolirt im Terrain liegen, mag dieß in größerer oder geringerer Nähe von Ortschaften der Fall sein.

Da es diesen militairischen Posten im Vergleiche zu den beiden vorigen Kategorieen an einem irgend bedeutenden Umfange, so wie an der Fähigkeit, beachtenswerthe Streitkräfte in sich aufzunehmen, gebricht, da sie keine Maske für stärkere Truppenstellungen abzugeben, also durch sich selbst keinen irgend fühlbaren taktischen Einfluß auf das umgebende Terrain zu äußern vermögen, so **können sie nur durch ihre Lage** eine solche **taktische Bedeutung** gewinnen, daß sie **vertheidigt** und auch **angegriffen werden müssen.**

Man kann sich diese Lage in sehr verschiedenen Gestalten denken: z. B. Gebäude, welche Brücken, Defileen, wichtige und unvermeidliche Zugänge zu Stellungen, Pässe, Fuhrten u. s. w. durch ein kräftiges Infanteriefeuer zu beherrschen im Stande sind. —

Die **starke Seite dieser Posten** ist der Schutz, welchen sie ihrer Besatzung gegen Infanteriefeuer und gegen die kleinen Geschosse der Artillerie, sogar bei einigermaßen bedeutenden Abständen gegen leichte Kanonenkugeln, gewähren, und die Sicherheit gegen einen unmittelbaren Anlauf, also die **Sturmfrei-**

heit. Haben also dergleichen Posten eine wichtige Lage, ist man im Stande, durch seine Maßregeln den Gegner zum Angriffe derselben zu zwingen, oder gelingt es, ihn in eine dazu führende Gefechtslage zu verwickeln, sind tüchtige Schützen hineingeworfen, so ist alsdann die Abwehr eines nahen Artillerieangriffs das Mittel, mit verhältnißmäßig geringen Kräften eine ganz ungewöhnliche Widerstandsfähigkeit zu entwickeln.

Gelingt die Fernhaltung der feindlichen Artillerie, so kann ein solcher Posten bei günstiger Lage gegen die Zugänge, und wenn sich der Vertheidiger in selbigen gehörig einrichten konnte, geradezu unnehmbar werden.

Natürlich haben die Posten nur innerhalb ihres wirksamen Gewehrschusses Einfluß auf ihre Umgebungen und wegen ihrer geringen Besatzung durchaus keine direkte taktische Bedeutung nach Außen hin, sondern eben nur eine indirekte durch ihre Lage; sobald durch eine veränderte Gestalt der Dinge diese taktische Bedeutung verschwunden ist, muß verständiger Weise auch die Besetzung dieser Posten, wie überhaupt jeder Stellung im freien Felde aufhören.

Es kommen im Kriege zuweilen vereinzelte Bataillone, Kompagnieen in eine von allen Seiten so bedrängte Lage, daß sie sich nur noch mit dem Beistande solcher und ähnlicher Posten zu vertheidigen im Stande sind, theils, um einer möglichen Rettung durch herbeieilende Hilfe oder veränderte Verhältnisse Raum zu geben, theils um nicht ohne einen nachdrücklichen, durch die Verhältnisse dargebotenen Widerstand unterzugehen und zugleich die Ehre der Fahne zu bewahren. Dergleichen Fälle haben wir bei der gegenwärtigen Betrachtung nicht im Auge, weil der Vertheidiger in solchen Lagen selten der Beihilfe des Geschützes sich erfreuen wird und selbst dann nur einen höchst beschränkten, keinesweges frei gewählten, Gebrauch von seiner Artillerie machen kann. Wir haben schon wiederholt darauf hingewiesen, daß man zur Entwickelung allgemeiner Prinzipien nur Fälle voraussetzen darf, welche den Handelnden die nothwendige taktische Freiheit gewähren.

Wenn wir im Rückblicke auf die eben angestellten Betrachtungen nun fragen, und bei Posten von so geringem Umfange, von so engbegrenzter Wirkungssphäre und mit einer so bedeutungslosen Besatzung kann diese Frage nicht erlassen werden, was der eigentliche Zweck solcher Posten ist, so können wir nur antworten:

Ein wirksames, durch gedeckte und sturmfreie Aufstellung der Schützen im Wege eines freien Angriffs durch Infanterie oder Kavallerie nicht zu überwältigendes, Gewehrfeuer, dessen taktische Bedeutung um so größer ist, wenn es Passagen beherrscht, welche der Gegner zur Erreichung seiner weitern Absichten überschreiten muß, oder wenn das Gewehrfeuer auf Punkten angebracht werden kann, welche dem Feinde die Festsetzung in einer ihm unentbehrlichen Aufstellung erschweren oder verbieten.

Es entspricht durchaus nicht der Natur so gering dotirter, vollkommen eingeschlossener, Vertheidigungsposten, sie mit Artillerie in eine permanente Verbindung zu setzen, es muß vielmehr ein sehr triftiger Grund dafür geltend gemacht werden, weil eine, entweder im Innern selbst sturmfrei untergebrachte, oder im unmittelbaren Schutze dicht neben dem Posten aufgestellte Artillerie nicht blos eine nützliche, sondern eine nothwendige Verstärkung des Postens sein muß, denn eine im Innern oder dicht neben dem Posten stehende Artillerie hat die nachtheilige Folge, dem feindlichen Geschütz eine gleichzeitige Bekämpfung der Artillerie und des Postens an die Hand zu geben und bei einer Aufstellung des Geschützes im Innern durch die Unterbringung der Artilleriemunition ein immerhin gefährliches Element in sich bergen zu müssen.

Jene natürliche Beschränkung des Gefechtszweckes solcher Posten, so wie diese an eine permanente Verbindung derselben mit Artillerie geknüpften Schwächen und Bedenklichkeiten sichern nunmehr zu nachfolgenden Schlüssen für den Gebrauch der Artillerie bei Vertheidigung und Angriff derselben:

A. Vertheidigung.

a. „Eine permanente Verbindung des Postens mit „Artillerie ist nur dann statthaft und geboten, wenn der „Angriff nur von bestimmten Punkten aus, über ganz „bestimmte Zugänge und in bestimmten Aufstellungen er„folgen kann und wenn sehr wichtige Passagen und Auf„stellungspunkte nur durch Geschütz mit Energie bekämpft „werden können.“

b. „Im Innern des Postens darf nur dann Geschütz aufge„stellt werden, wenn eine wichtige Passage, welche der „Feind passiren muß, um zu einer brauchbaren Angriffs„stellung zu gelangen, nur von der innern Aufstellung „aus der Länge uach bestrichen werden kann, durch die „Schützen aber nicht mit gehöriger Wirkung oder gar nicht „zu gefährden ist.“

c. „In allen übrigen Fällen einer permanenten Verbindung „mit Artillerie muß dieselbe außerhalb des Postens placirt „werden und sich Aufstellungen vorbereiten, welche ihnen „Deckung gegen das feindliche Geschütz- und Gewehrfeuer „geben und der feindlichen Artillerie es nach Möglichkeit „erschweren, die Artillerie und den Posten in eine Schuß„richtung zu nehmen.“

d. „Wenn der Angriff dagegen in seinen Entwickelungen „gegen den Posten nicht beschränkt, wohl aber zu einer „durch denselben geschlossenen Passage gezwungen ist, also „den Posten unter allen Umständen überwältigen muß, „daher mit Artillerie angreifen wird, dann ist eine per„manente Verbindung desselben mit Artillerie nicht statt„haft, aber die Unterstützung des Postens durch Ar„tillerie geboten, um die feindliche Artillerie fern-

„zuhalten und, wenn sie sich nähert oder in nahe Auf-
„stellungen vorgegangen ist, mit aller aufzubringenden
„Gewalt zu bekämpfen."

e. „Die zur Vertheidigung des Postens gegen einen nahen „Artillerieangriff bestimmten Geschütze müssen ihre Auf-„stellungen so wählen, daß sie das feindliche Artillerie-„feuer von demselben ab- und auf sich lenken, dürfen „sich deshalb niemals früher in ihren Aufstellungen zeigen, „als bis der Feind seine Maßregeln bestimmt zu erkennen „gibt und müssen alsdann schnell und mit großer Ge-„wandtheit manövriren."

f. „Im Uebrigen gelten für den Gebrauch und das Ver-„halten der Artillerie die bereits früher für die Verthei-„digungsartillerie entwickelten Prinzipien."

B. Angriff.

a „Die Vertreibung der zur Unterstützung des Postens auf-„tretenden Artillerie ist die erste Aufgabe des Angriffs. „Die hierzu bestimmten Geschütze müssen versuchen, die „feindliche Artillerie wo möglich in einer solchen Rich-„tung zu fassen, daß der Posten zugleich mit gefährdet „wird."

b. „Ist die feindliche Artillerie gegen direktes Feuer geschützt, „so muß sie durch Granatfeuer bekämpft werden und so-„bald ihr Feuer dadurch merklich gestört wird, muß man „von nähern Aufstellungen aus die Gebäude oder Umfas-„sungen des Postens durch Kanonen zu zerstören suchen."

c. „Die Ecken der Gebäude, die Fensterpfeiler bieten die „günstigsten Ziele dar."

d. „Sind die Gebäude von schwacher Bauart, so ist Gra-„natfeuer gegen das Innere das wirksamste Angriffsmit-„tel; desgleichen gegen das Innere der Gehöfte, wenn „man dieselben stark besetzt glaubt oder sich Hoffnung „machen kann, sie leicht in Brand zu setzen."

e. „Die Angriffsartillerie wird zur Beschützung des Sturmes „auf den Posten eine Aufstellung nehmen, in welcher sie „im Stande ist, jeder dem Posten zu Hilfe eilenden Unterstützung wirksam zu begegnen.“

f. „Ist die Vertheidigungsartillerie in ihrem Manöver mehr „beschränkt, als diejenige des Angriffs, was aus der Beschaffenheit des beiderseitigen Terrains sich bald erkennen „läßt, so kann die Angriffsartillerie dieß um so freier ausbeuten, je weniger man unerwartete Rückschläge zu fürchten „hat und bei derartigen Posten pflegt dieß seltener der „Fall zu sein.“

Schließlich sei noch erwähnt, daß einzeln stehende Blockhäuser in die hier behandelte Kategorie gehören. In frühern Kriegen sind solche Vertheidigungswerke häufiger zum Vorschein gekommen, in den neuern Zeiten pflegen sie nur noch als Reduits im Innern von Erdwerken vorzukommen.

Gegen Blockhäuser sind Granaten, durch die Umfassungswände getrieben, oder in denselben stecken geblieben, gleich furchtbare Angriffswaffen. Sobald es daher gelingt, einem einzeln stehenden Blockhause gegenüber Geschütz zu placiren, so ist dasselbe als überwältigt anzusehen, wenn nicht der Mangel an Munition hinderlich entgegentritt. —

§. 30.

Vertheidigung und Angriff von Schanzen.

Die Schanzen betrachten wir in diesem §. als einzeln stehende Werke im Gegensatze zu Verschanzungen, welche die Widerstandsfähigkeit größerer Terrainflächen erhöhen sollen und dadurch gewissermaßen künstliche Terrainabschnitte bilden.

Der Zweck einer Schanze ist, irgend einem Punkte auf künstlichem Wege eine große Widerstandsfähigkeit gegen einen unmittelbaren Angriff zu verleihen, indem man durch Brustwehr und Graben die Besatzung gegen direktes

Feuer und gegen einen überraschenden Anlauf des Gegners schützt.

Man benutzt die Schanzen als Stützpunkte, Verstärkungsmittel einer Stellung, als Anlehnungspunkte, als Schutzmittel wichtiger Passagen (Brückenköpfe 2c.) oder als Sperrungsmittel derselben u. s. w.

Die Schanzen sind entweder in der Kehle offen, oder allseitig geschlossene, Redouten, je nach dem sie nur von einigen Seiten her, oder von allen dem Angriffe ausgesetzt sind, je nach dem man also die Kräfte der Besatzung in einigen bestimmten Richtungen koncentriren darf, oder in allen Richtungen zum Widerstande disponiren muß. Wir bemerken gleich an dieser Stelle, daß bei unserer gegenwärtigen Betrachtung von einer gegenseitigen direkten oder indirekten Unterstützung neben- oder rückwärts gelegener Schanzen nicht die Rede sein kann, sondern nur von Vertheidigung und Angriff einzelner Schanzen.

Der Zweck, auf einem taktisch wichtigen Punkte eine große Widerstandsfähigkeit gegen einen unmittelbaren Angriff zu gewinnen, bedingt, daß die Schanze ihrem eigentlichen Wesen nach ein befestigter Infanterieposten ist, also in dieser Beziehung Aehnlichkeit mit den im vorigen §. besprochenen Posten hat und auch unter gewissen Bedingungen Geschütze als Verstärkung in sich aufnehmen darf.

Fragen wir nunmehr nach den taktischen Eigenthümlichkeiten, welche die Schanzen im Gefecht geltend machen, so sind es im Allgemeinen folgende:

1. Sie decken ihre Besatzung gegen direktes Feuer, wenn sie gegen das umgebende Terrain ein richtiges Kommandement und Defilement erhalten haben, dabei nicht zu schwach im Profile sind.

2. Sie begünstigen das Infanteriefeuer der Besatzung gegen den nahegerückten Angriff theils durch die Deckung der Brustwehr, theils durch die Ueberhöhung des unmittelbar vorliegenden Terrains.

3. Der Graben sichert die Besatzung gegen einen Kavallerieangriff vollkommen und macht eine geschlossene Ausführung eines unmittelbaren Angriffs durch Infanterie unausführbar.

4. Die Brustwehr schützt großentheils gegen das den Sturm einleitende Kartätschfeuer der Artillerie.

5. Sie können nur einen geringen Theil des in ihrem Rücken liegenden Terrains maskiren und eignen sich, wenn sie dem Artilleriefeuer ausgesetzt sind, nicht, um nahe hinter ihnen Truppen aufzustellen, wie dieß bei bewohnten Orten mit Vortheil geschehen kann.

6. Sie haben daher weder durch ihre Feuerwirkung, wenn sie keine Geschütze enthalten, noch durch ihre Eigenschaft als Maske und Deckung dahinter gestellter Truppen einen über die Wirkungssphäre der Infanterie hinausreichenden Einfluß auf das umgebende Terrain, stehen mithin in dieser Beziehung gegen bewohnte Orte zurück.

7. Ihre innere Widerstandsfähigkeit gegen den auf die Brustwehr gelangten Angriff ist sehr beschränkt, wenn nicht Blockhäuser im Innern sind oder eine offene Kehle dem Vertheidiger gestattet, von rückwärts gelegenen Aufstellungen das Innere der Schanze nachdrücklich zu beschießen, sobald die Besatzung daraus vertrieben ist.

Die Widerstandsfähigkeit der Schanzen beruht daher hauptsächlich auf der Wirkung des Infanteriefeuers gegen den nahe gerückten Angriff, auf der Schwierigkeit den Graben, besonders wenn derselbe bestrichen werden kann, zu überschreiten und auf dem Widerstande gegen das Ersteigen der Brustwehr, so wie gegen das erste Auftreten der Stürmenden auf der Brustwehrkrone.

8. Schanzen mit offener Kehle sind Rückenangriffen ausgesetzt, begünstigen aber den Rückzug der Besatzung, die Aufstellung und den Gebrauch der Artillerie in der Schanze, erleichtern ihre Wiedereroberung und erschweren dem Feinde die Festsetzung in derselben.

9. Geschlossene Schanzen sichern gegen Rückenangriffe, begünstigen die Wirkung des feindlichen Granatfeuers, erschweren den Rückzug der Besatzung und die Wiedereroberung, und machen außerdem die Aufnahme von Geschützen sehr unbequem.

10. Durch künstliche Verstärkungsmittel kann die letzte Annaherung des Angriffs zum Sturme außerordentlich erschwert werden, nur müssen diese Verstärkungsmittel (Hindernisse) im Bereiche des wirksamen Gewehrfeuers der Schanzen liegen; in gleicher Art kann das Hinabspringen in den Graben und das Ersteigen der Brustwehr künstlich erschwert werden und endlich läßt sich durch ein Reduit im Innern der Schanze eine große innere Widerstandsfähigkeit, ein hoher Grad von Sturmfreiheit geben.

Mit kurzen Worten kann man sagen, daß die Schanzen je nach ihrer Wichtigkeit sich eine große äußere und innere Widerstandsfähigkeit zueignen lassen und in dieser Beziehung nicht allein die bildungsfähigsten, sondern auch wegen Einfachheit ihrer Einrichtung die am leichtesten zu vertheidigenden militairischen Posten sind.

Das Nähere über den taktischen Gebrauch, über Größe, Tracë, äußere und innere Verstärkungsmittel der Schanzen gehört nicht in unsre Betrachtungen; wir haben jetzt die Frage über den Gebrauch der Artillerie beim Kampfe um eine Schanze zu besprechen.

A. Die Vertheidigung.

Wir wiederholen an dieser Stelle ausdrücklich, daß wir unter Schanze einen Infanterieposten verstehen und nicht etwa eine verschanzte Geschützstellung, welche einen ganz andern Gefechtszweck hat.

Man kann unter dieser Voraussetzung mit dem Gebrauche der Artillerie bei Vertheidigung der Schanzen zwei verschiedene Zwecke im Auge haben und zwar:

1. Man will der Schanze selbst ein Ferngefecht geben;

dann entsteht eine Art permanenter Verbindung der Schanze mit Artillerie und:

2. Man will die Schanze gegen das Ferngefecht und gegen die Annäherung des Angriffs schützen; aus dieser Absicht entspringt die Verbindung eines freien Artilleriemanövers mit dem Gefecht der Schanze.

Eine permanente Verbindung der Schanze mit Artillerie kann nur durch eine ungewöhnliche taktische Wichtigkeit des verschanzten Punktes und durch den Umstand hervorgerufen werden, daß der Angriff nur in bestimmten Richtungen und auf bestimmten Punkten sich entwickeln kann, welche nur von der Schanze oder nur von unmittelbar an selbige stoßenden Aufstellungen aus durch Artillerie wirksam zu beschießen sind.

Offenbar ist es, wie bei den vorigen Posten, ein Uebelstand der permanenten Verbindung der Schanze mit Artillerie, daß die feindliche Artillerie im Stande ist, durch dasselbe Manöver die Schanze und ihre Artillerie, besonders wenn das Geschütz in der Schanze selbst aufgestellt ist, zu bekämpfen und die Vertheidigungsartillerie ist nur noch durch anderweite freie Manövers im Stande, das Feuer der Angriffsartillerie theilweise und eine Zeit lang von der Schanze abzulenken, wenn der Angriff nicht schon alle Kräfte des Vertheidigers in vollen Anspruch nimmt. Die permanent mit der Schanze verbundene Artillerie, besonders aber die in der Schanze selbst auftretende, muß, dieß verlangt ihr Zweck, die Annäherung des Angriffs zu bekämpfen, bis zum Eintritt des Sturmes in oder neben der Schanze thätig bleiben und im Feuer eines überlegenen Artillerieangriffes ausdauern, daher gegen dasselbe hinreichend gedeckt werden, also in Aufstellungen neben der Schanze entweder künstliche oder natürliche Deckungen finden.

Ob die in der Schanze aufgestellten Geschütze über Bank oder durch Scharten feuern sollen, ist davon abhängig, ob sie einen freien Schußbereich auszufüllen, oder nur in einer eng begrenzten Schußrichtung gegen den Angriff zu wirken haben; im letztern Falle muß es außerdem von besonderer Wichtigkeit sein, das zur Beherrschung dieser beschränkten Schußrichtung bestimmte Geschütz so lange, als irgend möglich, auf seiner Stelle zu behaupten, also durch eine Schartenstellung gegen Artillerie- und Schützenfeuer vollständiger zu decken; weil es mit andern empfindlichen Nachtheilen verbunden ist, die Brustwehr von Feldschanzen durch Scharten zu schwächen und zu unterbrechen. —

Das frei neben der Schanze bestehende Artilleriemanöver verfährt bei der Lösung seiner Aufgabe, die Schanze gegen die Entwickelung und Annäherung des Angriffs zu schützen, nach den für die Vertheidigung giltigen, im Besondern für die Beherrschung eines bestimmten Vorterrains gegebenen Gesetzen. Die Schanzen bedingen nicht, wie Ortschaften, welche mit einer großen Ausdehnung gegen den Angriff Front machen, besondere Modifikationen jener allgemeinen Gesetze.

Aus dem Vorigen folgt nunmehr fur den Gebrauch der Artillerie bei der Vertheidigung der Schanzen:

a. „Die permanent an das Gefecht der Schanze geknüpfte „Artillerie tritt erst dann in ihren Positionen neben derselben auf, wenn sie die Entwickelung und Annäherung „des Angriffs mit Erfolg bekämpfen kann und widersetzt „sich vorzugsweise der Annäherung feindlicher Haubitzen."

b. „Die in der Schanze placirten Geschütze verfahren nach „demselben Grundsatze, ziehen sich, wenn der Feind die „mit Geschütz armirte Linie wirksam enfilirt, vor diesem „Feuer zurück und treten, sobald das Enfilirfeuer schweigt, „gegen den nahen Angriff wieder in ihren Positionen „auf."

c. „Wird die Artillerie durch das Feuer des feindlichen Ge„schützes und der nahe gerückten Schützen gezwungen, sich „zurückzuziehen, so geht dieselbe bei den Schanzen mit

„offener Kehle in eine zur Aufnahme der aus der Schanze „geworfenen Infanterie und zur Bestreichung des Innern „der Schanze geeignete Rückhaltsstellung und erwartet „dort den Ausgang des Sturmes.“

d. „Sind natürliche oder künstliche Zugangshindernisse vor „der Schanze, so muß der Feind bei der Ueberschreitung, „bezüglich Wegräumung derselben nachdrücklich beschossen „werden, um die Entschlossenheit und Kraft zum Sturme „zu brechen.“

e. „Die zur Bestreichung bestimmter Passagen aufgestellten „Schartengeschütze treten gegen die auf diesen Passagen „in den wirksamen Schußbereich kommenden feindlichen „Kolonnen und Geschütze auf und müssen ihre Aufstel„lung bis zum letzten Augenblicke behaupten; ein Gleiches „gilt von den auf Flanken placirten Geschützen, deren „Zweck, gegen den Sturm aufzutreten und den Graben „zu bestreichen, das Ausharren bis zur vollen Entschei„dung fordert.“

B. Der Angriff.

Aus den vorangegangenen Betrachtungen fällt schon ein hinreichender Reflex auf den Angriff der Schanzen durch Artillerie.

Die Vertreibung der Artillerie, welche außerhalb und im Innern der Schanze auftritt, ist die erste Aufgabe der Angriffsartillerie, welcher die unmittelbare Einleitung des Sturmes durch ein heftiges gegen die Linien und das Innere der Schanze gerichtetes Feuer (Kartätschen, Shrapnells) folgt.

Gegen geschlossene Schanzen ist Granatfeuer die wirksamste Waffe, weshalb die Haubitzen der gegen die Schanze und anstoßende Truppenstellungen auftretenden Batterieen eine besondere Beachtung ihres Gebrauches verdienen.

Es ist daher geboten, denselben eine ihrer Wirkung günstige und gegen die feindliche Artillerie geschützte Stellung zu verschaffen und die Kanonen in den sonst noch geeigneten Richtungen und Positionen thätig zu machen.

Enfilirende Aufstellungen der Kanonen sind das wirksamste Mittel, die Annäherung an die Schanze zu befördern und durch ein heftiges Frontalfeuer das Vordringen der Schützen und Sturmkolonnen einzuleiten. —

§. 31.

Vertheidigung und Angriff von Gehölzen, Gebüschen und Parkanlagen.

Wenn wir Gehölze und Gebüsche in die Kategorie der militairischen Posten einreihen, so setzen wir einen Umfang derselben voraus, welcher sich noch mit dem Begriffe eines militairischen Postens vereinigen läßt, also weder eine unverhältnißmäßige Frontlänge, noch eine große, für ein Schlachtfeld unverhältnißmäßige Tiefe, welche dasselbe in zwei getrennte Abschnitte zerlegen würde.

Unter dieser Voraussetzung kommen den hier bezeichneten Posten folgende taktische Eigenthümlichkeiten zu:

1. Sie beengen das Terrain, schränken die größern Truppenmassen in der freien Benutzung desselben außerordentlich ein, zwängen sie in bestimmte Richtungen hinein, welche dann um so energischer von der Artillerie beherrscht werden können.

2. Sie bieten in der Regel sehr große Räume zu verdeckten Aufstellungen dar und können selbst im Innern Gelegenheit zu verborgenen, geschützten Stellungen und Bewegungen geben und dadurch sowohl der Vertheidigung, als auch dem Angriffe große Vortheile gewähren. Daher ist es denn auch erklärlich, daß dergleichen Posten mit so großen Anstrengungen vertheidigt und angegriffen werden.

3. Die Schwierigkeit, welche sie in der Regel einer geordneten Bewegung der Truppen, der Leitung des Gefechts entgegensetzen, die Verborgenheit, in welche sie die Maßregeln und Stärke des Gegners und beim Gefecht im Innern selbst die eigne Gefechtslage versetzen, geben Gelegenheit zu einer hart-

näckigen Vertheidigung im Innern, ohne sich in große Gefahr zu bringen, besonders, wenn sich im Innern vertheidigungsfähige Abschnitte vorfinden, wie z. B. nasse Gräben, bruchige Striche und dergleichen Hindernisse. Auf diese Weise können solche Posten dem Angriffe ungewöhnliche Opfer auferlegen und wir wollen in dieser Beziehung nur das bekannte Erlenholz in der Schlacht von Grochow als Belag anführen.

Geübte und im Waldgefecht tüchtig eingeschulte Schützen können hier einen ganz enormen Widerstand leisten.

4. Die Vertheidigung der Lisiere macht in der Regel den Hauptnerv des örtlichen Widerstandes aus, wenn im Innern keine besondern Abschnitte sind, weil beide Theile, sobald der Angreifende die Lisiere genommen hat, im Innern eine gleiche taktische Lage haben.

5. An dem Gefecht im Innern können Artillerie und Kavallerie sich in der Regel gar nicht betheiligen, die letztere noch weniger, als die erstere. Zuweilen finden sich an der Lisiere vortheilhafte Aufstellungspunkte für die Artillerie, welche alsdann von Außen und von der Ferne her nicht leicht erkennbar sind; nur müssen dann die Geschütze einen leichten und gesicherten Rückzug durch das Gehölz haben.

6. Durch die Verbindung einer kräftigen äußern Vertheidigung mit einem starken Widerstande der Lisiere ist in den meisten Fällen die taktische Bedeutsamkeit dieser Posten begründet.

7. Breite Durchschläge in der wahrscheinlichen Richtung des Angriffs sind dem Vertheidiger nachtheilig, wenn sie nicht durch Verhaue oder auf sonst eine Weise gesperrt sind; ein besonderer Uebelstand ist es, wenn solche Durchschläge, Alleen u. s. w. von der Artillerie ganz oder größtentheils bestrichen werden können.

8. Nicht selten erschweren sie das Debouchiren in das freie Terrain und können selbst in dieser Beziehung noch dem Vertheidiger Vortheile gegen den in selbige eingedrungenen Angriff gewähren.

9. Es schwächt die Widerstandsfähigkeit im Innern, wenn sie sich merklich gegen das umgebende Terrain einsenken.

Wenn im Innern, wie bei Parks, zuweilen freie Plätze und Gebäude in einer für die Vertheidigung günstigen Lage sich vorfinden, so entspringt hieraus ein namhafter Zuwachs der innern Widerstandsfähigkeit.

Fragen wir nunmehr nach dem Gebrauche der Artillerie bei Vertheidigung und Angriff dieser Posten, so ergiebt sich:

A. Vertheidigung.

Die Artillerie verfolgt hierbei im Allgemeinen nachstehende Zwecke: Fernhaltung des Angriffs, Abwehr eines nahen Artillerieangriffs gegen die beabsichtigten Einbruchspunkte und Bestreichung der auf der Angriffsseite vorspringenden Lisierentheile, endlich bei einer größern Frontausdehnung des Postens Beherrschung der vor derselben sich hinstreckenden Terrainflächen, um dem Feinde die Gelegenheit zu nehmen, seine Massen hier dem Artilleriefeuer zu entziehen.

a. „Die neben dem Gehölz stehende Artillerie hat vorzugs„weise die Maßregeln der zur Seite des gegen die Lisiere „gerichteten Angriffs auftretenden Artillerie zu überwachen. „Ihre Aufstellung unmittelbar neben dem Gehölz ist ge„fährdet, sobald der Feind in die Lisiere eingebrochen ist, „und muß deshalb mit dem Eintritte des unmittelbaren „Angriffes auf die Lisiere verlassen werden, um eine ge„eignete Rückhaltsstellung einzunehmen und das Vor„brechen des Feindes aus dem genommenen Gehölz zu „bekämpfen."

b. „Die vor der Lisiere aufgestellte Artillerie hat vorzugs„weise die Aufgabe, die Soutiens und geschlossenen Mas„sen der feindlichen Infanterie zurückzuhalten, die Um„fassung vorspringender Lisierentheile durch den Angriff „zu hindern und darf nur gegen die feindliche Artillerie „ihr Feuer richten, wenn diese zum nahen Angriff ge-

„gen die Lisiere vorbricht und eine sehr exponirte Auf-
„stellung einnimmt. Sobald der Feind zum unmittelba-
„ren Angriff der Lisiere schreitet, muß die Artillerie aus
„ihrer Stellung vor dem Gehölz zurückgehen und darf
„deshalb niemals eine Aufstellung einnehmen, aus welcher
„sie sich nicht schnell und leicht in und durch das Gehölz
„zurückziehen kann, um hinter demselben eine geeignete
„Rückhaltsstellung einzunehmen. An dem innern Kampfe
„wird sie nur in höchst seltenen Fällen sich ohne Gefahr
„und mit Nutzen betheiligen dürfen.“ —

B. Angriff.

a. „Die Vertreibung der neben dem Gehölz und vor dem-
„selben auftretenden Artillerie ist die erste Arbeit der An-
„griffsartillerie.“

b. „Die nahe und heftige Beschießung der Lisiere an den
„beabsichtigten Einbruchsstellen leitet den entscheidenden
„Angriff gegen die Lisiere unmittelbar ein und hat den
„Zweck, nächst der Beunruhigung der an der Lisiere auf-
„gestellten Tirailleurs die Soutiens derselben weiter von
„der Lisiere zurückzudrängen. Die Beschaffenheit des Holz-
„bestandes, die Größe des Gehölzes, des Busches oder
„Parks entscheiden über die Anwendung des Kugel-, Gra-
„nat- oder Kartätschfeuers.“

c. „Ein sehr nahes Vorbrechen gegen die Lisiere ist nicht rath-
„sam und kann die Artillerie eicht in Gefahr bringen.“

d. „Tritt der unmittelbare Angriff auf die Lisiere ein, so ist
es die Aufgabe der Artillerie, denselben gegen Seitenan-
„fälle und im Falle des Mißlingens gegen die Verfol-
„gung zu schützen, wozu die Artillerie geeignete Aufstel-
„lungen einnehmen muß, welche weder von dem zurück-
„geschlagenen Angriffe leicht maskirt werden können, noch
„durch einen Ausfall gefährdet sind.“ —

e. „Die Angriffsartillerie muß in den eingenommenen Rück-

„haltsstellungen den Erfolg des Angriffs und des darauf „folgenden innern Gefechts abwarten und darf niemals „eher in der Nähe des Gehölzes vorgehen, bevor der „Besitz desselben vollständig entschieden ist.“ —

f. „Die nächsten Maßregeln der Artillerie bezwecken nach „der vollendeten Wegnahme des Postens die Sicherstel- „lung desselben gegen Versuche der Wiedereroberung und „also die weitere Abdrängung des geworfenen Gegners.“

Wenn der Vertheidiger ein Gehölz u. s. w. entweder wegen seiner Beschaffenheit oder aus andern Gründen nur schwach besetzt hat und gewissermaßen nur so lange, als es Angriff und Gefechtslage ihm nützlich erscheinen lassen, gegen den Angriff benutzen will, so ist ein solcher Posten nicht geeignet, der Vertheidigungsartillerie einen nahen Anknüpfungspunkt für einen ausdauernden Widerstand zu gewähren.

Der Angriff ist zwar nicht berechtigt, aus einem auf solche Verhältnisse hindeutenden Verfahren der Vertheidigungsartillerie einen zuverlässigen Schluß für seine Maßregeln zu ziehen, allein seine Artillerie wird unter allen Umständen daraus Veranlassung nehmen, ihre Maßregeln gegen die feindliche Artillerie zu lenken, weil sie in dieser Richtung am wahrscheinlichsten auf starke Kräfte des Feindes stößt und die meiste Aussicht hat, durch ihre Gefechtsthätigkeit zu einem werthvollen taktischen Totalerfolge zu gelangen.

Es versteht sich von selbst, daß der Angriff von Hause aus nur angemessene Kräfte gegen die feindliche Artillerie lenkt, bis er im Stande ist, die Verhältnisse des Gegners so weit zu beurtheilen, um darauf entscheidendere Maßregeln zu stützen. Diese Vorsicht des Angriffs ist natürlich ein Vortheil für den Vertheidiger und oft der eigentliche Nutzen mancher militairischen Posten. —

Zweites Kapitel.

Ueber den Gebrauch der Artillerie bei Vertheidigung und Angriff von Terrainabschnitten.

§. 32.

Einleitende Erörterungen.

Bevor wir zu den nähern Erörterungen des gegenwärtigen Kapitels übergehen, müssen wir uns den Begriff: — Terrainabschnitt — in seiner vollen Bedeutung und in befriedigender Klarheit entwickeln, um zuerst diejenigen Prinzipien des taktischen Gebrauches der Terrainabschnitte aufzufinden, welche für alle verschiedenen Terrainabschnitte ihre Geltung behalten, wie wenig oder viel auch durch diese allgemeinen Gesetze gewonnen werden mag. Dieß ist unerläßlich, um Grund und Boden für die weitern Erörterungen zu gewinnen, weil der Einfluß der Terrainabschnitte nicht blos einzelne Punkte einer Stellung mit den nächsten Umgebungen beherrscht, sondern über die ganzen Anordnungen, Entwickelungen und meistens selbst noch über die Folgen eines Gefechtes sich erstreckt.

Terrainabschnitt ist im taktischen Sinne des Wortes entweder eine Theilung der Bodenfläche in zwei auf die Entwickelung, Führung und Gefechtsthätigkeit der Truppen sehr ungleich wirkende Strecken, oder eine Unterbrechung der, dem Wesen nach für die Taktik gleichartigen, Flächen durch ein die Passage zwischen beiden erschwerendes, auch wohl mit mehr oder wenig Ausnahmen ganz unterbrechendes Hinderniß.

Welche der beiden Modifikationen des Begriffes nun auch in der Wirklichkeit Statt findet, so muß der Uebergang aus einem Terrainabschnitte in den andern während des Gefechts, oder in der Absicht, ein Gefecht aufzunehmen, oder in Folge eines bereits Statt gefundenen Gefechts, mit einer mehr oder weniger gefahrvollen Krisis für die im Uebergange begriffenen Truppen verbunden sein, weil der nothwendige Wechsel in der Formation und die darauf folgende Entwickelung, oder die veränderte Richtung des Gefechts durch die hierzu nothwendigen Schwenkungen, Verschiebungen der Gefechtsordnung die Widerstands- und Angriffsfähigkeit theilweise oder ganz unterbrechen; oder weil die beim Uebergange gehemmte und vielleicht auf einzelne Passagen eingeschränkte Bewegung, besonders wenn diese durch Defileen erfolgen muß, dem Gegner große Vortheile in der Gefechtsführung zuwendet.

Es sind also besonders zwei Elemente der Terrainabschnitte, welche für die Vertheidigung, folglich auch für den Angriff, von hervorragender Wichtigkeit sind, die Ränder oder Randflächen des Terrainabschnittes und die Verbindungen mit den umgebenden Bodenflächen, sodann die innere Widerstandsfähigkeit desselben.

Das Gefecht der Terrainabschnitte zerfällt daher in den Kampf um die Ränder und Randflächen, wobei die Vertheidigung und Forcirung der Passagen, die Ueberschreitung des Randes und die gefechtsfähige Entwickelung der eingedrungenen Truppen auf der Randfläche, also vor dem Rande und den überschrittenen Passagen (Rückzugswegen) besonders wichtige Momente sind, und in den innern Kampf des Terrainabschnitts.

Der innere Widerstand eines Terrainabschnitts ist bedingt durch die Zahl und Lage der auf selbigem befindlichen Punkte von besonderer Haltbarkeit (militairischer Posten), durch die Beschaffenheit der Räume zwischen diesen Punkten und durch die Wegsamkeit derselben. Es kann daher leicht der Fall eintreten, daß von der innern Vertheidigung eines Terrainabschnittes kein Gebrauch gemacht wird, sondern daß man die Entscheidung lediglich in dem Erfolge der Randvertheidigung zu erreichen strebt, also entweder in der Zurückweisung des Angriffes, auch wohl schon in der Verzögerung seines Vordringens, in der Nöthigung, den Abschnitt in größerem oder geringerem Bogen zu umgehen, oder in der erzwungenen Entwickelung des Angriffs auf der Randfläche. In allen Fällen sind aber, mag noch eine innere Vertheidigung des Terrainabschnittes sich anschließen oder nicht, die Vertheidigung der Ränder, der Widerstand gegen den Uebertritt des Angriffs in den Terrainabschnitt und gegen seine erste Gefechtsentwickelung vor dem Rande die wichtigsten Hebel der Vertheidigung eines Terrainabschnittes, weil die Schwächung des Angriffs hierbei in einem weit stärkern Maße erfolgt, als diejenige des Vertheidigers, ohne daß diesem durch den Widerstand, wenn nicht große Fehler und Mißgriffe dazu wirken, die Gefahr einer wirklichen Niederlage erwüchse, wie dieß wohl bei der innern Vertheidigung des Abschnittes eintreten kann und auch häufig eintritt. Der Grund hiervon liegt darin, daß bei der Vertheidigung der Ränder, wenn sie nicht zu örtlich gehalten wird, der in den Terrainabschnitt einführenden Passagen und der Randflächen der Vertheidiger es in seiner Gewalt hat, eine allgemeine Berührung seiner Streitkräfte mit dem Feinde zu vermeiden, was bei der innern Vertheidigung nicht immer möglich sein wird, und nicht möglich ist, wenn man mit Hilfe der innern Widerstandsfähigkeit den entscheidenden Kampf zu bestehen die Absicht hat.

Selbst wenn sich der Rand eines Terrainabschnitts sehr scharf markirt, wie z. B. durch Bäche, Flüsse, Waldlisieren u. s. w., und zugleich den Vertheidiger gegen einen eigentlichen gewaltsamen Anfall sichert, wie z. B. bei Flüssen und Bächen sehr oft der Fall zu sein pflegt, selbst unter diesen günstigen Verhältnissen ist eine über den ganzen Rand gleichmäßig verbreitete örtliche Vertheidigung nachtheilig, weil sie eine große Truppenkraft zersplittert und die Mittel schwächt, gegen einzelne drohende Maßregeln des Angriffs mit gesammelter Kraft in Bereitschaft zu stehen.

Je entschiedener sich aber ein Terrainabschnitt, welcher in seinem Innern die Bewegungen und Manövers des Vertheidigers begünstigt oder doch nicht unausführbar macht, von den anstoßenden Bodenflächen absondert, je mehr der Angriff auf einzelne Einbruchspunkte eingeschränkt und vielleicht gar auf Defileen angewiesen ist, desto nothwendiger ist es für den Vertheidiger gegen diese einzelnen Einbruchsstellen ein möglichst starkes Manöver disponibel zu halten, theils um gegen den ersten Durchbruch des Feindes mit großer Gewalt aufzutreten, theils um demnächst gegen die erste Entwickelung des Angriffs vor den Einbruchsstellen und Debouchéen, so viel es geht, überlegen und umfassend, jedenfalls aber mit einer Kraft zu verfahren, welche zu einem dreisten und nachdrücklichen Stoße berechtigt.

Hieraus ergibt sich im Allgemeinen das Werthverhältniß, in welchem der Vertheidiger seine Opfer an den örtlichen Widerstand des Randes, an den Widerstand gegen den Durchbruch und an den Widerstand gegen die Entwickelung des Angriffs auf der Randfläche vor den Einbruchsstellen am zweckmäßigsten zu vertheilen hat, und zwar würde sich dieses Werthverhältniß in nachfolgende allgemeine Grundsätze fassen lassen:

1. „Je weniger der Rand den örtlichen Widerstand begünstigt, je weniger derselbe gegen einen unmittelbaren Anlauf sichert, desto weniger dürfen der örtlichen Randvertheidigung Truppen geopfert werden."

2. „Je mehr die Unternehmungen des Vertheidigers gegen die Entwickelung des Angriffs auf den Randflächen begünstigt sind, desto mehr muß für ein möglichst kräftiges Manöver gegen dieses schwierige Stadium des Angriffs aufgespart werden."

3. „Wenn der Angriff beim Einbruche in den Terrainab„schnitt auf einzelne Defileen eingeschränkt ist, so darf „man selbst in diesem Falle weniger Nachdruck in den „örtlichen Widerstand vor den Ausmündungen der De„fileen legen, als auf die kräftigen Unternehmungen gegen „die feindliche Entwickelung vor den Defileen, weil der „örtliche Widerstand an den Defileemündungen einmal „nur mit der Tete des feindlichen Durchbruches in Be„rührung bringt und weil zweitens mit der Ueberwäl„tigung eines so örtlich gehaltenen Widerstandes in der „Regel die Entwickelung vor dem Defilee begünstigt wird, „indem der geworfene Vertheidiger leicht das Manöver „gegen die Entwickelung des durchgebrochenen Angriffs „hindert und theilweise maskirt.".

4. „In dem Widerstande des Randes, in dem Widerstande „gegen den Einbruch des Feindes und gegen seine Ent„wickelung auf der Randfläche des Abschnitts wird der „Vertheidiger nur in sehr seltenen und dann auch sehr „bestimmt ausgesprochenen Fällen die volle Entscheidung „des Gefechts suchen und darf deshalb auch keine unver„hältnißmäßigen Opfer für diesen Widerstand aufbringen."

5. „Der Widerstand des Randes, die Bekämpfung des Ein„bruches und der Entwickelung des Feindes auf der Rand„fläche muß vorzugsweise auf ein zweckmäßiges Artillerie„manöver gestützt werden; der Gebrauch unmittelbarer Ge„genstöße durch Infanterie und Kavallerie ist sorgsam und „mit großer Zurückhaltung und Oekonomie anzuordnen."

6. „Die Artillerie muß genau mit dem taktischen Werthver„hältnisse und dem beabsichtigten Gebrauche der hier bezeich„neten Widerstandsmomente bekannt gemacht werden, um „danach ihr Manöver zu regeln."

7. „Die innere Vertheidigung des Terrainabschnitts ist ge„wissermaßen als die Reservestellung des Vertheidigers

„anzusehen. Das Gefecht dieser innern Stellung regelt „sich je nach ihrer taktischen Beschaffenheit, der daran „geknüpften Absicht unter Beachtung der früher dafür auf„gestellten Prinzipien.“ —

Wir haben hier nur den Fall der Vertheidigung und des Angriffs eines Terrainabschnitts zu besprechen, also nichts mit der Möglichkeit und Eventualität von Umgehungen desselben zu schaffen.

Die hier entwickelten allgemeinen Prinzipien und die Charakteristik der wesentlichsten Kategorieen von Terrainabschnitten werden nunmehr als eine Grundlage für die Entwickelung der Gesetze über den Gebrauch der Artillerie bei der Vertheidigung und bei dem Angriffe der Terrainabschnitte gegeben sein.

Die wichtigsten Kategorieen von Terrainabschnitten werden gebildet durch Gebirge, Wälder, Moräste in größerem Maßstabe, durch Ströme, Flüsse, Bäche, Kanäle, Gräben, Höhenzüge, Verschanzungen und Verhaue. Auch eine Kette nahe an einander liegender Dörfer von befriedigender Vertheidigungsfähigkeit bilden im Gegensatz zu dem anstoßenden freien Felde einen Terrainabschnitt. —

§. 33.

Gebrauch der Artillerie bei Vertheidigung und Angriff von Gebirgen.

Das Gebirge steht bei der Unwegsamkeit des großten Theiles der von ihm bedeckten Oberfläche nur durch wenige für die Bewegung größerer Truppenkörper brauchbare Päße und Straßen mit den anstoßenden Landstrichen in Verbindung; im Innern sind nur die Thalstriche bewohnt, bebaut, wegsam und für kriegerische Unternehmungen von Truppenkörpern verbundener Waffen brauchbar, so daß alle Gefechte im Gebirge mit wenig Ausnahmen wahre Defileegefechte sind.

Selbst große Thalausweitungen sind durch die in ihnen abfließenden Gebirgswässer, welche oft zu größern Flüssen, selbst

Strömen zusammentreten, durch quellenreichen Boden vielfach durchschnitten und mit einer Menge von Defileen versehen; wo Plateaus vorkommen, ist ein großer Theil ihrer Abdachung entweder durch Steilheit oder Baumwuchs für die Bewegung geschlossener Truppen, besonders aber für Kavallerie und Artillerie unbrauchbar, so daß auch bei ihnen wenige Zugänge, Defileen, eine hervorragende Rolle spielen.

Wir werden daher theils bei den Defileen, theils bei den Höhenzügen die hier giltigen Prinzipien des Artilleriegebrauches hinreichend berührt finden. Welche Aufstellung das Gebirge am nachdrücklichsten vertheidigt, ob am Rande, oder im Innern, ist eine Frage der höhern Kriegführung und der höhern Taktik.

Schließlich sei hier nur noch bemerkt, daß bei Gebirgskriegen die Wirkung der Artillerie durch die Beschränkung des Gesichtskreises, des Schußbereiches, durch die Bodenbeschaffenheit und durch die Erschwerung ihrer Bewegungen und Manövers sehr eingeschränkt und ermäßigt wird. —

§. 34.

Gebrauch der Artillerie bei Vertheidigung und Angriff von Wäldern.

Die Wälder unterscheiden sich von Gehölzen nicht blos durch ihre außer allem Vergleiche bedeutendere Ausdehnung über große Landstriche, sondern auch noch durch folgende Eigenthümlichkeiten:

Der Lauf und Zusammenhang der Lisiere ist vielfach unterbrochen und es kommt sehr auf die Lage dieser Unterbrechungen und auf ihren Zusammenhang mit den Hauptkommunikationen nach dem Innern an.

Die in das Innere und durch den Wald führenden Hauptkommunikationen sind in der Regel auf größere Strecken ohne brauchbare Querverbindungen, so daß die auf ihnen befindlichen Kolonnen so gut, als ganz getrennt, marschiren. Alle übrigen Waldwege sind theils wegen ihrer Beschaffenheit, theils wegen ihrer ermüdenden, verwirrenden Krümmungen und wegen der Schwierigkeit, sich zu orientiren, mit den benutzten Parallelstraßen in gehöriger Verbindung zu halten, für die Benutzung des Ein- und Durchmarsches ungeeignet. Im Innern eines größern Waldes sind Waldblößen, Hügelketten, Senkungen des Bodens, Bäche, Wassersammlungen, sumpfige Striche von dem verschiedenartigsten Einflusse auf den innern Zusammenhang des Waldes und seiner Passagen. Nur größere Waldblößen, auf welche die brauchbaren Passagen des Waldes hinlaufen, eignen sich zu einer größern Vertheidigungsstellung verbundener Waffen im Innern, sind gegen das Debouchiren in diese freien Räume gerichtet und werden daher bei den Defileen in die Erörterung eingeschlossen sein. Desgleichen ist die Vertheidigung der an die brauchbaren Eingänge in den Wald stoßenden Lisiere theils bei den Gehölzen, theils bei den Defileen erledigt. —

§. 35.

Gebrauch der Artillerie bei Vertheidigung und Angriff von Morästen.

Wenn wir unter Morästen eine durch sumpfige und bruchigte Beschaffenheit für die Bewegung der Truppen unbrauchbare Fläche von größern Dimensionen verstehen, so kommen denselben nachfolgende taktische einflußreiche Eigenschaften zu:

1. Längen- und Querdämme durchschneiden die Fläche als die allein brauchbaren und zuverlässigen Verbindungen, theils bestimmt, die Kommunikationswege über die morastige Landstrecke fortzuführen, theils, die Abnutzung des Bodens im Innern möglich zu machen. In der Regel sind die Dämme mit Ausnahme der Hauptkommunikationen nur schmal und haben häufig leicht überbrückte, nur für Landfuhrwerk brauchbare, schlecht erhaltene Wasserdurchlässe.

Hierdurch und wegen der Richtung der Querdämme ist die Verbindung im Innern theils unsicher, theils sehr unvortheilhaft und, wenn neben den Dämmen kein praktikables Terrain sich vorfindet, läßt sich die innere Vertheidigung auch nicht vortheilhaft anordnen, denn dazu gehören günstige, nicht leicht zu umgehende Abschnitte, welche außerdem die Sicherstellung des Rückzuges gestatten.

2. Meistens werden die Moräste in allen Richtungen von bewachsenen Strichen durchzogen und dadurch zu sehr verdeckten Bodenflächen, welche eine geregelte und übersichtliche Leitung des Gefechtes hindern.

3. Die Hauptkommunikationen sind daher im Grunde nur Defileen von ungewöhnlicher Länge.

4. Die Artillerie hat einen sehr beschränkten Schußbereich und sieht ihre Wirkung fast nur auf den ersten Aufschlag angewiesen; die schmalen Dämme machen schon aus geringfügigen Seitenabweichungen vollkommene Fehlschüsse und, wenn sie sich oft und stark krümmen, hat die Artillerie sehr wenig Aussicht auf Erfolg.

5. Nur, wenn sich im Innern der Moräste feste Erhebungen des Bodens vorfinden, welche zugleich Knotenpunkte der durch die Moräste führenden Hauptkommunikationen sind, und dieß pflegt bei größern Ortschaften im Innern der Moräste der Fall zu sein, lassen sich dergleichen Erhebungen und Knotenpunkte mit Vortheil zu einer starken Vertheidigung benutzen, weil hier durch eine Stellung gleichzeitig die Ausmündungen aller Hauptwege beherrscht und umfaßt werden können. In dieser Beziehung sind Moräste weit günstiger für den Vertheidiger in einer innern Stellung, als Wälder und Gebirge, weil diese doch immer eine nahe und schwer zu entdeckende Umgehung weit häufiger zulassen, als der Morast.

6. Dagegen hat der Vertheidiger, von solchen begünstigten und darum seltenen Stellungen im Innern abgesehen, bei Morästen, so lange er sich auf den Dämmen bewegen muß, den großen Nachtheil, daß er keine vortheilhafte Entwickelung seiner Streitkräfte in das Spiel bringen kann, sondern sich lediglich

auf die Standfestigkeit der gegen den Feind gerichteten Teten verlassen muß, was selbst im günstigsten Falle ein Uebel ist. Und zwar ist es ein Uebel, weil der Vertheidiger mit gleichen Gefahren, mit gleichen Zufälligkeiten, mit gleichen Verlusten bedroht ist, ohne einen einzigen Vorzug für sich zu haben. Die Schlacht von Arcole gibt ein Beispiel. Man wird also in der Regel die Gebirge, Wälder und Moräste Seitens der Taktik als Defileen von ungewöhnlicher Länge behandeln, in deren Innerem man sich nur an einigen und selten günstigen Stellen mit allen Waffen entwickeln kann.

Es ist eine Frage der Strategie und höhern Gefechtsführung, ob man diese großen Abschnitte durch Stellungen im Innern oder an ihren Rändern vertheidigen will oder muß. —

§. 36.

Gebrauch der Artillerie bei Vertheidigung und Angriff von Strömen und Flüssen.

Die Frage, ob man sich zur Vertheidigung eines Flusses, d. h. zur Abwehr des feindlichen Ueberganges, am Ufer selbst aufstellt, also in der Absicht, durch eine örtliche Ufervertheidigung den Uebergang selbst zurückzuweisen, oder in der Nähe des Flusses, zur Bedrohung des über den Fluß gekommenen Feindes, wird durch Strategie und Taktik entschieden.

Eine Aufstellung am feindlichen Ufer hat im Grunde genommen niemals den Zweck einer Flußvertheidigung, sondern den ganz bestimmten, einen vorhandenen Uebergang gegen feindliche Unternehmungen sicher zu stellen, entweder in der Absicht, den vorhandenen Uebergang für die eignen Unternehmungen gegen das jenseits des Flusses sich erstreckende Land offen zu halten, oder, um Truppen aufzunehmen, welche sich noch jenseits des Flusses befinden.

Wir haben also hier, wo von der Vertheidigung eines Flusses, als eines Trennungsmittels vom Feinde und zugleich eines Hindernisses seines freien Vorschreitens die Rede ist, die beiden wesentlich verschiedenen und für den Gebrauch der Artillerie einflußreichen Fälle: der eigentlichen Ufervertheidigung und der Aufstellung gegen den übergegangenen, auf wenige Passagen aus dem Flußthale und auf einen oder ein Paar Uebergänge für den Rückzug beschränkten, Feind, in Betrachtung zu ziehen.

In allen Fällen aber sind Ströme und solche Flüsse, die nur an wenigen Stellen ohne Vorbereitung von Truppen überschritten werden können, nicht, wie Bäche, Wassergräben und ähnliche Hindernisse einer freien Bewegung geschlossener Truppen, namentlich der Kavallerie und Artillerie, als Frontverstärkungen einer Stellung, sondern als vertheidigungsfähige Trennungsmittel der Bodenflächen, welche sie durchschneiden, zu betrachten und sind daher als solche das eigentliche Object der Vertheidigung und kein bloßes Verstärkungsmittel einer Stellung. Wir erachteten es für nöthig, auf diesen eigenthümlichen Sinn einer Flußvertheidigung ausdrücklich aufmerksam zu machen, weil dieß auf die Führung des Gefechtes, also auch der Artillerie bis in die speziellern Beziehungen hinab, seinen Einfluß geltend machen kann; der einzelne Führer muß auch in jedem einzelnen Gefechtsakte sich des Werthes bewußt sein, welchen der Erfolg eines solchen Aktes gewinnen kann, welche Opfer daher für denselben gebracht werden dürfen.

Wenn wir nun hiernach die mit Strömen und Flüssen in der Regel sich verbindenden taktischen Eigenthümlichkeiten betrachten, so werden wir dadurch die erforderliche Orientirung in den auf sie zu stützenden Gefechtskonstruktionen gewinnen.

1. Die Ströme und Flüsse laufen in tiefer oder flacher eingeschnittenen, bald breitern, bald schmalern Flußthälern, welche bald von sanft, bald von steiler ansteigenden Niederungsrändern eingeschlossen sind.

Je breiter die an das Flußbett stoßende Niederung ist,

desto sanfter steigen in der Regel die Niederungsränder auf, desto durchschnittener ist die Niederung selbst und meist auch ungeeigneter zur Vertheidigung, weil sowohl die Windungen des Flusses als auch Gebüsch 2c. die Uebersicht sehr erschweren und unterbrechen. Außerdem ist in breiten Niederungen die Ueberschwemmungsfläche mit ihren Fluthrissen, todten Flußarmen und Dämmen für eine zusammenhängende, geordnete Gefechtsführung sehr ungeeignet, so daß eine örtliche Vertheidigung der Flußränder, der Ufer, nur thunlich würde, wenn die Breite und Tiefe des Flusses das Uebersetzen feindlicher Truppen sehr erschwert. In solchen Fällen hat die örtliche Ufervertheidigung lediglich den Zweck, dem Uebersetzen des Feindes mit Infanterie und Schützen entgegenzutreten. Der eigentliche Uebergang der feindlichen Hauptmacht muß doch an solchen Stellen eines Stromes oder größern Flusses erfolgen, welche bald mit brauchbaren Straßen und einem für größere Truppenmassen praktikablen Terrain in Verbindung bringen.

2. Auf Ströme und größere Flüsse stoßen nur so viel brauchbare Straßen und Hauptkommunikationen, als für den Verkehr beider Ufer Hauptübergänge durch Brücken und Fähren vorhanden sind. Fuhrten pflegen bei Strömen und größern Flüssen sehr selten zu sein und die vorhandenen sind in der Regel sehr unsicher und vom Wasserstande sehr abhängig, so daß auf dieselben keine brauchbaren Kommunikationen stoßen.

Alle übrigen Wege, welche auf den Fluß zulaufen, sind gewöhnliche Feld- und Wiesenwege, welche meistens der Ueberschwemmungen wegen sehr schwer zu erhalten sind und daher auch nur in der nothdürftigsten Brauchbarkeit für leichtes Fuhrwerk sich befinden, ja selbst dieß nicht einmal das ganze Jahr hindurch. Auch reichen solche Feld- und Wiesenwege selten bis an das Ufer des Flusses heran; setzen zuweilen durch Fuhrten todter Flußarme, kleiner Zuflüsse, oder führen über leichte Brücken u. s. w.

3. Nicht immer laufen neben den Ufern der Ströme und größern Flüsse, besonders in unmittelbarer Nahe gut erhaltene, brauchbare Verkehrswege in der Richtung des Wasserverkehres fort. Mit kurzen Worten kann man sagen, daß Ströme und größere Flüsse nicht überall von größern Truppenmassen überschritten werden können, sondern nur einzelne brauchbare Uebergänge darbieten und zwar in der Regel nur an oder nahe den für den Hauptverkehr beider Ufer bestimmten Brücken oder Fähren. Nur in seltenen Fällen werden Uebergänge an andern Punkten ausgeführt, wie z. B. bei Wartenburg und Caub.

Wir haben die vorstehende Schilderung der Bodenverhältnisse an und nahe den Flüssen nur in der Absicht versucht, um eine Orientirung in den hierbei in Betracht kommenden Gefechtsfällen zu gewinnen; mit der Brauchbarkeit und Wahl der möglichen Uebergangspunkte haben wir nichts zu schaffen, sondern nur mit der Vertheidigung eines gewählten Uebergangspunktes und mit dem Angriffe des durch die Vertheidigung gesperrten Ueberganges.

Wir haben hierbei drei wesentliche Momente des Widerstandes gegen den Uebergang des Feindes in das Auge zu fassen und zwar:

1. Die örtliche Vertheidigung des Ufers, sofern hierbei die Artillerie mitwirkt;

2. Den Widerstand gegen den Uebergang selbst und

3. Den Widerstand gegen den übergegangenen und von dem Flußufer aus vorwärts drängenden Feind.

Der Gebrauch der Artillerie bei der örtlichen Vertheidigung des Ufers, also des Ferngefechts, ist im Allgemeinen an die Bedingungen des Ferngefechts der Oertlichkeiten geknüpft, d. h. an das Vorhandensein eines großen und günstigen Schußbereiches und einer haltbaren, gedeckten und gegen den unmittelbaren Anfall, wie gegen Schützenfeuer geschützten Aufstellung.

Hierbei kommen die beiden Fälle einer Aufstellung des Geschützes am feindlichen oder am diesseitigen Ufer zur Sprache.

Es ist bereits erwähnt, daß man nur dann Truppen am feindlichen Ufer aufstellt, wenn man seinen eignen Uebergang offen halten oder beschützen will, oder wenn man eine stehende Brücke, die nicht zerstört werden soll, gegen die feindliche Benutzung zu sichern hat, oder endlich, wenn der Rückzug jenseits der Brücke befindlicher Truppen über dieselbe sicher zu stellen ist.

In so fern die Brücke ein Defilee ist, wird die Vertheidigung einer vorhandenen Brücke, mag sie nun durch eine Aufstellung am diesseitigen oder am feindlichen Ufer ausgeführt werden, bei der Vertheidigung der Defileen zu Sprache kommen und ihre Erledigung finden. Nur so viel müssen wir gleich an dieser Stelle in Bezug auf die Stellung vor dem Flusse bemerken, daß bei Brücken eines Stromes oder größern Flusses weit häufiger, als bei Defileen, die Verhältnisse dazu zwingen, die Artillerie vor der Brücke selbst aufzustellen, weil die auf selbige hinlaufende Straße innerhalb des Ueberschwemmungsgebietes in der Regel ein mehr oder weniger hoher Straßendamm ist, dessen Bestreichung von nebenliegenden Aufstellungen oft nicht erwirkt werden kann.

Nach Erledigung des Falles, in welchem eine vorhandene Brücke gegen einen feindlichen Angriff zu schützen ist, bleibt also hier nur noch die Flußvertheidigung ohne eine vorhandene Brücke gegen einen beabsichtigten Uebergang des Feindes im Angesicht der dagegen auftretenden Truppen des Vertheidigers zu erörtern, mithin von dem Zeitpunkte an, wo die Wahl des Uebergangspunktes erfolgt und Seitens des Vertheidigers erkannt ist.

Wenn wir uns die Gesetze des Artilleriegebrauches bei örtlichen Vertheidigungen, so wie die taktischen Verhältnisse und Vorgänge eines Flußüberganges vergegenwärtigen, so ergeben sich folgende Gesetze für die Theilnahme der Artillerie an der örtlichen Vertheidigung des Ufers:

a. „Der Gebrauch der Artillerie bei der örtlichen Uferver-„theidigung muß auf das Aeußerste eingeschränkt werden."

b. „Die Artillerie darf niemals an Stellen auftreten, welche „vom jenseitigen Ufer überhöhet sind, oder von der feind-„lichen Artillerie leicht umfaßt, enfilirt, oder vom jensei-„tigen Ufer durch gedeckte Schützen, durch nahe und ge-„deckte Geschützstellungen bekämpft werden können."

c. „Die Artillerie darf demnächst nur an solchen Uferstellen „sich placiren, welche die Annäherung der feindlichen Ar-„tillerie an das jenseitige Ufer wirksam beherrschen können „und zugleich einen bedeutenden Theil des Wasserspiegels „bestreichen, um das Uebersetzen feindlicher Truppen zu-„rückzuweisen."

d. „Aufstellungen, welche eine gedeckte Näherung der feind-„lichen Artillerie an das jenseitige Ufer gestatten, oder „den Wasserspiegel vor sich nicht bestreichen können, sind „demnach zu vermeiden, desgleichen solche, aus welchen „der Abzug sehr gefährdet ist."

e. „Natürliche oder künstliche Deckungen sind für eine erfolg-„reiche und ausdauernde Theilnahme der Artillerie an „der örtlichen Vertheidigung des Ufers unentbehrlich."

„Eine leichte, schnelle und gedeckte Einfahrt der Geschütze „in diese Positionen und ein gesicherter, gegen das feind-„liche Artilleriefeuer nicht zu sehr exponirter Abzug sind „fernere Bedingungen für die Benutzung solcher Posi-„tionen."

f. „Die Artillerie darf in den gewählten Aufstellungen nicht „früher auftreten, als sie mit Erfolg die Annäherung des „Feindes bekämpfen kann, um nicht der feindlichen Ar-„tillerie die Wahl zweckmäßiger Maßregeln an die Hand „zu geben."

Es ist selbstverständlich, daß der Feind unter so günstigen Verhältnissen einer örtlichen Ufervertheidigung in Gegenwart der zu derselben erforderlichen Widerstandskräfte nur mit ungewöhnlichen Opfern im Stande sein würde, sich am diesseitigen Ufer mit übergesetzten Truppen festzusetzen, den Bau der Brücke zu unternehmen und demnächst seine Truppen überzuführen. Man muß vielmehr annehmen, daß der Feind entweder seine Uebergangsstelle so gewählt hat, wie sie ihm zur Ueberwältigung der örtlichen Ufervertheidigung ohne unverhältnißmäßigen Aufwand von Kraft und Zeit am geeignetsten erscheint, oder daß es ihm gelungen ist, die örtliche Vertheidigung des Ufers zu überwältigen, bevor sie mit zureichenden Mitteln auftreten konnte.

Man muß also annehmen, daß ein großer Theil der Bedingungen für eine örtliche Ufervertheidigung durch Artillerie in der Wirklichkeit gar nicht mehr vorhanden ist, wenn man die Mittel dazu aufbringen kann.

Die oben entwickelten Prinzipien können daher auch nur als leitende Gesichtspunkte angesehen werden und ihr praktischer Werth ist weit mehr durch die in ihnen enthaltenen Einschränkungen des Artilleriegebrauches gegeben, als durch die Andeutungen ihres möglichen Erfolges.

Was nun den Angriff gegen die örtliche Vertheidigung des Ufers durch Artillerie betrifft, so ist es klar, daß die Angriffsartillerie zunächst die Artillerie vom Ufer vertreiben muß, um durch Infanterie und näher gerückte Geschütze die Infanterie des Vertheidigers vom Ufer zurückzutreiben, durch übergesetzte Truppen sich am diesseitigen Ufer festzusetzen, die Uebergangsmittel an den Fluß zu schaffen, den Bau des Ueberganges unter dem Schutze einer nahen Aufstellung gegen die Maßregeln und besonders gegen die Artillerie des Vertheidigers zu schützen und demnächst unter dem Schutze dieser Aufstellung den Uebergang selbst und die Entwickelung am jenseitigen Ufer zu vermitteln.

Die Verhältnisse, unter welchen die Vertheidigungsartillerie sich an der örtlichen Ufervertheidigung betheiligt, geben die Maßregeln und Mittel ihrer Vertreibung an die Hand und es bedarf nur der Andeutung, daß hier die Haubitzen der Angriffsartillerie, demnächst die schweren Kanonen eine besonders wirksame Rolle spielen werden.

Wir kommen nun zum zweiten Momente der Flußvertheidigung, zum Widerstande gegen den Brückenbau und gegen den Uebergang des Feindes.

Hierbei wird die Artillerie des Vertheidigers eine sehr ausgedehnte und wirksame Rolle durchführen können, aber auch eine große Manövrirfähigkeit und Geschicklichkeit in der Wahl der Aufstellung an den Tag legen müssen.

Der Feind ist genöthigt, die zum Bau der Brücke nothwendigen Erfordernisse in die Nähe des Ufers zu schaffen um das Herantragen des Materiales zum Wasser zu erleichtern und den Bau der Brücke zu beschleunigen.

Hierzu sind nicht alle Stellen des Ufers geeignet; indessen wird es doch häufig dem Feinde unmöglich sein, hierzu einen gegen das Feuer des Vertheidigers gedeckten Platz zu benutzen. Bei Pontonbrücken werden dergleichen gesicherte Baustellen, wenn sie stromauf des für die Brücke bestimmten Punktes liegen, benutzt, um mehrere Pontons zu verbinden und, mit Belag versehen, in die Brücke einzufahren.

Der Brückenbau selbst ist in allen Verhältnissen das Hauptobjekt, welches der Vertheidiger zu bekämpfen hat; seine Ausführung ist nur möglich, wenn der Feind sich durch übergesetzte Truppen in den Besitz des Uferrandes gebracht hat, an welchem die Brücke ausmünden soll und zugleich durch seine Artillerie im Stande ist, eine große Annäherung der Artillerie und geschlossener Truppen des Vertheidigers an die Brückenstelle wirksam abzuweisen.

Da wir hier von dem Falle sprechen, wo der Vertheidiger

den Brückenbau selbst zu bekämpfen im Stande ist, so bleibt es für uns jetzt gleichgiltig, daß in der Wirklichkeit der Vertheidiger erst an der Brückenstelle mit hinreichenden Kräften anzulangen pflegt, wenn die Brücke ganz oder größtentheils fertig ist und wenn der Feind schon so viel Truppenkräfte übergesetzt hat, daß er den Bau und die Vollendung der Brücke gegen nahe Angriffe schützen kann.

So viel aber müssen wir im günstigsten Falle voraussetzen, daß der Feind seinen Brückenbau durch eine überlegene Artillerie gegen die Artillerie des Vertheidigers zu schützen vermag und hierbei durch die Oertlichkeit beider Flußufer begünstigt wird.

Die Artillerie des Vertheidigers wird es demnach bei ihrem Manöver mit einem überlegenen und durch seine Aufstellung begünstigten Gegner zu schaffen haben.

Fassen wir demnach die taktische Lage, in welcher die Vertheidigungsartillerie an ihr Werk gehen soll, mit ihren wesentlichsten Schwierigkeiten und Gefahren auf, so ist eine hinreichende Annäherung an die Brückenstelle erforderlich, um dem Geschützfeuer eine große Wahrscheinlichkeit des Treffens der Brücke zu geben, weil jeder Fehlschuß durch Einschlagen ins Wasser oder auf die sehr unebenen und durchschnittenen Uferränder als vollkommen verloren anzusehen ist, mithin der erste Aufschlag treffen muß.

Die Artillerie kann daher nur in hinreichender Nähe und in der Verlängerung der Brücke die Aussicht gewinnen, den Brückenbau mit Erfolg zu beschießen. Sie wird aber bei dem Einrücken in diese Position und wenn sie in derselben in Thätigkeit ist, von einem in der Regel überlegenen und wirksamen Artilleriefeuer bekämpft und außerdem von den übergesetzten Truppen des Feindes bedroht werden. Hieraus ergeben sich demnach die Gesetze für den Gebrauch und das Verhalten der Vertheidigungsartillerie.

g. „Die Artillerie des Vertheidigers muß in die zur wirk„samen Bekämpfung des Brückenbaus geeigneten Auf„stellungen überraschend eintreten."

h. „Diese Aufstellungen müssen entweder durch natürliche „Deckung der Geschütze oder durch gewaltsame Ablenkung „des feindlichen Artilleriefeuers geschützt werden und außer„dem gegen die bereits übergesetzten Truppen des Feindes „sicher gestellt sein."

Die Oertlichkeit wird das nähere Verfahren des Vertheidigers und im Gegensatze die Maßregeln des Gegners bestimmen.

Der Vertheidiger wird es in den meisten Fällen als ein sehr glückliches und werthvolles Ergebniß ansehen, wenn er mit den ihm zur Hand gewesenen Streitkräften im Stande war, den entdeckten Brückenbau und den ersten Uebergang des Feindes um ein Paar Stunden zu verzögern, weil dadurch seine entferntern Truppen Zeit gewinnen, sich gegen den übergehenden Feind zu konzentriren, bevor derselbe sich aus seiner beengten Stellung an der Brücke vorwärts schieben konnte. Hierin liegt die Nothwendigkeit, daß der Vertheidiger mit aller Anstrengung der zur Stelle befindlichen Truppen die Vollendung der Brücke und den ersten Uebergang des Feindes zu verzögern sucht, wie unzureichend auch die eignen und wie überlegen die feindlichen Kräfte sein mögen. Dadurch wird das Manöver des Vertheidigers in demselben Maße gefahrvoll, in welchem mit geringen Mitteln Zeit gewonnen werden muß, die zur Beobachtung des Flusses zerstreuten Kräfte zu konzentriren. Fehlerhafte Maßregeln können die Flußvertheidigung leicht in das Gegentheil, in eine Quelle großer Nachtheile, verwandeln, wie dieß z. B. den Oestreichern 1796 bei der Vertheidigung des Po gegen die Franzosen unter Bonaparte erging.

Wir kommen jetzt zum 3. Momente der Flußvertheidigung, zum Widerstande gegen den übergegangenen Feind.

Denken wir uns genau in die Lage eines Truppenkorps, welches im Angesicht des Vertheidigers einen Fluß überschritten und vielleicht mit einem Theile noch zu überschreiten hat, entweder auf geschlagenen Brücken, oder auf stehenden, oder durch Fuhrten, so können wir nur annehmen, daß die Vertreibung des Vertheidigers aus der Nähe des Flusses erst unternommen, also mit den bereits übergegangenen Truppen gegen den Vertheidiger vorgedrungen werden kann, wenn überlegene Kräfte dazu vorhanden und die noch nicht übergegangenen Truppen in der Nähe der Brücke angelangt und zum Uebergange in Bereitschaft sind.

Man kann hiervon nur eine Ausnahme zulassen, wenn der Vertheidiger seine Truppen auf eine fehlerhafte Weise längs des Flusses vertheilt, zersplittert hat, oder überhaupt nur ungenügende Kräfte für die Flußvertheidigung aufzubringen vermag. Ist dieß jedoch nicht der Fall, so muß man sich den übergegangenen Angriff mit seiner Truppenmacht oder mit dem größten Theile derselben in einer sehr beengten und vollgepfropften Aufstellung dicht vor seinem Uebergange in der meistentheils durchschnittenen Flußniederung vorstellen, aus welcher der Angriff nur auf einigen Wegen vordringen und gegen den Vertheidiger debouchiren kann. Erleidet der Angriff hierbei eine Niederlage, so ist dieß bei der Nähe des Flusses von den bedenklichsten Folgen für den Rückzug. Der Angriff wird daher mit sehr gesammelten Kräften in einigen Kolonnen divergirend von der Brücke aus durch die Niederung vorbrechen und sich mit der Entwickelung vor seinen Debouchéen so viel, als zulässig beeilen, daher in ziemlich gedrängten Kolonnen vorgehen.

Hieraus folgt, daß der Vertheidiger bei einer zweckmäßigen Aufstellung gegen die dem Flußübergange nähern Debouchéen in Bereitschaft sein kann, gegen die Teten der feindlichen Kolonnen vorzubrechen, sobald es ihm vortheilhaft und zugleich von entscheidendem Erfolge zu sein scheint.

Der Vertheidiger muß also, um zu einer recht vortheilhaften Entscheidung zu gelangen, so bedeutende Kräfte des Feindes vorkommen lassen, daß sich dieselben nicht leicht und schnell wieder in die Debouchéen abziehen können, also Stand halten müssen, daß zugleich der Vertheidiger noch eine sehr große Wahrscheinlichkeit des Sieges über die debouchirten Kräfte des Feindes hat und nicht in Gefahr kommt, beim schnellen Anwachsen der feindlichen Kräfte vor den Debouchéen in ein Gefecht mit dem überlegenen Gegner sich zu verwickeln.

Der Vertheidiger muß daher den Erfolg seines Widerstandes in einem Anfalle gegen die debouchirenden Kolonnen des Feindes suchen.

Dieser Anfall ist in seinem Gelingen an zwei Bedingungen geknüpft: richtige Wahl des Zeitpunktes und überraschende Entwickelung seiner vollen Gewalt, um zum entscheidenden Stoße gegen die debouchirten Truppen zu gelangen, bevor sie eine genügende Widerstandsfähigkeit gewinnen konnten. —

Wir verstehen unter überraschender Entwickelung des Anfalles nicht ein überfallartiges, gleichzeitiges Auftreten desselben in voller Stärke, weil dieß in der Wirklichkeit meist ein illusorisches und kaum ausführbares Unternehmen sein würde, sondern wir wollen damit ein die feindlichen Maßregeln überraschendes Auftreten überlegener Kräfte bezeichnen.

Dieß verlangt vor allen Dingen eine schnelle Ueberwältigung des feindlichen Ferngefechts, welches sich dem losbrechenden und auf den entscheidenden Stoß hindrängenden Anfalle mit Erfolg widersetzen könnte und die Artillerie verhindern würde, diesen entscheidenden Stoß schnell, nahe und kraftvoll genug vorzubereiten.

Wir schließen nunmehr:

1. „Die zur Vorbereitung des Anfalles gegen den übergegangenen und vorwärts drängenden Feind bestimmte

„Artillerie muß sich von Hause aus mit überlegenen „Kräften entwickeln und deshalb erst dann, wenn die „feindliche Stellung mit hinreichender Sicherheit erkannt „und mit kräftigem Erfolge beschossen werden kann. Bis „zu diesem Augenblicke darf sie nur so viel Geschütz ent-„wickeln, als erforderlich ist, um sich in die gehörige „Nähe zum Feinde heranzuschieben."

k. „Die Bekämpfung der feindlichen Artillerie, welche zum „unmittelbaren Schutze in der Nähe der Debouchéen sich „aufgestellt hat, und die Ueberwältigung derselben ist als „die entscheidendste Maßregel vorzugsweise zu erstreben, „weil hierdurch der Ausgangspunkt aller feindlichen Ent-„wickelungen und herbeieilenden Verstärkungen dem ent-„scheidenden Stoße bloß gelegt und dem Feinde ver-„schlossen wird."

l. „Die zur Sicherung dieses Stoßes nothwendigen Seiten-„manövers müssen so ökonomisch, als zulässig, ausgestattet „werden, um in der Hauptrichtung mit voller Ueberlegen-„heit und Energie auftreten zu können."

m. „Der Hauptstoß wird nach Maßgabe seiner Ueberlegen-„heit in umfassender Form gegen den debouchirenden Feind „auftreten und dadurch seinem Erfolge eine gesteigerte „Wirkung verleihen können."

n. „Die Seitenmanövers sind lediglich als Sicherheitsmaß-„regeln gegen feindliche Truppen, welche aus den ent-„ferntern Debouchéen vorgebrochen, zu behandeln."

Für den Angriff ergibt sich im einfachen Reflex der eben entwickelten Grundsätze, daß er bestrebt sein muß, so bald als möglich, sein Vorbrechen durch eine starke Artillerieentwickelung zu schützen. — Als Beispiele sind unter andern zu nennen die Schlacht von Aspern und von Ostrolenka. —

§. 37.

Gebrauch der Artillerie bei Vertheidigung und Angriff von Bächen, Kanälen und Wassergräben.

Bäche, Kanäle und Wassergräben, wenn sie nicht morastige Ränder, oder ein morastiges Bett haben, bilden an sich keine starken Hindernisse; nur, wenn sie von Dämmen eingeschlossen sind, oder mit Gebüsch und Bäumen besetzte Ränder haben, so daß sie die freie Uebersicht stören und das Ferngefecht unterbrechen, gewissermaßen zwei getrennte Abschnitte für das Artilleriegefecht bilden, werden sie zu starken und für Angriff, wie Vertheidigung schwierig zu behandelnden Terrainabschnitten.

In allen Fällen sind sie aber, wenn sie nicht zu unbedeutend und zu flach sind, für den Angriff störend, weil sie seine Bewegung erschweren, sobald sie nicht überall ohne besondere Schwierigkeit passirt werden können. Namentlich sind sie den Manövers der Kavallerie lästig und zuweilen gefährlich, demnächst erschweren sie die Bewegungen der Artillerie und selbst die Infanterie kann sehr genirt sein, wenn sie mit geschlossenen Massen auf bestimmte Uebergänge hingewiesen ist.

Für den Angriff sind sie am lästigsten, wenn er sie nach dem Ueberschreiten dicht hinter sich nehmen muß und diese Lage muß vom Vertheidiger in ähnlicher Weise ausgebeutet werden, wie die Entwickelung des übergegangenen Angriffs vor den Debouchéen der Flußniederungen.

Die Artillerie des Vertheidigers wird besonders diejenigen Stellen unter eine energische Feuerwirkung zu nehmen haben, welche die geschlossenen Truppen passiren müssen und wo sich der Feind vom diesseitigen Rande wieder entwickeln kann. In diese Kategorie gehören auch die kleinern Flüsse; nur ist ihre Passage in der Regel weit schwieriger. —

§. 38.

Gebrauch der Artillerie bei Vertheidigung und Angriff von Höhenzügen.

Stellungen, welche durch Höhenzüge geschaffen sind, besonders wenn die Stellungen selbst eine Art Plateau bilden, auf welchen man sich mit allen Waffen bewegen kann, haben eine große Stärke, sobald die Abhänge nicht durch Baumwuchs und Buschwerk bedeckt werden, die Anlehnungen nicht in ähnlicher Weise die Vertheidigung erschweren und sobald sich vom Fuße der Höhenzüge ab ein freies Terrain erstreckt, in welchem sich der Angriff entwickeln und bewegen muß. Die starken Seiten solcher Stellungen bestehen wesentlich in folgenden Eigenschaften:

1. Der Vertheidiger übersieht das vorliegende Terrain, so weit es von den Höhen dominirt wird und alle Maßregeln des Angriffs müssen sich unter seinen Augen entwickeln, während seine eignen meistens ganz oder größtentheils verborgen bleiben. Weil nun außerdem die Höhenzüge das Ferngefecht des Angriffs außerordentlich benachtheiligen, die Ersteigung und Besitznahme der Abhänge erschwert ist und dem unmittelbaren Angriffe auf die Stellung vorangehen muß, so hat der Vertheidiger den unschätzbaren Vortheil, daß er mit seinen Entwickelungen und entscheidenden Maßregeln sehr zurückhalten und nicht leicht gezwungen werden kann, die Disposition seiner Kräfte zu verrathen.

2. Der Angriff kann von seinem Ferngefecht erst aus nahen Stellungen Gebrauch gegen die Abhänge und Höhenzüge machen und zwar immer einen sehr geschwächten, wobei der Vertheidiger den großen Vortheil hat, die nahe Angriffsartillerie aus dominirenden Aufstellungen mit verhältnißmäßig geringen Mitteln sehr zu gefährden.

3. Sind die Abhänge flach und eben geböscht, so daß sie von dem Feuer der Vertheidigungsartillerie vollständig beherrscht werden können, so ist ihre Erstürmung ein eben so schwieriges

als gefährliches Unternehmen und die Sturmkolonnen, welche mit mehr oder weniger Erschöpfung auf dem obern Rande anlangen, sind dem Gegenstoße des Vertheidigers ohne Beistand und Schutz ihrer Artillerie und Reiterei ausgesetzt und zwar einem Gegenstoße, welcher nicht, wie in der Ebene, dem Feuer der Angriffsartillerie ausgesetzt ist oder in Besorgniß vor feindlicher Reiterei sich bewegen muß.

4. Sind die Abhänge aber stark geböscht, so sind geschlossene Truppen beim Sturme gegen den Höhenrand auf bestimmte, gegen die anstoßenden Abhangsflächen eingeschnittene und flacher geböschte Zugänge, gleich wie auf Breschöffnungen, hingewiesen und, auf der Höhe angelangt, umfassenden Angriffen ausgesetzt.

5. Bevor sich aber die Infanterie nicht auf dem Höhenrande festgesetzt hat, kann auch Artillerie und Reiterei nicht auf der Höhe erscheinen, so daß der Vertheidiger den höchst günstigen Moment für sich hat, mit allen Waffen gegen feindliche Sturmkolonnen auftreten zu können, welche nach mehr oder weniger Verlusten durch das Aufsteigen erschöpft und aufgelockert sich auf dem Höhenrande zeigen.

Wenn nun auch nicht alle Höhenzüge die hier genannten Vortheile in sich vereinigen, wenn sie die vorhandenen oft nur in einem sehr ermäßigten und durch andere Eigenthümlichkeiten geschwächten Grade an sich tragen, wenn ferner nicht selten die Höhenzüge in Richtungen fortstreichen, welche der Vertheidigung nicht zuträglich sind, so ist schon die Uebersicht, welche sie über das umliegende Terrain gewähren, ein eben so großer Vortheil, als die Verborgenheit für die Maßregeln, welche der Vertheidiger nimmt, als die Unsicherheit des Angriffs bei Abschätzung des zu erwartenden Widerstandes und der unerwarteten Gefahren, welche seine Maßregeln bedrohen können.

Fassen wir die vorstehenden Erörterungen in das Auge, so gewähren die Höhenzüge dem Widerstande des Vertheidigers nachfolgende besonders günstige Gefechtsmomente:

A. Die nahe Entwickelung des Angriffes am Fuße der Abhänge;

B. Die Ersteigung und Besitznahme der Abhänge;

C. Der Sturm des Höhenrandes;

D. Die Entwickelung des Angriffes auf dem Höhenrande nahe vor dem Abhange.

Hieraus folgt nunmehr für den Gebrauch der Vertheidigungsartillerie:

a. „Die Vertheidigungsartillerie wird vor dem Höhenzuge „gegen entferntere Maßregeln des Feindes nur dann „auftreten, wenn sie im Vorterrain besonders schwierige „Passagen, welche der Angriff einschlagen muß, mit gro- „ßem Erfolge bekämpfen kann. Hierbei muß sie ihre „Kräfte nur sehr sparsam nach dem Erfolge abmessen „und durch ihren Abzug den Feind nicht auf die zugäng- „lichen Punkte des Abhanges hinlenken."

b. „Gegen die Entwickelung des Angriffs am Fuße oder auf „leicht zugänglichen Punkten des Abhanges muß der Ver- „theidiger nur so viel Artillerie in Thätigkeit bringen, „als ausreichend ist, um bei einer den Feind dominiren- „den Stellung dessen Entwickelung mit der durch die Um- „stände zulässigen Energie zu bekämpfen."

c. „Eine kräftige Bestreichung der dem Feinde zugänglichen „Abhänge wird den weitern Gebrauch der Artillerie beim „Widerstande gegen den emporsteigenden Angriff regeln, „wobei Aufstellungen zu vermeiden sind, welche eine nahe „Bedrohung der Geschütze durch gedeckte Annäherung feind- „licher Infanterie gestatten."

d. „Gegen den Sturm des Höhenrandes tritt die Verthei- „digungsartillerie überraschend an geeigneten Stellen des „Höhenrandes auf, von welchen aus die für die Sturm- „kolonnen brauchbaren Aufgänge kräftig beherrscht werden

„können und in welchen sie zugleich gegen die Angriffe „der feindlichen Schützen gesichert sind."

e. „Demnächst wird die Artillerie des Vertheidigers in Be„reitschaft stehen, die auf dem Höhenrande angelangten „Sturmkolonnen mit höchster Energie zu beschießen, wo „möglich mit einem nahen Kartätschfeuer, um sie entwe„der zurückzuwerfen, oder doch zu einer Entwickelung in „unmittelbarer Nähe des Abhanges und in beengten Ver„hältnissen zu zwingen."

f. „Ist es dem Feinde gelungen, sich mit Infanterie auf „dem Rande festzusetzen, so muß die Entwickelung der zu „seinem Schutze heraufgezogenen Artillerie bekämpft wer„den und das Feuer ist gegen diejenigen Punkte in Be„reitschaft zu halten, wo die Angriffsartillerie den Höhen„rand überschreiten muß."

g. „Im Uebrigen ist das Verfahren des Vertheidigers nach „ähnlichen Gesetzen zu regeln, wie gegen die erste Ent„wickelung des Feindes vor Defileen und die Vertheidi„gungsartillerie hat vorzugsweise dahin zu trachten, den „Angriff so lange, als möglich, auf ein bloßes Infante„riegefecht zu beschränken und an der Entwickelung aller „drei Waffen zu hindern.

h. „Das Verfahren der Angriffsartillerie wird sehr schwie„rig und ganz von der Beschaffenheit und Richtung der „Höhenzüge, so wie von der Beschaffenheit der Abhänge „und der Höhenränder beherrscht sein. Die schweren Ge„schütze und die Haubitzen werden eine sehr hervorragende „Rolle spielen."

i. „Die Aufgabe der Angriffsartillerie wird sich im Allge„meinen in der Vorbereitung des Angriffes auf die Ab„hänge, also in der Vertreibung der die Abhänge beherr„schenden Vertheidigungsartillerie und demnächst in der „Festsetzung auf dem erstürmten Höhenrande ausprägen."

k. „Das Vorgefecht bis zum Angriffe auf die Abhänge und „Höhenzüge und das dem Sturme auf die Höhe nach„folgende unterliegt den durch die Beschaffenheit des Ter„rains bedingten Gesetzen.“

Wenn Höhenzüge, eben so Flüsse und kleinere Gewässer, zu Stellungen gewählt werden, so ist es wohl selbstverständlich, daß sie den Vertheidiger nicht durch ihre Richtung zu einer nachtheiligen Abweichung von seiner natürlichen Front nöthigen, weil dieß den Widerstand, besonders den örtlichen, an den zur Richtung des Rückzuges ungünstig gelegenen Punkten sehr lähmen müßte.

Wenn daher bei Rückzugsgefechten ähnliche Terrainabschnitte von einer ungünstigen Richtung gegen die Rückzugslinie benutzt werden müssen, um Zeit zu gewinnen, so muß der vorgeschobene Flügel sich nur mit großer Vorsicht in örtliche Gefechte verwickeln lassen und hierzu bedarf derselbe vor allen Dingen eines starken, umsichtig geleiteten Ferngefechts, welches gegen einen nahen Zusammenstoß mit dem Feinde, gegen eine nahe Umgehung oder Ueberflügelung sichert. Der bedrohtere Flügel erhält deshalb eine verhältnißmäßig stärkere Artillerie und Reiterei; beide Waffen müssen in solchen Lagen genau wissen, welches Maß des Widerstandes und der Zähigkeit sie äußern, welchen Druck des Angriffs sie auf sich laden dürfen.

Daß die Artillerie bei Benutzung der Höhen für ihre verschiedenen Aufstellungen vor allen Dingen solche Punkte vermeidet, von welchen sie nur einen sehr schwierigen oder leicht zu gefährdenden Rückzug hat, bedarf, namentlich mit Bezug auf den Vertheidiger, keiner weitern Erläuterung. —

§. 39.

Gebrauch der Artillerie bei Vertheidigung und Angriff von Verschanzungen und Verhauen.

Durch Verschanzungen bildet man sich auf künstlichem Wege eine Stellung von großer Widerstandsfähigkeit, wenn das Terrain auf strategisch wichtigen Punkten dem Vertheidiger nicht genügend zu Hilfe kommt und durch Verhaue unterbricht man die ungehinderte Passage der sonst offenen Terraintheile, wobei zugleich die Infanterie eine haltbare Schützenstellung gewinnt.

Sind die Schanzen zweckmäßig auf dem Terrain angelegt und über die zu vertheidigende Front vertheilt, so bilden sie eine Reihe oder Staffeln von militairischen Posten, welche theils durch gegenseitige Vertheidigung, theils durch die Unterstützung Seitens der außerhalb auftretenden Streitkräfte eine ungewöhnliche Widerstandsfähigkeit an sich selbst gewinnen, zugleich aber die Front, welche sie bilden, dadurch sehr widerstandsfähig machen, daß sie in ihrem Rücken und zum Theil durch sie geschützt und maskirt Truppenstellungen darbieten, welche den zwischen den Schanzen oder vor den Zwischenräumen agirenden Truppen eine nahe Unterstützung und schnelle Verstärkung sichern.

Die einzelnen Schanzen können nur den Zweck haben, entweder an sich schwache, durch eine geringe Ueberlegenheit gefährdete Theile der Front zu verstärken, oder besonders wichtigen Punkten der Stellung, ohne deren Wegnahme der Angriff nicht zum Siege gelangen kann, eine ungewöhnliche Widerstandsfähigkeit zu verleihen, oder endlich dem Feinde Zugänge zu versperren, deren Benutzung ihm gestatten würde, den starken Theilen der Front aus dem Wege zu gehen, ohne sich hierbei selbst Blößen zu geben.

Die Verschanzungen erfüllen daher den doppelten Zweck, überlegene Kräfte des Feindes in ein örtliches Gefecht von längerer Dauer und größerer Hartnäckigkeit zu verflechten, welches unverhältnißmäßige Opfer kostet und zweitens dem Manöver desselben so starke Fesseln, besonders dem Ferngefecht anzulegen, daß dadurch der Nachtheil der Vertheidigung, in ihrer taktischen Freiheit beschränkt zu sein, wenigstens bis zur eintretenden Entscheidung zu Gunsten der Vertheidigung ausgeglichen wird.

Die taktische Freiheit der Vertheidigung, die Ueberlegenheit des Manövers wird so lange gesichert sein, als man im Stande ist, den Einbruch des Feindes durch die verschanzte Front abzuwehren, d. h. die Wegnahme einzelner Schanzen zu verhindern, weil nur im Innern des verschanzten Raumes die Manövers und Bewegungen des Vertheidigers geschützt, zum Theil maskirt sind. —

Es ist bereits in einem frühern §. darüber gesprochen worden, unter welchen Umständen es nützlich oder nothwendig ist, die Schanze selbst mit Geschütz zu armiren und daß es außer diesen Fällen der Nützlichkeit oder Nothwendigkeit unzweckmäßig und schädlich ist, durch die Aufstellung der Artillerie in der Schanze die taktische Freiheit und Wirkungssphäre der Artillerie zu beschränken, das feindliche Geschützfeuer auf die Schanze zu ziehen und den innern Raum auf eine gefährliche Weise zu überfüllen.

Wir müssen also im Allgemeinen voraussetzen, daß der größte Theil der Werke einer Verschanzung keine Geschützarmirung hat, sondern ein eigentlicher Infanterieposten ist, daß, wenn in einzelnen Schanzen Geschütze aufgestellt sind, diese eine ganz bestimmte Wirkungssphäre auszufüllen haben, oder neben der Schanze keine Aufstellung finden können, daß mithin eine gegenseitige Unterstützung der Schanzen durch ihr Feuer nicht mehr in Betracht kommen wird, sobald der Abstand zwischen den einzelnen Schanzen die doppelte Gewehrschußweite merklich überschreitet.

In der Regel werden die einzelnen Schanzen weiter von einander abliegen und die wenigen Geschütze, welche sich in einer oder der andern Schanze befinden sollten, können für die Nebenschanzen und für die Vertheidigung der Zwischenräume um so weniger eine zuverlässige Hilfe und Sicherheit gewähren, als der Angriff im Stande ist, sie durch wenige Geschütze in ihrer freien Thätigkeit zu lähmen.

Die Vertheidigungsartillerie wird also bei Verschanzungen im Allgemeinen folgende Aufgaben für ihr Manöver zu lösen haben:

1. Widerstand gegen die entferntern Anmärsche des Feindes durch vorgeschobene Manövers;

2. Abwehr des Angriffs gegen einzelne Schanzen durch Seitenstellungen, welche die Annäherung der feindlichen Artillerie bekämpfen, das Feuer derselben von der Schanze abzulenken suchen und die feindlichen Sturmkolonnen zurückhalten;

3. Vertheidigung der mit dem Einbruche des Feindes bedroheten Zwischenräume durch Aufstellungen, welche theils die Schanzen gegen einen umfassenden Angriff sichern, theils das Vorbeigehen der Schanzen durch feindliche Truppen zurückweisen, und zugleich als Rückhalt der Besatzung selbst dienen können;

4. Bekämpfung des Angriffs, welcher nach der Wegnahme einer oder ein Paar Schanzen sich neben und zwischen diesen entwickelt und zum Durchbruche vorbereitet.

Der Widerstand gegen entferntere Anmärsche muß besonders begünstigt sein und darf unter keinen Umständen in die Gefahr bringen, in einen übereilten, aus seiner Richtung abgedrängten, die Schanzen maskirenden oder entblößenden Rückzug geworfen zu werden und dabei die Annäherung und Entwickelung des Angriffs auf die Schanzen zu erleichtern. Dieser Widerstand gegen entfernte Anmärsche darf ferner der Infanterie und Kavallerie des Vertheidigers keine unverhältnißmäßigen Opfer und Gefahren auferlegen, daher nicht in ein bis zur vollen Entscheidung durchgekämpftes Nahegefecht verwickeln, sondern muß vorzugsweise auf ein erfolgreiches, geschickt geführtes Ferngefecht gestützt und durch einen geordneten mit Geschick ausgeführten Rückzug beschlossen werden.

Hieraus folgt:

a. „Vorgeschobene Manövers gegen die entferntern Anmärsche „des Feindes können nur mit Vortheil unternommen wer-

„den, wenn sich außerhalb der Kanonenschußweite der „verschanzten Stellung leicht zu vertheidigende Abschnitte „darbieten, welche der Feind nur auf einzelnen Punkten „angreifen und überschreiten kann, welche daher vom „Vertheidiger benutzt werden, um den Anmarsch des Fein„des aufzuhalten und seine Kräfte zu entwickeln."

b. „Vorgeschobene Manövers müssen nur mäßig ausgerüstet „und stets mit einer dem Zwecke angemessenen Geschütz„zahl versehen sein; sie dürfen ihren Hauptzweck, den „Feind in seinem Anmarsche aufzuhalten und zu einer „Entwickelung seiner Kräfte und Absichten zu zwingen, „nicht aus dem Auge verlieren und sollen daher zur „rechten Zeit ihren Abzug auf die Stellung einleiten, ehe „sie sich mit einer unverhältnißmäßigen Ueberlegenheit „eingelassen und die nothwendige Freiheit ihrer Maßregeln „verloren haben."

c. „Die Artillerie muß durch ihre Aufstellung die Loswickelung „der beiden andern Waffen schützen und ihren geordneten „Abzug auf die Stellung sichern, daher die feindliche Ar„tillerie und überlegene Angriffskräfte zurückhalten, damit „nicht der Vertheidiger gezwungen ist, sich zur Rettung „solcher hart bedrängten Vormanövers durch Entsendun„gen zu schwächen."

Die weitern Aufgaben der Vertheidigungsartillerie sind in dem Frühern, bei der Vertheidigung der militairischen Posten, der verschiedenen Terrainabschnitte, hinreichend erörtert worden und es ist hier nur im Besondern noch zu beachten, daß ein Vertheidiger, welcher sich verschanzt, auf einen sehr überlegenen Angriff rechnet, daß daher seine Artillerie vor allen Dingen den entscheidenden Zusammenstoß so lange, als irgend möglich, abwehren und hierbei den Angriff mit aller Macht und Hartnäckigkeit schwächen soll.

Die Vertheidigung der Schanzen und der unverschanzten

Zwischenräume, also die Behauptung in der verschanzten Front, welche der Artillerie gesicherte Anlehnungen neben den verschanzten Punkten darbietet, muß mit aller zulässigen Hartnäckigkeit erstrebt werden.

Die Verhaue sind als Hindernisse und Sperrungsmittel zu behandeln und als künstlich erzeugte Mittel gegen Wegräumung durch den Feind zu sichern, indem sie unter Infanterie- und Artilleriefeuer genommen werden.

Das Verfahren des Angriffs ist leicht aus dem einfachen Reflexe der Vertheidigung abzuleiten. —

Drittes Kapitel.

Vom Gebrauche der Artillerie bei Vertheidigung und Angriff von Defileen.

§. 40.

Allgemeine Charakteristik der verschiedenen Defileen.

Defilee ist jede wegsame Passage durch einen Terrainstrich, welcher den Truppen außerhalb derselben keine gefechtsmäßigen Bewegungen und Entwickelungen gestattet, sie also zwingt, in Marschformation und in der durch die Passage bestimmten Richtung sich zu bewegen. Ein Defilee ist also nicht ausschließlich an den Begriff eines gebahnten Weges gebunden, sondern kann beispielsweise durch eine aufgesuchte oder aufgefundene Fuhrt eines sonst nicht passirbaren Gewässers, durch einen trocknen festen Streifen über eine morastige Terrainstrecke gegeben sein.

Auch kann die Bedeutung eines Defilees erst durch das eintretende, oder mögliche, oder gedachte Bedürfniß einer gefechtsmäßigen Entwickelung entstehen; der Begriff ist also ein relativer, welcher bestimmte Beziehungen zum Gefecht einer Truppe oder verbundener Waffen, zu ihren hierbei erforderlichen Bewegungen und Entwickelungen, zur Stärke und Zusammensetzung der Truppenmasse, so wie zu dem Zeitverluste und zu der Gefahr, welche sich an das Defiliren knüpfen, in sich schließt. Für ein Paar Infanteristen und ein Paar Husaren wird es kaum ein Defilee geben, sobald nur von ihrer Gefechtsthätigkeit und Entwickelung die

Rede ist und für den Marsch einer Truppe, welcher Stärke sie auch immer sein mag, kann eine Brücke nicht die Bedeutung eines Defilees haben, insofern hier nicht das Bedürfniß eintritt, sich mit Gefechtsformation in ihrer Nähe fortzubewegen, oder die Bewegung zur Seite der Brücke fortzusetzen. Im Begriff Defilee treffen also mehrere Bedingungen zusammen, wie wir vorher angedeutet haben. Denkt man sich ein Paar Seen durch eine Landenge von einigen Hundert Schritt Breite getrennt, welche man im Angesicht eines Truppenkörpers überschreiten muß, dessen Stärke die Landenge durch eine umfassende Stellung, also mit überlegenen Kräften, zu schließen vermag, so erhält dadurch diese Landenge die taktische Wirkung, also auch die Bedeutung eines Defilees. Die Breite eines praktikablen Landstriches kann noch weit größer sein, sobald die Truppenmasse, welche die Ausmündung schließt, in einer solchen Stärke und Nähe zum Defilee steht, daß der dasselbe überschreitende Gegner nicht im Stande ist, mit hinreichenden Kräften in so kurzer Zeit zu debouchiren, um sich in gehöriger Widerstands- und Angriffsfähigkeit zu entwickeln. Defileen von solchen Breitendimensionen können durch ein Bataillon nicht geschlossen werden und würden dann auch im taktischen Sinne nicht vorhanden sein.

Wesentliche Bedingungen für den Begriff des Defilees sind demnach die Größe des Widerstandes, welchen man beim Austritt, oder des Druckes, welchen man beim Abzuge durch ein Defilee erfährt und außerhalb der eigentlichen Gefechtsphäre der taktische Werth des Zeitverlustes, welcher den Truppen durch Ueberschreiten des Defilees erwächst, also auch in diesem Falle mit Bezug auf ein wirkliches oder supponirtes Gefecht.

Es ist ohne Zweifel für den taktischen Gebrauch äußerst wichtig, sich in das taktische Wesen des Defilees, in seine relative Bedeutung und Ausdehnung gründlich hineinzudenken und es gibt kaum einen Begriff, über welchen man, als über etwas Selbstverständliches leichter und unbefangener hinwegzugehen pflegt, weil er in Schrift und Wort der Militairs zum alltäglichen Brodte gehört. Gleichwohl begnügt man sich, wie es scheinen will, fast durchweg den Begriff im einfachen Wortlaute, wir möchten fast sagen, im eigentlichen Buchstabensinne, hinzuwerfen und aufzunehmen. Vor allen Dingen ist aber der einfache Begriff einer unbequemen, beengten Passage, aus welcher und neben welcher man sich nicht gefechtsmäßig entwickeln und bewegen kann, keineswegs befriedigend. Wir wollen hier sogleich an die außerordentliche Umstimmung des taktischen Einflusses erinnern, den ein Defilee erfährt, aus welchem man im wirksamen Geschützfeuer debouchiren, oder in welches man von feindlichen Kanonen beschossen abziehen muß, im Vergleich zu einem Defilee, welches nur von Infanterie und Kavallerie vertheidigt oder bedrängt wird, weil die zerstörende Gewalt des Artilleriefeuers auf einen so engen Raum zusammengedrängt den Truppen in höchster Furchtbarkeit entgegentritt.

Für Vertheidigung und Angriff der Defileen ist es besonders wichtig, diese Beziehung des Defilees zur Wirkung des Geschützfeuers gehörig zu würdigen. Welchen Einfluß wird die kräftige Beherrschung der Ein- oder Ausmündung einer Passage durch Geschützfeuer gewinnen, wenn über dieselbe alle Truppen des Gegners sich zur Gefechtsentwickelung vorbewegen oder während des Gefechts abziehen müssen, wenn fast jeder Schuß tief in Fleisch und Blut der defilirenden Truppen getrieben wird?

Es ist daher nothwendig, sich sowohl über die allen Defileen gemeinsamen, als über die den verschiedenen Defileen anklebenden besondern Eigenthümlichkeiten Rechenschaft zu geben, sofern diese Eigenthümlichkeiten von taktischer Bedeutung sind.

Zu den allen Defileen gemeinsamen Eigenthümlichkeiten gehören:

1. Die Breite des vom Defilee durchschnittenen unwegsamen Terrainstriches, insofern dadurch in erster Instanz der taktische

Zusammenhang der beiden Ausmündungen des Defilees bedingt wird. Je breiter der unwegsame Terrainstrich, je größer also die absolute Länge des Defilees wird, desto mehr Truppen müssen sich Behufs einer Entwickelung vor dem Defilee gleichzeitig in selbigem, also in einem wehrlosen, beengten Zustande bewegen, desto länger, schwieriger, opfer- und gefahrvoller wird der Widerstand, welcher den Abzug in ein Defilee schützen soll.

2. Die relative Länge des Defilees, also die Richtung und Gestrecktheit, mit welcher dasselbe durch die unpraktikabeln Strecken hinführt. Eine schiefe Lage, Abbiegungen, Krümmungen steigern die Schwierigkeiten des Durchzuges.
3. Die Breite des Defilees, d. h. des für Truppen praktikablen Weges oder Terrainstreifens.
4. Der Grad taktischer Unwegsamkeit neben dem Defilee, insofern dabei die innere Sicherheit desselben betheiligt ist.
5. Die Lage, Richtung, Gestrecktheit und Breite der Ausmündungen und die unmittelbar daran stoßenden Terrainverhältnisse. Es ist von großer Bedeutung, ob die Ausmündungen durch naheliegende Ortschaften, Anhöhen oder sonst starke Aufstellungen geschlossen werden, oder ob die Ausmündungen selbst mit den unmittelbar anstoßenden Seitenflächen das vorliegende Terrain überhöhen.

Die besondern Eigenthümlichkeiten der verschiedenen Defileen entspringen aus den Terrainverhältnissen, durch welche und unter welchen die Defileen gebildet werden, sind also abhängig von dem Charakter der neben den Defileen hinstreifenden unpraktikabeln Terrainflächen und hiernach klassifiziren sich die verschiedenen Defileen in: stehende Brücken, Fuhrten, Dämme, Hohlwege, Wald- und Gebirgsdefileen.

Zur allgemeinen Charakterisirung der eben bezeichneten Kategorieen läßt sich Folgendes hervorheben:

A. Die stehenden Brücken sind in der Regel gerade, kurze

und das unmittelbar daranstoßende Terrain nach Maßgabe des höchsten Wasserstandes überhöhende Defileen von den für Verkehrswege üblichen Breiten. Nur wenn die Brücken über eng und steil eingeschnittene Flüsse und kleinere Gewässer führen, liegen sie tiefer, als die anstoßenden Uferränder und stehen dann gewöhnlich mit Hohlwegen und nicht, wie im ersten Falle mit Dämmen in Verbindung.

In beiden Fällen sind aber die Brücken offene, sowohl dem Längen-, als dem Seitenfeuer meist vollständig unterworfene Defileen, wenn man in entsprechender Nähe mit Infanterie und Artillerie auftreten kann.

Sind die Gewässer, über welche die Brücken führen, von einiger Bedeutung, sind es nicht bloße Wasserdurchlässe, unbedeutende Bäche, welche sonst noch leicht zu überschreiten sind und nur wegen der nothwendigen Erleichterung und Sicherstellung eines bedeutenden Verkehrs überbrückt wurden, so stehen mit den Brücken gewöhnlich Ortschaften oder doch Gebäude in unmittelbarer Verbindung, welche der Vertheidigung nicht selten einen sehr starken Anschluß darbieten.

Die Beschaffenheit der anstoßenden Ufer, Uferflächen und Niederungsränder, die Nähe der letztern zur Brücke und die Verbindungswege zwischen den Niederungsrändern und der Brücke sind von großem Einflusse auf die Vertheidigung und auf den Angriff, welche mit solchen Defileen in Berührung treten müssen.

Die Wirkung der Artillerie auf die Brücke selbst kann nur durch eine hinreichende Nähe der Aufstellung zu einer namhaften erhoben werden, weil man lediglich auf das Treffen mit dem ersten Aufschlage angewiesen ist und Fehlschüsse sehr zu fürchten hat. Ein Zusammenbrechen der Brücke gewissermaßen unter den Füßen des Gegners durch den hohen Bogenschuß der Granaten setzt gleichfalls eine nahe Aufstellung der Haubitzen und zwar in der Verlängerung der Brücke, sowie eine schwache

Konstruktion voraus. Auch die Uferflächen werden häufig einer guten Artilleriewirkung aus entferntern Aufstellungen nicht günstig sein, so daß im Allgemeinen die Artillerie bei dieser Art Defileen grundsätzlich den Gegner aus nähern Aufstellungen bekämpfen muß.

B. Fuhrten treten in der Regel mit Hohlwegen auf die Uferflächen hervor, welche je nach der Höhe der Uferränder und Uferflächen über dem Wasserspiegel sich aus einer größern Tiefe und mit einer größern Länge verlaufen. Für gewöhnlich können nur die vom Verkehr ermittelten und eingerichteten Fuhrten ohne Vorbereitungen von geschlossenen Truppen, namentlich aber von Kavallerie und Artillerie benutzt werden. Der Vertheidiger wird sie leicht zerstören können, wenn es in seinem Interesse liegt und ihre Herstellung im Bereiche des Artillerie- und Schützenfeuers kann zu einem schwierigen Unternehmen werden. Bei Flüssen und Gewässern mit sumpfigen Uferflächen spielen die Fuhrten eine taktisch bedeutsame Rolle, weil außer den auf sie hinführenden Wegen mit geschlossenen Truppen, besonders mit Kavallerie und Artillerie, in der Regel nicht fortzukommen ist. Granatfeuer zur Bestreichung der Zugänge und gegen die Fuhrtstelle kann ein höchst wirksames Mittel gegen die Passage derselben sein.

C. Dämme sind nur als Defileen zu betrachten, wenn außer ihnen die Bewegung geschlossener Truppen nicht thunlich ist; in allen Fällen aber unterbrechen sie die Uebersicht der anstoßenden Terrainflächen, geben Gelegenheit zu verborgenen und gegen das Artilleriefeuer geschützten Bewegungen und Aufstellungen, wenn in ihrer unmittelbaren Nähe sich praktikable Terrainstreifen hinziehen und die feindliche Artillerie nicht im Stande ist, durch eine Aufstellung in der Verlängerung der Dämme die praktikablen Punkte und Streifen wirksam zu beherrschen, wozu eine um so nähere Aufstellung erforderlich ist, als die Dämme selbst und die Beschaffenheit des anstoßenden Terrains sehr auf Fehlschüsse hinwirken, namentlich aber das Treffen nach dem ersten Aufschlage fast ganz aufheben.

Eine Vertheidigung im Innern des Dammzuges wird in der Regel die Theilnahme der Artillerie unstatthaft machen, besonders wenn alle Passage auf die Dämme selbst hingewiesen wird. Eine Ausnahme hiervon kann zuweilen eintreten, wenn die Dämme, auf welchen die Hauptpassagen fortführen, durch sehr starke Abbiegungen, durch günstig anstoßende Querdämme oder praktikable Querstreifen des Bodens Gelegenheit zu günstigen, in ihrem Rückzuge nicht leicht zu gefährdenden Seitenstellungen geben.

D. Hohlwege kommen als Defileen zur Geltung, wenn sie die allein praktikablen Wege sind, auf welchen die geschlossenen Truppen aus Thälern und Niederungen emporsteigen müssen, die Abhänge nebenher entweder nur von einzelnen Fechtern erklommen werden können, oder von geschlossenen Truppen nur mit großer Erschöpfung und Auflösung zu überwinden wären. Sie kommen meistens in gebirgigen Landstrichen vor; in flachen Gegenden sind sie zuweilen als Durchschnitte von Terrainwellen vorhanden und dann werden sie mehr als Hindernisse für die freie Bewegung und Entwickelung, denn als Defileen zur Geltung kommen; besonders hinderlich sind sie, wenn sie sich quer vor die Bewegungen legen und dadurch zu Seitenbewegungen im feindlichen Feuer zwingen.

E. Walddefileen charakterisiren sich durch ihre bedeutende Länge, durch das an ihre Seiten stoßende bedeckte Terrain, durch die Gefahr von feindlichen Schützen an den Seiten des Defilees bedroht, auf einzelnen Strecken umgangen, abgeschnitten zu werden und durch die oft unterbrochene Möglichkeit, die Bewegung durch das Defilee von Seitentrupps gehörig überwachen zu lassen, wenn diese gezwungen sind, sich wieder auf die Hauptstraße zurückzuziehen oder unwegsame Striche auf weit abführenden Waldpfaden zu umgehen. Wenn nun auch dieser Uebelstand Angriff und Vertheidigung gleichmäßig zu treffen pflegt, so wird doch stets die Bewegung dadurch sehr bedenklich und verzögert und der Theil am empfindlichsten davon berührt, welchem der Zeitverlust am nachtheiligsten wird, also in der Regel der Verfolgte oder auf dem Rückzuge befindliche. —

F. Gebirgsdefileen haben viele Eigenthümlichkeiten mit den Walddefileen gemein und zeichnen sich außerdem meistens noch dadurch besonders aus, daß sie mit starken Neigungen, vielfachen Windungen verknüpft sind, ihre Seiten entweder unmittelbar durch Bergabhänge, Felsenwände gebildet werden, oder dieselben in sehr großer Nähe haben, daß sie deshalb an vielen Punkten überhöht sind. Ihre Passage ist daher sehr beschwerlich, besonders für Artillerie und Kavallerie, vielen Störungen, Stockungen und selbst Gefahren unterworfen. Die oft sehr bedeutenden Windungen des Weges befördern die Gefahr umgangen zu werden und wenige feindliche Schützen, welche im Steigen geübt und dreist sind, werden leicht Punkte an den Seitenhängen des Defilees finden, von wo sie ungestraft die empfindlichsten Stockungen anrichten können. Deshalb wird bei Gebirgs-, wie bei Walddefileen, die innere Vertheidigung meistens mit großen Bedenklichkeiten verknüpft sein und wenn sich dem Vertheidiger im Innern des Defilees Abschnitte von großer Widerstandsfähigkeit darbieten, so ist die Gefahr, umgangen zu werden, ein um so stärkeres Gegengewicht, je mehr Kräfte an die Benutzung des Abschnittes verwendet werden müssen. Wenn im Gebirgskriege eine fehlerhafte, sich an scheinbar günstigen Oertlichkeiten zersplitternde, Führung mit einem dreisten, unternehmenden Feinde zu thun bekommt, so werden außerordentliche Verluste durch Umgehungen, Abschneiden und Gefangennehmen der vereinzelten Vertheidigungsposten zum Vorschein kommen, wie dieß unter andern 1799 den Oestreichern in der Schweiz erging.

Wie dieß zu vermeiden ist, gehört nicht hierher, wohl aber

der Schluß, daß bei Gebirgsdefileen noch mehr, wie im Walde, die Anwendung der Artillerie zur innern Vertheidigung nur in höchst seltenen Ausnahmefällen rathsam bleibt, weil gerade die Artillerie im Gebirgsdefilee die meisten Schwierigkeiten des Fortkommens zu überwinden hat und am häufigsten zu Stopfungen Veranlassung gibt, so wie, daß aus demselben Grunde die Artillerie nicht gern bei der Vertheidigung vor dem Gebirgsdefilee zur Mitwirkung gebracht wird, sobald man nicht entschlossen ist, das Geschütz nach geschehener Arbeit im Nothfalle Preis zu geben. —

Wenn die Defileen der andern Kategorieen lange, enge, stark gewundene, oder sonst schwierige Passagen bilden, so wirkt dieß in ähnlicher Weise auf die Verwendung der Artillerie zurück, wie bei Gebirgsdefileen.

Nachdem wir im Vorstehenden eine allgemeine Charakteristik der Defileen hingeworfen haben, gehen wir zur Betrachtung der drei verschiedenen Fälle der Vertheidigung eines Defilees durch eine Aufstellung vor, in oder hinter demselben über, weil wir nunmehr vollständig zu den Schlüssen ausgerüstet sind, welche wir im Hinblicke auf die taktischen Eigenthümlichkeiten der verschiedenen Defileen für den Gebrauch der Artillerie aufstellen sollen. Niemals kann es wohl unentbehrlicher sein, zu wissen, welche Schwierigkeiten man vor und hinter sich zu bestehen hat, als bei der Vertheidigung von Defileen. —

§. 41.

Gebrauch der Artillerie bei Vertheidigung vor dem Defilee und beim Angriff dagegen. —

Man wählt nur dann zur Vertheidigung eines Defilees die Stellung vor demselben, wenn man seinen Abzug durch dasselbe decken, oder Detachements den Rückzug sichern und sie aufnehmen muß, oder wenn man selbst durch das Defilee vorbrechen will und sich zu diesem Zwecke durch vorausgesendete Truppen desselben versichern läßt.

In höchst seltenen Fällen wird die Stellung vor dem Defilee mit Vortheilen verknüpft sein, welche die damit verbundenen Nachtheile und Gefahren ausgleichen könnten und nur die Nothwendigkeit, durch die Stellung vor dem Defilee größern Nachtheilen und Gefahren vorzubeugen, oder die Erreichung höherer Zwecke möglich zu machen, kann dazu veranlassen. Die Nachtheile der Stellung vor dem Defilee sind in einer beschränkten, an eine bestimmte Oertlichkeit gefesselten, umfassenden Angriffen ausgesetzten Entwickelung enthalten, welche um so empfindlicher gegen Angriffe auf ihre Flügel ist, je mehr durch deren Ueberwältigung die Truppen des Vertheidigers vor dem Defilee zusammengepreßt und an einer zweckmäßigen Entwickelung ihrer Widerstandsfähigkeit gehindert werden.

Die Gefahren der Vertheidigung vor dem Defilee entspringen aus den Folgen umfassender, überlegener Angriffe, denen es gelingt, einzelne Theile der Stellung zu überwältigen, gewissermaßen durch das Netz der haltbaren Oertlichkeiten zu stoßen und nun mit großer Gewalt auf die theils gesprengte, theils in einander geschobene Vertheidigung zu drücken. Wenn alsdann der Angriff im Stande ist, mit überlegenen, durch Artillerie kräftig vorbereiteten und durch Kavallerie unterstützten Stößen dem Vertheidiger unmittelbar auf Kern und Leib zu fallen, so schwebt der Vertheidiger in voller Gefahr, vor dem Defilee größtentheils vernichtet zu werden, den Feind unmittelbar hinter sich herzuziehen und selbst jenseits des Defilees an einem geordneten Widerstande gehindert zu sein, so daß der siegreiche Feind dadurch in seinem Vorbrechen durch das Defilee nur begünstigt wird.

Bei der Vertheidigung vor dem Defilee ist es daher die wesentlichste Bedingung eines glücklichen Endes, den unmittelbaren Zusammenstoß mit den Truppen des

Gegners abzuwehren und zwar um so länger, je länger, beengter und schwieriger das hinterliegende Defilee und je schwächer, je gefährlicher der Widerstand im Innern ist. Es ist also vorzugsweise ein starkes Ferngefecht, welches der Vertheidigung vor dem Defilee Haltung und Dauer zu geben vermag und zwar geht aus dem Obigen hervor, daß dieses Ferngefecht seine hauptsächlichste Aufgabe in der Abwehr der unmittelbaren Angriffe des Feindes gegeben findet, nicht in dem Kampfe mit dem Manöver der feindlichen Artillerie, in der Erwiderung ihres Feuers, so lange die Annäherung und das Feuer des feindlichen Geschützes nicht zu einer wirksamen Vorbereitung des entscheidenden Angriffs und zu einer gefährlichen Erschütterung des eignen Fußvolkes führt.

Wir schließen hieraus zunächst:

a. „Die Artillerie des Vertheidigers muß von Hause aus „Aufstellungen wählen, in welchen sie die Räume und „Zugänge wirksam zu beherrschen vermag, auf denen der „Feind seine geschlossenen Angriffe sammeln, entwickeln „und bewegen muß."

b. „Diese Aufstellungen müssen, so viel es Zeit und Mittel „gestatten, künstlich gedeckt werden, wenn sie es nicht schon „von Natur sind, damit die Vertheidigungsartillerie nicht „leicht vom feindlichen Geschütz vertrieben oder zur Erwiderung seines Feuers gezwungen werden kann."

c. „Innerhalb des Kartätschfeuers und des wirksamsten Kugelfeuers dürfen sich vor diesen Aufstellungen keine gedeckten Annäherungen und Sammelplätze befinden, vielmehr müssen dieselben durch die Wahl der Aufstellung „beherrscht werden können."

d. „Die Aufstellungen müssen zur Seite der Ausmündung „des Defilees liegen und die dem Defilee zunächst stehenden Geschütze müssen die feindliche Artillerie in solcher Entfernung halten, daß sie nicht im Stande ist,

„ein sehr wirksames Feuer auf die Defileemündung zu „richten.“

e. „Die Vertheidigungsartillerie darf sich erst dann in ihren „Aufstellungen zeigen, wenn sie die feindlichen Maßregeln „mit Nachdruck beschießen kann.“

f. „Die Vertheidigungsartillerie muß zu Gunsten eines un- „unterbrochenen und für die Entscheidung nutzbaren Feuers „alle Bewegungen und Manövers vermeiden und sich nicht „durch entferntere Maßregeln des Feindes von ihrem Haupt- „zwecke ablenken lassen.“

g. „Die der Defileemündung zunächst stehende Artillerie muß „zur Deckung des etwa nothwendigen Abzuges in das „Defilee den feindlichen Angriff auf selbiges mit der „äußersten Zähigkeit und Aufopferung zurückzuhalten suchen, „muß sich daher am sorgfältigsten decken, darf ihre Auf- „stellung niemals wechseln und erst dann in derselben „auftreten, wenn der Feind in ihrem wirksamen Schuß- „bereiche erscheint.“

h. „Bei Aufstellungen vor Brücken und Fuhrten muß um- „fassenden Angriffen gegen dieselben meistens vom andern „Ufer her durch Artillerie begegnet werden, um so wenig, „als zulässig, Geschütz vor dem Defilee zu haben und „den etwa nothwendigen Rückzug zu erleichtern. Diese „am andern Ufer manövrirende Artillerie darf in ihren „Stellungen erst gegen den vollständig und nahe ent- „wickelten Angriff auftreten und muß bei einem üblen „Ausgange den Rückzug über die Brücke oder Fuhrt gegen „den feindlichen Andrang schützen, so wie das Vorbrechen „des Gegners durch das Defilee zurückweisen.“

i. „Wenn die Artillerie vor dem Defilee eine solche Unter- „stützung durch Artillerie im Rücken des Defilees nicht „erhalten kann, so müssen im Falle des etwa nöthigen „Rückzuges einige der dem Defilee zunächst stehenden

„Geschütze so lange in ihrer Aufstellung ausharren, bis „der Abzug der vor und seitwärts stehenden Truppen „völlig gesichert ist. Die früher zurückgegangenen Ge„schütze nehmen jenseits des Defilees Aufstellungen ein, „welche die zurückgehenden Truppen gegen den etwa nach„dringenden Feind kräftig zu schützen vermögen, indem „sie die Ausmündung des Defilees mit einem energischen „Feuer beherrschen."

k. „Beim Gebrauche der Artillerie vor einem Walddefilee „ist es Bedingung, daß der Feind nicht im Stande ist, „von der Seite her in den Wald einzudringen und so „der Stellung vor dem Defilee unbeschossen in die Seite „oder gar in den Rücken zu fallen."

l. „Bei Aufstellungen vor Gebirgsdefileen ist der Gebrauch „der Artillerie in höchst seltenen Fällen statthaft, weil der „Abzug in das aufsteigende Defilee durch die Artillerie „sehr erschwert und verzögert wird, so wie außerdem die „Umgehung solcher Stellungen den Abzug in der Regel „schon nothwendig macht, bevor die Artillerie im Stande „gewesen ist, sich einigermaßen geltend zu machen."

Die Maßregeln des Angriffs leiten sich von selbst aus den Grundsätzen der Vertheidigung her.

Die gebundene Stellung des Vertheidigers vor dem Defilee fordert um so dringender zu einem energischen und umfassenden Anfalle, zu einer sich schnell entwickelnden Ueberlegenheit auf, je mehr auf Nachschub feindlicher Truppen durch das Defilee zu rechnen ist, oder je länger und schwieriger die Passage im Rücken des Vertheidigers sich gestaltet.

m. „Eine kräftige Einleitung des Gefechts durch die Artil„lerie und zwar gegen die Mündung des Defilees, als „den empfindlichsten und entscheidendsten Punkt der feind„lichen Stellung, ist geboten, um den Vertheidiger zur „Entwickelung seiner Kräfte, besonders seines Geschützes

„zu zwingen. Schwere Kanonen und Haubitzen werden „bei diesem Angriffe vorzugsweise zur Anwendung kom„men; die letztern, sobald sich das feindliche Geschütz in „gedeckten Aufstellungen zeigt."

n. „Im Verfolg und unter dem Schutze dieses Angriffs „wird die Artillerie den Unternehmungen gegen die Flan„ken der feindlichen Stellung die nothwendige Vorberei„tung, Unterstützung und Energie verleihen und hierbei „so zu manövriren suchen, daß ihre Geschosse in der „Richtung auf das Defilee hinstreichen."

o. „Die gegen die Flanken des Vertheidigers manövrirende „Artillerie muß sich der Enfilade der etwa im Rücken „des Defilees auftretenden feindlichen Artillerie entziehen „und, wenn diese die eignen Maßregeln gegen die feind„liche Flanke wirksam bedroht, das Feuer derselben mit „Gewalt auf sich ziehen und dämpfen."

p. „Es muß mit aller Macht auf die Ueberwältigung einer „feindlichen Flanke hingedrängt werden, um die feindlichen „Truppen gegen das Defilee zusammenzupressen, das Ar„tilleriefeuer auf diesen Punkt zu koncentriren und da„durch dem entscheidenden Schlage volle Gewalt zu ver„leihen."

q. „Gegen unerwartete Entwickelungen feindlichen Nachschubs „vor und seitwärts des Defilees muß Artillerie in Be„reitschaft gehalten werden, so daß nicht alles Geschütz „vor dem Eintritte der Entscheidung in Thätigkeit treten „darf."

r. „Sobald der Abzug des Vertheidigers sich mit Sicherheit „zu erkennen gibt, muß das Feuer der Artillerie gegen „das Defilee gerichtet werden, um daselbst Unordnung „und Stockungen zu erzeugen. Die Artillerie geht hierzu „so nahe an die feindliche Stellung heran, als es die „feindliche Artillerie und das Terrain gestatten."

s. „Ob die Artillerie im Stande ist, den feindlichen Abzug „noch innerhalb des Defilees zu beunruhigen, hängt zu„nächst von der Beschaffenheit des Defilees, von der Ent„schlossenheit des zurückweichenden Gegners und der hier„aus zu befürchtenden eignen Gefahr ab; meistens wird „die Artillerie sich dem Nachdringen in das Defilee nicht „anschließen dürfen, eben so wie der Vertheidiger nur in sehr „seltenen Fällen an der Queue seines Abzuges einen vor„theilhaften Gebrauch von Geschütz wird machen können."

In der Regel begnügt sich der Angriff, in dem Defilee selbst nur mit Vorsicht zu folgen, weil in demselben eine überlegene Entwickelung keinem Theile zu Statten kommt, bei jeder Ausweitung oder Unterbrechung des Defilees aber zunächst dem Vertheidiger. Der Erfolg des siegreichen Angriffs vor dem Defilee wird unter allen Verhältnissen die Hauptsache bleiben, wenn nicht der Feind in solcher Verwirrung und Bestürzung in das Defilee geworfen wurde, daß dadurch schon das bloße Nachdrängen noch zu großen Trophäen führt.

Das unmittelbare Nachdringen über das Defilee hinaus hat noch mehr Schwierigkeiten und Bedenken, muß daher wohl begründet sein. —

§. 42.

Gebrauch der Artillerie bei Vertheidigung und Angriff im Defilee.

Es ist selbstverständlich, daß eine Vertheidigung im Defilee, wobei Artillerie zur Verwendung kommt, nur höchst selten eintreten kann, weil dazu eine Stellung gehört, also eine Unterbrechung des Defilees, welche überlegene Kräfte zu entwickeln gestattet und weil außerdem mit einer solchen Aufstellung im Defilee, wenn sie nicht auf eine unzweifelhafte Weise gegen Umgehungen gesichert ist, doch immer ein schwieriger und selbst gefährlicher Abzug des Vertheidigers aus dem Gefecht sich verknüpft. Zu den Nachtheilen und Gefahren der Stellung vor dem

Defilee tritt hier noch in der Regel ein ziemlich beschränkter Gesichtskreis und Entwickelungsraum, dergestalt, daß man sich nicht gehörig über die Anstalten des Gegners aufzuklären vermag und daß man beengt und gefesselt von einer namhaften Ueberlegenheit keinen rechten Gebrauch machen kann.

In Wald-, Gebirgs- und Morastdefileen kommen wohl dergleichen Unterbrechungen vor, welche eine innere Vertheidigung des Defilees mit Vortheil zulassen, wie z. B., wenn im Walde das Defilee ein Gewässer, oder eine sonst undurchdringliche Waldstrecke durchschneidet und dabei dem Vertheidiger eine kleine Waldblöße darbietet.

Solche Punkte werden in der Regel von Arrieregarden benutzt, um dem nachdringenden Gegner große Zeitverluste zuzufügen. Es besteht zwischen den Stellungen vor dem Defilee und in demselben in Bezug auf den Gebrauch der Artillerie auch noch der Unterschied, daß der Vertheidiger im Defilee den Gegner auf einen bestimmten Zugang angewiesen sieht; daher würde, wenn nicht ein schwieriger Abzug des Vertheidigers, ein beschränkter Gesichtskreis, Entwickelungs- und Bewegungsraum damit verbunden wären, die Stellung im Defilee derjenigen hinter demselben gleichzuachten sein.

Dadurch wird natürlich auch die Vertheidigung im Defilee darauf hingewiesen, die Nachtheile und Schwierigkeiten des Feindes nur so lange auszubeuten, als die eignen sich noch nicht fühlbar machen; sobald der Angriff erst zu einem sichtbaren Gleichgewicht gelangt ist, so hören die Vortheile des Vertheidigers auf und seine Schwächen fangen nunmehr an, zu Bedenklichkeiten und Gefahren heranzureifen.

Der Erfolg, welchen man durch eine Stellung im Defilee erstreben kann, besteht also nächst dem Zeitverluste des Gegners hauptsächlich in den Opfern, welche man ihm bei seiner Annäherung und Entwickelung zufügt, bis er sich zu einem sichtbaren Gleichgewichte emporgerungen hat.

Für den Gebrauch der Vertheidigungsartillerie in den hier bezeichneten Gefechtsverhältnissen treten daher vorzugsweise folgende besondern Gesetze in Kraft:

a. „Die Artillerie des Vertheidigers wird vorzugsweise gegen den Austritt der feindlichen Truppen, besonders der „Artillerie, gerichtet, um die Entwickelung des Feindes „zu verzögern und zu einem opfervollen Unternehmen zu „machen."

b. „Umfassende Aufstellungen und Manövers gegen den debouchirenden Feind, wie bei der Vertheidigung hinter dem „Defilee, werden nur dann zulässig sein, wenn ihr Abzug „in das Hauptdefilee gesichert ist und selbst in diesem Falle „nicht rathsam, wenn der Feind solche Manövers erwidern „oder sonst gefährden kann, weil alsdann das verunglückte „Manöver dem Feinde die brauchbaren Nebenwege zu „erkennen gibt."

c. „Es erscheint daher in den meisten Fällen zweckmäßiger, „die Vertheidigungsartillerie in der Nähe des Defilees „zusammenzuhalten und alle vorhandenen Seitenpassagen „für geschlossene Truppen unbrauchbar zu machen."

Für den Angriff leiten sich die besondern Gesetze aus den bestehenden Verhältnissen ab und lassen sich nicht allgemein feststellen.

§. 43.

Gebrauch der Artillerie bei der Vertheidigung hinter dem Defilee und beim Angriff dagegen.

Wenn der Angriff gezwungen ist, im Angesicht seines Gegners ein Defilee zu passiren, mag es vom Vertheidiger besetzt gewesen sein oder nicht, so treten, nachdem sich die ersten Truppen am jenseitigen Ausgange festgesetzt haben, folgende Momente der Reihe nach in der taktischen Lage des Angriffes ein:

A. Der Angriff muß zunächst vor dem Ausgange des Defilees eine Gefechtskraft entwickeln, durch welche ein naher und unmittelbarer Anfall gegen die Defileemündung zurückgewiesen werden kann. Hierzu bedarf man eines Ferngefechtes von angemessener Stärke und Standfestigkeit, welches die Annäherung des Gegners mit geschlossenen Truppen gegen die Defileemündung zurückhält. Das unmittelbare Ferngefecht der Kavallerie würde nicht genügen, den Bedingungen der ersten Sicherstellung gegen einen unmittelbaren Anfall auf den Ausgang des Defilees zu entsprechen, weil die Reiterei eines hinreichenden Anlaufes bedarf, also eines Bewegungsraumes von angemessener Breite und Tiefe, welcher mithin bereits in der Gewalt der vor das Defilee gezogenen Truppen sein muß und weil die Reiterei nicht mit Erfolg im Feuerbereiche einer nahen Artillerie des Feindes aufzutreten im Stande sein würde, endlich aber nicht die Waffe ist, um stehenden Fußes Widerstand zu leisten.

Es ist also zunächst das mittelbare Ferngefecht der Artillerie, welches die Artillerie des Vertheidigers aus den nahen Aufstellungen gegen das Defilee zurückdrängen, oder an der Einnahme derselben hindern und geschlossene Anfälle gegen die Defileemündung durch feindliche Infanterie oder Reiterei zurückhalten muß.

Erst, wenn auf diese Weise durch die vor das Defilee geschobene Infanterie und Artillerie die Ausmündung desselben gegen einen unmittelbaren Anfall und gegen ein heftiges Artilleriefeuer geschützt ist, kann

B. Der weitere Durchmarsch und die Entwickelung der übrigen Streitkräfte vor- und seitwärts des Defilees unternommen werden.

Der Angriff ist in dieser taktischen Periode, selbst wenn eine absolute Unwegsamkeit neben dem Defilee nicht besteht, doch in der üblen Lage, mit dem größten Theile seiner Truppen, namentlich mit Artillerie und Reiterei in einem zeitraubenden, gedrängten Durchzuge begriffen zu sein und bei jedem Zuwachse seiner Entwickelung sich das Terrain vorwärts und seitwärts zu erobern, um die unentbehrliche Frontlänge und Tiefe für seine Gefechtsstellung zu gewinnen.

Jeder Zuwachs zwingt also zu längern Bewegungen und von Zeit zu Zeit, allgemeinere Angriffsbewegungen zu unternehmen, um weiter vom Defilee abzukommen.

Diese Angriffsbewegungen müssen also angetreten werden, während ein großer Theil der Kräfte noch im Debouchiren, im Durchzuge begriffen, oder gar noch hinter dem Defilee zurück ist; sie bedürfen deshalb vorzugsweise eines starken Ferngefechts, um die Infanterie nicht einer zu starken Erschütterung, oder gar der Gefahr einer Niederlage auszusetzen.

Das Vorschieben der Infanteriemassen muß durch Zurücktreiben der feindlichen Artillerie und Infanterie vorbereitet, gegen feindliche Maßregeln, besonders gegen feindliche Reiterei und Artillerie geschützt, endlich aber in der eingenommenen Stellung zuvörderst mit der nöthigen Widerstandsfähigkeit ausgerüstet werden. Hierzu gehört ein kräftiges Ferngefecht durch Beigabe von Artillerie und Kavallerie und zwar vorzugsweise der Artillerie, je weniger noch Raum vor dem Defilee erkämpft ist, oder je weniger das gewonnene Terrain sich für das Kavalleriegefecht eignet.

Es ist aber jeden Falls für den Angriff bei einem eintretenden Unglück von ausgedehnterer Bedeutung ein großer Uebelstand, daß er schon in dieser Periode mit einer verhältnißmäßig starken Artillerie vor das Defilee treten mußte und nun in der sehr üblen Lage ist, für deren Rettung seine Infanterie in die äußerste Gefahr zu setzen.

C. Der dritte Moment des Angriffs gegen die Vertheidigung hinter dem Defilee tritt mit dem Zeitpunkte ein, wo der Angriff mit seinen gesamten Streitkräften das Defilee passirt und sich vor demselben gesammelt hat, also im Falle eines Unglücks auf einen sehr erschwerten Rückzug angewiesen ist, vor der Hand aber sich genöthigt sieht, aus beengten Verhältnissen sich hervorzuarbeiten, bevor er von seinen vielleicht überlegenen Kräften einen freien Gebrauch zu umfassenden Manövers oder Umgehungen machen darf.

Die ersten Angriffsmaßregeln müssen also mit einer verhältnißmäßig schmalen Front auf die Stellung des Vertheidigers ausgeführt werden, ihren erforderlichen Nachdruck und die nothwendige Sicherheit gegen umfassende Manövers des Feindes durch Geschlossenheit und Tiefe der Formation gewinnen, wodurch die Wirkung des feindlichen Geschützes begünstigt, die Folgen der von der Tete erlittenen Unfälle gesteigert, alle Entwickelungen und Bewegungen schwerfälliger und langsamer werden. Die Kriegsgeschichte führt uns zahlreiche Beispiele für diese gegenseitige Lage von Angriff und Vertheidigung vor, welche theils vom Vertheidiger mit Erfolg ausgebeutet, theils vom Angriff glücklich überstanden wurde; hierher gehören unter andern die Schlachten von Jena und Auerstädt, die Schlacht von Aspern und Eßlingen, von Wagram, Groß-Beeren, an der Katzbach, Wartenburg, und im russisch-polnischen Kriege, Wawre und Ostrolenka. —

Wenn wir nun unter Beachtung dieser verschiedenen Verhältnisse von Angriff und Vertheidigung nach den Prinzipien des Artilleriegebrauches fragen, so ergibt sich:

a. „Gegen das erste Vorbrechen mit geschlossenen Truppen „aus dem Defilee tritt die Artillerie des Vertheidigers „in der irgend zulässigen Nähe zur Defileemündung auf, „um dieselbe mit einem energischen Feuer zu beherrschen „und das Vorbrechen feindlicher Geschütze abzuwehren. „Außerdem muß der Vertheidiger noch Geschütze disponibel halten, um feindlichen Truppen und Geschützen „entgegenzutreten, welche etwa, zur Seite aus dem Defilee herausgeschafft, neben der Ausmündung des Defilees „sich hervorzuarbeiten suchen."

b. „Diese erste Periode des vorbrechenden Angriffs muß „von der Artillerie des Vertheidigers nach Kräften be= „nutzt werden, um die Festsetzung des Feindes vor dem „Defilee zu erschweren und mit empfindlichen Verlusten zu „verbinden; dieß muß bei der überlegenen taktischen Frei= „heit des Vertheidigers um so nachdrücklicher erstrebt „werden, je stärker und überlegener der Angriff mit seiner „ganzen Kraft vor dem Defilee aufzutreten im Stande „ist, oder je mehr der Vertheidiger darauf angewiesen „ist, jeden geringen Vortheil seiner Lage auszubeuten."

c. „Die Artillerie des Vertheidigers muß gegen die ersten „geschlossenen Entwickelungen so schnell als möglich zu „einem entscheidenden Anfalle hinarbeiten und hierbei den „entscheidenden Stoß mit einem Flankenangriffe durch dis= „ponibel gehaltene Geschütze in seinem Erfolge zu steigern „suchen."

d. „Der Angriff muß zum Schutze seiner Festsetzung vor „der Defileemündung mit den ersten geschlossenen Trup= „pen Artillerie vorbringen, um das feindliche Geschütz zu= „rückzutreiben und die Defileemündung gegen feindliche „Angriffe zu sichern. Diese Artillerie muß sich zur Seite „des Defilees deckende Aufstellungen verschaffen, um unter „einem überlegenen Artilleriefeuer sich behaupten zu können. „Unter dem Schutze dieser Deckung des Defilees durch „Artillerie und Infanterie müssen die nachfolgenden Trup= „pen Raum vorwärts und seitwärts zu gewinnen suchen."

e. „Will der Vertheidiger die zweite Periode zu einem ent= „scheidenden Schlage benutzen, nachdem ein bedeutender „Theil des Feindes vor dem Defilee erschienen und einem „überlegenen Angriffe Preis gegeben ist, so muß dieser „Schlag von Hause aus durch eine starke Artillerie ein= „geleitet und so schnell als möglich zum entscheidenden „Zusammenstoße fortgeführt werden."

f. „Die Artillerie des Vertheidigers muß bei diesem Stoße „ihre volle Ueberlegenheit in das Spiel bringen und sich „nicht in einen langwierigen, methodischen Kampf mit „der Artillerie des Feindes verwickeln lassen. Sie wird „im Stande sein, mit einem überlegenen Frontalangriffe „starke Flankenmanöver in Verbindung zu bringen, die „feindliche Artillerie zurückzudrängen und zuletzt mit gro- „ßer Gewalt den entscheidenden Stoß vorzubereiten. Große „Batterieen und im geeigneten Momente Artilleriemassen „sind bei solchen taktischen Verhältnissen mächtige Werk- „zeuge einer schnellen Entscheidung.“

Bei Groß-Beeren hat eine mächtige Batterie das Gefecht bis zum entscheidenden Zusammenstoße fortgeführt; sie würde noch schneller zum Ziele gelangt sein, wenn man das Flanken- manöver stärker formirt hätte und es ist wahrscheinlich, daß später das zurückgedrängte, vor dem Walde zusammengeschobene, französische Korps durch eine Artilleriemasse in eine wahre Katastrophe gestürzt worden wäre. Zu einer Artilleriemasse gehörten aber ein Paar disponible Batterieen und das Verlangen, einen unzweifelhaften Sieg bis zur Niederlage des Feindes zu steigern; dem preußischen General standen keine frischen Batterieen mehr zu Gebote und dem verbündeten Korps fehlte es an Lust, für den Sieg des preußischen Korps noch Opfer zu bringen.

Wir führen dieses Beispiel nur an, um uns zu erläutern und den Gebrauch anzudeuten, welchen der Vertheidiger in dieser Periode von seiner Artillerie machen kann, wo das Terrain nicht hinderlich ist.

g. „Der Angriff ist zur Sicherung gegen einen überlegenen „Artillerieanfall genöthigt, sich mit der Entwickelung einer „starken Artillerie vor dem Defilee zu beeilen, so viel es „die Umstände irgend zulassen, um die Artillerie und die „Angriffsmassen des Vertheidigers aus einer drohenden „Nähe zum Defilee zurückzudrängen.“

h. „Erst nachdem der Angriff sich die nothwendige Tiefe der „Aufstellung vor dem Defilee erobert hat, ist er im „Stande, seine volle Offensivgewalt zu entwickeln, die noth- „wendige Ausdehnung der Gefechtsfront und hinreichende „Freiheit für seine taktischen Maßregeln zu erkämpfen. „Die Artillerie des Angriffs muß zuvörderst ein wider- „standsfähiges Frontalgefecht am Defilee selbst etabliren „und durch Batterieen, welche sich zur Seite desselben „herausschieben, sich vom Defilee vorzuarbeiten suchen, „um die Räume vor demselben vom feindlichen Geschütz- „feuer zu befreien."

i. „Auf den feuerfrei gewordenen Räumen vor dem Defilee „kann alsdann der Angriff die Kräfte zu einem Stoße sam- „meln, welcher den Vertheidiger aus seiner drohenden Stel- „lung zurückschleudert. Eine starke Artillerie, eine Geschütz- „masse, wird diesem Stoße den Weg am sichersten bahnen „und die volle Gewalt verleihen; kann eine starke Ka- „vallerie die Stoßkraft ihres unmittelbaren Ferngefechts „mit dem mittelbaren des Artilleriefeuers verbinden, so „wird durch diese Kombination dem Stoße gegen den Ver- „theidiger zugleich das Element einer Schnellkraft verliehen, „welche den Erfolg nur begünstigen und steigern kann."

Ohne eine hinreichende Vorbereitung durch Artillerie wird das bloße Ferngefecht der Kavallerie in großer Gefahr sein, an dem Widerstande des Vertheidigers zu zerschellen, wie es z. B. der französischen Kavallerie bei Aspern erging.

Hat der Angriff seine volle Streitmacht über das Defilee herübergezogen, so muß er sich aus der schwierigen und bedenklichen Lage, beengte und zeitraubende Passagen dicht hinter seinem Rücken zu haben, vorwärts arbeiten und wenn ihm hierbei der Vertheidiger in einer guten Stellung gegenüber steht, so kann dieß leicht der schwerste und gefährlichste Theil des ganzen Unternehmens sein.

In dieser Periode, für welche wir unter andern in den Schlachten von Rivoli, Wagram, Bautzen sehr charakteristische Beispiele haben, ist es der wahre Vortheil des Vertheidigers, die Angriffskräfte sich im Kampfe mit der Stellung erschöpfen und schwächen zu lassen, um alsdann durch heftige, überraschende Rückschläge den Gegner in Verlust und Gefahr zu stürzen oder seine Siegesgewalt für eine längere Zeit zu lähmen.

Der Vertheidiger wird daher hier seine Artillerie ganz nach den Prinzipien gebrauchen, welche ihm durch das Gefecht mit der Stellung an die Hand gegeben werden und nur der Angriff wird durch den Uebelstand, Defileen hinter sich zu haben, zu einem starken, widerstandsfähigen Frontalgefecht gegen die Stellung gezwungen, daher weit beschränkter in seinen Manövers gegen die Flanken des Vertheidigers sein.

Der Frontalangriff wird vorzugsweise stark an Artillerie auftreten müssen, um zugleich einen zuverlässigen Rückhalt gegen Offensivschläge des Vertheidigers zu bilden, welcher die Sicherheit des allgemeinen Rückzuges und der Flankenmanövers gleichmäßig begründet.

Im Uebrigen regelt sich das Verfahren des Angriffs ganz nach den durch die Stellung des Vertheidigers bedingten Verhältnissen, so wie nach den beiderseitigen Streitkräften. Durch Ueberlegenheit läßt sich, wenn auch nicht Alles, zuletzt doch das Meiste ausgleichen und dieß muß natürlich auch auf das Verfahren des Angriffs von großem Einflusse sein. —

§. 44.

Schluß des Abschnitts.

Der eben beendigte Abschnitt ist lediglich als eine nothwendige Ergänzung und Erweiterung der Prinzipien zu betrachten, so weit sich dieselben auf den Gebrauch der Artillerie beim Kampfe mit der Stellung im freien Felde und gegen dieselbe beziehen, so daß nunmehr der Gebrauch der Artillerie beim

Gefecht im freien Felde als vollständig erörtert angesehen werden darf.

Wir haben hier Nichts über den Gebrauch der Artillerie bei Vorposten, Rekognoszirungen, Fouragirungen, Angriff und Deckung von Transporten aller Art, Ueberfällen, beim Berennen der Festungen, bei größern Ausfällen und gegen dieselben beigebracht und wollen uns kurz deshalb rechtfertigen.

Der scharf ausgesprochene Zweck der eben genannten und ähnlicher Gefechtskategorieen setzt denselben ein eben so scharf begrenztes Ziel, so daß sich hierauf besondere Gefechtskonstruktionen, eigenthümliche Gefechtscharaktere gründen, welche lediglich die Ausrüstung und den Gegenstand der Entscheidung für solche Unternehmungen feststellen unter der ausdrücklichen Einschränkung, über das vorgesteckte Ziel der Entscheidung hinaus sich nicht mit der Steigerung des Gefechtserfolges zu befassen, also unter der Ausschließung aller Nebenzwecke und Nebenerfolge, welche irgend wie von dem eigentlichen Zwecke entfernen, oder unnöthige Gefahren und Opfer auferlegen könnten.

Die Prinzipien des eigentlichen Gebrauches der verschiedenen Waffen und der taktischen Eigenthümlichkeiten des Bodens werden also durch den Zweck, die fest bestimmte Richtung und durch die im Voraus beschränkte Sphäre der Wirkung des Gefechtes und seiner Erfolge durchaus nicht berührt, sondern man hat es nur mit einem Gefecht von scharf bestimmter Stoß- und Folgeweite des Angriffes und des Widerstandes zu thun. Hat man bei einem Gefechte solcher Art sein vorgestecktes Ziel erreicht, so ist es in der Regel am besten, die Sache damit gut sein zu lassen, weil man meistens nicht sehr viel zuzusetzen hat und nicht viel wagen darf. —

Dritter Abschnitt.

Ueber den Gebrauch der Artillerie bei Vertheidigung und Angriff der Festungen.

Erstes Kapitel.

Allgemeine Erörterungen.

§. 45.

Die Festung als Vertheidigungsstellung.

Wie sehr auch die strategische Bedeutung eines befestigten Platzes auf den Bau, die Erhaltung und Ausrüstung desselben zurückwirken muß, sie gehört nicht vor unser Forum, wir haben vielmehr nur mit denjenigen Beziehungen zu schaffen, welche das Verhältniß von Vertheidigung und Angriff und vorzugsweise die Rolle wesentlich bedingen, zu welcher die Artillerie im Festungskriege berufen ist. Die Festung tritt uns zunächst als Vertheidigungsstellung in der uneingeschränkten Bedeutung dieses taktischen Begriffes entgegen, weil nur an sie die Erreichung des höhern, strategischen, Zweckes geknüpft worden ist, zu welchem ihre Widerstandsfähigkeit mit allen dazu dienlichen Mitteln erzeugt wurde.

Je allgemeiner, je wichtiger und unveränderlicher die strategischen Beziehungen eines festen Platzes zu den kriegerischen Verhältnissen eines Staates und zu einem die Festung selbst unmittelbar berührenden Kriege sind, desto mehr ist in der Behauptung oder in dem Verluste der Festung die vollendete Entscheidung des um ihren Besitz entbrannten Festungsgefechtes gegeben, einen desto höhern Werth gewinnt die Dauer ihres Widerstandes.

Hieraus ergeben sich zunächst folgende allgemeine Grundsätze des Festungskriegs:

1. „Der taktische Werth der Besatzung ist demjenigen der „Festung völlig unterzuordnen; die Besatzung muß sich „als Armirungsmittel betrachten, welches man nach der „Wichtigkeit des Platzes abgemessen und seiner Behauptung zum Opfer gebracht hat."

2. „Die Dauer des Widerstandes ist das sich von Tage zu „Tage vorschiebende Ziel des Vertheidigers, das zuverlässigste Mittel sich zu behaupten, die Verzögerung „des Angriffs mithin das vorherrschende Prinzip „des Widerstandes."

3. „Die Einnahme der Festung, mithin die Ueberwältigung „ihrer Widerstandsfähigkeit, ist das Ziel des Angriffs „und das Objekt der vollkommenen Entscheidung seines „Gefechts."

4. „Der Angriff ist daher nur dann berechtigt, sich von dem „Kampfe gegen die Widerstandsfähigkeit der Stellung abzuwenden und direkt gegen die Besatzung zu richten, „wenn entweder die Festung, oder die Besatzung ihrer „Bestimmung nicht entsprechen oder wenn der Angriff für „den geregelten Kampf nicht die erforderliche Zeit und die „Mittel aufzubringen vermag."

5. „Je wichtiger die Einnahme einer Festung ist, je mehr „demnach der Angriff für die Sicherstellung seines Erfolges sorgen muß, desto mehr müssen seine Anstalten „auf die Ueberwältigung der Widerstandsfähigkeit gerichtet sein, welche durch die Anlage und Armirung der „Festungswerke begründet ist."

6. „Der regelmäßige oder sogenannte förmliche Angriff ist „sonach die Fundamentalform des Festungsgefechtes und „die Grundlage eines gesicherten Erfolges des Angriffs."
7. „Alle Abweichungen von dieser Angriffsform machen den „Erfolg in demselben Maße zweifelhafter, als sie nicht „auf große Fehler und Schwächen der Festung oder ihrer „Besatzung sich stützen."
8. „Der Widerstand einer Festung gegen den förmlichen An„griff muß daher als Grundlage ihrer Ausrüstung, Ar„mirung und Vertheidigung behandelt werden."

Die Festungen sind Vertheidigungsstellungen, welche der Staat in der Voraussicht ihres allgemeinen, für lange Zeiträume dauernden strategischen Werthes mit einem großen Aufwande eingerichtet und für eine lange Dauer ihrer Anlage ausgeführt hat; sie sind daher im Wesentlichen unwandelbare, mit den zur Zeit ihres Baues herrschenden Befestigungssystemen verwachsene Anlagen, deren spätere Verstärkungen und Verbesserungen den Hauptcharakter der ursprünglichen Anlage nicht verwischen können. Die lange Dauer der Festungsanlagen bringt uns meistens mit Befestigungssystemen aus der Entwickelungsperiode der heutigen Staaten in Berührung und die im Allgemeinen gleichzeitige, im gegenseitigen Kampfe hervorgegangene Entwickelung der heutigen Hauptmächte hat die Entstehung der meisten Festungsanlagen in dieser Periode zur Folge gehabt, so daß wir in den gleichzeitigen Anlagen die Herrschaft einzelner Befestigungssysteme wahrnehmen.

Am vorherrschendsten hat sich das Bastionairsystem in den vorangegangenen Zeiten entwickelt und ausgebreitet, weil in dieser Form auf dem einfachsten und wohlfeilsten Wege durch die gegenseitige Lage der einzelnen Walllinien eine allgemeine Bestreichung aller Gräben gegen den Sturm sich begründen ließ.

So ist es denn erklärlich, daß wir mit wenigen Ausnahmen nur bastionirten Befestigungen begegnen und es würde schon deshalb gerechtfertigt sein, die Bastionairform als Grundlage für die Entwickelung des Angriffs und der Vertheidigung von festen Plätzen anzunehmen, wenn nicht auch überdieß noch der Umstand dafür spräche, daß die dem Rikoschettfeuer entzogenen Flanken und Kourtinen ihrer eigenthümlichen taktischen Rolle wegen in der Entwickelung nicht unbeachtet gelassen werden dürfen.

Wenn nun ferner der förmliche Angriff in seinem Entwickelungsgange und in seinen Aufstellungsformen dem Wesen nach durch die zwischen den einzelnen Befestigungsmanieren bestehenden Unterschiede der Dimensionen und Richtungen von Facen, Flanken und Kourtinen nicht verändert werden kann, und wenn endlich die Reduits und Werke der innern Grabenvertheidigung erst mit der Eroberung der vorliegenden Masken in direkten Kampf gegen den Angriff treten, so folgt daraus, daß der Entwickelungsgang und der Mechanismus des Angriffs bis zur Eroberung des gedeckten Weges gegen die verschiedenen Befestigungsmanieren im Großen und Ganzen keine Abweichungen erleidet.

Auf diese Weise hat sich der Angriff in einen gegen alle Befestigungssysteme gleichgestalteten Entwickelungsgang und Mechanismus des Kampfes gegen das Ferngefecht der Festung, d. h. gegen die Bewaffnung des gedeckten Weges und der Wallgänge, und in einen Kampf gegen die innere Widerstandsfähigkeit der Werke und Gräben, d. h. gegen die Sturmfreiheit der Festung, geschieden, und in gleicher Weise mißt die Vertheidigung ihren Widerstand zwischen dem Ferngefecht gegen den Angriff und dem Kampfe gegen die unmittelbare Eroberung der Werke ab.

Hieraus folgt zunächst:

9. „Je größer die innere Widerstandsfähigkeit der Werke „ist, desto gründlicher muß der Angriff durch den Kampf

„gegen das Ferngefecht die Vertheidigungskräfte der Festung „zu schwächen suchen, um nicht mit einem ungeschwächten „Gegner in ein sehr beengtes Nahegefecht verwickelt zu „werden.“

10. „Je stärker die innere Widerstandsfähigkeit der Werke „ist, desto weniger ist der Vertheidiger in der üblen „Nothwendigkeit, für sein Ferngefecht gegen den Angriff „übermäßige Opfer zu bringen, desto mehr kann er sich „darauf beschränken, aus geschützten Aufstellungen die „Annäherungs- und Deckungsarbeiten des Angriffs zu „bekämpfen und so den Fortgang desselben zu ver- „zögern.“ —

Nachdem wir nunmehr uns über die besondern Eigenthümlichkeiten der verschiedenen Befestigungen dahin ausgesprochen haben, daß sie im Wesentlichen den Entwickelungsgang und den innern Mechanismus des Angriffs bis zum unmittelbaren Kampfe gegen die innere Widerstandsfähigkeit der Werke nicht berühren, sind wir berechtigt, von den Spezialitäten der einzelnen Befestigungsmanieren abzusehen und eine allgemeine Charakteristik der durch einen festen Platz geschaffenen Vertheidigungsstellung zu geben. —

Die Festung ist zunächst eine Stellung, welche nach allen Seiten hin Front macht, dem Angriff mithin weder Flanken, noch Rücken, als eigenthümliche Objekte des taktischen Manövers, darbietet und welche auch nicht den schließlichen Rückzug des Vertheidigers als eine zulässige Bedingung bei der Anordnung und Durchführung ihres Widerstandes in Rechnung zieht.

Hieraus ergibt sich in nächster Schlußfolge:

11. „Alle unter den verschiedenen Bezeichnungen: Blokade, „Einschließung, Berennung, verstandenen Maßregeln des „Angreifers sind nicht als eigentliche Angriffsakte gegen „die Stellung selbst, gegen die Festungswerke, zu betrachten „und zu behandeln.“

12. „Nur, wenn der Feind bei diesen Maßregeln den wirk„samen Schußbereich der Festungswerke in solcher Weise „berührt, daß er mit einem die aufgewendeten Mittel „reichlich lohnenden Erfolge bekämpft werden kann, darf „von den Werken aus der Feind beschossen werden, so„fern nicht eine strenge Oekonomie mit dem Munitions„vorrathe geboten ist."

13. „Auch bei äußern Unternehmungen des Vertheidigers gegen „die gedachten Maßregeln müssen die zu fürchtenden Ge„fahren und Verluste mit den disponiblen Kräften der „Besatzung und den noch zu bestehenden Leistungen in „einem zulässigen Verhältnisse stehen."

14. „Der Wegfall aller taktischen Rücksichten auf Flanken und „Rücken der Stellung und der Sorge für den Rückzug „des Vertheidigers gestatten und bedingen es, daß alle „Vertheidigungsmittel der Festung und alle Kräfte ihrer „Besatzung als ausschließlich für einen dauernden Wider„stand gegen den wirklichen Angriff auf die Werke be„stimmt angesehen und außerdem nur noch gegen solche „Maßregeln des Feindes verwendet werden dürfen, welche „entweder die Widerstandsfähigkeit der Festung indirekt „beeinträchtigen oder eine günstige Gelegenheit, den Feind „empfindlich zu schwächen, darbieten."

Die Festung ist ferner eine dergestalt konstruirte und eingerichtete Stellung, daß von den Werken aus durch deren Anlage, Kommandement und Defilement das ganze umliegende Terrain innerhalb wirksamer Kanonenschußweite vollkommen übersehen und beherrscht werden kann. Die Artillerie ist daher im Stande, aus gedeckten und überhöhenden Aufstellungen jede ungedeckte Annäherung und Entwickelung des Angriffs innerhalb ihres Schußbereiches abzuwehren, den Feind zu ausgedehnten, zeitraubenden Deckungsarbeiten zu nöthigen, sobald nur die Festung gegen die Möglichkeit gesichert ist, durch einen Ueberfall oder einen gewaltsamen Angriff in Feindes Hand zu gerathen.

Stete Wachsamkeit der Besatzung, Gefechtsbereitschaft und Sturmfreiheit der Werke, die letztere durch die Beschaffenheit der Werke und durch die Gefechtsbereitschaft ihrer hierzu genügenden Bewaffnung begründet, bilden das unentbehrliche Fundament für jenen Erfolg der Vertheidigungsartillerie und mithin für einen dauernden, starken Widerstand der Festung.

Hieraus folgt:

15. „Gesicherte Abwehr überraschender und gewaltsamer Maß„regeln des Feindes und eine hinreichende Gefechtsbereit„schaft der Vertheidigungsartillerie, um eine ungedeckte „Annäherung und Entwickelung des Angriffs zurückzu„weisen, die Deckungsarbeiten selbst aber mit Erfolg zu „gefährden und zu verzögern, sind die Grundbedingungen „eines dauernden Widerstandes der Festung."

Es ist die natürliche Folge jedes Krieges, die Kräfte der betheiligten Staaten in einem so ungewohnten Maßstabe anzuspannen, daß für die Festungen in der Regel nur die nothdürftigsten und ihrer militairischen Beschaffenheit, Organisation und Ausrüstung nach schwächsten Truppen als Besatzung verbleiben, weil alle irgend disponiblen und bessern Truppen, besonders Seitens des Schwächern, für den Krieg im freien Felde aufgebracht werden müssen.

Es liegt aber auch außerdem in dem Wesen einer Festung und entspricht der Lage eines von aller äußern Verbindung abgeschnittenen und für lange Zeit auf einen engen Raum und die der Festung einverleibten Subsistenzmittel angewiesenen Vertheidigers, nur in der für einen tüchtigen Widerstand unentbehrlichen Stärke abgemessen zu sein.

Daraus entspringt die Nothwendigkeit, die Besatzung nicht allein gegen den unmittelbaren Zusammenstoß mit den Truppen des Belagerers so lange als möglich zu schützen, den eigentlichen Sturm der Festung abzuwehren, sondern auch dieselbe gegen die Wirkungen eines nahen Artillerieangriffs mit allen zulässigen Mitteln zu schützen.

Daraus ergibt sich demnach:

16. „Die Vertheidigungsartillerie muß nicht allein die An„näherungsarbeiten des bereits entwickelten Angriffs, son„dern auch den Bau und die Bewaffnung jeder nähern „Angriffsstellung mit aller zu Gebote stehenden Kraft be„kämpfen und darf deshalb niemals vollkommen schwei„gen, so lange sie noch im Stande ist, sich unter dem „feindlichen Feuer in einer brauchbaren Aufstellung zu be„haupten."

17. „Die Sturmfreiheit der Werke, als letzte und entschei„dende Schutzwehr der Besatzung, darf unter keinen Um„ständen durch einen unverhältnißmäßigen Verbrauch der „Geschütze und Geschosse in dem vorangegangenen Kampfe „der noch irgend zulässigen Unterstützung durch Artillerie „beraubt werden und hierauf muß beim vorangehenden „Gebrauche der Vertheidigungsartillerie voller Bedacht „genommen werden."

Die Festung ist ferner eine ihrer Form und Feuerrichtung nach völlig unveränderliche Stellung, welche die Vertheidigungsartillerie bei der Wahl ihrer Aufstellungen an bestimmte Linien und Richtungen knüpft und dem Angriff die Gelegenheit gibt, sich gegen diese Linien in die günstigste Feuerrichtung zu bringen. Hat der Angriff aber einmal die Feuerrichtung für seine Artillerie gewählt und in derselben die gedeckten Stände für die Geschütze errichtet, so ist er selbst an seine Aufstellungspunkte gefesselt, während der Vertheidiger im Stande ist, die Aufstellungspunkte seiner Artillerie innerhalb der ihm zu Gebote stehenden gedeckten Linien auf eine zweckmäßige Weise zu wählen und innerhalb gewisser Grenzen zu wechseln.

Der Ueberlegenheit des Angriffs, durch die seinen Batterieen gegebene Feuerrichtung sich die Herrschaft über ganze Linien und Werke der Festung zu verschaffen, kann der Vertheidiger nur mit dem Geschützmanöver auf seinen Werken und mit der größern Freiheit in der Wahl der Aufstellung, als einem Gegengewicht begegnen. Außerdem ist hier noch zu beachten, daß die Festungswerke, ihre Wälle und Brustwehren, als unabtrennbare Bestandtheile einer ihrer Lage und Form nach unveränderlichen Stellung auch einen bleibenden taktischen Werth für den Vertheidiger haben, so daß in jedem Verluste solcher Werke, in jeder ihren Widerstand beeinträchtigenden Verletzung derselben eine wahre Schwächung der Widerstandsfähigkeit des Ganzen der Festung gegeben ist. Im Gegensatze hiervon hat die Angriffsstellung nur einen vorübergehenden, für die Wirkungsdauer der augenblicklichen Angriffsperiode giltigen Werth.

Die stärkern, widerstandsfähigern Deckungen, welche die Wälle, Brustwehren und Gräben dem Vertheidiger darbieten, können jenes Uebergewicht des Angriffs nicht ausgleichen, sobald der Belagerer seine Feuerwirkung nur gegen einen so geringen Theil der befestigten Stellung konzentrirt, als es die Sicherstellung gegen Seitenfeuer der nebenliegenden Festungswerke gestattet, um eine bleibende, durch Herstellung nicht zu beseitigende Zerstörung an den Wallgängen und Brustwehren anzurichten.

Wir erhalten nunmehr als nächste Schlußfolgen:

18. „Der taktische Werth, welchen die einzelnen Linien und „Werke der befestigten Stellung für die Widerstandsfähigkeit des Ganzen haben, der entscheidende Einfluß ihrer „Schwächung oder Zerstörung, gebieten, im Gegensatze zu „dem vorübergehenden Werthe der einzelnen Angriffs„stellungen, dem Belagerer, seine Angriffskräfte gegen „einen so geringen Theil der befestigten Stellung zu kon„zentriren, als es die eigne Sicherstellung gegen das „Seitenfeuer der Festung gestattet.“

19. „Durch diese Konzentrirung der Angriffskräfte wird der „Vertheidiger gezwungen, sich zum unerläßlichen Wider- „stande gegen die Annäherung des Angriffs mit stärkern „Kräften zu entwickeln und dem Feuer des Angriffs zu „exponiren."

20. „Die Herrschaft, welche sich der Angriff durch die Wahl „einer überlegenen Feuerrichtung über einzelne Linien und „Werke der Festung verschaffen kann, verbietet dem Ver- „theidiger jeden direkten Geschützkampf mit der in volle „Entwickelung gebrachten Angriffsartillerie."

21. „Der Vertheidiger muß seine Artillerie von den durch „das feindliche Feuer beherrschten Linien und Werken, bis „auf einige, gegen die Annäherung des Angriffs rc. un- „entbehrliche und stark gedeckte Geschütze, zurückziehen und „auf den dem feindlichen Geschütz weniger exponirten „Punkten aufstellen."

22. „Der Vertheidiger darf seine Schartenstände auf den be- „herrschten Linien und Werken erst dann eröffnen, wenn „der Angriff seine Batterieen bereits festgestellt hat und „muß für den nothwendigen Wechsel derselben Reserve- „stellungen in Bereitschaft halten. Mit allen übrigen „Geschützen muß der Vertheidiger ein geschicktes Manöver „auf seinen Werken mit allen Kräften vorbereiten und zu „behaupten suchen."

23. „Wenn der Vertheidiger im Stande ist, so viel gut ge- „deckte und dem feindlichen Feuer entzogene Geschütze zu „entwickeln, daß er neben einer kräftigen Bekämpfung der „feindlichen Annäherungsarbeiten und Kommunikationen „noch andere Zwecke mit der überschießenden Gefechskraft „verfolgen darf, so muß diese gegen einzelne besonders „gefährliche, oder schlecht gelegte oder mangelhaft unter- „stützte Angriffsbatterieen konzentrirt werden, um dieselben

„zu überwältigen, dadurch auf den von ihrem Feuer be-
„freiten Linien eine erneuerte Geschützstellung zu gewinnen
„und auf diesem Wege vielleicht zu einer dem Angriffe
„überlegenen Geschützentwickelung anzuschwellen."

Die Festung ist endlich eine Stellung, welche in der Regel eine mehr oder weniger bevölkerte Stadt umschließt, also ein dem Gefecht selbst fremdes Element und Interesse in sich trägt, dessen allgemeiner Werth für den Staat nicht selten die Befestigung vorzugsweise veranlaßt hat. In allen Fällen aber wirkt dieses dem eigentlichen Gefecht fremde Element mehr oder weniger auf die Vertheidigung zurück und seine erhebliche Beschädigung oder Vernichtung kann, wenn nicht geradezu den Fall der Festung herbeiführen, doch einen wichtigen Zweck der Vertheidigung verfehlen lassen. Auch sind bei dieser Beschädigung des Innern die Unterbringungsräume für die Besatzung, für die Ausrüstung und Subsistenz der Truppen und Bewohner unmittelbar bedroht, mithin in letzter Instanz der ganze Widerstand der Festung.

Daher ist der Vertheidiger gezwungen, einen Angriff gegen das Innere der Stellung in demselben Maße zu bekämpfen, als er gefährlich zu werden droht.

Hieraus folgt:

24. „Der Vertheidiger muß sowohl jedes isolirt auftretende,
„als auch jedes mit dem förmlichen Angriffe sich verbin-
„dende Bombardement eben so nachdrücklich zurückzuhalten
„oder zu dämpfen suchen, als es durch seinen Erfolg ge-
„fährlich oder entscheidend zu wirken droht."

Wir haben im Vorstehenden eine allgemeine Charakteristik der Eigenthümlichkeiten entwickelt, durch welche sich eine Festung von jeder andern Stellung wesentlich unterscheidet, und wir gelangten dadurch zu denjenigen taktischen Grundsätzen, welche das Gefecht der Festung in seinen Hauptzügen nach jenen Eigenthümlichkeiten anordnen und regeln sollen. Dadurch ist erst

Fuß gefaßt in dem besondern Wesen des Festungsgefechtes und das nothdürftigste Licht über seine Oberfläche verbreitet.

Der nächste Schritt muß uns mit dem nähern Einflusse bekannt machen, welchen die Festung auf das um ihren Besitz geführte Gefecht ausübt, wir müssen dieselbe als eigentliches Gefechtselement auffassen, ihre Gefechtskraft, wie sie aus den allgemeinen Eigenschaften einer Festung hervorgeht, erforschen, damit wir tiefer in das innere Wesen des Festungskampfes blicken können. Was wir im Frühern über die Gefechtskraft der Stellung ganz allgemein aufgestellt haben, behält seine Giltigkeit und wir wenden uns vorzugsweise zu dem, was die Festung besonders charakterisirt. Wenn wir im Vorangegangenen die taktischen Eigenthümlichkeiten der Stellung in das Auge fassen, so wenden wir uns jetzt zu den unmittelbaren Gefechtseigenschaften der Festung. Wir legen hierbei die volle Widerstandsfähigkeit, welche eine Festung zu äußern vermag, also den Widerstand gegen den förmlichen Angriff zu Grunde. —

§. 46.

Die Festung als Gefechtselement.

Wir erörtern hier die Gefechtskraft der Festung, wie sie durch die Werke derselben dargeboten ist, ohne daß die Ausrüstung des Platzes und die Bewaffnung der Werke mit in Rechnung gezogen wird. Die Ausrüstung und Bewaffnung, als Belebungsmittel der fortifikatorischen Gefechtskraft, werden wir abgesondert in den verschiedenen Momenten des Gefechts und vorher als Gefechtsbereitschaft der Festung erörtern.

Betrachten wir zunächst die Hauptelemente der fortifikatorischen Gefechtskraft einer Festung in derselben Reihefolge, wie wir dieß bei der Gefechtskraft der Stellung gethan haben, so haben wir zu untersuchen, wie sich die Gefechtsfähigkeit, die Manövrirfähigkeit und Gefechtsausdauer der Festung begründen und gestalten.

A. Fortifikatorische Gefechtsfähigkeit der Stellung.

Das Charakteristische einer Festung im Gegensatze zu dem allgemeinen Wesen einer Stellung beruht in ihrer Entstehung auf fortifikatorischem Wege und wir müssen daher vorzugsweise auf dieses Charakteristikon unsre Erörterung hinlenken.

Der §. 6. entwickelte, daß die Gefechtsfähigkeit einer Stellung auf zwei Bedingungen ruht:

a. auf der taktischen Beherrschung des Vorterrains und
b. auf der Starkung des Waffengebrauches der mit der Stellung fechtenden Truppen.

Da nun aber bei einer Festung noch die Forderung einer ungewöhnlichen Dauer des Gefechts, also des Widerstandes, mit besonderem Nachdrucke in den Vordergrund tritt, und außerdem eine absolute Unveränderlichkeit der Form und Gefechtsrichtungen der Stellung in Betracht kommt, so muß unsre Erörterung hierauf näher hingelenkt werden.

ad a. Die Fortifikation hat durch Anlage, Form, Kommandement und Defilement den Festungswerken eine vollkommene Herrschaft über das Vorterrain innerhalb der wirksamen Kanonenschußweite verliehen und auf diese Weise die Grundlage für ein Ferngefecht geschaffen, welches, im Besitze einer dominirenden Stellung und hinter Deckungen von ungewöhnlicher Widerstandsfähigkeit, mit verhältnißmäßig geringen Mitteln im Stande ist, die ungedeckte Annäherung und Entwickelung des Angriffs innerhalb des wirksamen Schußbereiches der Werke vollkommen unmöglich zu machen, ohne daß hierbei die Besatzung in einen unmittelbaren Kampf mit den Truppen des Belagerers verwickelt zu werden braucht und sich Verlusten und Gefahren aussetzen müßte, welche der Widerstandsfähigkeit für ein Gefecht von ungewöhnlicher Dauer einen bedenklichen Eintrag thun würden.

Dies wendet von Hause aus der Festung den für ihre Widerstandsdauer höchst wichtigen Erfolg zu, daß der Belagerer durch das mittelbare Ferngefecht der Festung gezwungen wird, in den wirksamen Schußbereich derselben sich mit zeitraubenden Annäherungs- und Deckungsarbeiten vorzuschieben und einen langwierigen, große Mittel erfordernden, Artillerieangriff gegen das stark gedeckte und dominirende Ferngefecht des Vertheidigers zu etabliren. Zu diesem Zwecke muß der Belagerer mit großen Arbeitermassen in den Schußbereich der Werke eintreten, ohne das Feuer des Festungsgeschützes erwiedern und ablenken zu können; die Vertheidigungsartillerie hat es also mit einem völlig wehrlosen, in einer unbehilflichen Arbeit begriffenen Gegner zu thun und es kommt nur darauf an, Ort und Zeitpunkt des beginnenden Baues zu entdecken, um ihn beschießen zu können, bevor sich die Arbeiter genügend gedeckt haben. Gelingt es dem Vertheidiger, die Vollendung der ersten Angriffsstellung, den Bau und die Armirung einiger Angriffsbatterieen bis Tagesanbruch zu hindern, so wird dieß eine bedeutende Verzögerung in die vollständige Entwickelung des Angriffs bringen.

Der Belagerer ist zwar gezwungen, seine erste Angriffsstellung so nahe an die Festung zu rücken, daß seine Geschütze eine befriedigende Trefffähigkeit und Geschoßwirkung gewinnen, allein er wird doch für gewöhnlich so weit abbleiben müssen, daß nicht blos die Entdeckung des beginnenden Baues dem Vertheidiger erschwert wird, sondern auch eine sehr gefährliche Wirkung des Geschützfeuers, namentlich eine bedeutende Kartätschwirkung, von dem Bau selbst so viel als möglich abgewendet bleibt. Wenn nun zwar ein solcher Abstand der ersten Angriffsstellung lediglich dem Vertheidiger zum Vortheile gereicht, so hat er doch auch für den ersten Augenblick zur Folge, daß der Vertheidiger unverhältnißmäßige Mittel aufwenden müßte, wollte er die Vollendung und Armirung der ersten Angriffsstellung überhaupt gänzlich abwehren. Ein solches Vorhaben würde die Vertheidigungsmittel vollkommen erschöpfen und endlich doch nicht die Vollendung des begonnenen Baues hindern.

Hieraus ergibt sich:

25. „Die auf fortifikatorischem Wege begründete Herrschaft „über das Vorterrain muß vom Vertheidiger benutzt wer„den, um den Belagerer mit seiner ersten Angriffsstellung „in einen größern Abstand zurückzudrängen und dadurch „zunächst die Wirkung seiner ersten Angriffsbatterieen zu „schwächen; dann aber muß jene Herrschaft über die vor„liegenden Terrainflächen benutzt werden, um den Bau „und die Vollendung der ersten Angriffsstellung zu stören „und zu verzögern, besonders aber den Bau und die Ar„mirung der Angriffsbatterieen aufzuhalten.“

26. „Um nicht unverhältnißmäßige Mittel zu diesem Zwecke „aufzuzehren, ist die erste zur Abwehr gewaltsamer An„griffsversuche nothwendige Armirung der Werke gleich„zeitig darauf einzurichten, daß sie den Bau der ersten „Angriffsstellung, sobald er entdeckt ist, hinreichend auf„halten kann, bis eine angemessene Geschützverstärkung „ausgeführt ist, um die Vollendung des Baues bis zu „Tagesanbruch zu hindern.“ —

27. „Diese erste Geschützverstärkung, für welche die Werke „gehörig vorbereitet sein müssen, wird durch Konzentrirung „ihres Feuers auf die unvollendeten Baustellen, besonders „der Batterieen, genügen, die Eröffnung des Angriffs„feuers zu erschweren und zu verzögern.“

28. „Eine Zerstörung der vollendeten Arbeiten ist wegen des „unverhältnißmäßigen Verbrauches der disponiblen Ver„theidigungsmittel nicht statthaft und wird in den meisten „Fällen überhaupt nicht zu erzwingen sein.“

29. „Nachdem die erste Angriffsstellung vollendet und ihr „Feuer eröffnet ist, wird die Herrschaft über das Vor„terrain von dem Vertheidiger zunächst benutzt, um das

„weitere Vortreiben der Annäherungen und das Zustande-„kommen der näheren Angriffsstellungen nach Kräften zu „verzögern. Gegen die zu Stande gekommenen, also „gedeckten, Angriffsbatterieen ist die Beherrschung des Vor-„terrains kein nutzbares Gefechtselement mehr; deshalb „muß der Vertheidiger auch die zu diesem Zwecke erfolgte „Geschützverstärkung aus dem Feuerstriche der Angriffs-„batterieen zurückziehen und nur die gut gedeckten Ge-„schütze auf den exponirten Linien stehen lassen, so weit „sie zur wirksamen Bekämpfung der vortreibenden Sappen „unentbehrlich sind.“

30. „Mit der Festsetzung des Angriffs auf dem Glacis hat „die Herrschaft über das Vorterrain ihr Ende erreicht „und ein wichtiges Element des Widerstandes ist alsdann „außer Spiel gesetzt.“ —

Was nun die offensive Reaction der Besatzung gegen die erste Entwickelung des Angriffes in dem Gefechtsfelde der Festung, so wie gegen die spätern Stadien, betrifft, was also die Ausfälle, ihren Gebrauch und ihre Anordnung angeht, gehört nicht in den Kreis unsrer Erörterungen; so wenig, als das spätere Schützengefecht des Vertheidigers gegen die in entsprechender Nähe angekommenen Arbeiten und Stellungen des Belagerers, oder als der unmittelbare Zusammenstoß mit den Sturmkolonnen.

ad b. Was zweitens die Ueberlegenheit des Waffengebrauches, das zweite Element der Gefechtsfähigkeit der Stellung, betrifft, so weit sie bei der Festung im Wege der Fortifikation begründet ist, gestaltet sich bei derselben wesentlich verschieden von der Stellung im freien Felde.

Die Sturmfreiheit der Festung, durch die fortifikatorische Einrichtung und durch die Armirung der Werke erzeugt, und die vollkommene kräftige Beherrschung des Vorterrains durch ein dominirendes, stark gedecktes Ferngefecht der Wälle, zwingen nicht allein den Belagerer den entscheidenden Stoß gegen die Festung durch einen überlegenen langwierigen Artillerieangriff auf das Gründlichste vorzubereiten, die Sturmfreiheit der Werke, auf welche der entscheidende Stoß gerichtet werden soll, förmlich niederzuschießen, sondern sie nöthigen auch zu einer gedeckten Entwickelung und Annäherung der Angriffsartillerie. Die Festung weist mithin jene Kombinationen der drei Waffen, welche im freien Felde für die volle Gefechtskraft und taktische Selbständigkeit größerer Maßregeln unentbehrlich sind, völlig von sich ab und zwingt den, gewissermaßen in seine drei Waffen zerlegten Belagerer, sein Gefecht gegen die Festung in drei wesentlich verschiedene Abschnitte zu scheiden: in den Kampf gegen das Ferngefecht der Festung, also in die Desarmirung ihrer Artilleriestellungen, in die Zerstörung der Sturmfreiheit an den für die entscheidenden Maßregeln gewählten Einbruchspunkten und in den durch diese Einbruchspunkte gegen das Innere geführten Sturm. Es ist selbstverständlich nur für den Vertheidiger ein unschätzbarer Vortheil, daß der überlegene Belagerer nur mit vereinzelten Waffen, mit Kavallerie gar nicht auftreten kann, wenn auch dieselbe Trennung in einzelne Waffen den Vertheidiger gleichfalls trifft.

Wenn nun von Hause aus die Festungsartillerie in dominirenden und gedeckten Aufstellungen gegen den ungedeckten, wehrlosen und in eine schwierige, unbeholfene Arbeit verwickelten Belagerer mit einer starken Gefechtsbereitschaft auftritt und wenn am Schlusse die Infanterie des Vertheidigers den durch eine schwierige und enge Bresche emporklimmenden Sturm in einer gedeckten und umfassenden Stellung empfangen kann, so ist der Vertheidiger sowohl gegen den beginnenden Angriff, als auch gegen die entscheidenden Schlußakte im entschiedenen Vorzuge eines überlegenen Waffengebrauches. Der Belagerer ist durch Nichts im Stande, den überlegenen Waffengebrauch des Vertheidigers gegen den beginnenden Angriff auszugleichen und es wird ihm schwer und unvollkommen gelingen, den Sturm so kräftig vorzubereiten, daß sein Erfolg nicht mit großen Opfern und Gefahren verknüpft wäre.

Wir haben jetzt nur noch zu untersuchen, in wiefern durch die Festung der Waffengebrauch des Vertheidigers dem Belagerer überlegen wird. Bis zur Eröffnung des Feuers der ersten Angriffsstellung bestand der Erfolg des Ferngefechts der Festung lediglich in der Abwehr gewaltsamer Maßregeln gegen die Werke, in der Abwehr jeder ungedeckten Annäherung und Entwickelung des Angriffes und in der Verzögerung des Baues und der Armirung der ersten Angriffsstellung; mit der Eröffnung des Feuers aus den ersten Belagerungsbatterieen, beginnt der eigentliche Widerstand, der Kampf gegen den Angriff.

Der Belagerer ist nunmehr gezwungen, alle diejenigen Werke und Linien, welche schon mit einer mäßigen Bewaffnung dem Vortreiben der Sappen äußerst hinderlich und gefährlich werden könnten, also die am weitesten in das Angriffsfeld vorspringenden, zu bekämpfen und so viel als möglich auf ihre Desarmirung nicht allein, sondern auch auf ihre Unbrauchbarkeit für eine starke Geschützentwickelung hinzuarbeiten, um nicht bei dem Bau und bei der Armirung der näher gerückten Angriffsstellung von der Festungsartillerie in wirksamster Nähe aus zahlreichem Geschütz beschossen zu werden.

Es ist also nicht blos die Vertreibung, glücklichen Falls die theilweise Zerstörung der Festungsgeschütze, wonach die ersten Angriffsbatterieen streben sollen, denn alsdann würde mit dem Abzuge des Festungsgeschützes aus den bedrohtesten Aufstellungen der Zweck des ersten Angriffs erfüllt sein und sogleich zur nähern Stellung übergegangen werden können, sondern auch eine Wirkung gegen die Linien und Werke selbst, welche sie für eine starke und schnelle Bewaffnung gegen den Bau u. s. w. der nähern Angriffsstellungen theils unbrauchbar, theils sehr schwierig macht.

Also die überlegene Waffenwirkung, welche man von den Werken und Linien der Festung um so mehr fürchtet, je näher man mit der Angriffsstellung rückt, veranlaßt den Belagerer, nächst dem feindlichen Geschütz zugleich die Gefechtsfähigkeit der Stellung mit bedeutenden Kräften zu bekämpfen.

Der Kampf gegen die Materie der Stellung wird um so mehr Mittel und Opfer in Anspruch nehmen, je dominirender, stärker und widerstandsfähiger die Linien und Werke erbauet, je mehr sie gegen Seitenfeuer durch die Stärke und Zahl der Querwälle gesichert sind, je mehr die auf ihnen sich behauptenden Geschütze das Vortreiben der Sappe aufhalten und den Bau der nähern Angriffsstellung von Hause aus in Gefahr setzen.

Das Prinzip des Widerstandes gebietet dem Vertheidiger, sich der Annäherung des Angriffs mit einem so starken Ferngefecht entgegenzusetzen, als es die Wirkung des feindlichen Feuers zuläßt und sich in einer möglichst wirksamen Bereitschaft gegen den Bau jeder nähern Angriffsposition zu behaupten. Die am weitesten in das Angriffsfeld vorspringenden Linien bieten sowohl gegen die vortreibenden Sappen, als auch gegen den beginnenden Bau der nähergerückten Angriffsstellung die wirksamsten Geschützstellungen dar; der Vertheidiger muß die Gefechtskraft der ihm zu Gebote gestellten Artillerie in der Periode des Ferngefechts auf eine zweckmäßige Weise ausbeuten. Seine Oekonomie soll gegen eine zu frühe Erschöpfung der vorhandenen Mittel, gegen eine gefährliche Wehrlosigkeit der letzten Vertheidigungsperioden sichern, auf der andern Seite aber auch nicht zu einer Lähmung des Widerstandes, zu einer unstatthaften Opferscheu führen, vielmehr in der richtigen Abmessung der darzubringenden Opfer an die verschiedenen Vertheidigungsperioden die volle Kraft und Dauer des Widerstandes zu erreichen streben, alle Vortheile seiner Stellung beleben.

Alle diese Rücksichten fordern den Vertheidiger auf, sich auf den unter dem wirksamen Feuerstriche der ersten Angriffsbatterieen liegenden Linien, welche am weitesten in das Angriffsfeld vorspringen, mit so viel Geschütz gegen die Sappen und den Bau der nähern Angriffsstellung zu behaupten, als er unter dem Schutze einer starken Deckung ohne unverhältnißmäßige Opfer in Thätigkeit erhalten kann. Diese Geschütze sind im Stande, den Bau der zweiten Angriffsstellung zu verzögern und an der Vollendung zu hindern, so daß der Vertheidiger Zeit gewinnt, mit einer Geschützverstärkung auf den von dem Feuer der ersten Angriffsstellung frei gewordenen Linien zu erscheinen, ehe noch der Belagerer in seiner neuen Stellung sich vollständig eingerichtet und zum Kampfe fertig gemacht hat.

Man kann sagen, daß diese zweite Angriffsstellung den Zweck hat, den entscheidenden Kampf gegen die Geschütze und Gefechtsfähigkeit der in das Angriffsfeld vorspringenden Linien und Werke zu führen, um sich ihrer Bewaffnung und Bewaffnungsfähigkeit zu entledigen, weil jedes Geschütz und jede brauchbare Geschützstellung in solcher Nähe das fernere Vortreiben der Sappe und die wiederholte Annäherung der Angriffsbatterieen auf das Aeußerste gefährden würde, weil die nähern Angriffsstellungen selbst dem Flankenfeuer jener vorspringenden Linien ausgesetzt wären und weil der Angriff in demselben Maße empfindlicher gegen die dominirende Höhe der Vertheidigungsstellung wird, je mehr er in die Nähe derselben gerückt ist.

Es ist also auch in dieser Periode der Belagerer nicht blos zu einem Kampfe gegen die wirklich in Thätigkeit getretenen Geschütze des Vertheidigers, sondern auch gegen die Bewaffnungsfähigkeit der vorspringenden Werke und Linien gezwungen, also zu einem Kampfe gegen die Materie der Stellung und es ist mithin lediglich die überlegene Waffenwirkung des Vertheidigers gegen die Annäherung des Belagerers, deren sich derselbe entledigt haben muß, bevor er einen Schritt vorwärts thun kann.

Wenn nun die Ueberlegenheit der Waffenwirkung um so

energischer und entscheidender zur Geltung gebracht wird, je näher der Vertheidiger dem vorrückenden Belagerer mit seinem Geschütz entgegentreten kann, so folgt daraus:

31. „Je näher der Angriff an die Werke rückt, desto mehr Werth „gewinnen einzelne Geschütze auf den vorspringenden Li- „nien und Werken, mit desto mehr Hartnäckigkeit muß „der Vertheidiger jede noch brauchbare Geschützstellung zu „bewaffnen suchen und desto mehr Opfer darf er für die „Behauptung derselben bringen."

32. „Leichtigkeit und Schnelligkeit der Armirung, der Ver- „sorgung mit Munition, der Bedienung, der Auswechse- „lung und des schließlichen Abzuges bedingen die Wahl „der hierzu verwendbaren Geschütze."

Nachdem der Belagerer in seiner zweiten Angriffsstellung dem entscheidenden Kampf gegen die Bewaffnung und Bewaffnungsfähigkeit der vorspringenden Werke und Linien mit mehr oder minder vollständigem Erfolge durchgeführt hat, kann er mit der aus der Vollständigkeit der bisherigen Erfolge entsprechenden Sicherheit in näheren Angriffsstellungen auftreten.

In diesen Aufstellungen ist es die Aufgabe des Belagerers, den Widerstand gegen die Eroberung des gedeckten Weges und gegen die Festsetzung auf der Höhe des Glacis zu überwältigen, mithin die auf den zurückgelegenen Wällen noch thätig erhaltenen Geschütze zu vertreiben, die Armirungsfähigkeit derselben zu bekämpfen und die innere Widerstandsfähigkeit, Sturmfreiheit, des gedeckten Weges zu beseitigen, um sodann von der Höhe des Glacis die Sturmfreiheit des Grabens zu vernichten und die Einbruchsstellen in das Innere der Werke, die Breschen, zu erzeugen.

Man braucht nicht näher zu erläutern, daß der Vertheidiger schon durch wenige Geschütze, mit welchen er sich bis zum letzten Augenblicke zu behaupten weiß, den Angriff auf das Aeußerste belästigen und gefährden kann und daß der Angriff außerdem mit der materiellen Widerstandsfähigkeit und mit der innern Sturmfreiheit der Werke in einer sehr beengten und dominirten Lage den schwierigsten Kampf zu bestehen hat.

Ist die Sturmfreiheit der Werke durch starke Abschnitte, oder gar durch bombensichre Reduits mit Geschützvertheidigung begründet und von Außen her nicht zu beseitigen, so kann man sagen, daß der schwierigste und zeitraubendste Theil des Angriffs erst mit dem sogenannten Kouronnement beginnt, die vorhergegangene Entwaffnung der Erdwälle nur das leichte und kurze Vorspiel war.

Aus den vorstehenden Betrachtungen geht zunächst hervor, daß die Stärke der Festung als Gefechtselement bis zum Eintritt des Sturmes in dem gegen die Entwickelung und Annäherung des Artillerieangriffs thätig erhaltenen Ferngefecht, in der dadurch dem Angriffe aufgezwungenen Nothwendigkeit, sich in einen langwierigen Kampf mit der Bewaffnung sowohl, als mit der Bewaffnungsfähigkeit der Festungswerke zu verwickeln und in deren materieller Widerstandsfähigkeit besteht.

Der Vertheidiger muß, wenn nicht durch das Zustandekommen brauchbarer Breschen schon der Fall der Festung als im Voraus entschieden angesehen werden soll, noch die Mittel zurückgehalten haben, die Besatzung in der Vertheidigung der Bresche und des Innern der Werke kräftig zu unterstützen und selbst für den Fall einer vollkommenen Abwehr des förmlichen Angriffs so viel Geschütze mit Ausrüstung übrig behalten, daß der Sieg über den förmlichen Angriff nicht durch die Aufzehrung der gegen den gewaltsamen Angriff nothwendigen Widerstandskraft nutzlos gemacht wird.

Hieraus ergibt sich für die Belebung der Widerstandskraft des in der Festung gegebenen Gefechtselementes gegen den förmlichen Angriff:

33. „Der Vertheidiger muß mit Ausnahme der für den Wider-
„stand gegen den Sturm, für die innere Bewaffnung der

„Werke (Abschnitte und Reduits) und für die Wider-
„standsfähigkeit gegen gewaltsame Maßregeln unentbehr-
„lichen Geschütze mit Ausrüstung alle disponiblen Ge-
„schützkräfte zur Aufrechterhaltung eines starken Ferngefechts
„verwenden, um die größte Zeitdauer des Widerstandes
„zu erkampfen."

34. „Nur durch eine geschickte, zeitgerechte Benutzung und „durch eine mit Zähigkeit behauptete Bewaffnung der „brauchbar erhaltenen Geschützstellungen, besonders auf „den vorspringenden Linien und Werken der Festung, wird „der Angriff in den schweren Kampf gegen die materielle „Widerstandsfähigkeit der Stellung verwickelt und die Fe- „stung als Gefechtselement zu ihrer vollen Kraft erhoben."

35. „Alle, außer den ad 33 bezeichneten, für die nothwendige „Reserve bestimmten Geschützkräften, disponiblen Mittel „der Vertheidigungsartillerie müssen für die Behauptung „des Ferngefechts unter Beobachtung einer verständigen „Oekonomie dargebracht werden."

36. „Nur auf diesem Wege kann der Vertheidiger hoffen, die „Kräfte der Angriffsartillerie zu erschöpfen, oder deren „ursprüngliche Unzulänglichkeit gehörig auszubeuten."

Es ist an sich klar, daß die Verwickelung des Angriffs in den Kampf mit dem materiellen Widerstande der Festungswerke das wahre Heil der meisten Vertheidigungen ausmacht, weil durch diesen Kampf ungewöhnliche Angriffsmittel erforderlich und durch verhältnißmäßig sehr geringe Vertheidigungskräfte erschöpft werden.

B. Fortifikatorische Manövrirfähigkeit der Stellung.

Wenn der Belagerer sich entschlossen hat, die Festung im Wege des förmlichen Angriffs zu nehmen, also durch Vernichtung der Sturmfreiheit einiger Punkte, so geschieht dieß durch Konzentration seiner Angriffskraft gegen die gewahlten Breschpunkte, um zunächst eine entscheidende Ueberlegenheit in der gewählten Angriffsrichtung sich zuzuwenden.

Das erste Manöver des förmlichen Angriffs gegen die eingeschlossene Festung besteht in der Wahl der Angriffsrichtung, Angriffsfront, und hierin kann der Belagerer durch nichts, als durch die Stärke der einzelnen Befestigungsfronten, durch die Beschaffenheit des vorliegenden Terrains und zuweilen durch äußere, weder von der Fortifikation, noch von dem Vertheidiger zu beherrschende Verhältnisse beschränkt werden; die Festung als Ganzes steht hiergegen als eine Stellung ohne Manövrirfähigkeit da, denn die Ausfälle können immer nur als eine Kraftäußerung des Vertheidigers und nicht der Stellung gelten.

Mit der Wahl der Angriffsfront versucht der Belagerer eine Täuschung des Vertheidigers zu verbinden, um den Bau seiner ersten Annäherung und Angriffsstellung, wo möglich, unentdeckt beginnen zu können.

Hiermit hat das Manöver gegen das Ganze der Festung seinen Abschluß und seinen vollen Erfolg erlangt und es beginnt nunmehr das eigentliche Angriffsmanöver, dessen Stärke wir in Bezug auf dasjenige der Vertheidigung zu untersuchen haben.

Sobald sich der Belagerer mit seiner ersten Angriffsstellung in dem Schußbereiche der Festung festgesetzt hat, kann man die Wahl der Einbruchsstellen (Breschpunkte) mit äußerst seltenen Ausnahmen als unabänderlich getroffen erachten; das Angriffsfeld oder das zwischen der ersten Angriffsstellung und den Breschpunkten gelegene Terrain, ist dadurch gegeben.

Die nächste Aufgabe des Belagerers, sich zum Herrn des Angriffsfeldes zu machen, kann nur gelöst werden, indem die gegen dasselbe gerichteten Linien und Werke der Festung entwaffnet werden, um das Vortreiben der Sappen und den Bau der näher gerückten Angriffsstellungen möglich zu machen.

Hierdurch ist der Belagerer zunächst gezwungen zum Kampfe gegen die bezeichneten Linien und Werke, welche mit wirksamem

Geschützfeuer in das Angriffsfeld schießen können, und selbstverständlich sind dies die am weitesten vorspringenden Linien der Festung, welche den Sappenbau am gefährlichsten bedrohen und deshalb zuerst bekämpft werden müssen.

Dem Belagerer steht gegen dieselben kein anderes Manöver zu Gebote, als seine Batterieen in ihrer Verlängerung zu errichten, um den Abzug aller Festungsgeschütze zu erzwingen, welche nicht durch Seitendeckungen (Querwälle) und Scharten hinreichend gesichert sind. Gegen dieses Manöver hat der Vertheidiger kein andres Mittel, als den Abzug aller sogenannten Bankgeschütze auf die zurückgelegenen, dem Feuerstriche der feindlichen Batterieen entzogenen Linien; nur die durch Querwälle und Scharten, oder durch gedeckte Stände gesicherten Geschütze bleiben zur Bekämpfung der feindlichen Sappenarbeit und zur ersten Abwehr des Baues einer nähern Angriffsstellung auf den vorspringenden Wällen. Sind die Mittel des Vertheidigers nicht zu beschränkt, so kann derselbe von den weniger exponirten Wällen aus das Feuer mehrerer Geschütze gegen einzelne sehr wirksame oder schlecht unterstützte feindliche Batterieen konzentriren, um ihr Feuer zu dämpfen oder ganz zu unterdrücken und sodann die frei gewordenen Linien wieder stärker zu bewaffnen.

Da nun die Angriffsbatterieen ihre Lage nicht verändern können, ihre Feuerrichtung wenigstens nicht wesentlich, so ist, im Grunde genommen, der Vertheidiger an Manövrirfähigkeit dem Belagerer überlegen und es bedarf keiner weitern Darlegung, daß der Vertheidiger bei einiger Geschicklichkeit und Zähigkeit sich diese Ueberlegenheit bis zum letzten Augenblicke erhalten kann. Zwar nehmen die Mittel des Vertheidigers unter dem feindlichen Feuer ab, allein die steigende Empfindlichkeit der näher gerückten Angriffsstellung gegen jedes geschickt placirte Festungsgeschütz, die zunehmende Beengtheit und Unbehilflichkeit derselben gleichen jene Abnahme der Vertheidigungskräfte immer noch zu Gunsten der letztern aus. Bei einer geschickten Aufsparung wirksamer Geschützstellungen, einer sorgsamen und zeitgerechten Verwendung der vorhandenen Streitkräfte wird es dem Vertheidiger nie an guten Reservestellungen und an Mitteln zu ihrer Benutzung fehlen, während der Belagerer eigentlich ohne alle Reservestellungen ist.

Hieraus folgt:

37. „Außer den gegen die Annäherungsarbeiten in gut gedeckten Stellungen thätig erhaltenen Geschützen muß der „Vertheidiger die ihm zu Gebote stehenden Reservestellungen als ein wichtiges Element seiner Ueberlegenheit „benutzen und auf sie ein ausdauerndes, sorgsam genährtes „Geschützmanöver gegen den immer beengter und unbeweglicher werdenden Belagerer gründen."

38. „Je näher der Angriff rückt, desto wirksamer wird das Geschützmanöver der Festung, mithin muß der Vertheidiger „für die spätern Perioden aufsparen, und lieber gegen „den entferntern Angriff zurückhaltend zu Werke gehen."

Wir wiederholen auch an dieser Stelle, daß die offensiven Reaktionen des Vertheidigers außerhalb seiner Stellung, die Ausfälle, nichts mit der Manövrirfähigkeit der Festung gemein haben und daß sie nicht vor dieses Forum gehören, wie wichtig und wirksam sie immer sein mögen.

C. Gefechtsausdauer der Stellung.

Wenn wir die Ausrüstung und Subsistenz der Festung als gegeben und unbedingt zureichend annehmen, so ist die Gefechtsausdauer der Festung, ihre Widerstandsdauer, ein Produkt, welches den Widerstand des Ferngefechts, den materiellen Widerstand der Geschützstellungen, den Widerstand gegen den Angriff auf die Sturmfreiheit (gegen das Kouronnement und die Einwohnung), den materiellen Widerstand der Werke gegen das Breschelegen und den Widerstand gegen den Sturm selbst zu Faktoren hat.

Die im Vergleiche zu den Gefechten anderer Stellungen, selbst der durch Natur und Kunst stärksten, ungewöhnliche Widerstandsdauer einer Festung fordert uns zu einer nähern Betrachtung auf, denn wir müssen in derselben ein eben so eigenthümliches, als wichtiges Resultat kriegerischer Thätigkeit erblicken.

Die Widerstandsdauer der Festung als ein Erfolg betrachtet, welcher erstrebt werden soll, oder erkämpft worden ist, wird zu einem Mittel, welches die Strategie für die höhern Zwecke der Kriegführung fordert und gebraucht; den Vertheidiger selbst geht dieß nichts an und noch viel weniger gehört es in den Kreis unsrer Betrachtungen; wir haben vielmehr nur die taktischen Eigenthümlichkeiten und Wirkungen der Widerstandsdauer in Betracht zu ziehen. Von dem taktischen Standpunkte aus angesehen äußert sich die Widerstandsdauer, als Gefechtselement, in folgenden Richtungen: als Kraftäußerung des Vertheidigers, als Mittel, die volle Widerstandsfähigkeit, Gefechtskraft, der Festung zu entwickeln, als Mittel die Angriffskraft des Belagerers zu erschöpfen, oder in einzelnen Fällen die dem Belagerer für die Einnahme der Festung disponible Zeit unzureichend zu machen und endlich als ein die Widerstandskraft der Festung, wie des Vertheidigers aufzehrendes Element.

Wenn der Vertheidiger mit der Aeußerung seiner Gefechtskraft eine so lange Zeitdauer ausfüllen soll, wie es der Widerstand gegen den förmlichen Angriff mit sich bringt, so ist es unerläßlich, die mit jener Kraftäußerung verbundenen Anstrengungen und Opfer streng zu regeln und über die verschiedenen Akte und Momente des Gefechts je nach deren Wichtigkeit und entscheidender Kraft in einem entsprechenden Verhältnisse zu vertheilen. Dieses Verhältniß muß vor allen Dingen die Schwächen auszugleichen oder in ihrer Wirkung zu ermäßigen trachten, welche entweder der fortifikatorisch begründeten Widerstandsfähigkeit der Festung gegen den förmlichen Angriff, oder der in ihrer Ausrüstung und Besatzung gegebenen Kraft ankleben.

Hieraus ergeben sich folgende Prinzipien für die allgemeine Anordnung des Widerstandes gegen den förmlichen Angriff, deren Giltigkeit für den Gebrauch der Festungsartillerie einer nähern Erläuterung nicht bedarf:

39. „Ist die Widerstandsfähigkeit der Werke gegen die Bresche„legung und den Einbruch durch die Breschen in das In„nere der Festung unbefriedigend, ist noch außerdem die „Widerstandsfähigkeit der Infanterie gegen den Sturm „als ungenügend in Rechnung zu ziehen, so muß das „Ferngefecht der Festung, als der entscheidendere Theil „des Widerstandes, mit aller aufzubietenden Kraft und „Zähigkeit geführt und durch Ausfälle, besonders kleinere „gegen den näher gerückten Angriff, unterstützt werden."

40. „Ist das Ferngefecht der Festung entweder wegen der „fehlerhaften oder schwachen Konstruktion der Werke, oder „wegen der mangelhaften Ausrüstung mit Geschütz 2c., „oder aus beiden Gründen unbefriedigend, so muß, so „viel es die Kräfte der Besatzungstruppen irgend gestat„ten, der Belagerer durch offensive Reaktion der Besatzung „ferngehalten und an der Eröffnung des förmlichen An„griffs gegen die Festung gehindert werden."

Die Vertheidigung von Colberg 1807 gibt ein eben so glänzendes als lehrreiches Beispiel für die Ausführung eines auf diesen Grundsatz gestützten Widerstandes. Welche Mitwirkung die Artillerie der Festung bei dieser Art des Widerstandes zu leisten im Stande ist, läßt das Studium der erwähnten und ähnlicher Vertheidigungen erkennen. Ein Vergleich dieser Beispiele mit andern, wie z. B. mit der Vertheidigung von Mantua 1796, Magdeburg und der Mehrzahl preußischer Festungen 1806 und 1807 ist besonders geeignet, auf den Gebrauch der verschiedenen Seiten des Widerstandes ein lehrreiches Licht zu werfen.

Die Widerstandsdauer ist aber auch ein nothwendiges Mittel, um die in den Festungswerken, in ihrer Ausrüstung und in ihren Besatzungstruppen gegebenen Kräfte zu einer dem Widerstande gegen den förmlichen Angriff entsprechenden Gefechtsentwickelung und Wirkung zu bringen, denn weder der Angriff, noch die Festung können sich sofort zu einer vollen, unmittelbar in die Entscheidung überführenden, Kraftentwickelung gegen einander erheben und also auch nicht in einer solchen ihre volle Gefechtskraft erledigen.

Jede Gefechtshandlung, jede Kraftentwickelung, jedes Geschützmanöver des Vertheidigers gegen die verschiedenen Unternehmungen des Belagerers bedarf einer mehr oder weniger bedeutenden Zeit, Arbeit und Wirkungsdauer. Die zu den verschiedenen Maßregeln des Vertheidigers erforderliche Zeit und Arbeit muß unter dem Schutze des bereits thätigen oder zu solchen Zwecken besonders unternommenen Widerstandes erkämpft werden und außerdem muß jede Maßregel ihre unerläßliche Wirkungsdauer erhalten, um die für sie bestimmte Kraft mit Erfolg äußern zu können.

Der förmliche Angriff ist einem bestimmten Mechanismus unterworfen, die räumliche Ausdehnung seiner verschiedenen Gefechtsentwickelungen und deren Bewaffnung müssen sich innerhalb gewisser Grenzen halten, so daß gegen denselben ein Vertheidigungsplan entworfen und festgehalten werden kann, welcher den Gebrauch der Festung und der vorhandenen Vertheidigungsmittel, so wie der hierbei nothwendigen Zeit und Arbeit voraus bestimmt, so weit dieß überhaupt möglich ist.

Hieraus folgt:

41. „Der Vertheidiger muß sich bei seinem Widerstande in „den verschiedenen Gefechtsperioden bestreben, die im Ver„theidigungsplane festgesetzte Dauer desselben, als noth-

„wendige Grundlage der vollen Kraftentwickelung des „nachfolgenden Widerstandes, zu erreichen. Hiernach muß „seine Kraftäußerung während jedes Gefechtsaktes ab„gemessen und angewendet, der erlangte Erfolg benutzt „werden."

42. „Die nach dem Vertheidigungsplane gegen die Annähe„rungsarbeiten des Belagerers thätig gemachten Geschütze „müssen mit aller Zähigkeit in ihren Stellungen sich be„haupten und im Falle ihrer Beschädigung oder Zer„störung wieder ersetzt werden, um eine Beschleunigung „der feindlichen Arbeiten möglichst abzuwehren."

Die Widerstandsdauer als Mittel, die Angriffskraft des Belagerers zu erschöpfen, kann oft durch die äußern Kriegsverhältnisse eine außerordentliche Wichtigkeit erlangen.

Meistens hat der Belagerer eben so große Noth, die bedeutenden Mittel zu einem förmlichen Angriffe aufzubringen, als es ihm an Zeit gebricht, die Belagerung mit gehöriger Gründlichkeit und unter der dazu nothwendigen Sicherheit der Verhältnisse durchzuführen. Wir dürfen nur an die strategische Rolle denken, welche Mantua im Jahre 1796 gespielt hat, welche die preußischen Festungen nach der Schlacht bei Jena hätten spielen gekonnt; wir erinnern an die unzureichenden Angriffsmittel, welche 1815 gegen die französischen Festungen aufgebracht werden konnten und an die Wichtigkeit, dieselben, als letzte Stützpunkte des Bonapartismus, schnell zu überwältigen und dadurch jeder Möglichkeit einer Reaktion vorzubeugen. Bei Valenciennes 1793 hatten die Oestreicher durch eine fehlerhafte Zersplitterung ihres Feuers auf eine große Ausdehnung der Festungswerke und durch das in seinem Enderfolge verfehlte Bombardement ihre Belagerungskräfte so erschöpft, daß der Kommandant mit den ihm noch disponiblen Vertheidigungskräften (10000 Mann und 175 Geschützen) recht gut den Fall der Festung noch abwehren konnte, also die ganze Anstrengung des Belagerers und seine großen Opfer vergeblich gemacht hätte.

Wir haben diese historischen Hindeutungen gemacht, um zu erläutern, welche Bedeutung die Widerstandsdauer der Festung nicht allein als Erfolg im Interesse der eignen Erhaltung, sondern auch als Erfolg gegen die Angriffskraft des Feindes gewinnt.

Hieraus folgt:

43. „Die Verwickelung des Feindes in den förmlichen An„griff ist an sich schon ein bedeutender Erfolg gegen die „feindliche Kriegsmacht, die Verzögerung des förmlichen „Angriffs steigert jenen Erfolg und absorbirt große Mittel „des Feindes."

44. „Der voraussichtliche Enderfolg des förmlichen Angriffs „darf für den Vertheidiger keine Veranlassung sein, die „Anstrengungen und Opfer zu scheuen, welche mit der „Bekämpfung der Belagerungsarbeiten verbunden sind, „das Ferngefecht der Festung zu lähmen."

Die Widerstandsdauer zehrt naturgemäß die Kraft des Vertheidigers auf, so wie die Widerstandsfähigkeit der Festungswerke. Ist der Besitz der Festung, als solcher, für den Eroberer von großem Werthe, so ist dies eine um so dringendere Veranlassung, demselben nur die Trümmer der vertheidigten Stellung zu überlassen, die ganze Widerstandsfähigkeit der Festungswerke zu erschöpfen und alle Mittel zu verbrauchen, welche für die Vertheidigung als Opfer bestimmt waren.

Der Kraftverbrauch des Vertheidigers ist demnach nicht wie ein Verlust beim Gefecht im freien Felde zu behandeln, sondern wie ein geringer Einsatz für einen sichern und großen Erfolg, für die unverhältnißmäßige Schwächung der feindlichen Kriegsgewalt. —

§. 47.

Die Gefechtsbereitschaft der Festung.

Es ist, wie wir wissen, im Interesse des Vertheidigers, den Feind zu einer Angriffsform zu zwingen, welche der Festung die volle Entwickelung ihrer Widerstandsfähigkeit gestattet, mithin jede andere Angriffsform zurückzuweisen und sodann den Belagerer bei der Ausführung des förmlichen Angriffs nach Kräften aufzuhalten.

Dieser Grund und der werthvolle Vorzug des Vertheidigers, in einer vollkommen vorbereiteten Aufstellung und in dem Besitze einer vollkommenen Herrschaft über das umliegende Terrain den Angriff erwarten zu können, machen die Gefechtsbereitschaft der Festung zu einem der wichtigsten Elemente der ganzen Vertheidigung, weil hiervon nicht allein die Abwehr jedes gewaltsamen und beschleunigten Angriffsverfahrens, sondern auch die erste Entwickelung des förmlichen Angriffs und im weitern Sinne des Wortes jede nähere Entwickelung des bereits in Thätigkeit befindlichen Angriffs abhängig wird. Die Gefechtsbereitschaft der Festung gegen die Entwickelung des Angriffs in nähere Aufstellungen beruht, wie wir aus dem Vorigen wissen, auf einem geschickten Manöver der Vertheidigungsartillerie und auf der hierzu nothwendigen Aufsparung der Geschütze und geeigneten Aufstellungen.

Wenn bei irgend einem Gefecht der Anfang desselben, d. h. die erste Entwickelung des Angriffs und des Widerstandes von einem nachhaltigen Einflusse auf den Verlauf des Gefechtes ist, so muß dieß vor allen Dingen bei dem förmlichen Angriffe der Fall sein, bei welchem der Mechanismus eine so durchgreifende Herrschaft ausübt.

Die erste Gefechtsbereitschaft der Festung wird deshalb ihre Folgen weit in das spätere Ferngefecht der Festung hineintragen, wenn sie nicht blos als eine unerläßliche Sicherheitsmaßregel, als bewaffnete Sturmfreiheit der Festung, sondern auch als eine Vorbereitungsmaßregel behandelt wird, welche gegen eine nahe Eröffnung des förmlichen Angriffs gerichtet ist.

Diese erste Gefechtsbereitschaft soll uns hier beschäftigen, wobei wir den Ueberfall, d. h. die Ueberraschung des Vertheidigers in einem unbewachten oder höchst mangelhaft gesicherten Zustande, nicht in Betracht ziehen, sondern nur den gewaltsamen und den förmlichen Angriff; überdieß wird eine gegen den gewaltsamen Angriff genügende Gefechtsbereitschaft für die Abwehr von Ueberfallsmaßregeln mehr als hinreichend sein.

Wenn der Ueberfall sich auf eine vollkommene Ueberraschung des Gegners, also auf eine augenblickliche Wehrlosigkeit oder doch auf einen höchst ungenügenden Widerstand des Vertheidigers und auf die Erzwingung der Eingänge, auf die Ersteiglichkeit der Umwallung stützt, der gewaltsame Angriff auf eine überraschende, die Bewaffnung der Werke zurückhaltende Beschießung und bald darauf folgende Erstürmung derselben, der förmliche Angriff dagegen auf die schrittweise, vollständige Ueberwältigung des Ferngefechts und der Sturmfreiheit der Festung, so sind dieß offenbar sehr verschiedene Bedingungen und es ist einleuchtend, daß die Widerstandsfähigkeit gegen den förmlichen Angriff an andere und vielfachere Bedingungen geknüpft ist, als diejenige gegen den gewaltsamen Angriff.

Nicht alle Fronten der Festungen sind in Bezug auf den Ueberfall, auf den gewaltsamen Angriff und auf den förmlichen gleich zugänglich und gleich stark; eine vollständige Unzugänglichkeit der Umgebungen bis auf die zur Festung führenden Verbindungswege weiset den förmlichen und gewaltsamen Angriff ganz zurück, gestattet nur den Ueberfall auf den vorhandenen Zugängen gegen die Thore und fordert also auch nur die Sicherstellung hiergegen. Wenn wir den Fall der vollständigen Unzugänglichkeit hier ausschließen, so können wir die Fronttheile einer Festung, wenn sie nicht ringsum gleich zugänglich und gleich stark ist, in die möglichen und wahrscheinlichen Fronten des förmlichen und in die möglichen und wahrscheinlichen Fronten des gewaltsamen Angriffs klassifiziren.

Der gewaltsame Angriff leitet, wie erwähnt, den Sturm der Festung zuweilen erst durch einen nahen und heftigen Artillerieanfall ein; dieser Umstand verbietet, die Werke mit mehr Geschützen zu armiren, als zum Abschlagen des gewaltsamen Angriffes ausreichend erscheinen, nicht allein, weil dieß die Werke überfüllen und Verwirrung anregen würde, sondern auch weil überflüssige Geschütze später den Widerstand gegen die Ersteigung der Wälle nur erschweren würden.

Wir schließen hieraus zunächst:

45. „Die dem gewaltsamen Angriffe entzogenen Fronten müssen gegen die Unternehmungen des Ueberfalles armirt „werden; die Beherrschung der nahen Zugänge und der „überschreitbaren Gräben durch ein schnell abgegebenes Kartätschfeuer aus leichten Kanonen ist zur „Abwehr des auf Ueberraschung und Wehrlosigkeit der „Besatzung gestützten Unternehmens hinreichend und entspricht dem schnellen Verlaufe des feindlichen Anfalles.“

46. „Die möglichen Fronten des gewaltsamen Angriffs müssen „zur Abwehr desselben hinreichend armirt sein.“

47. „Zur Verstärkung der möglichen Fronten des förmlichen „Angriffs müssen die Vorbereitungen so getroffen werden, „daß dieselbe leicht und schnell genug erfolgen kann, um „die erste Annäherung und Angriffsstellung des Belagerers an ihrem Zustandekommen zu hindern; die wahrscheinlichen Fronten des förmlichen Angriffs sind bei diesen Vorbereitungen besonders zu beachten.“

Die feindliche Artillerie, welche den Sturm auf die Werke

vorbereiten soll, versucht es, durch Ueberschütten der gegen die Sturmkolonnen gerichteten Linien und Werke mit einem Hagel von Geschossen den Vertheidiger von den Wällen zu vertreiben, um die Festungsgeschütze am Feuern zu hindern und dadurch das Vorbrechen der Sturmkolonnen bis an den Fuß der zu ersteigenden Wälle zu schützen, weil hiervon zunächst die Möglichkeit des gewaltsamen Angriffs abhängt. Wenn nun die Festungsartillerie mit verhältnißmäßig wenig Geschützen die feindliche Artillerie an einer zu gefährlichen Annäherung hindern, das Feuer der ungedeckten Batterieen des Feindes wo möglich dämpfen und das Vorbrechen der feindlichen Kolonnen wirksam bekämpfen soll, so fordert dieß neben einer ausreichenden Lebendigkeit des Feuers einen weitreichenden, energischen Kartätschschuß, welcher die Bedienung der feindlichen Geschütze und deren Annäherung sehr wirksam gefährdet und späterhin alle vorliegenden Glacisflächen und Gräben gegen die Sturmkolonnen vertheidigt. Ist der gewaltsame Angriff mit seinen Sturmkolonnen zur Passage bestimmter Annäherungswege, oder bestimmter Punkte im Vorterrain gezwungen, so ist die wirksame Beherrschung dieser Wege und Punkte, so weit sie im Schußbereiche der Festung gelegen sind, bei der Armirung gegen den gewaltsamen Angriff besonders zu berücksichtigen.

Die Bedingung eines weitreichenden, energischen und dabei lebendigen Kartätschschusses fordert im Allgemeinen lange Kanonen mittlern Kalibers zur Armirung gegen den gewaltsamen Angriff und zwar deren Aufstellung auf den gegen das Vorterrain gerichteten Wällen.

Diese Armirung gegen den gewaltsamen Angriff wird zugleich, wenn die Annäherung und der Bau der ersten Angriffsstellung nur früh genug entdeckt wird, im Stande sein, die ungedeckte Arbeit des Belagerers so wirksam zu beschießen, daß ihre Vollendung nicht zu Stande kommt, bis die Geschützverstärkung gegen den förmlichen Angriff vollbracht ist.

Folglich:

48. „Die Armirung gegen den gewaltsamen Angriff ist zu„gleich bestimmt, die nahe Eröffnung des förmlichen An„griffs abzuwehren und den Bau der ersten Angriffsstel„lung zu bekämpfen.“

Wir haben demnach bei unsrer weitern Betrachtung die Gefechtsbereitschaft der Festung in die Armirung gegen den gewaltsamen Angriff, welche zugleich den Beginn der ersten Arbeiten des förmlichen Angriffs zu bekämpfen hat, und in die Geschützverstärkung gegen den entdeckten Bau der ersten Angriffsstellung zu zerlegen.

A. Die Armirung gegen den gewaltsamen Angriff.

Bei einer fehlerfreien Anlage der Festung beherrscht der Hauptwall das vorliegende Terrain, das Innere der vorliegenden Werke, die Glacisflächen und die zwischen dem Glacis und dem Hauptwalle angelegten Werke; mit der Besitznahme des Hauptwalles, also auch mit der Vertheidigung desselben ist die Entscheidung des gewaltsamen Angriffes gegeben, mit der Besitznahme der vor dem Hauptwalle gelegenen Werke dagegen hat der gewaltsame Angriff nichts erreicht.

Eine Armirung dieser Werke würde daher nur dazu dienen, das Ferngefecht des Hauptwalles zu lähmen, einen unnöthigen Verbrauch von Geschützen und Munition veranlassen, die dazu nothwendige Bedienung und Infanteriebedeckung Preis geben, die Geschütze selbst aber in die Gefahr der Wegnahme und schnellen Zerstörung versetzen, ohne für die eigentliche Hauptentscheidung etwas genutzt zu haben. Nur wenn vorliegende Werke durch eine geschlossene Kehle und Reduits im Innern sturmfrei sind, besonders wenn sie wichtige Punkte des Vorterrains beherrschen, welche von dem Hauptwalle nicht eingesehen oder erreicht werden können, oder wenn sie den Zweck haben, den Belagerer zu einem selbständigen Angriffe auf sie zu zwingen, müssen dieselben angemessen bewaffnet werden, um nicht dem Feinde in die Hände zu fallen und großen Zerstörungen Preis gegeben zu sein.

Hieraus folgt:

49. „Gegen den gewaltsamen Angriff werden nächst der Vertheidigung des Hauptgrabens und der Eingänge in die „Festung nur die gegen das Vorterrain gerichteten Linien, „d. h. die Bastionsfacen und die Kourtinen nur, wenn „sie eine ungewöhnliche Länge haben, armirt, außerdem „noch die sturmfreien Außenwerke und selbständigen „Forts."

50. „Kavaliere bewaffnet man zur nothwendigen Beherrschung „der vorliegenden, vom Hauptwalle nicht eingesehenen „Terrainflächen, gegen welche sie erbaut worden sind. In „gleicher Art können die Platformen der Reduits zur „Bewaffnung benutzt werden, wenn sie das Innere nebenliegender, dem gewaltsamen Angriffe ausgesetzter Befestigungstheile beherrschen."

Unter Beachtung der vorstehenden Gesetze erhalten wir nachfolgende nähere Armirungs-Prinzipien:

51. „In der Verlängerung jeder Brücke über den Hauptgraben ein Geschütz, zur Bestreichung des Hauptgrabens, „wenn derselbe entweder hinreichende Wassertiefe, oder „gemauerte Eskarpen hat, oder keine Brücke über denselben führt, ein, sonst zwei Geschütze auf jeder Flanke. „In der Verlängerung des Grabens vor einem Außenwerke ein Geschütz."

„Zur Vertheidigung der Brücke und des Hauptgrabens, „wenn derselbe keine ungewöhnliche Länge hat, sind leichte „Kanonen von hinreichender Kartätschwirkung; zur Beherrschung der Gräben vor Außenwerken sind mittlere „Kanonen vorzuziehen, weil sie gleichzeitig zur Beherrschung des Vorterrains dienen können."

52. „Zur Beherrschung des Vorterrains auf jeder Bastions„face zunächst der Spitze ein langes Kanon mittleren „Kalibers, oder schweren, wenn man eine ungewöhnliche „Schußweite zu beherrschen gedenkt. Ist es nothwendig, „einen Kavalier zu bewaffnen, so geschieht dies durch ein „langes Kanon schweren Kalibers, weil mit seiner zurück„gezogenen Lage eine große Schußweite verbunden zu „sein pflegt."

53. „Zur Erleuchtung des Vorterrains gegen den gewalt„samen wie gegen die Eröffnung des förmlichen Angriffs „in jeder Bastionsspitze eine Haubitze mittlern oder bei „einem besonders wichtigen Vorterrain schweren Kalibers, „auf jeder Kourtine dagegen ein schwerer Mörser, und „zwar in der Bastionsspitze deswegen eine Haubitze, weil „hier zugleich die Beherrschung des Vorterrains durch „Granat-, Shrapnell- und Kartätschfeuer geboten ist."

54. „Selbständige Außenwerke armirt man nach gleichen Grund„sätzen."

B. Die Geschützverstärkung gegen den Bau der ersten Angriffsstellung.

Es ist vorgekommen, daß der Belagerer den Bau einer Angriffsstellung zum Scheine begonnen hat, um die Aufmerksamkeit und die Armirungsmittel des Vertheidigers durch sie gefangen zu nehmen und dann desto unbemerkter und näher seine eigentliche Stellung gegen eine andere Festungsfront zu etabliren. Dergleichen Manövers sind indessen mit einem solchen Kraftaufwande verknüpft, daß sie für gewöhnlich nicht sehr zu fürchten sind; der Vertheidiger muß jedoch unter allen Umständen eine sorgsame Beobachtung des Vorterrains in allen dem förmlichen Angriffe zugänglichen Richtungen unterhalten, so wie überhaupt während der ganzen Einschließung und Belagerung gegen unerwartete Unternehmungen des Feindes gerüstet und wachsam sein.

Hieraus ergibt sich zunächst in Bezug auf die Geschützverstärkung:

55. „Sobald der Bau der ersten Angriffsstellung mit Be„stimmtheit erkannt ist, so verstärkt der Vertheidiger die „dahin gerichteten Wälle zunächst nur mit einem ange„messenen Theile der dazu disponirten Geschütze, um die „erforderliche Kraft zur Verzögerung der feindlichen Ar„beit zu gewinnen und erst wenn die Absicht des Belage„rers zweifellos erkannt wird, was sich gewöhnlich mit „Anbruch des Tages aus der über Nacht erfolgten Ar„beit schließen läßt, wird die volle Geschützverstärkung „entwickelt."

Der Zweck der Geschützverstärkung ist nunmehr, die Vollendung der begonnenen Arbeit des Feindes zu hindern, besonders aber den Bau und die Armirung seiner Batterieen, deren Lage man ziemlich genau wissen kann, vorzugsweise der Rikoschettbatterieen, als der gefährlichsten, zu erschweren und so die Eröffnung ihres Feuers nach Möglichkeit hinauszuschieben. Das Ziel dieser Geschütze bilden mehr oder minder unvollkommen gedeckte Arbeiten und Arbeiteransammlungen, gegen welche während der Dunkelheit, also mit einer nur ungenügend bestimmbaren Richtung und mit einer der Beobachtung meist entzogenen Wirkung geschossen werden muß.

Hieraus folgt zunächst:

56. „Die dazu bestimmten Geschütze geben von Zeit zu Zeit „in der Richtung der entdeckten Arbeit, besonders der „wichtigsten Batteriebauplätze, Leuchtgeschosse ab."

57. „Kartätschschüsse aus mittlern schweren Kanonen, Gra„naten und Bomben, erstere als Rollschüsse abgegeben, „letztere unter den zulässig geringsten Elevationen, sind „die geeignetsten Mittel, sowohl die feindlichen Arbeiter „zu gefährden, als die Deckungen selbst zu durchschlagen „und zu beschädigen."

58. „Es darf, um eine unnütze Munitionsverschwendung zu „vermeiden, nur dahin gestrebt werden, die Vollendung „der feindlichen Arbeit theilweise und zwar an den vor- „aussichtlichen Bauplätzen der gefährlichsten Angriffsbat- „terieen, zu verhindern; hiernach ist das Feuer der bereits „thätigen und der als erste Verstärkung hinzutretenden „Geschütze in den wichtigsten Feuerrichtungen des An- „griffs zu konzentriren."

Die erste Geschützverstärkung gegen den nächtlichen Bau des Feindes kann demnach nur die Bestimmung haben, die feindliche Arbeit in den wichtigsten Richtungen unsichrer und gefährlicher zu machen; hierzu wird besonders eine Verstärkung des Kartätschfeuers und demnächst die Aufstellung einiger Mörser führen. Mithin:

59. „Als erste Geschützverstärkung gegen den entdeckten Bau „der ersten Angriffsstellung sind auf den Facen, den am „meisten vorspringenden Theilen des Hauptwalles, einige „Kanonen (in Rahmenlaffeten) und einige Mörser auf- „zustellen, um das Feuer der bereits thätigen zu unter- „stützen."

60. „Die weitere Geschützverstärkung am Morgen nach ent- „decktem Bau ist abhängig von dem Erfolge, zu welchem „dieselbe gegen die Vollendung des begonnenen Baues, „gegen den Bau und die Armirung der Batterieen Aus- „sicht gibt, und sie muß unter sorgsamer Beachtung der „disponiblen Geschütze und Munitionsbestände mit aller „zulässigen Energie ausgeführt werden."

61. „Vor allen Dingen muß dem Bau und der Vollendung „der Rikoschettbatterieen kräftig entgegengetreten werden; „sollte der Belagerer mit einzelnen zu Stande gekom- „menen Batterieen vielleicht das Feuer eröffnen, so wird „der Vertheidiger außerdem gegen eine oder die andere „derselben ein überlegenes Feuer, besonders aus Mörsern,

„konzentriren, um die übrigen Geschütze in ihrer Thätig„keit gegen die feindlichen Baustellen desto ungestörter zu „erhalten."

In der hier erörterten Gefechtsbereitschaft ist das Maß des Widerstandes gegeben, welchen die Festung gegen den Bau der ersten Angriffsstellung und gegen die Eröffnung ihres Feuers aufzubringen vermag. Gegen diese Gefechtsbereitschaft hat der Angriff kein Mittel, er muß vielmehr in voller Wehrlosigkeit alle daraus entspringenden Gefahren und Verzögerungen überstehen, bis er seine Batterieen zu Stande gebracht und in Feuerthätigkeit gesetzt hat. Erst von diesem Augenblicke an kann er seinen Angriffsplan in das Werk setzen, dessen Endziel eine für den Sturm praktikable Bresche in dem Hauptwalle und dem dahinter liegenden Abschnitte oder Reduit ist, also Annäherung seiner Artillerie bis an den Hauptgraben.

Diese Annäherung, welche über mehrere Angriffsstellungen hinwegführt, kann nicht Statt finden, so lange die Gefechtsbereitschaft der Festung ungeschwächt fortbesteht, muß also durch Ueberwindung derselben, d. h. der Armirung und Armirungsfähigkeit der Werke, erkämpft werden. —

§. 48.

Ueber den Plan des förmlichen Angriffs und über die taktische Bedeutung der Parallelen. —

Wir wissen aus den vorangegangenen Entwickelungen, daß der förmliche Angriff in drei Hauptakte zerfällt und zwar:

1. in die Ueberwältigung des Ferngefechts der Festung, d. h. in die Ueberwältigung der Festungsartillerie und in die Beseitigung der Armirungsfähigkeit der Wälle;
2. in den Kampf gegen die Sturmfreiheit der Festung und
3. in den Sturm gegen das Innere, als den letzten „Entscheidungsakt.

Uns beschäftigen nur die ersten beiden Hauptakte, insofern bei denselben das Artilleriegefecht betheiligt ist.

Mit der Erzeugung einer gangbaren Bresche in den innersten vertheidigungsfähigen Abschnitt, mit der Zerstörung des letzten Vertheidigungsmittels der Hauptbresche ist der entscheidende Schlußakt für das Artilleriegefecht des Angriffs erreicht, während der Anfang desselben mit der Eröffnung des Feuers aus den ersten Angriffsbatterieen gegeben ist.

Bei einer hinreichenden Wachsamkeit der Besatzung kann man nicht hoffen die erste Angriffsstellung unentdeckt zu vollenden und selbst, wenn dieß der Fall wäre, wird es unmöglich sein, mit dieser Stellung zugleich alle dazu gehörigen Angriffsbatterieen zu vollenden und zu armiren. Es wird daher der anbrechende Tag den Belagerer noch in einer sehr geringen Wehrhaftigkeit gegen das Feuer der Festung antreffen und die schnell darauf folgende Verstärkung desselben würde die Lage des Angriffs um so gefährlicher bedrohen, je näher sich die erste Angriffsstellung an die Wälle herangewagt hätte.

Wenn daher der Belagerer die Festung in einer starken Gefechtsbereitschaft zu erwarten hat, so ist dies allein schon und abgesehen von der Schwierigkeit, eine nahe Eröffnung des Angriffs unentdeckt auszuführen, ein dringender Grund, die erste Angriffsstellung nicht bis in die gefahrvolle Sphäre einer starken Kartätschwirkung der armirten Werke heranzuschieben.

Dies bedingt im Allgemeinen einen Abstand der ersten Angriffsstellung von dem angegriffenen Theile des Hauptwalles zwischen 1000 und 800 Schritten und nur eine schlecht armirte Festung kann zu einer größern Annäherung berechtigen; aber auch dann ist noch bei großer Wachsamkeit der Besatzung auf eine beträchtliche Gefahr und empfindliche Opfer zu rechnen. Wenn also in den bei Weitem meisten Fällen der eben angegebene Abstand der ersten Angriffsstellung unvermeidlich oder wenigstens rathsam ist, so können die ersten Angriffsbatterieen die Desarmirung und Armirungsunfähigkeit der vorspringenden Werke und Wallinien der Festung nicht in solchem Maße bewirken, um das Vorgehen der Sappen und den Bau einer Angriffsstellung gegen die zurückliegenden Theile des Hauptwalles hinreichend vorzubereiten und sicher zu stellen. Es würde unmöglich werden, eine spätere Angriffsstellung zu vollenden und zu armiren, so lange der Vertheidiger im Stande verbliebe, mit zahlreichen Schartengeschützen oder gar über die Brustwehren hinweg von den Ravelinen und Bastionsfacen her gegen die Sappe und den Bau der näheren Angriffsstellungen aufzutreten, und selbst schon eine starke und schartenfreie Armirung der Kourtinen und Nebenwälle würde die Annäherung des Angriffs höchst gefährlich und opfervoll machen.

Hieraus ergibt sich die Nothwendigkeit, mit dem Angriff im Allgemeinen die nachfolgenden Gefechtsstadien zu durchlaufen:

1. Kampf gegen die schartenfreie Entwickelung der Festungsartillerie auf den Linien der Angriffs- und der unmittelbar anstoßenden Nebenfronten, oder die sogenannte erste Parallele;
2. Kampf gegen die Schartenstellungen der Bastions- und Ravelinsfacen, welche gegen das Angriffsfeld gerichtet sind, oder die zweite Parallele;
3. Entwaffnung des gedeckten Weges, der Flanken- und Kourtinenwälle, oder die halbe Parallele und die dritte Parallele;
4. Entwaffnung der Flankenkasematten, der Grabenkaponieren und Breschelegung, oder das Kouronnement, auch die sogenannten zweiten Batterieen im Gegensatze zu allen frühern Angriffsbatterieen, deren Bau nicht in dem Bereiche des Gewehrfeuers der Festung ausgeführt wird; und
5. Entwaffnung der innern Abschnitte oder Reduits, oder das Logement vor der Bresche. —

Es ergibt sich hieraus ferner:

62. „Die Gefechtsbereitschaft der Festung gegen den Bau der „nähern Angriffsstellungen ist abhängig von den Erfolgen „vorher thätig gewesener Angriffsbatterieen, also von den „bereits erlittenen Verlusten des Vertheidigers an Ge„schützen und brauchbaren Geschützstellungen, so wie von „dem bereits Statt gefundenen Verbrauche seiner Muni„tionsvorräthe."

63. „Der Vertheidiger muß die gegen jede nähere Angriffs„stellung nothwendige Gefechtsbereitschaft durch Zurück„haltung der dazu erforderlichen Mittel aufsparen."

64. „Ein übereiltes Vorgehen des Belagerers zu einer nähern „Angriffsstellung, bevor die vorherige ihre volle Wirkung „geäußert und die Widerstandsmittel des Vertheidigers „hinreichend erschöpft hat, gereicht dem Vertheidiger zum „Vortheile."

65. „In der stufenweisen Entwickelung des Angriffs und in „der gründlichen Ausbeute jedes Angriffsstadiums ist dem „Belagerer ein sicheres Erschöpfungsmittel des feindlichen „Widerstandes gegeben, gegen welches der Vertheidiger „kein anderes Mittel hat, als den Widerstand gegen die „Annäherung der Belagerungsarbeiten und den Wider„stand der Sturmfreiheit, so wie keinen andern Enderfolg, „als den Zeitgewinn."

Wenn der durch die Widerstandsdauer errungene Zeitgewinn hinreicht, entweder die Angriffskraft des Belagerers zu erschöpfen, oder die demselben für die Ausführung des Angriffs disponibel gewordene Zeit aufzuzehren, ohne daß die Festung in seine Hände fiel, oder wenn in einem weniger glücklichen Enderfolge der Vertheidigung die Festung den Feind zu einem bedeutenden Kraftaufwande nöthigte, eine sehr überlegene Streitkraft desselben in Anspruch nahm, so sind der Zweck der Vertheidigung erreicht und die dafür gebrachten Opfer aufgewogen.

Was nun die taktische Bedeutung der Parallelen betrifft, so erblicken wir in selbigen die durch ihre Gefechtszwecke charakteristisch verschiedenen Annäherungsstadien des Artillerieangriffs, welcher seine volle Gefechtskraft gegen eine Front, selten gegen mehrere der Festung konzentrirt.

Den charakteristisch verschiedenen Zwecken der einzelnen Parallelen entsprechend werden diese mit einer bestimmten Gattung von Angriffsbatterieen, welche jenen Zwecken durch ihre Wirkungsweise und Lage am nächsten kommen, armirt und zur Verstärkung und Unterstützung derselben erhalten die Parallelen außerdem Batterieen, so weit es der Raum und die vorhandenen Angriffskräfte gestatten und so weit es der Widerstand des Vertheidigers fordert.

Jene sind daher als die Hauptbatterieen, diese als die zulässige oder nothwendige Geschützverstärkung der Parallelen zu betrachten und zu behandeln. So sind beispielsweise für die erste Parallele die Rikoschettbatterieen, für die zweite die Demontirbatterieen die Hauptbatterieen, während die Mörserbatterieen als Geschützverstärkung zu betrachten sind, sofern nicht einzelne von ihnen als Ersatz für fehlende Hauptbatterieen auftreten. Es ist selbstverständlich, daß die Verstärkungsbatterieen die Lage und Feuerrichtungen der Hauptbatterieen nicht beeinträchtigen dürfen, sie liegen daher auf den für ihren Zweck geeignetsten Punkten des noch disponibeln Raumes und zwar neben den Hauptbatterieen, wenn sie deren Feuer verstärken sollen, sonst aber auf Punkten, welche ihnen gestatten, ihr Feuer in allen Richtungen geltend zu machen, wie es eine allgemeine Bekämpfung der angegriffenen und Nebenwerke mit sich bringen kann, um die Thätigkeit der Hauptbatterieen desto ungestörter in ihren Feuerrichtungen aufrecht zu erhalten.

Die gedeckte Verbindung der Batterieen einer Parallele und die nothwendige Sicherstellung gegen Ausfälle durch die dazu erbaute Tranchee hat den Namen der Parallele hervorgerufen, weil dieselbe in gleichem Abstande von den vorspringenden Spitzen der Befestigungsanlagen den angegriffenen Theil der Festung umfaßt.

Die frühere Circum- und Contravallation hat nichts mit den heutigen Parallelen gemein, denn sie war nichts als eine sowohl gegen Entsatzversuche, als gegen die Ausfälle des Vertheidigers verschanzte Umlagerung des Platzes in einem gegen das Feuer desselben geschützten Abstande, also lediglich eine Schutzmaßregel des Belagerers, aus welcher er mit seinem Angriff gegen die Festung vorbrach, wo und wie es ihm gutdünkte. Es gehört nicht hierher, über diese verschanzte Umgürtung gegen den Entsatz und die Festung, über die frühern Angriffsmethoden und über die heutige Parallelenmanier Betrachtungen anzustellen; dieß ist ein Gegenstand der historischen Untersuchung und wir müssen uns hier mit der Ansicht befriedigen, daß die verschiedenen Angriffsmanieren aus den herrschenden Ansichten und Verhältnissen der Kriegführung, der Angriffs- und Vertheidigungsmittel hervorgingen, zu ihrer Zeit den Zweck erfüllten und daß es eine müßige Spekulation ist, sich mit den neuern Maximen und Mitteln in die abgestorbenen Verhältnisse zurück zu schmuggeln. —

§. 49.

Schluß des Kapitels.

Wir haben die Festung in den vorangegangenen §§. als Vertheidigungsstellung, d. h. als taktisches Element, besprochen, sodann als Gefechtselement, d. h. in Bezug auf ihre Gefechtskraft, wir haben hierauf die Gesetze für ihre Gefechtsbereitschaft entwickelt und hieraus die natürlichen Gefechtsstadien abgeleitet, welche der förmliche Angriff durchlaufen muß, um jene Gefechtsbereitschaft und deren Nahrungsquelle, die Gefechtskraft der Festung vollständig zu erschöpfen und zu überwinden. Wir haben also die Kardinalpunkte des geregelten Festungsgefechtes zu einer klaren Anschauung ihres Wesens zu bringen gesucht und gehen nunmehr zur nähern Besprechung der verschiedenen Angriffsstadien über. —

Dem förmlichen Angriffe geht die Einschließung und Berennung voraus, durch welche der Belagerer die Festung zunächst von aller Verbindung mit der Außenwelt abschneidet, dann aber auch die Besatzung so viel als möglich auf das Innere der Festung einzuschränken sucht, um ungestört und unbemerkt die Vorbereitungen für den Angriff zu treffen, die Festung zu rekognosziren und die Angriffsfront zu bestimmen.

Die Einschließung ist also kein Angriffsakt gegen die Werke der Festung und kann mithin keinen Widerstand derselben hervorrufen. Nur, wenn der Belagerer mit seinen Einschließungstruppen Läger bezieht, oder Depots, Parks, Werkstätten u. s. w. anlegt, welche der Entdeckung Seitens der Festung Preis gegeben und so gelegen sind, daß sie von den schweren Festungsgeschützen mit lohnendem Erfolge erreicht werden können, nur in solchen Fällen wird die Festungsartillerie die günstige Gelegenheit benutzen, bedeutende Mittel des Feindes in große Gefahr zu bringen. Schwere Kanonen mit Glühkugeln, schwere Haubitzen und schwere Mörser treten alsdann auf und würden dem Belagerer eine große Arbeit und ein bedeutendes Material verderben, wenn es ihnen gelänge, Depots, Parks, oder Werkstätten in Brand zu setzen. Selbst eine erfolgreiche Beschießung feindlicher Läger oder stark belegter Kantonirungsquartiere kann ein beachtenswerthes Ergebniß sein, insofern der Abzug aus solchen von den Truppen mit allem Zubehör nicht schnell und nicht ohne Verluste und Verwirrung auszuführen ist.

Ob und wie der Vertheidiger durch Ausfälle gegen die Einschließung mit ihren Zwecken und Einrichtungen auftritt, gehört nicht vor unser Forum; jedenfalls wird es für den Vertheidiger ein höchst wichtiges Ergebniß sein, durch Fernhalten der feindlichen Depots u. s. w., die spätern Angriffsarbeiten mit einer weiten, schwierigen Herbeischaffung aller Arbeitsbedürfnisse zu belasten, und durch Entdeckung der Vorarbeiten des Belagerers über die ungefähre Richtung des Angriffs, über die wahrscheinliche Lage der Angriffsfront Andeutungen zu gewinnen. Aber nicht allein zu diesen Zwecken wird der Vertheidiger, wenn die Besatzung zu einer kräftigen Reaktion gegen das Einschließungskorps brauchbar und fähig ist, sich einer engen Einschließung so lange, als thunlich, widersetzen, sondern auch, weil eine frühzeitige Einschließung indirekt gegen die Widerstandsdauer der Festung wirkt, sofern dieselbe nicht reichlich mit Subsistenzmitteln und mit allen aus der Umgebung zu entnehmenden Materialien für die Vertheidigungsarbeiten noch nicht vollständig versehen ist, weil endlich die Wegräumung alles für den Belagerer brauchbaren Materiales und mancherlei andere Maßregeln den Widerstand gegen eine enge Einschließung nothwendig machen. Auch eine Menge Arbeiten im Innern fordern ihrer vollständigen Erledigung wegen jede irgend wirksame Verzögerung des eigentlichen Gefechtseintrittes.

Unter dem kriegerischen Geräusche der hierdurch veranlaßten Kämpfe bereitet sich der förmliche Angriff vor. —

Zweites Kapitel.

Die erste Parallele und die Vertheidigung bis zur Feuereröffnung der zweiten Parallele.

§. 50.

Der taktische Zweck und das taktrsche Ziel der ersten Parallele.

Wir haben die Gefechtsbereitschaft der Festung gegen den entdeckten Bau, die Vollendung und Armirung der ersten Parallele im Frühern besprochen und dargethan, daß vor einer Festung von zweckmäßiger Anlage und Konstruktion der Werke und von einer hinreichenden Ausrüstung mit Geschützen u. s. w. eine nahe Eröffnung der ersten Parallele wegen der damit verbundenen Gefahren in der Regel unthunlich ist und daß deshalb die erste Parallele gewöhnlich in einem Abstande zwischen 800 bis 1000 Schritten von den Spitzen der angegriffenen Bastione errichtet sein wird.

Wenn nun die Gefechtsbereitschaft der Festung gegen die Vollendung und Armirung der ersten Parallele einen so großen Abstand derselben erzwungen hat, so würde dieselbe, besonders wenn sie auf den vorspringenden Wallinien sich in ungeschwächtem Zustande erhalten könnte, schon das Vortreiben der Sappe, geschweige den Bau und die Armirung jeder nähern Parallele, unmöglich machen.

Es ist also zunächst nothwendig, die gegen das Angriffsfeld vorspringenden Werke und Linien der Festung so weit zu entwaffnen, daß mit dem Vortreiben der Sappen die gedeckten Annäherungen zur zweiten Parallele gewonnen werden; außerdem muß die Gefechtsbereitschaft gegen den Bau und die Armirung der zweiten Parallele, mithin auch die Armirungsfähigkeit, besonders der vorspringenden Werke und Linien, in solchem Maße geschwächt werden, daß der Bau und die Armirung der zweiten Parallele nicht mit zu großen Gefahren und Opfern verbunden ist; endlich muß die erste Parallele außer der zu diesen Zwecken bestimmten Armirung noch mit Batterieen ausgerüstet werden, welche theils die allgemeine Bekämpfung der auf den angegriffenen und nebenliegenden Werken thätigen Festungsgeschütze, theils die Verstärkung des Feuers der Hauptbatterieen, theils die Gefährdung des Verkehres und der Arbeiten auf den Wällen der Angriffs- und Nebenfronten zum Zwecke haben. Die zum Schutze der Parallele gegen Ausfälle, also nicht gegen die Werke gerichteten Geschützaufstellungen gehören nicht hierher.

Der große Abstand der Parallele von den Werken der Festung ist dem Treffen kleiner Zielflächen, also dem Kampfe gegen die Schartenstellungen und dem senkrecht gegen die Wallgänge gerichteten Feuer, nicht günstig und schon die weitzurückliegenden Wälle sind im Allgemeinen keine zuträglichen Feuerziele für die erste Parallele.

Wenn daher das Feuer der ersten Parallele zu einer befriedigenden Energie gelangen soll, um zunächst das Vortreiben der Sappe hinreichend zu schützen, im weitern Verlaufe aber die Gefechtsbereitschaft und die Armirungsfähigkeit der vorspringenden Befestigungstheile zu schwächen, so muß die Wirkung der Hauptbatterieen vorzugsweise gegen die vorspringenden Linien der Angriffsfront und gegen die gleichen Linien der Nebenfronten, so weit sie in das Angriffsfeld sehen, gerichtet sein und zwar müssen diese Linien ihrer Länge nach gefaßt werden, um zunächst alle schartenfreien Geschütze zum Abzuge zu zwingen, dann alle gegen das Seitenfeuer nicht hinreichend gedeckten zu vertreiben und endlich durch Niederwerfen der Seitendeckungen (Querwälle) auch die Zahl der thätigen Scharten=geschütze so viel als möglich zu beschränken. Auf diesem Wege wird das Vorgehen der Sappe eingeleitet und geschützt, so wie das dem Bau der zweiten Parallele gefährlichste Geschütz vertrieben und zum Theil durch Zusammenwerfen der Querwälle der armirungsfähige Raum auf den beschossenen Linien beschränkt.

Die eben besprochene Hauptwirkung der ersten Parallele wird durch die Rikoschettbatterieen erzielt, von den außerdem in ihr Platz findenden Enfilir= und Mörserbatterieen aber verstärkt, unterstützt und gegen die Manöver der Festungsartillerie in Schutz genommen. Auch diese Nebenbatterieen müssen die feindlichen Linien und Werke in ihrer größten Ausdehnung zu fassen suchen und danach ihre Lage erhalten.

Aus dem Vorstehenden folgt nun zunächst:

1. „Die erste Parallele kann bei dem gewöhnlichen Abstande „von den Werken der Festung den direkten Kampf gegen „die Schartengeschütze der Festung und eben so gegen die „schartenfreien, in ihren Stellungen veränderlichen, Ge=„schütze nicht mit Erfolg aufnehmen."

2. „Die erste Parallele ist bei gewöhnlichem Abstande nur „zum Flankenangriffe gegen die Festungswerke bestimmt, „daher nicht zur Aufnahme der Demontirbatte=„rieen geeignet."

3. „Rikoschettbatterieen führen den Hauptangriff der „ersten Parallele aus, die Enfilir= und Mörserbat=„terieen sind zu ihrer Verstärkung und Unterstützung „bestimmt."

4. „Bedingen die Angriffsmittel das Ausfallen einzelner Bat=„terieen oder eine allgemeine Schwächung der ersten „Parallele, so muß man so viel als möglich die Zahl „und Stärke der Rikoschettbatterieen unvermindert zu er=„halten suchen."

Es ist nunmehr die Frage, welches taktische Ziel, d. h. welchen Erfolg hat die hier festgestellte Armirung der ersten Parallele zu erstreben, in welchem Zustande muß sie die Wehrkraft der angegriffenen Festungswerke an die zweite Parallele überliefern, wenn diese nicht mit Arbeit und Gefahr überbürdet werden soll?

Zunächst ist die Vertreibung aller nicht durch die Querwälle gut gesicherten Geschütze der Bastions- und Ravelinsfacen das unmittelbare Ergebniß der in Thätigkeit getretenen Rikoschettbatterieen, vor deren Feuer der Vertheidiger zurückgeht, ehe er bedeutende Verluste an Geschütz erlitten hat. Dieser Abzug aller nicht hinreichend gegen Seitenfeuer gesicherten Geschütze theils auf Punkte, welche dem Rikoschett- und Enfilirfeuer nicht ausgesetzt sind, theils in die disponible Geschützreserve ist also auch nicht wie eine dauernde Schwächung der Widerstandskraft zu betrachten, denn theilweise treten die zurückgezogenen Geschütze auf andern Punkten auf, theils verstärken sie die Quelle der Gefechtsbereitschaft.

Der Belagerer kann sich also mit diesem Ergebniß seiner Rikoschettbatterieen in keinem Falle befriedigen, vielmehr muß er durch das Feuer derselben theils die Geschütze hinter den Querwällen in Gefahr und Verlust bringen, theils die Querwälle zerstören, hierdurch aber und durch die Wirkung der zur Verstärkung der Rikoschettbatterieen in Thätigkeit gesetzten Mörserbatterieen neben der Zerstörung feindlichen Geschützes gleichzeitig die Armirungsfähigkeit der rikoschettirten Wallgänge erheblich schwächen.

Die zweite Parallele, deren Bau und Armirung nur auf Grund einer wirklichen Schwächung der Festungsartillerie und der gefährlichsten Wälle, und nicht auf Grund eines bloßen Abzuges der feindlichen Geschütze aus dem gefährlichsten Feuerstriche der Angriffsbatterieen, ohne zu empfindliche Opfer möglich wird, übernimmt von der ersten Parallele nach einer befriedigenden Wirkung derselben die Bastions- und Ravelinsfacen in einer schon ziemlich gestörten Verfassung, um den Rest ihrer Bewaffnungsfähigkeit durch die Zerstörung der noch vorhandenen Schartenstände zu unterdrücken.

Aber auch die Gefechtsfähigkeit der zurückliegenden Theile der Angriffs- und Nebenfronten müssen die Batterieen der ersten Parallele in einem Maße nicht blos durch Vertreibung der feindlichen Geschütze, sondern auch durch materielle Beschädigung der Werke selbst und der auf ihnen thätig erhaltenen Geschütze, zu schwächen suchen, damit sich die Vertheidigungsartillerie nicht mit einer Schnelligkeit und Stärke gegen den Bau und gegen die thätigen Hauptbatterieen der zweiten Parallele erheben kann, welche leicht die Existenz derselben in große Gefahr setzen dürfte.

Bevor der Belagerer sich noch nicht durch den Bau der ersten Parallele über die gewählte Angriffsfront unzweifelhaft ausgesprochen hatte, konnte auch der Vertheidiger noch nichts unternehmen, um die angegriffenen und nebenliegenden Werke für eine stärkere Bewaffnung und für die voraussichtlichen Geschützmanöver gehörig vorzubereiten. Es sind also während der Vollendung, Armirung und Wirkungsdauer der ersten Parallele eine Menge Arbeiten und Einrichtungen auf allen, besonders aber auf den zurückliegenden, Theilen der Angriffs- und Nebenfronten auszuführen, um eine ununterbrochene Widerstandsfähigkeit und eine stete Gefechtsbereitschaft gehörig zu begründen.

Gegen diese Vorbereitungsarbeiten für die Widerstandsfähigkeit und Gefechtsbereitschaft der dem Rikoschettfeuer entzogenen Linien und Wälle ist das Feuer der Enfilir- und Mörserbatterieen gerichtet.

Wenn nun hieraus für den Vertheidiger die Nothwendigkeit hervorgeht, unter dem Feuer der ersten Parallele mit so viel Geschützen Stand zu halten, um die nothwendigen Vorbereitungen für die Gefechtsbereitschaft gegen die spätern Parallelen und für den Widerstand gegen die spätern Annäherungen und

Angriffsarbeiten ausführen zu können, mithin die Annäherung zur zweiten Parallele und deren Vollendung um so längere Zeit aufzuhalten, je weniger die Festung zum Widerstande gegen den nähern Angriff gerüstet ist, so folgt hieraus für den Angriff:

5. „Je mehr die Gefechtsbereitschaft der Festung gegen die „näheren Parallelen zu fürchten ist, mit desto mehr Kraft „und Nachdruck muß gegen die Armirung und Armirungs„fähigkeit der dem Rikoschettfeuer entzogenen Wälle, be„sonders Seitens der Enfilirbatterieen, gewirkt werden."
6. „In der Wirkung und hinreichenden Wirkungsdauer der „Rikoschett- und Enfilirbatterieen ist die Grundlage eines „gesicherten Erfolges gegen das Ferngefecht der Angriffs- „und Nebenfronten gegeben."
7. „Die Mörserbatterieen der ersten Parallele bilden die „taktische Verbindung, Verstärkung und Ergänzung des „Rikoschettfeuers und der Enfilade; sie haben die Be„stimmung, neben der Bekämpfung des dem Rikoschett- „und Enfilirfeuer entzogenen Geschützmanövers, die Gang„barkeit der Wallgänge und die Deckungen zu zerstören."
8. „Der Abstand der ersten Parallele, der daraus entsprin„gende ungewöhnliche Verbrauch von Munition, Geschützen „und Bettungen, so wie die damit verbundene Schwächung „des Feuers der ersten Parallele gegen die Werke der „Festung gestatten eine Verbindung des Bombardements „mit der ersten Parallele nur unter ganz besonders gün„stigen Bedingungen für diese Angriffsweise."

Ein Verfahren, wie dasjenige der Oestreicher bei der Belagerung von Valenciennes, ist sehr geeignet, den Erfolg des Angriffs in die Gefahr des vollkommenen Mißlingens zu setzen, wenn der Vertheidiger sich durch Zerstörung der Stadt nicht einschüchtern läßt, wie aus der Vertheidigung der Franzosen gegen dieses fehlerhafte Verfahren hervorgeht. Die Wirkungen dieses Bombardements waren zwar nicht unbedeutend zu nennen, indessen die Uebergabe des Platzes hatten sie durchaus nicht zur Folge und es ist unzweifelhaft, daß die Franzosen nicht im Stande gewesen sein würden, bis zum letzten Augenblicke mit einem starken Geschützmanöver sich auf den Wällen zu behaupten, wenn die für das Bombardement verwendete Munition gegen die Wälle gerichtet worden wäre.

Es hätte nicht viel gefehlt, daß zuletzt die Kraft des Angriffs trotz seiner reichlichen Ausrüstung doch noch erloschen wäre, ohne zum Ziele zu gelangen.

§. 51.

Die Batterieen der ersten Parallele.

A. Die Rikoschettbatterieen.

Die Rikoschettbatterieen haben die Aufgabe, die in das Angriffsfeld vorspringenden Linien der Angriffs- und Nebenfronten zu desarmiren, um das Vorgehen der Sappen zu erleichtern und gegen den gefährlichsten Feind zu schützen, zugleich aber sollen sie die Armirungsfähigkeit dieser Linien so viel als möglich beseitigen und dabei die thätig erhaltenen Geschütze bekämpfen, indem sie theils die Querwälle niederwerfen, theils die durch selbige gedeckten Geschütze zu treffen suchen. Man rikoschettirt die Facen der Angriffsfront und die gegen das Angriffsfeld gerichteten Facen der Nebenfronten und zwar gleichzeitig die vor den Facen sich hinziehenden Aeste des gedeckten Weges; hieraus würden sich Rikoschettbatterieen gegen die 4 Facen der angegriffenen Bastione, wenn nur eine Front in Angriff genommen wird, gegen beide Facen des angegriffenen Ravelins und gegen die in das Angriffsfeld schießenden Facen der Nebenraveline ergeben; die Facen der Nebenbastione treten so weit zurück, daß es hinreichend ist, sie durch Mörser an einer gefährlichen Bewaffnung und Feuerthätigkeit zu hindern. Es ist für den Erfolg des Rikoschettfeuers von entscheidendem Einflusse, daß diese Batterieen in der Verlängerung der bezeichneten Linien angelegt werden.

Die Breite der Wallgänge und der Aeste des gedeckten Weges beschränken die Zahl der Geschütze dahin, daß höchstens 3 Geschütze gegen einen Wallgang oder gedeckten Weg in Thätigkeit gesetzt werden können, während zwei nothwendig sind, um eine ununterbrochene Feuerthätigkeit möglichst sicher zu stellen.

Auf den Wallgängen der Bastions- und Ravelinsfacen sind gewöhnlich stärkere Traversen, so wie näher an einander liegende zu bekämpfen, als auf den langen Aesten des gedeckten Weges; ferner liegen die Wallgänge weit höher, als die Batterieen; endlich sind sie mit schweren Geschützen armirt und die spätern Gefechtsobjekte der Demontirbatterieen, mithin in allen Beziehungen die schwierigsten und wichtigsten Gefechtsobjekte der Rikoschettbatterieen.

Hieraus ergibt sich:

9. „Die Rikoschettbatterieen sind der Querwälle wegen vor„zugsweise mit Granatgeschützen zu armiren."

10. „Jede Batterie erhält zur Bekämpfung des Wallganges „höchstens 3 und des vorliegenden gedeckten Weges in „der Regel 2 Geschütze."

11. „Gegen die Wallgänge, besonders derjenigen Facen, gegen „welche später Demontirbatterieen errichtet werden müssen, „werden wo möglich schwere Haubitzen, gegen den ge„deckten Weg kurze Kanonen oder leichte Haubitzen auf„gestellt."

Die Wirkungsdauer dieser Batterieen kann streng genommen nur von ihrem Erfolge abhängig gemacht werden, für welchen indeß das Schweigen der auf den beschossenen Linien thätig gewesenen Geschütze nicht als alleiniger Maßstab genommen werden darf, sondern auch die auf den Wallgängen angerichteten Zerstörungen. Man wird also die Rikoschettbatterieen so lange in Thätigkeit lassen, als es der nothwendige

Fortgang und die disponiblen Angriffsmittel gestatten, wobei vorausgesetzt bleibt, daß die vorliegenden Angriffsarbeiten und die nothwendigen Hauptbatterieen der zweiten Parallele durch das Rikoschettfeuer nicht gefährdet werden können.

Endlich müssen die Rikoschettbatterieen für den Fall der Ueberwältigung einzelner Demontirbatterieen als eine disponibel gehaltene Angriffskraft gegen die frei gewordenen Linien auftreten können, um eine erneuerte Armirung dieser Linien zu hindern. —

B. Die Enfilirbatterieen.

Die Enfilirbatterieen haben den gleichen Zweck gegen die dem Rikoschettfeuer entzogenen Linien der Angriffs- und Nebenfronten zu erfüllen, welchen die Rikoschettbatterieen gegen die Facen ausüben; d. h. sie sollen die Armirung jener Linien bekämpfen, so wie alle Arbeiten, welche der Vertheidiger unternimmt, um sich auf diesen Wällen eine starke Gefechtsbereitschaft und Widerstandsfähigkeit vorzubereiten.

Von den nicht rikoschettirten Linien sind die Kourtinen durch ihre Lage und Ausdehnung für die spätern Annäherungsarbeiten und die näher gerückten Parallelen am gefährlichsten; außerdem sind sie als die eigentlichen Reservewälle für das Frontal-Ferngefecht der Festung und als die letzten haltbaren Reservestellungen für das Geschützmanöver des Vertheidigers von einer hervorragenden taktischen Bedeutung. Die Entfernung der ersten Parallele würde wenig Aussicht gewähren, durch Mörserbatterieen die Armirung der Kourtinen in einem hinreichenden Maße niederzuhalten und gleichzeitig die auf diesen Wällen unternommenen Arbeiten zu bekämpfen; es ist also unerläßlich, die Kourtinen einer Enfilade durch Rohrgeschütz zu unterwerfen. Wir sagen die Kourtinen, weil nicht blos die Angriffskourtine, sondern auch die Nebenkourtinen und zwar diese eine um so bedeutendere Rolle spielen können, je stumpfer die Festungsfronten an einander stoßen.

Die Ausdehnung der ersten Parallele wird selten erlauben, sich mit den Enfilirbatterieen genau in die Verlängerung der Kourtine zu schieben und es wird bei stark befestigten Angriffsfronten, besonders bei solchen, welche durch starke, stumpf anstoßende Nebenfronten gut unterstützt sind, auch an hinreichenden Mitteln fehlen, die Nebenkourtinen durch besondere Enfilirbatterieen zu bekämpfen.

Da nun außerdem die Enfilirbatterie, welche die Angriffskourtine bestreicht, zugleich die in ihrer Feuerrichtung liegende Nebenkourtine in den Rücken fassen kann, so wird man höchstens zwei, häufig nur eine Enfilirbatterie zur Bekämpfung der Kourtinen errichten, welche dann so viel als möglich in die Verlängerung der Angriffskourtine gelegt wird.

Diese bis an die Flügel der ersten Parallele gerückte Lage der Enfilirbatterieen hat zweierlei zur Folge: 1. eine bedeutende Entfernung der Batterie von den entlegensten Punkten der zu beschießenden Linien und 2. den wichtigen Umstand, daß sie durch die spätern Parallelen nicht an der Fortsetzung ihres Feuers gehindert werden, sondern bis zum letzten Augenblicke, wenn es erforderlich ist, das Geschützmanöver der Kourtinen bekämpfen können. Dieß macht natürlich die Einfilirbatterieen zu höchst werthvollen Stützen, gewissermaßen zu Rückhaltsbatterieen des vorgerückten Angriffs, während die Rikoschettbatterieen dieß bloß für die zweite Parallele noch sind. —

Beachtet man hierbei noch, daß die Enfilirbatterie nicht genau in der Verlängerung der Kourtine liegt, außerdem aber in den verschiedenen Angriffsperioden das feindliche Geschützmanöver und die dazu nothwendigen Arbeiten auf den Nebenkourtinen und Flanken zu Gefechtsobjekten hat, daß sie also nicht Linien einfach bestreichen kann, sondern bestimmte Punkte auf denselben treffen soll, und endlich, daß oft zu gleicher Zeit mehrere wichtige Geschützstellungen oder Arbeiten des Vertheidigers zu gefährden sind, die Enfilirbatterie also ihr Feuer theilen muß, so ergeben sich folgende Gesetze:

12. „Die Enfilirbatterieen müssen mit den 'schwersten Ge„schützen armirt werden, um eine große Trefffähigkeit „auf den bedeutenden Entfernungen zu gewinnen.“

13. „Es ist ferner wichtig, ihren Treffern eine sehr bedeu„tende Geschoßwirkung zu sichern, deshalb auch besonders „werthvoll, neben den langen Kanonen vom schwersten „Kaliber schwere Haubitzen in die Enfilirbatterieen zu „stellen.“

14. „Es ist nothwendig, sie mit einer starken Geschützzahl „zu armiren, besonders wenn nur eine Enfilirbatterie er„richtet wird, um ihnen eine Theilung des Feuers ohne „Nachtheil für die Wirkung möglich zu machen.“

„Sechs Geschütze erscheinen als das Minimum, wenn man „gegen jede einzelne Kourtine mit 2 Geschützen dispo„nibel sein will. Kavaliere, Abschnitte und Reduits for„dern eine stärkere Bewaffnung.“

15. „Starke Enfilirbatterieen sind die kräftigste Schutzwehr für „die spätern Bau- und Armirungsperioden des Angriffs.“

16. „Die Enfilirbatterieen müssen ihr Feuer stets gegen be„stimmte Treffpunkte von augenblicklicher Wichtigkeit rich„ten und dürfen von ihrer werthvollen Gefechtskraft nie„mals zum bloßen Zwecke einer allgemeinen Beunruhigung „der Angriffs- und Nebenfronten Gebrauch machen.“

17. „Eine tiefe Lage der Enfilirbatterie und eine gesenkte „Stellung ihrer Geschütze entsprechen nicht der Herrschaft, „welche die Batterie über die verschiedenen Linien ihres „Feuerbereiches haben soll, und nicht der Nothwendigkeit, „in möglichst flach gehaltenen Flugbahnen zu wirken.“

Die hier entwickelten Gesetze charakterisiren die taktischen Verschiedenheiten, welche zwischen den Rikoschettbatterieen und der Enfilade bestehen; sie bezeichnen die letztere als das selbständigste, unveränderlichste und ausdauerndste Kampfmittel des Angriffs, so daß eine schwach gehaltene oder vernachlässigte Enfilade als ein wahrer Verstoß, als ein Gebrechen des förmlichen Angriffs erscheint. —

C. Die Mörserbatterieen.

Es ist eine für das Geschützmanöver der Vertheidigung und des Angriffs im Festungskriege höchst werthvolle Eigenschaft des Mörsers, daß derselbe durch seine Aufstellung eben so wenig, als durch vorliegende Werke und Arbeiten in seiner Feuerrichtung beschränkt wird und daß er durch seine stark gekrümmten Flugbahnen Ziele zu treffen im Stande ist, welche weder von Kanonen noch von Haubitzen erreicht werden können.

Die Rikoschettbatterieen haben eine ganz bestimmte Feuerrichtung, von welcher sie weder abweichen dürfen, ohne ihren Zweck zu verfehlen, noch abweichen können, ohne ihren Schüssen alle Aussicht auf einen nutzbaren Erfolg zu rauben. Diese Batterieen sind daher völlig hilflos gegen das Geschützmanöver auf den ihrem Feuer entzogenen und durch die Enfilade nicht hinreichend beherrschten Linien und Punkten der angegriffenen und nebenliegenden Werke.

Es sind daher Mörserbatterieen zunächst nothwendig zur vollständigen Beherrschung aller Linien und Punkte der angegriffenen und nebenliegenden Werke, so weit sie mit Erfolg gegen den Angriff auftreten können.

Die Mörserbatterieen der ersten Parallele sind also zunächst die nothwendigen Ergänzungsglieder des durch die Rikoschettbatterieen und durch die Enfilade begründeten Angriffs. Sie müssen als solche nicht allein das Geschützmanöver der Festung auf den jenen Feuern entzogenen Punkten verfolgen, die Kommunikation in den angegriffenen und nebenliegenden Werken, die Arbeiten auf denselben gefährden, sondern auch gegen die entferntern Werke auftreten, sobald deren Armirung für den Angriff lästig oder gefährlich werden kann.

Diese Zwecke fordern nicht allein eine große Trefffähigkeit auf den meist bedeutenden Schußweiten, sondern auch eine bedeutende Geschoßwirkung des einzelnen Treffers, um neben der Wirkung gegen das feindliche Geschütz zugleich die Wallgänge und Brustwehren in einer Weise zu beschädigen, welche die Armirungsfähigkeit der Werke erschwert und vermindert und so die Gefechtsbereitschaft gegen den nähern Angriff schwächt.

Diese für die Vollständigkeit des Erfolges der ersten Parallele unentbehrlichen Mörserbatterieen müssen eine Lage erhalten, welche ihre Wirkung gegen die angegriffenen und gegen die nächsten, dem Angriffe also gefährlichsten, Nebenwerke vorzugsweise begünstigt. Diesen Bedingungen entspricht die Lage auf den Kapitalen der beiden Angriffsbastione, des angegriffenen und der beiden nebenliegenden Raveline am meisten, weil die Mörserbatterieen hier dem gefährlichsten Geschützmanöver des Vertheidigers am nächsten sind, die wichtigsten Werke und Arbeiten der angegriffenen und nebenliegenden Fronten gleich bequem und gleich wirksam beherrschen und weil sie hier für ihren schwierigen Munitionstransport die nächsten gedeckten Kommunikationen finden.

Wir schließen nun zuvörderst:

18. „Die als unentbehrliche Ergänzungsglieder des Angriffs „in der ersten Parallele zu errichtenden Mörserbatterieen „müssen auf oder nahe den Kapitalen der angegriffenen „Bastione, des Angriffsravelins und der beiden Nebenraveline angelegt werden."

19. „Die Mörserbatterieen auf den Kapitalen müssen mit „schweren Mörsern und so stark, als es die vorhandenen „Mittel gestatten, armirt werden."

20. „Die Mörserbatterieen auf den Kapitalen der Nebenraveline müssen am stärksten und zahlreichsten ausgestattet „werden, um gleichzeitig gegen die Bewaffnung entfernterer Nebenwerke auftreten zu können."

21. „Wenn die Mörserbatterieen nicht blos gegen die feind-
„lichen Geschütze auftreten, sondern zugleich gegen die
„Armirungsfähigkeit der beschossenen Wälle, wie dieß gegen
„die Angriffs- und nächsten Nebenwerke der Fall ist, wirken
„sollen, so müssen sie zur Erzeugung eines starken Bom-
„benschlages gegen die Brustwehren, Wallgänge u. s. w.
„die Erhöhung von 45° anwenden, gegen die Armirung
„entfernter Nebenwerke dagegen flachere Flugbahnen."

Gestatten es die vorhandenen Angriffsmittel, so können die Mörser zur Verstärkung des Rikoschettfeuers und zur Unterstützung der Enfilirbatterieen mit großem Erfolge verwendet werden, oder endlich müssen die Mörserbatterieen, wenn einzelne wichtige Rikoschettbatterieen wegen Mangel an geeigneten Geschützen ausfallen, an Stelle derselben eintreten.

Bei zahlreich und stark traversirten Facen werden die Rikoschettbatterieen Mühe haben, die dicht hinter den Querwällen stehenden Geschütze zu vertreiben und dadurch das Vorschieben der Sappen zu erleichtern; desgleichen können die auf dem gedeckten Wege manövrirenden leichten Geschütze sich sehr lästig machen; eben so wird es in einzelnen Fällen von Werth sein, den Graben vor den rikoschettirten Wällen unsicher zu machen. Wenn aber auch die hier genannten Zwecke nicht vorwiegend zur Geltung kommen, so bleibt es, besonders bei stark ausgerüsteten Festungen und bedeutender Länge der Facen, von großer Wichtigkeit für den Bau der zweiten und dritten Parallele, wenn die Armirungsfähigkeit der Wallgänge eine erhebliche Schwächung durch Bombenschlag aus der ersten Parallele erleidet.

Es ist daher gegen eine starke und geschickt geleitete Vertheidigung in allen Fällen von großem Vortheile, die Rikoschettbatterieen durch einige Mörser, welche mit ihnen vereinigt werden, zu verstärken. Bei breiten Gräben können zwischen den gegen die Face aufgestellten Geschützen und denen gegen den gedeckten Weg ohne Unbequemlichkeit ein Paar Mörser placirt werden; hier erscheint ihre Aufstellung gleich vortheilhaft zur Beschießung des Wallganges wie des gedeckten Weges.

Hieraus ergibt sich als Gesetz:

22. „Die Mörser, welche man mit den Rikoschettbatterieen „zu deren Verstärkung oder Unterstützung vereinigt, müs„sen, der Entfernung wegen und um den die Geschütze „fehlenden Geschossen eine werthvolle Wirkung gegen die „Brustwehren und Wallgänge zu sichern, wenigstens von „mittlerem Kaliber sein, wenn es an schweren mangelt, „und sie schießen, sobald sie ihr Feuer gegen die Face rich„ten, stets unter einem Winkel von 45°, gegen den ge„deckten Weg dagegen unter flacheren Richtungswinkeln."

23. „Die Stelle ausfallender Rikoschettbatterieen muß durch „eine Batterie von schweren Mörsern bewaffnet werden, „damit nächst der Armirung der Face auch deren Armi„rungsfähigkeit so viel als möglich unterdrückt wird."

Die Enfilirbatterieen werden von den ihnen nächsten Wällen her stark beschossen, besonders, wenn die Enfilirbatterieen dem Vertheidiger sehr lästig fallen und die Kollateralwerke noch mit einigen schweren Geschützen armirt werden können. Es ist ein höchst wichtiger Erfolg, wenn es dem Vertheidiger gelingt, eine Enfilirbatterie zu unterdrücken, weil er dadurch Zeit gewinnt, eine Menge Arbeiten auf den Kourtinen und Flanken zu vollenden, welche für den Widerstand gegen die näher gerückten Angriffsarbeiten und Batterieen von großem Werthe sind; z. B. die Errichtung bedeckter Geschützstände u. s. w. Ist namentlich nur eine Enfilirbatterie errichtet und überdieß der Vertheidiger mit seinen Anstalten noch sehr im Rückstande, so wird Seitens der Festung Alles aufgeboten werden, die Enfilirbatterie, wenn auch nur theilweise und für einige Zeit zu überwältigen.

Gegen dieses Geschützmanöver der Festung wird die Enfilirbatterie nur durch eine zu ihrer Unterstützung angelegte

Mörserbatterie geschützt werden können, oder man vereinigt mit der Enfilirbatterie selbst einige Mörserstände, welche gegen lästig fallende Festungsgeschütze auftreten.

Es ergibt sich aus diesem Zwecke von selbst:

24. „Die zur Unterstützung der Enfilirbatterie bestimmten Mör„ser müssen von schwerem Kaliber und so aufgestellt sein, „daß sie sowohl gegen die nächsten Werke, als auch gegen „die zur Seite liegenden ihr Feuer abgeben können."

25. „Ist nur eine Enfilirbatterie errichtet, so darf dieselbe „nicht ohne Schutz gegen das Geschützmanöver der Kolla„teralwerke gelassen werden."

Nur auf diese Weise ist man sicher, daß die Enfilade in voller Kraft fortbestehen und während des ganzen Ferngefechts mit der Festung einen starken Rückhalt des vorgedrungenen Angriffs abgeben kann.

Offenbar kann die Frage, ob die Mörserbatterieen der ersten Parallele neben ihrem taktischen Zwecke den Versuch machen sollen, sich durch ein Bombardement des Innern zu einem ungewöhnlichen Erfolge zu erheben, prinzipiell nur verneint werden, wenn man nicht überreich mit Munition und Geschütz ausgestattet und berechtigt ist, den Widerstand der Festungsartillerie nicht als einen starken und hartnäckigen zu erachten.

Der förmliche Angriff nimmt so große Mittel in Anspruch, daß man sich zu ihm nur entschließt, wenn die schwächern, unzuverlässigern Angriffsformen keinen Erfolg versprechen, jede nähere Parallele ist in ihrer Existenz und in der Ergiebigkeit ihres Feuers so abhängig von einem gründlichen, tüchtigen Ertrage der voraufgegangenen, die erste Parallele ist in so vollkommener Bedeutung die Grundlage aller spätern Erfolge und verlangt eine so starke Armirung, daß ihre Mörserbatterieen um so weniger an ein Bombardement des Innern denken dürfen, je mehr man auf einen tüchtigen und geschickten Widerstand der Festungsartillerie gefaßt sein muß, je weiter die regelrecht und dicht bebauten Stadttheile vom Glacis der Angriffs- und Nebenfronten zurücktreten und je weniger durch das Bombardement der erreichbaren Stadttheile die Subsistenz der Besatzung bedroht werden kann.

Nur dann, wenn wichtige Aufbewahrungsräume mit Aussicht auf Erfolg, also auf nicht zu großen Schußweiten, gefährdet werden können, ist der Versuch eines Bombardements gerechtfertigt. —

§. 52.

Vertheidigung gegen die erste Parallele.

Sobald sich die erste Parallele mit ihrer vollen Armirung in Thätigkeit gesetzt hat, darf die Festungsartillerie sich nur mit gut gedeckten Geschützen, also mit sehr ermäßigten Kräften auf den unter dem Feuerstriche der Rikoschett- und Enfilirbatterieen stehenden Linien und Wallgängen behaupten, theils um sich nicht großen Verlusten auszusetzen, theils, um nicht auf den sehr gefährdeten Linien zu übermäßigen und gefährlichen Arbeiten gezwungen zu sein.

Die Geschütze, welche vor dem Rikoschettfeuer und der Enfilade zurückweichen müssen, können nur zum Theil auf den geschützteren Punkten der angegriffenen und nebenliegenden Festungswerke in Thätigkeit gesetzt werden, sind also zum Widerstande gegen die Angriffsbatterieen theils in ungünstige Feuerrichtungen, theils auf sehr große Schußweiten zurückgedrängt.

Die Widerstandskraft der Festungsartillerie gegen die Angriffsbatterieen der ersten Parallele ist also nicht allein quantitativ, sondern auch qualitativ herabgedrückt und auf dieses gegenseitige Kraftverhältniß muß das Verfahren des Vertheidigers gestützt werden, welcher hierbei seine Gefechtsbereitschaft und Widerstandsfähigkeit gegen die näher gerückten Angriffsstadien stets im Auge behalten muß.

Um ein Bild von der Widerstandsfähigkeit der Festung

gegen die hier in Betracht kommende Angriffsperiode zu gewinnen, müssen wir die Armirungsfähigkeit der gegen den Angriff brauchbaren Theile der angegriffenen und Nebenwerke untersuchen.

Auf den rikoschettirten Facen der Bastione und Raveline werden außer dem in der Spitze durch Bonnetirung derselben gut gedeckten Geschütz nur noch wenige durch die Traversen gesicherte Schartengeschütze sich behaupten können.

Waren die Spitze und die Facen durch schweres Geschütz armirt, und sind Verluste an schweren Kalibern besonders zu fürchten, so wird man die schweren Kaliber auf die weniger bedrohten und entferntern Punkte der Nebenwerke zurückziehen und durch schwächere Kaliber ersetzen müssen.

Die Flanken werden durch das Rikoschettfeuer und zum Theil durch die Enfilade so gefährdet sein, daß schon ihre zur Grabenbestreichung nothwendige Armirung sehr bedroht ist, abgesehen davon, daß ihre geringe Länge und ihre Lage sich wenig zu einer kraftvollen Aeußerung gegen die ersten Angriffsstadien eignet.

Die Kourtinen, besonders, wenn sie nicht vollständig in den Feuerstrich der Enfilirbatterieen fallen, sind durch ihre Länge und Lage am geeignetsten, dem Ferngefecht gegen den Angriff eine beachtenswerthe Stärke und günstige Feuerrichtung zu verleihen, indem sie gewissermaßen die Frontalbatterieen des Vertheidigers bilden. Auf ihnen muß die Festungsartillerie den Kern ihres Geschützmanövers entwickeln und sich mit derjenigen Veränderlichkeit in der Stärke und Aufstellung der Geschütze thätig machen, welche die Wirkung der Enfilade fordert und zuläßt.

Von welcher Wichtigkeit für den Widerstand die durch Querwälle gegen die Enfilade geschützte Angriffskourtine sein muß, ist einleuchtend; sie ist gewissermaßen der Kern des Frontalgefechts gegen den Angriff.

Die Kollateral-Kourtinen werden nur dann mit erheblichen Geschützkräften gegen das Angriffsfeld sich wirksam machen können, wenn sie unter einem sehr stumpfen Polygonwinkel gegen die Angriffsfront gerichtet sind, in allen Fällen aber Gelegenheit darbieten, mit schweren Mörsern gegen einzelne Batterieen und gegen Annäherungen zu manövriren. Die gegen das Angriffsfeld gerichteten Facen der Nebenraveline und Nebenbastione, so wie die entsprechenden Flanken geben, besonders wenn erstere nicht rikoschettirt werden, günstige Aufstellungspunkte für schwere Kanonen, Haubitzen und Mörser und bilden auf der einen Seite die Flankenpositionen der Festungsartillerie gegen die Annäherungen, auf der andern Seite geben sie die Mittel an die Hand, gegen einzelne sehr wirksame Angriffsbatterieen, oder gegen solche, welche schlecht unterstützt sind, durch Vereinigung ihres Feuers mit Erfolg aufzutreten.

Auf den langen Aesten des gedeckten Weges manövriren leichte Geschütze und benutzen jede gedeckte oder mangelhaft beherrschte Stellung, um gegen die Annäherungsarbeiten und besonders gegen den Bau der nähern Parallelen aufzutreten, während der Vertheidiger sich in den ausspringenden Winkeln des gedeckten Weges mit leichtem Geschütz hartnäckig zu behaupten sucht.

Wenn wir diese gesamte Bewaffnung der gegen den Angriff gerichteten Linien und Werke in Betracht ziehen, so sehen wir trotz der geringen Geschützzahl auf den stark bestrichenen Linien und Wällen doch, daß der Vertheidiger zusammengenommen mit einer bedeutenden Armirung unter dem Feuer des Angriffes steht und dem entsprechend nicht allein große Mittel verbraucht, auf einen empfindlichen Abgang gerüstet sein muß, sondern auch mit bedeutenden Emplacements-, Herstellungs- und Ersatzarbeiten beladen wird.

Beachtet man hierbei noch, daß die Aufsparung der nöthigen Mittel und Kräfte für den Widerstand gegen den nähern

Angriff vorzugsweise nur durch eine richtige Oekonomie des Widerstandes gegen die ersten Angriffsstadien erreicht werden kann, daß ferner die großen Schußweiten für die Wirkung der auf den Kollateralwällen aufgestellten Geschütze nicht günstig sind, so sprechen viele und gewichtige Gründe gegen einen stärkern Kraftaufwand in der ersten Periode der Vertheidigung.

Es wird für den Totalerfolg, für die Dauer des Widerstandes weit angemessener sein, mit verhältnißmäßig wenigen, aber geschickt placirten und hartnäckig behaupteten Geschützen dem Angriffe und seinen Arbeiten entgegenzutreten, sich in einer steten Gefechtsbereitschaft für günstige Widerstandsmomente zu erhalten, als sich mit zahlreichem Geschütz dem feindlichen Feuer Preis zu geben, sich erschöpfenden Verlusten und überwältigenden Arbeiten auszusetzen und zwar in einer Zeit, wo der Angriff den größten Theil der Wälle durch wenige Geschütze flankiren und in einer umfassenden ausgedehnten Aufstellung bekämpfen kann.

Hieraus ergeben sich folgende allgemeine Gesetze für den Widerstand gegen die erste Parallele und gegen die Annäherung zur zweiten, so wie gegen den Bau und die Armirung derselben:

26. „Der Vertheidiger muß seine Widerstandsmittel vorzugsweise gegen die Annäherungsarbeiten, gegen den Bau und die Armirung der zweiten Parallele richten und darf auf den rikoschettirten Linien nicht mehr Geschütze thätig lassen, als zu dem vorgenannten Zwecke erforderlich sind. Von diesen Linien her einen Geschützkampf gegen die feindlichen Batterieen zu entwickeln, ist völlig unstatthaft."

27. „Die auf den rikoschettirten Linien thätigen Geschütze dürfen daher keine andern Zwecke verfolgen, als die Verzögerung und Zerstörung der Sappenarbeiten, ihr Feuer nicht in andere Richtungen ablenken."

28. „Die auf den übrigen Linien etablirten Geschütze haben „zunächst den Zweck, den Kampf der vorbezeichneten Ge„schütze gegen die Annäherungsarbeiten zu verstärken, das „zeitweise Schweigen einzelner derselben auszugleichen, „schlecht allignirte Laufgräben unter Feuer zu nehmen „und mit den überschüssigen Kräften sich gegen einzelne „Schwächen des Angriffs, oder gegen sehr gefährliche „Batterieen desselben zu wenden."

29. „Im Uebrigen muß sich der Vertheidiger darauf be„schränken, in steter Gefechtsbereitschaft für den Eintritt „günstiger Momente, für besondere Fälle, zu beharren, „seine Hauptkraft aber gegen den näheren Angriff auf„zusparen."

30. „Gelingt es, einzelne Batterieen ganz oder großentheils „zum Schweigen zu bringen, so müssen die dadurch vom „Feuer befreiten Linien sofort stärker bewaffnet werden; „der hieraus entstehende Zuwachs muß zunächst „die Zerstörung der feindlichen Annäherungs„arbeiten erstreben und dann erst gegen andere „Angriffsbatterieen sich wenden, denn ein allge„meiner Kampf gegen die Batterieen der ersten Parallele „und eine Zerstörung derselben wird wegen der dazu er„forderlichen Mittel selbst im glücklichsten Falle kein statt„haftes Ziel für einen solchen momentanen Aufschwung „gegen den Angriff sein."

31. „Ein dem Erfolge sorgsam angepaßter Munitionsverbrauch, „namentlich der Hohlgeschosse, ist im Interesse des spätern „Widerstandes streng geboten."

32. „Gegen den entdeckten Bau der zweiten Parallele feuern „besonders die Geschütze des gedeckten Weges mit Kar„tätschen, Haubitzen und Mörser mit Hohlgeschossen, um „zunächst die Vollendung derselben zu hindern."

33. „Gegen die noch unvollendeten Theile der zweiten Parallele,

„gegen den Bau und die Armirung ihrer Batterieen tritt „auf den vom Rikoschettfeuer und von der Enfilade freien „oder schwach beherrschten Punkten eine angemessene Ge„schützverstärkung ein."

34. „Das Verfahren gegen die Vollendung und Armirung „der zweiten Parallele regelt sich nach gleichen Gesetzen, „wie gegen die erste Parallele; nur wird wegen der gro„ßen Nähe der Parallele der Vertheidiger in einer weit „günstigern Lage gegen die Angriffsarbeit sein und eine „besonders wirksame Anwendung von seinen „Hohlgeschossen aus kurzen Kanonen, Haubitzen und „Mörsern machen."

35. „Die Kollateralwerke gewinnen durch ihre Lage gegen die „zweite Parallele eine für den Bau und die Armirung „der Batterieen besonders gefährliche Stärke ihrer Ge„schützstellungen, sie sind daher so stark zu bewaffnen, als „es das gegen sie gerichtete feindliche Feuer gestattet."

Wir sagen hier nichts über den Gebrauch der Kaliber und Geschosse, sondern nur über den Zweck der Geschütze, nach welchem die Kampfmittel auf Grund der früher darüber entwickelten Gesetze geregelt und zugemessen werden müssen. —

Drittes Kapitel.

Die zweite Parallele und die Vertheidigung dagegen.

§. 53.

Der taktische Zweck und das taktische Ziel der zweiten Parallele.

Die erste Parallele hat durch ihr Rikoschettfeuer die Facen der angegriffenen und nebenliegenden Werke nebst den vorliegenden Aesten des gedeckten Weges in solchem Maße desarmirt, daß der Sappeur mit seinen Annäherungen bis zur Baustelle der zweiten Parallele vordringen konnte; außerdem sind diese für die zweite Parallele und die spätern Annäherungen gefährlichsten Linien durch die Zerstörungen an den Querwällen und Brustwehren und durch Bombenschlag in einen Zustand versetzt worden, daß eine starke Armirung derselben nicht mehr ausführbar sein wird. Nur wenige brauchbare Schartenstände werden auf jeder Face noch vorhanden sein, um gegen die Annäherungen zu wirken und für die spätern Perioden aufgespart zu bleiben.

Die Enfilade und die Mörserbatterieen der ersten Parallele haben außerdem die Bewaffnung der nicht rikoschettirten Linien und Wälle bekämpft und zum Theil vertrieben, ohne aber in demselben Maße die Armirungsfähigkeit dieser Theile der Angriffs- und Nebenfronten erschüttert zu haben, wie dieß die Rikoschettbatterieen vermochten.

Gegen diese zurückliegenden Theile der Festung, welche einer Annäherung bis an den Fuß des Glacis noch zu kräftig entgegentreten würden, besonders wenn sie hierbei von den auf den Facen noch behaupteten Geschützständen unterstützt wären, kann von der zweiten Parallele noch kein Frontalkampf mit hinreichender Kraft aufgenommen werden, wenn nicht die erste Parallele durch ihre Enfilirbatterieen, durch die nicht maskirten Rikoschettbatterieen und durch ihr Mörserfeuer die Wirkung der zweiten Parallele unterstützt und vervollständigt.

Die zweite Parallele würde einmal nicht Raum genug für eine überlegene Artilleriestellung darbieten, wollte man mit ihrer Eröffnung die Batterieen der ersten Parallele schweigen lassen und andrer Seits würde ein ausgedehnter Batteriebau in der zweiten Parallele mit so großem Zeitverlust und Gefahr gegenüber einer noch starken Bewaffnung der Festungswerke verbunden sein, daß eine selbständige Attaque in der zweiten Parallele nur schwer begründet werden könnte.

Der taktische Zweck der zweiten Parallele ist daher kein andrer, als die Armirung und Armirungsfähigkeit der durch das Rikoschettfeuer angegriffenen Facen der Bastione und Raveline vollständig zu überwältigen, mithin die für die weitere Annäherung hinderlichsten Geschützstellungen der Vertheidigungsartillerie zu beseitigen und auf diese Weise können wir die zweite Parallele nur als eine Ergänzung des durch die erste Parallele begonnenen Angriffs, als eine vorgeschobene Verstärkung derselben ansehen. Die zweite Parallele soll also kurz gesagt die Vollendung des Rikoschettangriffs erstreben.

So findet sich denn ihr Ziel in der Zerstörung aller noch auf den Facen brauchbar verbliebenen Schartenstellungen.

Hieraus ergeben sich nun folgende Gesetze:

36. „Die zweite Parallele ist der von der ersten Parallele vor„geschobene Frontalangriff gegen die rikoschettirten Facen."

37. „Sie muß nur die zu diesem Zwecke unentbehrlichsten „Batterieen so wie die für selbige unerläßlichen Unter-

„stützungsbatterieen enthalten und es dürfen die Riko=„schettbatterieen durch die Batterieen der zweiten Parallele „so wenig als möglich in der Fortsetzung ihres Angriffs „gehindert werden.“

38. „Die in der zweiten Parallele zu etablirenden Unter=„stützungsbatterieen, müssen, so weit es die vorhandenen „Angriffsmittel erlauben, einen Zuwachs der bereits thä=„tigen Artillerie bilden, um gegen die Festungsartillerie „die ganze disponible Ueberlegenheit des Ferngefechts in „das Spiel zu bringen.“

39. „Das von der ersten und zweiten Parallele ge=„meinschaftlich zu erstrebende Ziel besteht in der „vollständigen Ueberwältigung der Raveline, der Bastions=„facen, der langen Aeste des gedeckten Weges, in der „Vertreibung der Geschütze, welche durch direktes Feuer „von den Flanken und Kourtinen her gegen die Annähe=„rung bis zum Fuße des Glacis auftreten könnten.“

40. „Die Demontirbatterieen sind die Hauptbatterieen „der zweiten Parallele; ist die erste Parallele sehr ent=„fernt, oder manövrirt der Vertheidiger stark mit Mörser=„feuer, so muß die zweite Parallele zur nothwendigen „Unterstützung der Demontirbatterieen noch mit Mörser=„batterieen armirt werden; hierzu müssen bei beschränkten „Angriffsmitteln allenfalls einige Mörserbatterieen der „ersten Parallele desarmirt und nach der zweiten verlegt „werden.“

41. „Die Enfilirbatterieen und die gegen die Kollateralwerke „errichteten Mörserbatterieen der ersten Parallele dürfen „ihr Feuer unter keinen Umständen einstellen, die Riko=„schettbatterieen so wenig als irgend zulässig.“ —

§. 54.

Die Batterieen der zweiten Parallele.

A. Die Demontirbatterieen.

Die Demontirbatterieen sollen nicht allein die Schartengeschütze von den Ravelins- und Bastionsfacen vertreiben, dabei zugleich möglichst zerstören, sondern auch die Scharten selbst zusammenwerfen, überhaupt die Brustwehren der genannten Wälle so viel es geht unbrauchbar machen, damit der Vertheidiger nicht leicht mehr hinter ihnen mit Geschütz gegen die weiter vorgerückten Annäherungen manövriren kann. Nur dadurch können sie ihre Aufgabe vollständig lösen.

Hieraus folgt zunächst:

42. „Die Demontirbatterieen müssen zur Erreichung beider „Zwecke mit Vollkugeln und mit Hohlgeschossen wirken, „daher gleichzeitig mit kurzen und langen Kanonen, (von „letztern sind mittlere Kaliber theils ausreichend, theils „den schweren vorzuziehen,) armirt werden."

43. „Alle gegen die Annäherungsarbeiten gerichteten Facen „müssen demontirt werden, besonders aber solche, gegen „welche keine Rikoschettbatterie angelegt worden ist."

44. „Die Demontirbatterieen müssen den Facen möglichst gleichlaufend angelegt werden."

45. „Die Demontirbatterieen sind so stark zu armiren, daß sie „der zu bekämpfenden Face mit entschiedener Ueberlegenheit entgegentreten können; 6 bis 8 Geschütze werden „die gewöhnliche Zahl ausmachen, um auf jede feindliche „Scharte mit 2 Geschützen zu richten, weil man sonst „Gefahr läuft, beim eintretenden Schweigen einzelner „Geschütze feindliche Scharten gar nicht bekämpfen zu „können."

Das nähere Verhalten der Batterieen, die technischen Beziehungen des Gebrauches und der Bedienung der Geschütze gehören nicht hierher, eben so wenig ihre Ausrüstung, deren Menge lediglich von der Treffwirkung, von der Stärke und Festigkeit der feindlichen Scharten abhängig sein wird und nach Erfahrungssätzen zu regeln ist. —

B. Die Mörserbatterieen.

Es ist bereits entwickelt worden, daß die Mörserbatterieen in der zweiten Parallele theils den Zweck haben, die Demontirbatterieen zu unterstützen, nöthigen Falls das eingetretene Schweigen einzelner Geschütze dieser Batterieen auszugleichen und im Allgemeinen dieselben gegen feindliche Mörser in Schutz zu nehmen, theils das Mörserfeuer der ersten Parallele zu verstärken und allgemeiner über die Festungswerke des Angriffs und der Nebenfronten zu verbreiten, um das Geschützmanöver des Feindes gänzlich zu erdrücken; endlich können Mörserbatterieen aus der ersten in die zweite Parallele verlegt werden, um durch die größere Nähe ihre Wirksamkeit zu steigern.

Die Mörserbatterieen der zweiten Parallele, wenn dieselbe so stark armirt werden kann, zerfallen demnach 1. in Unterstützungsbatterieen des Demontirfeuers, 2. in Verstärkungsbatterieen des Mörserfeuers der ersten Parallele und 3. in Batterieen, welche aus der ersten Parallele in die zweite verlegt worden sind.

Wir haben aber auch hingedeutet, daß die größere Nähe der zweiten Parallele zur Festung, so wie ihre geringere Länge den Bau zahlreicher Batterieen theils sehr erschweren und gefährlicher, theils wegen der entstehenden Ueberfüllung mit Artillerie unrathsam machen und wir fügen hinzu, daß der bedeutende Munitionsverbrauch zahlreicher Batterieen in der zweiten Parallele sowohl die geregelte Versorgung mit Munition bedeutend erschweren, als auch die zur zweiten Parallele führenden Kommunikationen in bedenklicher Weise überfüllen würde. Es muß aber als ein unverbrüchlicher Grundsatz festgehalten werden, daß die Angriffsbatterieen um so geregelter und sichrer mit Munition versorgt und gegen Stokkungen ihrer Feuerthätigkeit gesichert sein müssen, je näher sie der Festung liegen. Man wird daher die Zahl der Mörserbatterieen in der zweiten Parallele so sehr beschränken, als es der Zweck und die Existenz der zweiten Parallele, so wie die zur völligen Unterdrückung der Festungsartillerie unerläßliche Ueberlegenheit der Angriffsartillerie zulassen.

Wir schließen hieraus zunächst:

46. „Jede nicht dringend gebotene Verlegung einer Mörser„batterie aus der ersten in die zweite Parallele ist zu „vermeiden."

47. „Jede gebotene Verlegung muß nach den Flügeln der „zweiten Parallele Statt finden, theils weil hier der „meiste Raum sich vorfindet, theils weil die hierher ver„legten Mörserbatterieen zugleich am meisten zur Sicherung „der Parallele gegen Kollateralfeuer beitragen können."
„Diese Batterieen müssen mit schweren Mörsern und nicht „schwach armirt sein."

48. „Die Unterstützungsbatterieen finden ihre ange„messenste Lage zwischen zwei nahe bei einander liegenden „Demontirbatterieen, müssen eine für beide Batterieen hin„reichende Geschützzahl erhalten und zwar von mittlerem „und leichtem Kaliber, weil sie vorzugsweise gegen die „feindlichen Geschütze und Mannschaften wirken sollen."

49. „Die Verstärkungsbatterieen werden ihre Stelle er„halten, wo die zweite Parallele die freiesten Räume „darbietet; auf den Flügeln, wenn diese nicht bereits be„setzt wurden, sind sie des Kollateralfeuers wegen am „nützlichsten und in diesem Falle mit Mörsern schweren „Kalibers zu armiren, sonst mit mittlern und leichten „Mörsern, da diese auf mittlern Schußweiten gegen die „feindlichen Geschütze ausreichen und die Heranschaffung „der Munition erleichtern."

Wenn die größere Nähe der zweiten Parallele der als versuchswürdig erkannten Anwendung des Bombardements günstig ist, so muß dieß von den für diesen Zweck errichteten und armirten Mörserbatterieen auf den Flügeln der Parallele ausgeführt werden, während die Unterstützungsbatterieen ihr Feuer nicht von der Armirung der Werke ablenken, so lange nicht ein bedeutender Erfolg des Bombardements ihre Mitwirkung gegen die Brandstellen dringend fordert. —

§. 55.

Vertheidigung gegen die zweite Parallele.

Unter dem Feuer der Demontirbatterieen, der Mörserbatterieen in beiden Parallelen, der, wenn auch vielleicht verminderten, Rikoschettgeschütze und der Enfilade, also im Stadium der stärksten Entwickelung des Artillerieangriffs, kann der Vertheidiger sich nur noch mit wenig Geschütz auf den dem feindlichen Feuer entzogenen Linien und Punkten der Angriffs- und Nebenfronten behaupten, auf den Facen und Flanken der Angriffsfront nur in bedeckten Geschützständen; auf den Kourtinen werden kaum ein Paar Schartengeschütze und einige Mörser in veränderlicher Stellung am Fuße des Wallganges sich mit großer Mühe behaupten können. Auf den Kollaterallinien dagegen wird es möglich sein, sich stärker zu entwickeln, besonders wenn einzelne derselben nicht rikoschettirt werden, namentlich kann auf den Kollateralkourtinen mit Mörsern freier und stärker manövrirt werden.

Sind die eingehenden Waffenplätze und die Raveline mit bombensichern Reduits versehen, so dienen diese als Zufluchtsstätte für Kanonen und leichte Haubitzen, mit denen man in jedem günstigen Momente schnell auftritt und sich wieder zurückzieht, sobald die Gefahr der Vernichtung es gebietet.

Es ist von Wichtigkeit, sich auf den Facen der Angriffsfront einige Scharten aufzusparen, um dieselben schnell mit leichtem Geschütz besetzen zu können, wenn das etwa eintretende Schweigen einer Demontirbatterie dazu einladet, weil mit diesem Geschütz die vorgetriebenen Sappen in sehr wirksamer und gefährlicher Weise bekämpft werden können.

Man muß nun fragen, was für Zwecke der Vertheidiger mit diesen geringen Mitteln verfolgen, welches Ziel er sich vorstecken kann, welche Opfer er für die Erreichung seiner Absicht bringen darf.

Die wenigen Schartenstände für Kanonen und Haubitzen auf den Kollaterallinien, welche ohne zu große Opfer besetzt zu halten sind und die bedeckten Stände für Rohrgeschütze, so wie die in veränderlichen Aufstellungen manövrirenden Mörser, leichten Kanonen und Haubitzen werden die Arbeitskräfte in so bedeutender Anspannung erhalten, daß schon deshalb der Vertheidiger gezwungen ist, sich mäßige Zwecke und Ziele vorzustecken. Beachtet man hierbei noch, daß mit dieser mäßigen Kraftentwickelung immerhin bedeutende Verluste sich verbinden, also auch starke Ersatzmittel erforderlich werden können und daß der Angriff in eine immer beengtere unbehilflichere Lage sich einzwängen muß, sobald er näher rückt, namentlich wenn er im Kouronnement und in der Einwohnung auftritt, daß also gegen diese Angriffsstadien die Aufsparung hinreichender Widerstandskräfte (Geschütz, Munition, Bedienungs- und Arbeitskräfte) von der äußersten Wichtigkeit und Wirkung sein muß, so ist es einleuchtend, daß der Vertheidiger gegen das kombinirte Feuer der ersten und zweiten Parallele sich weder zu sehr in Verlust und Gefahr setzen, noch weit weniger in einen Geschützkampf einlassen darf.

Hieraus folgt:

50. „Die Bekämpfung der aus der zweiten Parallele vor„brechenden Laufgrabenarbeit und der Kommunikation in „denselben ist der Hauptzweck des Vertheidigers in diesem „Stadium der Belagerung.“

51. „Die wenigen Kanonen und Haubitzen, mit welchen sich „der Vertheidiger noch behaupten kann, sind die wirksam„sten Mittel, das Vortreiben der Sappen aufzuhalten, „und dürfen deshalb ihr Feuer nur gegen die Sappen„spitzen und die Laufgräben richten und sich niemals von „diesen abwenden, um die Batterieen zu bekämpfen."

52. „Die Mörser müssen zunächst den Kampf gegen die An„näherungen des Angriffs so weit unterstützen, als es die „Erreichung des Hauptzweckes fordert; mit der noch über„schüssigen Kraft aber müssen sie versuchen, einzelne be„sonders gefährliche Angriffsbatterieen, also vorzugsweise „Demontirbatterieen, zu erdrücken."

Außer den oben angedeuteten Gesichtspunkten für die Aufsparung hinreichender Widerstandskräfte gegen die letzten Angriffsstadien bleibt die Gefechtsbereitschaft gegen den Bau der dritten Parallele und die mit der zunehmenden Vertreibung der Kanonen und Haubitzen steigende Wichtigkeit des Mörserfeuers eine dringende Forderung, sich eine hinreichende Anzahl Mörser aller Kaliber gegen die dritte Parallele und das Kouronnement aufzusparen, von den Kanonen und Haubitzen die zur Armirung der Reduits, Grabenwerke und Abschnitte erforderlichen Piecen, so wie einige Mittel zurückzuhalten, um auf den gegen das Kouronnement und den Grabenübergang noch brauchbar gebliebenen Punkten zu erscheinen.

Wenn nun in den zur dritten Parallele und weiter vorwärts getriebenen Laufgräben, und in der dritten Parallele selbst zu allen Zeiten Material, Truppen und Arbeiter sich dicht zusammengedrängt finden, so wird der Vertheidiger bei einer geschickten Verwendung seiner Mittel im Stande sein, mit wenigen Geschützen sehr wirksam und hinderlich zu werden.

Die Angriffsarbeiten von der dritten Parallele ab werden immer schwieriger und zeitraubender, so daß der taktische Totalerfolg der Vertheidigung, nicht in den Erfolgen gegen einzelne

Angriffsbatterieen, besonders der ersten Stadien, seine Hauptfaktoren gewinnt, sondern in dem zur Eroberung des Platzes erforderlich gewesenen Aufwande von Kraft und Zeit, also in der Widerstandsdauer der Festung gegeben ist. Die Bekämpfung und Verzögerung der schwierigsten Arbeitsperioden des Angriffs bleibt daher das wichtigste Ziel der Vertheidigung und so müssen wir mit näherer Beziehung auf den Widerstand gegen die erste und zweite Parallele mit dem Gesetz schliessen:

53. „Nicht durch die Erfolge gegen die ersten Annäherungen „und gegen die Batterieen der ersten und zweiten Parallele, „sondern durch die richtige Abmessung des Widerstandes „gegen die einzelnen, besonders gegen die nähern Angriffs-„stadien wird eine große Widerstandsdauer begründet.“—

Viertes Kapitel.

Die halbe Parallele, die bewaffneten Annäherungen zur dritten Parallele und die Vertheidigung dagegen.

§. 56.

Der taktische Zweck und das taktische Ziel der halben Parallele und bewaffneten Annäherungen.

Wenn auch der gedeckte Weg nicht mit Blockhäusern oder gemauerten Reduits in den eingehenden Waffenplätzen versehen ist, so wird in vielen Fällen doch die Wirkung der Rikoschett-geschütze, besonders, wenn dazu nur Kanonen mittlern Kalibers genommen werden konnten, oder wenn man zur Armirung der zweiten Parallele einen Theil der Rikoschettgeschütze in diese verlegen müßte, nicht hinreichend gewesen sein, die Vertheidigungsfähigkeit des gedeckten Weges in dem Maße zu erdrücken, daß die Annäherung zur dritten Parallele und der Bau derselben genügend sicher gestellt wäre. Kann der Vertheidiger in den eingehenden Waffenplätzen nur mit einem leichten Geschütz auftreten, oder gar noch auf den langen Aesten manövriren, ist er im Stande, die Pallisadirungen und Traversen einigermaßen herzustellen, um den gedeckten Weg gegen den gewaltsamen Angriff zu sichern und dadurch das Kouronnement zu verzögern, so hat der Angriff mit bedeutenden Schwierigkeiten zu kämpfen und erleidet einen großen Zeitverlust.

Vorhandene Blockhäuser oder Mauerreduits würden aber den Bau und die Existenz der dritten Parallele in steter Gefahr halten, so wie das Kouronnement nicht zu Stande kommen lassen.

Wir haben der Ausfälle nicht gedacht, welche sich mit einem vertheidigungsfähigen gedeckten Wege und mit sturmfreien Waffenplätzen verbinden würden.

Der taktische Zweck der halben Parallele ist daher: die völlige Vertreibung des Feindes aus dem gedeckten Wege und die Beseitigung der Sturmfreiheit der eingehenden Waffenplätze durch direktes Feuer, wozu sich die dritte Parallele ihrer Lage wegen nicht eignen würde, während die frühern Parallelen theils zu entfernt lagen, theils mit der Ueberwältigung der Wälle vollkommen beschäftigt waren.

Das taktische Ziel der halben Parallele ist also in der völligen Unterdrückung jedes Geschützmanövers im gedeckten Wege, in der Fernhaltung aller Truppen und Arbeiter aus demselben und in der vollkommenen Zerstörung der Blockhäuser und Reduits der eingehenden Waffenplätze gegeben. —

§. 57.

Die Armirung der halben Parallele.

A. Zum Rikoschettiren der langen Aeste des gedeckten Weges stellt man in der Verlängerung derselben, so weit sie kouronnirt werden sollen, ein Paar Haubitzen leichten Kalibers auf, indem man zu diesem Zwecke aus den Annäherungen zur dritten Parallele mit Laufgräben seitwärts herausgeht oder die Zickzacks angemessen verlängert. In Ermangelung der Haubitzen würden leichte Mörser diese Stellen einnehmen, welche man zur Unterstützung des Rikoschettfeuers noch außerdem in den Haken der einzelnen Zickzacks aufstellen kann.

B. Gegen Blockhäuser und Reduits etablirt man, der Spitze des eingehenden Waffenplatzes gegenüber oder doch nahe dieser Lage, ein Paar schwere Haubitzen in ähnlicher Weise, wie die leichten untergebracht werden.

Es ist wichtig, daß diese Geschütze ihre Aufgabe vollständig lösen und zu dem Ende von den zurückliegenden Mörserbatterieen gegen das feindliche Geschütz, welches etwa noch auf dem Ravelin oder dem Hauptwalle manövriren sollte, gehörig in Schutz genommen werden. Schon das Schützenfeuer von den zurückliegenden Wällen kann die Geschütze der halben Parallele empfindlich belästigen, so daß besonders die mittlern und leichten Mörser gegen die Besatzung des Ravelins und Hauptwalles, auch wenn keine Geschütze auf selbigen sich zeigen, ihre Thätigkeit zu richten haben. —

§. 58.

Vertheidigung gegen die halbe Parallele.

Das Prinzip der Vertheidigung gegen die halbe Parallele und die bewaffneten Zickzacks stützt sich auf keine andern Gründe und Verhältnisse, als sie für die Annäherung vorwärts der zweiten Parallele angegeben worden sind.

Die Bauart der Sappen und der dritten Parallele im Bereiche des Schützenfeuers aus dem gedeckten Wege und von den dahinter liegenden Wallgängen zwingt zu stärkerem Materialverbrauche und zu erschwerter Arbeit, so daß selbst bei einem langsamen Vortreiben der Sappe doch stets Arbeiter und Zuträger die Laufgräben passiren; außerdem aber müssen stets Wachen zur Sicherstellung des Sappeurs gegen Ausfälle in den Zickzacks aufgestellt sein.

Wenn hierzu noch die Einrichtung und Armirung der Geschützstände, welche vorher bezeichnet wurden, so wie die spätere Munitionsversorgung derselben kommt, so ist es einleuchtend, daß der Vertheidiger jetzt schon mit wenigen Geschützen, besonders mit Mörsern sich dem Belagerer sehr lästig machen kann.

Es ist also auch in diesem Stadium des Angriffs nicht der Kampf gegen die Geschütze der halben Parallele, nach welchem der Vertheidiger seine Absichten lenken darf, sondern, und in weit höherem Grade als früher, die Konzentrirung aller seiner disponiblen Mittel gegen die Annäherungen. Eine Ausnahme hiervon ist nur zu gestatten, wenn vorhandene Reduits in den eingehenden Waffenplätzen gegen das Feuer der schweren Haubitzen in Schutz zu nehmen sind; in diesen Fällen ist es von vorherrschender Wichtigkeit, diese Haubitzen wo möglich zu unterdrücken und die Zerstörung der Reduits, welche die Sturmfreiheit des gedeckten Weges begründen, aufzuhalten.

Immer klarer tritt für den Vertheidiger der steigende Werth jedes vorhandenen und aufgesparten Geschützes hervor, je näher der Angriff rückt. —

Fünftes Kapitel.

Die dritte Parallele und Vertheidigung dagegen.

§. 59.

Der taktische Zweck und das taktische Ziel der dritten Parallele.

Durch die Batterieen der voraufgegangenen Parallelen ist das direkte Feuer der Wallgänge und des gedeckten Weges und selbst die Armirungsfähigkeit derselben, so wie das Mörserfeuer größtentheils unterdrückt, so daß der Vertheidiger nur noch mit wenigem Geschütz gegen die dritte Parallele und gegen den zum Kouronnement vortreibenden Sappenbau auftreten kann.

Aber schon wenige Geschütze nebst den Schützen sind im Stande, den schwierigen, beengten und mit großem Materialverbrauche verknüpften Bau der Würfelsappe, so wie späterhin des Kouronnements, auf das Aeußerste zu verzögern und zu gefährden.

Es ist also nothwendig, sich dieser Geschütze und des Büchsenfeuers zu entledigen, um überhaupt aus der dritten Parallele vorbrechen zu können.

Der große Bedarf an Arbeitskraft und Material würde aber auch außerdem die Anlage der dritten Parallele am Fuße des Glacis vor den ausspringenden Winkeln nothwendig machen, um der auf dem Glacis emporsteigenden Sappe und dem Bau des Kouronnements sowohl einen nahen Rückhalt gegen das Feuer und die Offensivunternehmungen des Vertheidigers, als auch einen nahen Sammelplatz für Arbeiter, Zuträger und Material zu dem vorliegenden Bau zu gewähren.

Ein muthvoller zäher Vertheidiger wird selbst nach der Zerstörung der Blockhäuser und Reduits der eingehenden Waffenplätze noch Mittel finden, sich in dem gedeckten Wege dem Bau der Sappe und des Kouronnements gefährlich zu machen, so daß mit dem Feuer der halben Parallele der Widerstand des gedeckten Weges noch keineswegs als vollständig oder hinreichend beseitigt angesehen werden kann.

In gleicher Weise wird der Vertheidiger in dem jetzigen Zeitpunkte, wo die rückwärts gelegenen Angriffsbatterieen wegen der vorgetriebenen Belagerungsarbeiten großentheils ihr Feuer einstellen müssen, sowohl in dem Ravelin, wenn dasselbe mit einem bombensichern Reduit versehen ist, als auch auf den Flanken mit Geschütz erscheinen. Unter solchen Verhältnissen würde es unausführbar, oder doch mit außerordentlichen Opfern und Gefahren verknüpft sein, durch einen gewaltsamen Angriff auf den gedeckten Weg zu dem Kouronnement desselben zu gelangen; selbst das Zustandekommen des Kouronnements und die hierdurch bewirkte Vertreibung des Vertheidigers aus dem gedeckten Wege würde außerordentlich erschwert und verzögert werden, sobald der Vertheidiger mit den ihm, für den Gebrauch auf offenem Walle und an sonst geeigneten Punkten hinter demselben oder in Gräben, übrig gebliebenen Geschützen ungestört manövriren könnte.

Das Feuer der entferntern Kollateralwerke gegen die dritte Parallele muß durch die Enfilirbatterieen und die zurückgelegenen Mörserbatterieen bekämpft werden, gegen die Angriffsfront selbst können diese Batterieen nicht ohne Gefahr für die eignen Arbeiten thätig bleiben.

Hieraus folgt also für den taktischen Zweck der dritten Parallele:

54. „Die dritte Parallele ist der letzte Waffenplatz „gegen das Ferngefecht der Angriffsfront und der „zunächst liegenden Kollateralwerke, zugleich aber „auch, (und dieß ist eine sehr lästige, der Gefechtsthätig-

„keit fremdartige Bedingung, eine dem Vertheidiger dar=
„gebotene Schwäche,) der Sammelplatz für das
„Material und die Arbeit des Kouronnements."

55. „Das taktische Ziel der dritten Parallele ist in
„dem Zustandekommen des Kouronnements, d. h.
„in der vollständigen Ueberwältigung des letzten
„Ferngefechts der Angriffsfront und der zu=
„nächst liegenden Nebenwerke gegeben."

Endlich fügen wir noch hinzu:

56. „Die große Nähe der dritten Parallele macht dieselbe
„zu einer besonders günstigen Stellung, die Subsistenz
„des Vertheidigers durch ein Bombardement seiner wich=
„tigsten Aufbewahrungsgebäude wirksam zu bedrohen."

§. 60.

Die Batterieen der dritten Parallele.

Die Lage der dritten Parallele am Fuße des Glacis macht dieselbe nicht geeignet, den gedeckten Weg, dessen völlige Entwaffnung der nächste Zweck ist, durch Kanonen und Haubitzen zu bekämpfen.

Auf den Ravelins und auf den längern, für das Ferngefecht der Festung bestimmten, daher von den Angriffsbatterieen bekämpften Linien des Hauptwalles, Facen und Kourtinen, werden bei einer guten Wirkung der thätig gewesenen Angriffsbatterieen meistens nur noch einige Mörser, und diese gewöhnlich an dem Fuße der Wälle in veränderlichen Stellungen, auftreten, so daß auch gegen diese Wälle Seitens der dritten Parallele nur noch durch Mörserfeuer gewirkt werden kann.

Nur die Flanken der Angriffsfront, welche wegen ihrer Lage gegen den Kouronnementsbau und spätern Grabenübergang jetzt von besondrer Wichtigkeit werden, aus den frühern Parallelen aber theils wegen ihrer Kürze und Lage, theils wegen ihrer geringen Bedeutung gegen den entferntern Angriff nicht mit einem besondern Nachdrucke bekämpft wurden, müssen, wenn der Vertheidiger auf selbigen noch mit Schartengeschütz sich etablirt, bei der Armirung der dritten Parallele ausdrücklich berücksichtigt werden.

Die Lage dieser Flanken gegen die dritte Parallele gestattet nur, dieselben ihrer Länge nach zu fassen.

Für den Gebrauch der Kanonen zu diesem Zwecke ist die tiefe Lage der dritten Parallele gegen den nahen Hauptwall nicht geeignet, so daß nur Haubitzen oder Mörser anwendbar bleiben. Die erstern werden besonders dann von Nutzen sein können, wenn ein flankirendes Feuer mit Sprengwirkung verbunden am sichersten zum Ziele führt, also wenn Traversen die feindlichen Geschütze gegen die umherfliegenden Bombenstücke sichern und dadurch die Wirksamkeit des Mörserfeuers beeinträchtigen, oder wenn bedeckte Geschützstände auf den Flanken durch Seitenfeuer und Bombenschlag zugleich angegriffen werden sollen.

Im Allgemeinen sind also die Mörserbatterieen als die Hauptbatterieen der dritten Parallele zu betrachten und die Haubitzbatterieen gegen die Flanken der Angriffsfront nur in besondern Fällen nothwendig.

A. Die Mörserbatterieen.

Die Mörserbatterieen, wenn sie den taktischen Zweck der dritten Parallele erfüllen sollen, müssen sich in solche zerlegen, welche die Wegnahme des gedeckten Weges direkt vorbereiten und in solche, welche jede Herstellung und Armirung des gedeckten Weges und der dahinter liegenden Wälle verhindern.

Die erstern schießen mit Bomben nach allen Punkten des gedeckten Weges, wo sich gegen den auf dem Glacis emporsteigenden Sappeur Schützen oder gar Mörser postirt haben sollten, oder des Ravelins und der Bastione, wenn von dort aus gegen die Sappenarbeit geschossen wird. Der gedeckte Weg, als die nächste und gefährlichste Position des Vertheidigers, so wie das nächste Ziel der Besitznahme, ist auch das vornehmste Object für das Feuer der dritten Parallele, so lange derselbe nicht vollkommen unterdrückt ist.

Man legt also gegen jede lange Linie des gedeckten Weges, welche kouronnirt werden muß, eine solche Mörserbatterie an, welche man mit einigen leichten Mörsern armiren muß, damit sie den Anforderungen entsprechen können, mit Lebendigkeit gegen veränderliche Aufstellungen des Vertheidigers zu feuern und, was oft nothwendig sein wird, das Feuer zu theilen.

Hieraus folgt zunächst:

57. „Die leichten, gegen die langen Aeste des gedeckten Weges, „gerichteten Mörserbatterieen sollen mindestens mit 3 Geschützen armirt werden, damit sie im Stande sind, außer „dem gedeckten Wege auch gleichzeitig den dahinter liegenden Wall zu beschießen. Sie sind für eine lebhafte „Feuerthätigkeit auszurüsten.“

Die Mörserbatterieen, welche die Herstellungs- und Armirungsarbeiten des Vertheidigers bekämpfen sollen, müssen größere Räume in einer allgemeinen Unsicherheit und Gefahr erhalten und zwar die dem Feuer der übrigen Geschütze entzogenen, für den Widerstand gegen die Besitznahme des gedeckten Weges und gegen die Batterieen des Kouronnements wichtigsten Räume. Hierher gehören die eingehenden Waffenplätze, besonders wenn sie Reduits oder Blockhäuser haben, deren, wenn auch sehr nothdürftige, Herstellung außerordentliche Widerstandsmittel ins Leben rufen würde.

Hieraus ergibt sich für den einzelnen Schuß einer solchen Mörserbatterie die Bedingung, entweder eine größere Fläche zu gefährden, also mit zahlreichen Treffern gegen die Zielfläche zu wirken, oder die noch nicht vollendete Zerstörung der Reduits und Blockhäuser mit wenigen Schüssen zu bewirken, desgleichen jede etwa zu Stande gebrachte Herstellung schnell wieder zu vernichten.

Dieser Doppelbedingung entspricht der schwere Mörser entweder durch Anwendung kleiner Geschosse oder durch kalibermäßige Bombenschüsse.

Gleichzeitig sind diese Mörserbatterieen ein geeignetes Mittel, die etwa im Ravelin, im Graben oder hinter dem angegriffenen Hauptwalle vorhandenen bombenfreien Vertheidigungswerke in Angriff zu nehmen, nachdem der gedeckte Weg durch gewaltsamen Angriff oder Kouronnement überwältigt worden ist.

Wir schließen daher, wie folgt:

58. „Die schweren Mörserbatterieen sind gegenüber den eingehenden Waffenplätzen, dem Feuerziele ihrer nächsten „Gefechtsthätigkeit anzulegen."

59. „Zwei Geschütze ist das Minimum ihrer Armirung, welche „mit Bomben und kleinen Geschossen nach Bedarf zu versorgen sind."

60. „Nach der Ueberwältigung des gedeckten Weges verbleiben „diese Batterieen in Thätigkeit, wenn es erforderlich ist, „durch ihre Wirkung die innere Widerstandsfähigkeit des „Grabens und des Hauptwalles zu bekämpfen und hierdurch das Kouronnementsfeuer zu unterstützen, den Grabenübergang zu erleichtern und der Gefechtsaufgabe des „etwa noch erforderlichen Logements vorzuarbeiten."

61. „Endlich sind es die schweren Mörserbatterieen, welche in „dieser Nähe zur Festung durch Bombardement wichtiger „Aufbewahrungsräume die fernere Widerstandsfähigkeit „des Vertheidigers zu brechen geeignet sind. Es ist selbstverständlich, daß dieses Bombardement erst dann statthaft ist, wenn der Gefechtszweck der dritten Parallele, „das Kouronnement, erreicht ist oder wenn sich die Besorgniß aufdrängt, entweder mit den noch vorhandenen „Angriffsmitteln, oder mit der noch disponiblen Zeit den „Widerstand des Vertheidigers nicht mehr erschöpfen zu „können."

B. Die Haubitzbatterieen.

Es ist die Aufgabe der Haubitzbatterieen, die Geschütze, welche der Vertheidiger auf den Flanken etablirt haben sollte, um gegen das Kouronnement und dessen Armirung aufzutreten, aus ihren Stellungen zu vertreiben.

Natürlich ist die Wahl der Haubitzkaliber davon abhängig, ob die Geschütze auf den Flanken gegen Seitenfeuer gedeckt sind und welche Widerstandsfähigkeit diese Seitendeckung erwarten läßt, oder ob dieselben gar in bedeckten Ständen untergebracht sind.

Beachtet man die geringe Länge der Flanke, so wie den Umstand, daß selten mehr als ein bedeckter Geschützstand für die Flanke disponibel sein wird, berücksichtigt man außerdem die Breite des Flankenwallganges, so folgt:

62. „Die Haubitzbatterieen gegen die Flanken werden mit „schweren Haubitzen armirt, wenn bedeckte Geschützstände „oder starke Seitendeckungen zu bekämpfen sind, sonst mit „leichten, und zwei Geschütze entsprechen vollkommen dem „Zwecke." —

§. 61.

Vertheidigung gegen die dritte Parallele, so wie gegen das Kouronnement und dessen Armirung.

Das Gewehrfeuer der Festung, welches jetzt zu einer beachtenswerthen Wirksamkeit gelangt, haben wir eben so wenig, als die Ausfälle, zum Gegenstande unsrer Erörterungen zu machen. Es wird von der Stärke der Ausrüstung und von ihrer ökonomischen Verwendung gegen den frühern Angriff abhängig sein, mit welchen Mitteln der Vertheidiger auf den noch für die Bekämpfung der dritten Parallele, der vorbrechenden Sappe und des Kouronnements geeigneten und brauchbar zu machenden Punkten auftreten kann und vor allen Dingen gewinnen jetzt die bedeckten Geschützstände einen hervorragenden

Werth. Solche Stände sind allein geeignet, die Gräben vor den Breschepunkten und das Kouronnement hartnäckig zu bekämpfen und werden daher auf den Flanken, an den Kourtinenpunkten oder sonst auf geeigneten Stellen der Kourtine Platz eingenommen haben.

Im Allgemeinen wird der Hauptwiderstand von den noch disponibel gebliebenen Mörsern schweren und leichten Kalibers ausgehen, von denen die erstern die nahen Arbeitsplätze mit kleinen Geschossen beschießen, die leichten dagegen mit Bomben. Das Feuer der Mörser wird im Allgemeinen dahin zu richten sein, wo sich zu allen Zeiten starke Arbeiter- und Materialansammlungen vorfinden, also besonders nach den Punkten der dritten Parallele, an welchen die Sappen vorbrechen, nach den Sappen zum Kouronnement hin und nach den Baustellen der Kouronnementsbatterieen.

Die noch disponibel gebliebenen Kanonen und Haubitzen, welche nicht zur Armirung der vorhandenen Grabenwerke, Reduits und Abschnitte zurückgezogen werden müssen, feuern von ihren oben bezeichneten Stellungen gegen die Sappe und gegen das Kouronnement, so wie gegen den etwa unternommenen Versuch einer gewaltsamen Eroberung des gedeckten Weges. Bei diesem letztern Akte werden sie natürlich von allen thätigen Mörsern unterstützt, so wie von leichten Kanonen und Haubitzen, welche sich bereit halten, auf allen noch erreichbaren Punkten des Hauptwalles und der Raveline schnell aufzutreten. So wie es einleuchtet, daß nächst den noch vorhandenen Vertheidigungsmitteln die Geschicklichkeit bei ihrer Anwendung, die Entschlossenheit und Hartnäckigkeit des Vertheidigers in dieser höchst schwierigen und gefahrvollen Periode des Widerstandes von dem entscheidendsten Einflusse sind, so ist es auch unzweifelhaft, daß der Widerstand wesentlich von der gründlichen Wirkung abhängig ist, welche die Rikoschett-, Demontirbatterieen und die Enfilade geäußert haben, weil hiernach die Armirungsfähigkeit der Wallgänge und also das Maß der dem Vertheidiger aufgezwungenen Arbeitslast zur Herstellung derselben sich abmessen wird.

Es wirkt also auf das jetzige Angriffs- und Widerstands-stadium nicht blos die von jenen Batterieen erzwungene Entwaffnung der Werke entscheidend ein, sondern in noch höherem Grade die durch das vorangegangene Feuer angerichtete Zerstörung der Brustwehren und Wallgänge.

Jene Entwaffnung fördert den Uebergang in die nähern Angriffsstadien, ohne jedoch den Erfolg der letzten sicher zu stellen, diese Zerstörung dagegen schwächt, untergräbt den Widerstand gegen das letzte, entscheidende Stadium des Artillerieangriffs, dessen beengte, gegen das Feuer der Festung fast hilflose Lage jener sicherstellenden Vorbereitung so sehr bedarf.

Wir haben also im Frühern mit Recht darauf hingewiesen, daß eine übereilte und mangelhafte Wirkung der ersten Batterieen gegen die Brustwehren und Wallgänge den endlichen Erfolg des Angriffs nur zweifelhaft macht, sobald man es mit einer guten Festung und mit einem tüchtigen Vertheidiger zu thun hat.

Wenn also auf der einen Seite eine geschickte und wirkungsvolle Verwendung der Hohlgeschosse die sichere Grundlage des Angriffs ausmacht, so ist eine tüchtige Oekonomie der vorhandenen Widerstandskraft das Fundament der Vertheidigung. —

Sechstes Kapitel.

Das Kouronnement und die Vertheidigung dagegen.

§. 62.

Das Kouronnement und sein taktischer Zweck.

Das Kouronnement ist nichts anderes, als eine längs der Krete des Glacis der angegriffenen Werke errichtete Parallele, deren schwierige und eigenthümliche Bauart durch das feindliche Gewehrfeuer und durch die Nähe der stark überhöhenden Werke bedingt wird.

Nur auf der Höhe des Glacis ist man im Stande, die gemauerten Eskarpen, welche durch das vorliegende Glacis gegen direktes Feuer aus der Ferne gehörig maskirt sind, mit hinreichender Sicherheit des Treffens und Stoßgewalt der Geschosse, so wie in solcher Tiefe zu treffen, daß die Niederwerfung der Mauer ohne zu gewaltige Opfer gelingt und daß dadurch zugleich eine gangbare Bresche erzeugt wird.

Aber auch selbst in dem Falle, daß ein sehr fehlerhafter oder veralteter Festungsbau eine schlecht maskirte Eskarpenmauer schon aus größerer Ferne dem direkten Feuer in solchem Maße bloß stellte, um eine gangbare Bresche erzeugen zu können, würde der Sturm derselben so lange höchst zweifelhaft bleiben, als man noch auf Widerstand des gedeckten Weges, der etwa vorhandenen Grabenvertheidigung, der vor dem Hauptwalle gelegenen Werke, auf Schwierigkeiten der Breschpassage und auf eine nicht ganz mangelhafte Vertheidigung der Bresche zü stoßen erwarten muß.

Wenn also der Sturm der Bresche nicht mit zu großen Opfern und Gefahren verknüpft und sein endlicher Erfolg nicht ganz zweifelhaft bleiben soll, so muß man Herr des gedeckten Weges, also im Besitze einer denselben beherrschenden Stellung sein und zugleich die etwa vorhandene Grabenvertheidigung beseitigt haben.

Wird der Graben außer durch die auf seine Verlängerung stoßenden Walltheile noch durch Kasematten, Reversbatterieen, Kaponieren, krenellirte Mauern und ähnliche Einrichtungen vertheidigt, so muß diese dem direkten Feuer bisher ganz entzogene Grabenvertheidigung durch einen besondern Geschützangriff von der Höhe des Glacis aus niedergeworfen werden, um den Grabenübergang und die nothwendige Einebnung der Bresche ausführen zu können.

So wie wir die Ausfälle und das Gewehrfeuer nicht in den Kreis unsrer Betrachtungen gezogen haben, so ist dieß auch mit dem Minenkriege der Fall, weil auf diese Elemente der Vertheidigung und des Angriffes die Grundsätze des Gebrauches der Artillerie sich nicht mit besondern Modifikationen stützen können, denn die Beschießung oder Vertheidigung der Minentrichter lenkt zwar das Feuer thätiger Geschütze auf sich, allein sie ändert durchaus nicht die Prinzipien des Widerstandes in andern Richtungen und ebenso wenig ruft sie besondre Geschützmanövers des Angriffs hervor. —

Der taktische Zweck des Kouronnements besteht also in der zur Erzeugung einer brauchbaren Bresche geeigneten Aufstellung der Artillerie auf der Glacishöhe vor den zur Breschelegung bestimmten Eskarpen, in dem für die Ausführbarkeit des Grabenüberganges und des Sturmes nothwendigen Angriffe gegen die Grabenvertheidigung und in der zur Sicherheit der Kouronnementsbatterieen nothwendigen Beherrschung des gedeckten Weges. Diese letztere Bedingung wird durch die Bauart des Kouronnements, durch seine Besetzung und durch seine Verbindung mit der dritten Parallele erfüllt. Wenn innere Abschnitte oder Reduits noch eine besondre Vorbereitung des Sturmes der Bresche fordern und diese Seitens der dritten Parallele nicht schon erfolgen konnte oder nicht mit gehörigem Erfolge Statt gefunden hat, so wird auch dieser Zweck durch eine entsprechende Armirung des Kouronnements bewirkt werden müssen.

Das taktische Ziel des Kouronnements leitet sich hieraus von selbst her. —

§. 63.

Die Batterieen des Kouronnements.

Wenn der Zweck des Kouronnements darin besteht, einen Durchbruch in den Hauptwall zu erzeugen, um den Stürm in das Innere der Festung unternehmen zu können, und zur Unterstützung dieses Zweckes die Grabenvertheidigung zu beseitigen, weil diese das Unternehmen des Sturmes in seinem Beginnen, im ersten Keime, unterdrücken würde, so sind offenbar die Breschbatterieen und die Kontrebatterieen die Hauptbatterieen des Kouronnements. Es ist für den Sturm der Breschen in den Hauptwall unerläßlich, Herr des Ravelins zu sein, besonders wenn selbiges ein Reduit hat; deshalb muß auch eine Bresche in das Ravelin gelegt werden, weil eine gewaltsame Wegnahme desselben, auch ohne daß ein Reduit dagegen spricht, nicht von Erfolg sein kann, so lange der Vertheidiger das Innere des Ravelins und den Graben desselben durch Geschütz und Gewehr vom Hauptwalle aus beherrscht. Je weiter das Ravelin vorspringt, besonders wenn es zugleich durch ein Reduit sturmfrei ist, desto mehr wird es dem Kouronnement hinderlich und gefährlich sein, desto nothwendiger ist es, sich vorher des Ravelins zu bemächtigen, ehe an den Grabenübergang gedacht werden darf.

In gleicher Art ist eine vor dem Hauptwalle liegende Kontregarde sowohl ein materielles Hinderniß, eine Maske, für die

Erzeugung der Bresche, als auch eine außerordentliche Erschwerung für die zwischen der Kontreskarpe und der Bresche zu bildende Kommunikation und es wird in den meisten Fällen nothwendig, die Kontregarde wegzusprengen und durch die entstandene Oeffnung in den Hauptwall Bresche zu legen oder die Breschbatterie auf der Kontregarde anzulegen.

Die Frage, ob man beide Bastionsfacen der Angriffsfront oder nur eine derselben in Bresche legen soll, entscheidet sich sehr leicht, indem es den taktischen Grundsätzen zuwider laufen würde, dem Vertheidiger zu gestatten, alle noch disponiblen Kräfte und Mittel auf die Vertheidigung einer einzigen Bresche zu konzentriren, den letzten Entscheidungsstoß von dem Einbruche einer einzigen Sturmkolonne abhängig zu machen, welche, von innern Abschnitten oder Reduits abgesehen, auf dem Kamme der Bresche angelangt ihre Spitze dem umfassenden Feuer des Vertheidigers Preis gegeben sähe.

Man legt daher beide Facen der Angriffsfront in Bresche, so daß mit Einschluß der Navelinsbresche 3 Breschbatterieen für das Kouronnement erforderlich sind, und demnach gegen die entsprechende Grabenvertheidigung auch 3 Kontrebatterieen. Der Vertheidiger wird bei einem entschlossenen Widerstande jetzt alle Mittel aufbieten, in der Verlängerung des Ravelinsgrabens vor der gegen dieses Werk errichteten Breschbatterie ein Geschütz aufzustellen, außerdem durch Mörser hinter dem Hauptwalle das Innere des Ravelins, wenn es ohne Reduit ist, in seiner Gewalt zu behaupten; und endlich hinter der Bresche des Hauptwalles einen Abschnitt zu bauen, wenn nicht ein solcher oder ein Reduit bereits vorhanden ist, überhaupt aber eine Menge nothwendiger Arbeiten unternehmen müssen, um zum Abschlagen des Sturmes in gehöriger Verfassung zu sein. Mit kurzen Worten, die allgemeine Störung der lebhaften Kommunikation hinter dem angegriffenen Hauptwalle und den zunächst liegenden Wällen, so wie die Bekämpfung der hier gegen das Kouronnement und den Grabenübergang, später gegen das Innere der Breschen thätigen Mörser fordern die Bewaffnung der disponiblen Räume des Kouronnements mit Mörsern schweren und leichten Kalibers, so unbequem auch die daraus entstehende Ueberfüllung dieser an sich schon beengten Stellung werden muß, so gefährlich es ist, dem Vertheidiger in solcher Nähe eine so dicht bewaffnete Stellung darzubieten.

Es spricht sich von Schritt zu Schritt schärfer aus, welchen Werth für den Vertheidiger jedes aufgesparte Geschütz, jede noch brauchbare Aufstellung desselben gegen die nahen Angriffsstellungen gewinnen. —

A. Die Breschbatterieen.

Die Aufgabe der Breschbatterie kann entweder darin bestehen, eine gemauerte Eskarpe niederzuwerfen, oder einen Erdwall, nachdem eine vorliegende freistehende Mauer niedergeschossen ist, und durch die herabstürzende Erde den Graben so viel als möglich zu füllen. Hiernach richtet sich die Wahl der Breschgeschütze. —

Die Breschgeschütze müssen also den vorliegenden Wall oder seine Eskarpe so tief fassen, daß diese Bedingung erfüllt wird, weshalb es nöthig werden kann, die Breschbatterie, so übel dieß auch ist, im gedeckten Wege zu erbauen, oder die vorliegende Kontreskarpe durch Abstechen oder Fortsprengen hinreichend abzutiefen.

Eine weitere Bedingung ist die hinlängliche Breite der Bresche, damit die Sturmkolonne nicht mit einer zu schmalen Front, also mit einer sehr schwachen Spitze auf dem Kamme der Bresche erscheint und schnell einen starken Nachschub erhält, um sich gegen die Maßregeln des Vertheidigers behaupten zu können. Eine Breite der Bresche von 60 bis 100 Fuß entspricht dieser Forderung, einer starken Sturmkolonne die genügende Anlaufsbreite zu geben. Endlich muß man im Stande sein, die Bresche schnell zu legen, theils, um dem Belagerten keine Zeit zu lassen, mit seinen Vertheidigungsanstalten hinter der Bresche fertig zu werden, theils um bald aus der beengten Lage des Kouronnements herauszukommen und die mit der Eröffnung der Bresche noch keineswegs entschiedene Sache zum Schlusse zu bringen.

Durch diese beiden Bedingungen bestimmt sich die Zahl der Breschgeschütze, welche jeden Falls hinreichen müssen, selbst beim Ausfalle eines einzelnen Geschützes durch feindliches Feuer, durch eintretende Unbrauchbarkeit oder durch sonst einen Zufall, mit einer brauchbaren Bresche fertig zu werden.

Wenn erfahrungsmäßig 4 Geschütze schweren Kalibers hinreichen, eine gewöhnliche Eskarpenmauer schnell genug durch eine Bresche von der nothwendigen Breite zu öffnen, so muß diese Zahl doch als das zulässige Minimum angesehen werden, besonders wenn auf eine starke Widerstandsfähigkeit der Mauer, auf die mögliche Zerstörung eines mit dem Einsturz der Bresche etwa demaskirten Kernwerks, oder auf eine geschwächte Wirkungsfähigkeit der Breschgeschütze Bedacht genommen werden muß.

Die nothwendige Genauigkeit des Schusses läßt eine nächtliche Fortsetzung des Breschfeuers nicht zu, so daß die Breschbatterieen mit Einbruch der Dunkelheit nur durch Kartätschschüsse gegen die Bresche die Wegräumung der Trümmer Seitens des Feindes und die Ungangbarmachung der Bresche selbst hindern können. Es wird oft nothwendig sein, in die Bresche mit Hohlgeschossen zu feuern, wenn nach dem Falle der Eskarpe ein hinreichender Nachsturz der Erde durch Vollgeschosse nicht erreicht werden kann. Hierzu ist der direkte Granatschuß aus Kanonen oder Haubitzen geeigneter, als der Einschlag mit Bomben, so daß bei der Armirung der Breschbatterieen hierauf Rücksicht genommen werden muß.

Hieraus folgern wir nun:

63. „Gegen gemauerte Eskarpen wird die Breschbatterie mit „langen Kanonen des schwersten Kalibers armirt; gegen

„freistehende Mauern und gegen Erdwälle mit kurzen „schweren Kanonen, welche gegen die Mauer mit Voll„kugeln, gegen den Erdwall mit Granaten schießen.“

64. „Gegen Erdwälle würden schwere Haubitzen vorzuziehen „sein, wenn die schnelle Zerstörung ihrer Scharten durch „das eigne Feuer nicht in Betracht käme.“

65. „Die Breschbatterieen dürfen nicht schwächer, als mit „wenigstens 4 Geschützen armirt werden, um die Bresche „schnell zu Stande zu bringen.“

66. „Es ist vortheilhaft, die langen Kanonen der Breschbat„terie durch ein zum Granatschuß geeignetes Geschütz zu „unterstützen, um nach der Niederwerfung der Mauer den „Einsturz der Erde zu fördern. Erscheint es nicht an„gemessen, von Hause aus ein solches Geschütz in die „Batterie zu stellen, so muß für die Auswechselung gegen „ein langes Breschegeschütz Sorge getragen werden. —

67. „Wenn durch die Bresche ein gemauertes Reduit oder „Kernwerk sichtbar wird, so muß die Breschbatterie die „obere Etage desselben in Trümmer zu legen suchen, um „das Logement auf dem Walle zu erleichtern.“ —

B. Kontrebatterieen.

Haben die Kontrebatterieen die Aufgabe, eine Grabenvertheidigung zu bekämpfen, welche nur durch Geschütze vom Erdwalle aus bewirkt wird, so sind sie wie Demontirbatterieen zu behandeln und zu armiren; sollen sie dagegen nach Ueberwältigung des Erdwalles noch Kasematten, Grabenwerke neuerer Konstruktion oder Reversbatterieen zum Schweigen bringen, so müssen sie ganz wie Breschbatterieen armirt werden, außer wenn die Grabenkaponieren nur für Infanterie eingerichtet, also schwächer gebaut sind.

Auch für die Kontrebatterieen ist es wichtig, der Grabenvertheidigung schnell Herr zu werden, also eine so starke Armirung zu erhalten, als es die Grabenbreite, die Frontstärke der Grabenvertheidigung, und die vorhandenen Mittel gestatten, damit die Ausführung des Grabenüberganges nicht aufgehalten wird.

Hieraus folgt:

68. „Gegen Erdflanken bewaffnet man die Kontrebatterie mit „kurzen Kanonen schweren Kalibers."

69. „Gegen Geschützkasematten, Geschützkaponieren und Revers-„batterieen müssen lange schwere Kanonen aufgestellt werden, „gegen Kaponieren für Infanterie sind kurze schwere Ka-„nonen oder lange mittleren Kalibers ausreichend." —

C. Die Mörser des Kouronnements.

Die disponiblen Räume des Kouronnements bewaffnet man in allen Fällen zu dem bereits früher angegebenen Zwecke mit Mörsern, so weit es die Stärke der noch thätigen Festungsgeschütze, die vorhandenen Angriffsmittel und der unentbehrliche Verkehr in und nach dem Kouronnement bedingen.

Sind nur die Kommunikationen auf den angegriffenen Werken, die hinter dem Hauptwalle unternommenen Arbeiten zu bekämpfen, so schießen die leichten Mörser des Kouronnements mit Bomben, die schweren mit kleinen Geschossen.

Sind dagegen bedeckte Mörserstände, Reduits oder Kernwerke vorhanden, so schießen die schweren Mörser unter sehr hohen Elevationen mit Bomben, um die Decken dieser Werke zusammenzubrechen. Zu diesem Zwecke errichtet man erforderlichen Falles eine Batterie schwerer Mörser in dem eroberten Ravelin, eben so, wenn man einen Abschnitt hinter der Bresche bekämpfen will und hierzu die Aufstellung der Mörser in dem Kouronnement entweder für die Wirkung nicht günstig genug, oder sonst unbequem erscheint.

Im Allgemeinen ist die Lage des im Kouronnement angelangten Angriffs eine von den verschiedenartigsten Umständen sehr abhängige, während sie in andern Beziehungen eine eben so einförmige, als unbehilfliche ist.

Die Thätigkeit der Hauptbatterieen ist hauptsächlich gegen

die materielle Widerstandsfähigkeit der Stellung gerichtet, denn auch die Kontrebatterieen müssen, wenn sie nicht blos mit freistehendem Wallgeschütz zu kämpfen haben, eine große materielle Zerstörung in das Werk setzen; gegen die Mörser des Vertheidigers, welche sich hinter dem Hauptwalle oder vielleicht in den Gräben der Nebenfronten mit häufigem Stellungswechsel noch thätig zu machen versuchen, treten die Mörser theils des Kouronnements, theils der dritten Parallele, in den Kampf und nur, wenn noch bedeckte Geschützstände und neuere Defensionsgebäude durch Mörserfeuer angegriffen werden müssen, nehmen auch die Mörser an dem Kampfe gegen die materielle Widerstandsfähigkeit der Stellung noch in dieser Periode des Angriffs Theil. Indessen muß man nicht außer Acht lassen, daß gegen stark gebaute und gut eingedeckte Defensionsgebäude das direkte Feuer gegen deren Mauern sowohl durch die Sicherheit und Schnelligkeit des Erfolges, als durch den Verbrauch weit geringerer Munitionsmassen dem Mörserfeuer überlegen ist, daß daher dieses nur als Unterstützung oder Ersatz des direkten Feuers angewendet wird, wenn das direkte Feuer entweder gar nicht, oder nicht in gehöriger Stärke entwickelt werden kann. —

§. 64.

Vertheidigung gegen das Kouronnement.

Sobald die Kontrebatterieen ihr Feuer eröffnet haben, wird es nicht möglich sein, sich mit Geschützen zur Bestreichung des Grabens vor der Bresche zu behaupten, so daß zur Bekämpfung des Kouronnements und Grabenüberganges nur noch durch Mörser und Gewehrfeuer hingewirkt werden kann.

Die Vertheidigungsmittel, welche man noch für einen ambulanten Gebrauch aufsparen konnte, so wie die noch brauchbar gebliebenen oder brauchbar zu machenden Geschützstellungen auf den Linien der Angriffs- und Nebenfronten, endlich die Benutzung der als Rückhalt und Reservestellung brauchbaren Abschnitte oder

Reduits in den Ravelinen und Bastionen zu einem zähen, lebendigen Geschützmanöver entscheiden über die Dauer des Widerstandes gegen den Grabenübergang und den Sturm der Bresche.

Wenn endlich auch die Grabenvertheidigungswerke durch die Kontrebatterieen zusammengeschossen sind, wobei ein Theil der darin aufgestellten Geschütze zu Grunde gegangen sein wird, wenn die Bewaffnung der Abschnitte hinter den Breschen durch manchen Verlust in ihrem Widerstande geschwächt ist, dann kann nur noch von den Nebenfronten her gegen den Angriff gewirkt werden.

Diesen bietet sich die dritte Parallele als das günstigste Ziel dar, weil jetzt in dieser stets viele Arbeiter und Materialien außer den Besetzungstruppen sich zusammengedrängt finden und weil die Schußrichtung gegen die Angriffsfront von den Kollaterallinien her sehr unbequem und zum Theil maskirt ist.

So wie die Richtungen des Angriffs in dieser Periode ganz bestimmte, unabänderliche sind, so ist auch die Vertheidigung in einer so bestimmten, nur noch für einzelne Gefechtszwecke brauchbaren Lage, daß die vorhandenen Mittel lediglich hierzu verwendet werden können und der Augenblick hierfür das Gepräge gibt. —

§. 65.

Das Logement. Schlußparagraph des Kapitels.

Wir schließen hier sogleich eine kurze Betrachtung über das Logement an, weil wir dasselbe seinem Wesen und Charakter nach nur als ein vor die Bresche gerücktes, gegen den Abschnitt oder das Reduit hinter der Bresche gerichtetes Kouronnement ansehen können.

Dieselben Gesetze der Armirung, welche für das Kouronnement aufgestellt sind, gelten auch für dieses eben so schwierige, als höchst beengte Etablissement des Angriffs.

Schon gegen einen starken Abschnitt ist das Logement eine höchst langwierige und gefährliche Unternehmung, wenn es den Mörsern der dritten Parallele und des Kouronnements nicht gelungen ist, die Brustwehr und das Innere des Abschnitts so zu verwüsten, daß der Vertheidiger nur noch mit schwachen Mitteln in selbigem auftreten kann.

Ist man mit der Logementsbatterie, welche, so viel es geht, durch Mörserfeuer unterstützt wird, erst zum Feuer gekommen, so ist es nicht zweifelhaft, daß der Abschnitt überwältigt und in Bresche gelegt wird, aber bis zu diesem Augenblicke der Feuereröffnung ist der Angriff in voller Wehr- und Hilflosigkeit. Bei sehr starken Abschnitten oder bei vorhandenen Kernwerken wird in der Regel der Minenkrieg diese letzte Rückhaltsstellung des Vertheidigers überwältigen müssen, wenn es nicht von dem Kouronnement aus gelingen konnte, durch Zusammenschießen der Eindeckung und obern Etage die Decken der untern Räume einzubrechen oder die untern Scharten zu maskiren.

Man kann annehmen, daß starke Abschnitte, Reduits und neuere Kernwerke in der Regel mit Minenanlagen verknüpft sind, gegen welche ein Logement vor der Bresche nicht zu Stande kommen würde. Der Sturm des Abschnitts und die völlige Besitznahme der Festung gehören nicht weiter in den Kreis unsrer Betrachtungen. —

Siebentes Kapitel.

Ueber die Abweichungen vom förmlichen Angriffe.

§. 66.

Allgemeine Betrachtungen.

Jeder mit hinreichenden Mitteln ausgerüstete förmliche Angriff muß durch eine schrittweise Vernichtung der Festungsartillerie, der brauchbaren Geschützstellungen und durch die Breschen, welche bis in den innersten Abschnitt oder in das innerste Reduit gelegt werden, unzweifelhaft in den Besitz der Festung gelangen und zwar mit einem verhältnißmäßig geringen Menschenverluste. Diese Sicherheit des Erfolges, sofern die zur Durchführung des förmlichen Angriffes erforderlichen Mittel und Zeit vorhanden sind, ist das natürliche Ergebniß der starren, unabänderlichen Verbindung des Vertheidigers mit der keiner Formveränderung, keines Ortswechsels fähigen Befestigung.

Aber eben so unzweifelhaft, als der endliche Sieg des Angriffs, ist der Erfolg der Vertheidigung gegen den förmlichen Angriff und dieser Erfolg besteht darin, daß dem Feinde ein so bedeutender Verbrauch von Angriffsmitteln, welche größtentheils für andere kriegerische Unternehmungen gar nicht geeignet sind, ein so großer Zeitbedarf, also eine oft so bedeutende strategische Fessel, aufgezwungen wird, um die Ausführbarkeit des förmlichen Angriffs als ein ziemlich seltenes Ergebniß der kriegerischen Verhältnisse und Erfolge anzusehen.

Der Erfolg und der strategische Werth der Festungen besteht also nicht in ihrer Unnehmbarkeit, sondern in der selten eintretenden Möglichkeit, daß der Feind außer den zum Kriege überhaupt erforderlichen Kräften noch die für einen förmlichen Festungsangriff ausreichenden Mittel aufbringen kann und zugleich sich in eine solche strategische Lage versetzt hat, um die Widerstandsdauer überbieten zu können.

Es leuchtet ohne Weiteres ein, daß mehrere und große Festungen von bedeutender Widerstandsfähigkeit, mit reichlicher, starker Ausrüstung und von einer strategisch wichtigen Lage selbst die Kräfte eines sehr überlegenen Eroberers ungenügend machen, daß also einige große wohlerhaltene Festungen, welche zur gesamten Wehrkraft eines Staates in einem glücklichen Verhältnisse stehen und durch ihre Lage zugleich die Grenzprovinzen, wie das Innere gegen feindlichen Einbruch, gegen unnatürliche Folgen des feindlichen Kriegsglückes sichern, dem Staate die unerläßliche Widerstandsfähigkeit gegen kriegerische Wechselfälle geben.

Welche bedeutsame Rolle spielte Mantua im Jahre 1796, wie viel Schlachten mußte Bonaparte schlagen, um in den Besitz dieser Festung zu gelangen? Als er die Mittel zur Belagerung sich verschafft hatte, da fehlte ihm die Zeit zur Durchführung des begonnenen Werkes.

Welche Rolle hätten die preußischen Festungen 1806 spielen gekonnt, wenn alle wie Graudenz, Colberg und Danzig vertheidigt worden wären? —

Wenn nun so ungewöhnliche Mittel und eine für den allgemeinen Verlauf der kriegerischen Angelegenheiten so kostbare, oft unerschwingliche Zeit auf einen förmlichen Angriff verwendet werden müssen, so muß man denselben nicht als das Streben nach einem durch die Einnahme der Festung zu erkämpfenden Siege, sondern als das Ergebniß eines bereits im freien Felde erkämpften oder vorhandenen Uebergewichts, als eine Erweiterung und Sicherstellung desselben betrachten, welche für die weitere Fortführung des Krieges unerläßlich ist.

Nur auf diese Weise erklärt sich der scheinbare Widerspruch zwischen dem unzweifelhaften Erfolge des förmlichen Angriffs und dem eben so unzweifelhaften Erfolge, welchen die Vertheidigung durch die Nothwendigkeit des förmlichen Angriffs und durch die Dauer des Widerstandes gegen denselben erringt.

Der Zweck der Festung ist also erreicht, wenn sie nur einem förmlichen Angriffe und zwar nach einem langen Widerstande unterliegt; der Erfolg ist um so größer, je mehr Mittel und Zeit die Durchführung des förmlichen Angriffs fordert, je unwahrscheinlicher derselbe dadurch wird.

Folgt also aus dieser Anschauung der Sache, daß gegen eine Festung, welche bei genügender fortifikatorischer Stärke mit einer gegen den förmlichen Angriff zulänglichen Ausrüstung versehen ist, jedes andere Angriffsverfahren nicht im Stande ist, den vollen Widerstand der Festung zu überwältigen, so muß ein solches Unternehmen auf außergewöhnliche Verhältnisse gestützt sein, wenn der an sich zweifelhafte Erfolg so viel Wahrscheinlichkeit gewinnen soll, daß die mit dem Versuche verbundenen Opfer und Gefahren gerechtfertigt werden.

Offenbar ist es der ungünstigste Fall, wenn der Mangel an zureichenden Mitteln zu einem der Widerstandsfähigkeit der Festung nicht gewachsenen Angriffsverfahren zwingen und doch die Einnahme der Festung eine gebotene Maßregel ist.

Günstiger gestalten sich die Verhältnisse für den Angreifenden, wenn Schwächen der Befestigung, Schwächen der Ausrüstung, der Besatzung, Unzulänglichkeit der Subsistenzmittel oder sonst ungünstige Verhältnisse für den Widerstand auf dessen Stärke und Dauer nachtheilig einwirken.

In solchen Fällen ist der Gegner zu Abweichungen von dem förmlichen Angriffe berechtigt, welche unter den verschiedenen Bezeichnungen des beschleunigten Angriffs, des gewaltsamen Angriffs und Ueberfalls gegen die Werke oder gegen die Besatzung, des Bombardements und der Blokade gegen die Subsistenz des Vertheidigers gerichtet sind.

Der Erfolg dieser verschiedenen Angriffsarten ist also an die Bedingung geknüpft, daß sie in derjenigen Richtung, in welcher sie nach dem Ziele streben, auf entsprechende Schwächen der Vertheidigung stoßen. Sind diese Schwächen gar nicht oder in unzureichendem Grade vorhanden, so scheitern jene Angriffsarten und die darauf verwendeten Kräfte sind als völlig verloren zu betrachten, weil die Widerstandsfähigkeit der Festung dabei um so weniger geschwächt ist, je weiter man von dem förmlichen Angriffe abweichen mußte.

Je mehr man sich aber mit unzureichenden Mitteln dem Verfahren des förmlichen Angriffs zu nahern versuchte, desto schwerer wiegen im Falle des Mißlingens die dargebrachten Opfer.

Aus diesem Gegensatze folgt, daß jedes abweichende Angriffsverfahren sich auf bestimmte Schwächen der Vertheidigung gründen muß, und, wo diese vorhanden sind, nicht sowohl gerechtfertigt, als vielmehr geboten ist, weil man im Kriege nur so viel Mittel und Zeit opfern darf, als eine hinreichende Wahrscheinlichkeit des Erfolges dies fordert. —

§. 67.

Der beschleunigte Angriff.

Vergegenwärtigen wir uns den Verlauf des förmlichen Angriffs, so kann eine wesentliche Abkürzung des Angriffs auf die Werke und ihre Armirung nur in der Verminderung der Angriffsstadien und in der Verkürzung der Annäherungsarbeiten bestehen.

Eine Verminderung der Angriffsstadien kann, wenn nicht eine ganz ungewöhnliche Schwäche der Festungsartillerie vorausgesetzt wird, nur dadurch möglich werden, daß man von Hause aus eine Parallele in solcher Nähe der Festung erbaut, um außer den unentbehrlichen Rikoschettbatterieen zugleich die Demontirbatterieen in Thätigkeit zu bringen. Natürlich muß diese Parallele eines kombinirten Rikoschett- und Frontalangriffs durch Enfilirbatterieen, welche man außerhalb und rückwärts der Parallele errichtet, und durch Mörserbatterieen so stark unterstützt werden, daß die Festungsartillerie nicht zur Entwickelung ihrer vollen Stärke und Widerstandsdauer gelangt.

Eine Verkürzung der Annäherungsarbeiten aber, wenn sie eine erhebliche Arbeits- und Zeitersparniß in sich tragen soll, kann nur durch den Wegfall der Kouronnementsarbeiten und der dahin führenden Annäherungen erzielt werden, weil erst von der zweiten Parallele des förmlichen Angriffs aus die Annäherungen mit jedem Schritte schwieriger, zeitraubender und gefährlicher werden. Dieß bedingt die Anlage der Breschbatterie in solchem Abstande von dem Glacis, daß ihr Feuer durch dasselbe nicht auf eine zu nachtheilige Krümmung der Flugbahnen hingedrängt wird.

Wenn man Flankenkasematten, welche den Graben vor der Bresche vertheidigen, durch besondere Batterieen und vorhandene Grabenkaponieren durch Mörserfeuer noch zu bekämpfen hat, um dem Sturme der Bresche nur einige Wahrscheinlichkeit des Erfolges zuzuwenden, so ist dieß offenbar eine so schwierige Aufgabe des beschleunigten Angriffs, daß nur ganz besondre Umstände eine entfernte Breschelegung in solchen Fällen gestatten. Ist aber der beschleunigte Angriff gezwungen, zum Kouronnement und zum Bau der Kontrebatterieen zu schreiten, so ist nicht allein der wesentlichste Theil der Beschleunigung verloren, sondern die Gefahr des völligen Mißlingens um so größer, je weniger die Batterieen der Parallele bei einem zweckmäßigen, zurückhaltenden Verfahren des Vertheidigers im Stande waren, die Festungsartillerie und die Armirungsfähigkeit der Werke in solchem Grade zu schwächen, um die Vollendung und Existenz des Kouronnements hinreichend sicher zu stellen.

Das Wesen des beschleunigten Angriffs besteht also in der nahen Eröffnung einer Parallele für kombinirtes Rikoschett-, Demontir-, Mörserfeuer und Enfilade und in der, unter dem Schutze dieser kombinirten Feuer erfolgenden, Breschelegung aus der Ferne. Es ist also eine nahe, gleichzeitige und volle Kraftentwickelung der disponiblen Angriffsartillerie, welche in einem einzigen Feuerstadium die Werke entwaffnen, Bresche legen und den Sturm der Bresche erzwingen soll.

Eine gut konstruirte, mit sturmfreien Gräben und innern Reduits in den Waffenplätzen und Werken, versehene Festung, welche hinreichend armirt, besetzt, bewacht und gut vertheidigt wird, ist kein Objekt für einen beschleunigten Angriff, weil sie nicht allein die nahe Eröffnung einer so stark armirten Parallele außerordentlich verzögern, vielleicht ganz zurückweisen und besonders die Breschbatterie auf das Aeußerste gefährden, sondern auch die Gräben und Bresche mit solcher Kraft vertheidigen wird, daß der Erfolg des Sturmes mehr als zweifelhaft bleibt.

Wenn also nicht fortifikatorische Schwächen vorhanden sind, ohne durch eine starke Armirung oder tüchtige Besatzung ausgeglichen zu werden, oder wo nicht eine schwache Bewaffnung und Vertheidigung die fortifikatorische Widerstandsfähigkeit außer Kraft setzt, da wird der beschleunigte Angriff ein sehr zweifelhaftes Unternehmen bleiben. Für den Vertheidiger bleiben die Fernhaltung und Verzögerung des Parallelenbaues, die Bekämpfung des Baues der Breschbatterie und ihres Feuers und die Vertheidigung der Gräben und Bresche die wesentlichsten Richtungen des Widerstandes. Es ist selbstverständlich, daß die Ungangbarkeit der Bresche ein Haupthinderniß des Sturmes und deshalb mit allen Mitteln zu erstreben ist.

Eben so braucht wohl kaum hingedeutet zu werden, daß der Kampf gegen die Breschbatterie, wie gegen den entdeckten Bau der Parallele mit großem Nachdrucke und fast ausschließlich mit Hohlgeschossen und Kartätschen geführt werden muß, daß dem vollen Angriffsfeuer eine starke und schlecht gedeckte Entwickelung der Festungsartillerie nicht bloß gestellt werden darf, endlich, daß, wie man bei dem förmlichen Angriffe vorzugsweise gegen seine Annäherung und nicht gegen die Batterieen thätig blieb, sobald die Angriffsartillerie sich entwickelt hatte, hier die Breschbatteric das Objekt der thätig gehaltenen Festungsgeschütze wird.

Die nähere Anordnung des Angriffs und des Widerstandes ist so abhängig von der beiderseitigen Lage und Gefechtskraft, daß ein tieferes Eingehen in diesen Gegenstand ohne die Voraussetzung bestimmter Gefechtsverhältnisse werthlos sein würde, unter einer solchen Voraussetzung aber zu keinem allgemeingiltigen Schlusse führen kann.

Halten wir fest, was wir als das Wesen des beschleunigten Angriffs entwickelt haben, die Mittel und Ziele sind dieselben, wie die des förmlichen Angriffs; nur will jener in einem Feuerstadium, welches mit der ganzen vorhandenen Kraft von Hause aus bewaffnet ist, zur Entscheidung gelangen, dieser strebt nach demselben Ziele in allmähliger Entwickelung und Annäherung, benutzt also das Element des Stellungswechsels, um für jeden verschiedenen Gefechtszweck sowohl die dem Treffen, als auch der Geschoßwirkung günstigste Aufstellung zu gewinnen.

Offenbar steht der beschleunigte Angriff zu dem förmlichen in einem sehr ähnlichen Verhältnisse, wie die Artilleriemasse zu der großen Batterie. —

§. 68.

Der gewaltsame Angriff und Ueberfall.

Der gewaltsame Angriff beabsichtigt, theils durch Uebersteigen des Hauptwalles, theils durch Eindringen in die Thore, den Vertheidiger in dem Innern seiner Stellung anzugreifen und zu überwältigen; er ist also ein unmittelbarer Anfall des von seiner Stellung und deren Beihilfe isolirten Vertheidigers.

Denken wir uns auch nur eine dürftige Armirung des Hauptwalles gegen den gewaltsamen Angriff, und eine schwache Besatzung, so würde doch immer der Sturm mit ungewöhnlichen Opfern und mit der Gefahr eines wahrscheinlichen Mißlingens verbunden sein, wenn jene Armirung zu rechter Zeit in Thätigkeit tritt und die Besatzung in Bereitschaft gegen den eingedrungenen Feind steht.

Ohne das Element der Ueberraschung würde sich ein Erfolg des gewaltsamen Angriffs nur noch in dem Falle denken lassen, daß die Festung sehr mangelhaft armirt und mit einer sehr schlechten Grabenvertheidigung versehen ist, wobei natürlich die Passirbarkeit, also die Trockenheit, der Gräben vorausgesetzt wird, daß es mithin möglich ist, gegen diese schwache Armirung mit ungedeckter Artillerie aufzutreten, die Bedienung und Besatzung durch ein heftiges Feuer von den Wällen zu verjagen, die Thore einzuschießen und dadurch das Eindringen mehrerer Sturmkolonnen vorzubereiten. Auch in dem Falle einer völlig gelungenen Ueberrumpelung wird ein nahes, heftiges Beschießen der vereinzelt in Thätigkeit tretenden Festungsgeschütze, der zum Einbruche bestimmten Wälle, nach welchen die bestürzte Besatzung hineilt, dem Gelingen des Sturmes wesentlichen Vorschub leisten.

Außerdem bleibt aber eine geeignete Rückhaltsstellung der Artillerie zur Aufnahme der etwa abgeschlagenen Sturmkolonnen eine gebotene Sicherheitsmaßregel.

Zu allen diesen Zwecken eignet sich selbstverständlich nur Feldgeschütz.

Wenn wir also zwischen dem Ueberfalle und dem gewaltsamen Angriffe einen Unterschied machen müssen, so kann derselbe nur darin bestehen, daß beim Ueberfalle eine vollkommene Ueberraschung, also Unfähigkeit der Besatzung zu einem gemeinsamen, geordneten Widerstande und eine vollständige Unthätigkeit des Festungsgeschützes vorausgesetzt wird, während der gewaltsame Angriff überraschend gegen die etwa thätig werdende Geschützvertheidigung und Besetzung der Werke auftritt, die Geschützbedienung und Infanterie von den Wällen zu vertreiben sucht, um den Sturmkolonnen die Besitznahme der Wälle und Thore zu erleichtern.

Daß bei dem Ueberfalle die den Truppen zugehörige Artillerie eine zur Aufnahme der mißlungenen Unternehmung geeignete Stellung einnimmt, ist eine selbstverständliche Maßregel und die einzige Betheiligung der Artillerie bei einem solchen Versuche.

Wir dürfen nicht weiter erörtern, welche Bedingungen und Verhältnisse zusammentreffen müssen, um den Ueberfall oder gewaltsamen Angriff zu rechtfertigen, eben so wenig, daß nicht eine einzelne Bedingung hinreicht, die große Zweifelhaftigkeit des Erfolges und die mit dem Mißlingen verknüpften Verluste so zu ermäßigen, um getrost zu Werke zu schreiten.

Die nähern Anordnungen müssen genau den obwaltenden Verhältnissen angepaßt sein, um Zusammenhang und Gleichzeitigkeit des entscheidenden Anfalles sicher zu stellen, weil ein vereinzeltes Eindringen durch die Thore oder über die Wälle mit der höchsten Gefahr für das ganze Unternehmen und mit dem Untergange der eingedrungenen Truppentheile verknüpft ist.

Der Entwurf eines Ueberfalles oder gewaltsamen Angriffs muß die Thätigkeit und Verbindung der auftretenden Truppentheile mit eben so großer Bestimmtheit und Schärfe, als Einfachheit und Kürze regeln, damit kein einzelner Theil in Unsicherheit vorschreitet, sein Ziel verfehlt, darüber hinausschießt oder vor demselben zurückbleibt. —

§. 69.

Das Bombardement.

Das Bombardement ist ein Versuch, durch Bombenschlag und durch Brand das Innere einer Festung, besonders die

Unterkunftsräume für die Besatzung, die Aufbewahrungsgebäude und Magazine des Vertheidigers zu vernichten, mithin kein Angriff gegen die Festungswerke, mit welchen deshalb auch jeder Kampf, wo möglich jede Berührung vermieden werden muß, um alle Kraft gegen das Innere der Festung konzentriren zu können.

Diese Bedingung gebietet, die Bombardementsbatterieen der Wirkung des Festungsgeschützes in solchem Grade zu entziehen, daß das Feuer desselben unbeachtet gelassen werden kann. Meistens kann diese Bedingung nur erfüllt werden, indem die Bombardementsbatterieen außerhalb der kräftigen Wirkungssphäre des Festungsgeschützes sich etabliren, selten werden sich in größerer Nähe gedeckte und unbeherrschte Aufstellungspunkte finden. Das Bombardement wird es demnach in der Regel mit sehr großen Schußweiten zu thun haben und dieß kann nicht allein durch die Anwendung der schwersten Kaliber und weittragender Geschütze, sondern muß noch außerdem durch Bedingungen ausgeglichen werden, welche die Wirkung des Bombardements begünstigen und einflußreich auf die Vertheidigung machen.

Wenn die Befestigung durch eine große Tiefe in der Anordnung ihrer Werke, oder durch vorgeschobene Befestigungsanlagen das Bombardement in sehr großem Abstande von dem Innern hält, wenn dieses durch seine Bauart die Wirkung des Angriffs nicht begünstigt, so müssen sehr seltene und stark wirkende Verhältnisse obwalten, wenn man ohne einen unverhältnißmäßigen Munitionsaufwand zum Ziele gelangen will.

Nur gegen nahe Bombardementsbatterieen, welche mit lohnendem Erfolge zu erreichen sind, wird der Vertheidiger Geschütze in Thätigkeit setzen. —

Alle nähern Anordnungen des Angriffs und der Vertheidigung werden durch die obwaltenden Verhältnisse bedingt. —

§. 70.

Die Blokade.

Die Blokade ist weder ein Angriff gegen die Werke, noch gegen die Besatzung, sondern eine Einschränkung des Vertheidigers und der Bewohner auf die Subsistenzvorräthe, indem alle Zufuhr von Außen her abgesperrt und wo möglich auch die Benutzung der nächsten Umgebung dem Vertheidiger vollkommen entzogen wird.

Das Blokadekorps nimmt nach diesem Zwecke und nach den nähern Beziehungen der Lokalität seine Aufstellungen, bei welchen die Feldartillerie ihre naturgemäße Verwendung erfährt. Wenn hierbei feindselige Berührungen mit den Truppen des eingeschlossenen Platzes entstehen, so geschieht es nur, weil diese sich einer engen Einschließung zu erwehren suchen, und diese Berührungen gehören lediglich in das Gebiet des Feldkrieges, wobei die Festung keinen andern Einfluß übt, als daß die Blokadetruppen sich nicht in den Feuerbereich der Festungsartillerie fortreißen, die ausgefallenen Festungstruppen sich nicht von der Festung abschneiden lassen dürfen.

Entstehen aber feindselige Berührungen des Blokadekorps mit der Festung, so kann dieß nur erfolgen, wenn entweder die Blokadetruppen mit einigen schweren Geschützen versehen sind und dieselben zur Beherrschung entfernter, wichtiger Passagen nützlich verwenden können, oder wenn diese Truppen genöthigt sind, Kantonnements und Läger zu beziehen, welche von dem schweren Festungsgeschütz mit Aussicht auf Erfolg beschossen werden können.

Offenbar muß eine mit voller Strenge und hinreichender Zeitdauer durchgeführte Blokade jede Festung, wie reichlich sie auch versorgt sein mag, zum Falle bringen und dadurch steht die Blokade, was Sicherheit des Erfolges betrifft, auf derselbe Stufe, wie der förmliche Angriff.

Auf große, volkreiche Festungen wirkt eine strenge Blokade durch den Verschluß aller Verbindungen mit der Außenwelt und durch die Einbuße aller freien Bewegung, so wie einer Menge unentbehrlicher Lebensgenüsse, höchst energisch und verderblich ein, so daß sie jeden Falls das kräftigste und unfehlbarste Angriffsverfahren ausmachen würde, wenn sie nicht so lange Zeit eine höchst werthvolle Truppenmasse in Anspruch nähme. In der Regel wird der Angreifende theils wegen des Werthes, welchen der Besitz der Festung für seine Verhältnisse hat, theils wegen des empfindlichen Opfers an Truppen und Zeit, welches ihm eine Blokade aufzwingen würde, nur dann zu einer Blokade schreiten, wenn die Mittel zu einem förmlichen Angriffe nicht aufzubringen sind, oder wenn besondere Verhältnisse den Erfolg der Blokade zu beschleunigen versprechen.

Auch ist es für die Kriegführung nicht ohne Bedeutung, daß die Blokade nicht den Eindruck einer kraftvollen, energischen Maßregel macht und deshalb nicht immer in den Charakter eines Krieges passen will.

Die Wirksamkeit einer Blokade, wenn sie nur lange genug angehalten hat, ist selbst in dem Falle, daß sie kurze Unterbrechungen erlitt oder nicht in voller Strenge bestand, bedeutend genug, um endlich die Widerstandsfähigkeit des Vertheidigers zu brechen. Ein Beispiel gibt das schon mehrfach erwähnte Mantua im Kriege $17\frac{96}{97}$. —

Hieraus ergibt sich, daß eine Blokade, wenn sie dem förmlichen Angriffe längere Zeit hindurch vorausgehen konnte, diesen sehr wirksam vorbereitet; oft geschieht dieß, weil man den Belagerungspark erst spät herbeischaffen kann oder weil die obwaltenden Kriegsverhältnisse noch nicht die für die Ausführung eines förmlichen Angriffs erforderliche Sicherheit gewonnen haben. Einen aus französischem Geschütz gebildeten Belagerungspark hätte Bonaparte 1796 nimmermehr so leichten Herzens vor Mantua stehen gelassen. —

§. 71.

Schluß des Kapitels und Abschnitts.

Indem wir hiermit unsre Entwickelungen schließen, bemerken wir nur noch kurz im Rückblicke besonders auf den letzten Abschnitt und das letzte Kapitel, daß wir über den nähern Mechanismus der hier berührten Gefechtsakte uns in keine weitern Erörterungen eingelassen haben, daß wir z. B. über die Feuerdauer und den Munitionsverbrauch für die verschiedenen Gefechtszwecke des Festungskrieges eben so nähere Angaben vermieden haben, als über das Verhalten der Feldartillerie in den verschiedenen Gefechtslagen, weil dergleichen Dinge theils Erfahrungssätze, welche oft nur bestimmten Artilleriesystemen zukommen, daher speziellen Studien unterliegen müssen, theils Elemente sind, welche, mit der Individualität jedes einzelnen Gefechtsfalles verwachsen, eine allgemeine Geltung nicht an sich tragen. Ueberdieß haben wir beim Gebrauche der Kampfmittel die allgemeinen Gesetze entwickelt, nach welchen Geschosse, Schußarten und Geschütze ihre ertragreichste und natürlichste Verwendung finden sollen.

In gleicher Art haben wir im letzten Kapitel nur das Wesen der vom regelmäßigen Festungsgefecht abweichenden Formen des Angriffs und der Vertheidigung angedeutet und von den möglichen Kombinationen derselben gänzlich abgesehen, weil alle Gefechtsformen des Festungs-, wie des Feldkrieges, welche eine scharf ausgeprägte Individualität an sich tragen, nicht in einer allgemeinen Gebrauchslehre ihre Stelle finden können, sondern lediglich durch das Studium der Kriegsgeschichte zur Sprache kommen dürfen, um die Urtheilskraft des logisch entwickelten Verstandes durch die befruchtende Thätigkeit einer kriegerisch gebildeten Phantasie und eines reich geschaffenen Taktes zu beleben und zu stärken. —

FSC
www.fsc.org
MIX
Papier | Fördert gute Waldnutzung
FSC® C083411

Kolibri 360 GmbH
Ferdinand-Jühlke-Straße 7
99095 Erfurt, Deutschland
produktsicherheit@kolibri360.de